NE능률 영어교과서

대한민국 고등학생 **10명 중 4.7명**이 보는 교과서

영어 고등 교과서 점유율 1위
(7차, 2007 개정, 2009 개정, 2015 개정)

리딩튜터

그동안 판매된
리딩튜터 1,900만 부
차곡차곡 쌓으면 19만 미터

에베레스트 **21**배 높이

190,000m

에베레스트 8,848m

능률보카

그동안 판매된
능률VOCA 1,100만 부

대한민국 박스오피스
천만명을 넘은 영화 단 28개

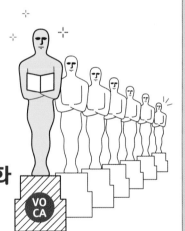

VOCA

그래머존

그동안 판매된 450만 부의 그래머존을 바닥에 쭉 ~ 깔면

1000km 서울-부산 왕복가능

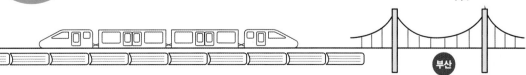

서울

부산

능률 중학영어
듣기 모의고사

22회 LEVEL 1

지은이	NE능률 영어교육연구소
연구원	김지현
외주 연구원	설북
영문 교열	Bryce Olk, Curtis Thompson, Patrick Ferraro
디자인	오솔길
내지 일러스트	박응식
맥편집	허문희

Let's grow together

NE능률이
미래를
창조합니다.

건강한 배움의 고객가치를 제공하겠다는 꿈을 실현하기 위해
40년이 넘는 시간 동안 열심히 달려왔습니다.

앞으로도 끊임없는 연구와 노력을 통해
당연한 것을 멈추지 않고

고객, 기업, 직원 모두가 함께 성장하는 NE능률이 되겠습니다.

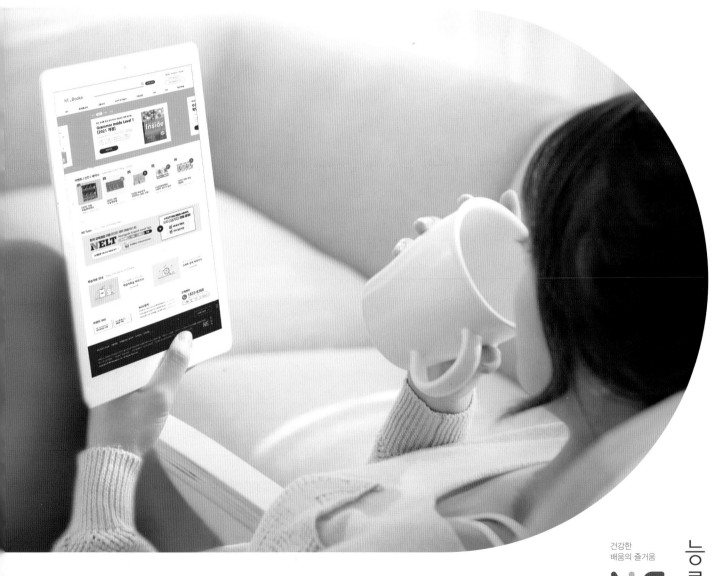

전국 16개 시·도 교육청 주관 **영어듣기평가 실전대비서**

능률 중학영어
듣기 모의고사

22회

LEVEL
1

구성 및 활용법

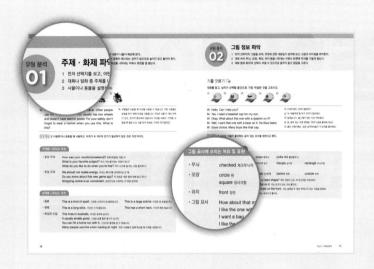

유형 분석

- 최근 〈시·도 교육청 주관 영어듣기능력평가〉에 출제되는 모든 유형을 정리하고, 각 유형에 대한 듣기 전략을 수록했습니다.
- 유형별로 자주 나오는 어휘와 중요 표현을 익힐 수 있도록 했습니다.

빠른 듣기 MP3파일 & 배속 MP3파일

실제 시험보다 더 빠른 속도의 음원을 제공하여 실전에 완벽하게 대비할 수 있도록 했습니다. 또한, 실력에 따라 듣기 속도를 다르게 하여 들을 수 있도록 배속 MP3 파일을 제공합니다.

기출문제 2회

〈시·도 교육청 주관 영어듣기능력평가〉의 최신 기출문제 2회분을 통해 실제 평가 유형을 접해 볼 수 있도록 했습니다.

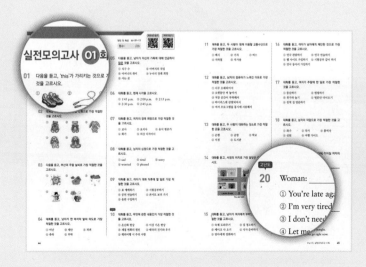

실전모의고사 18회

- 실제 시험과 유사하게 구성한 모의고사 18회분을 통해 실전 감각을 기를 수 있도록 했습니다.
- 매회 수록된 고난도 문제를 통해 실력을 한 단계 더 향상시킬 수 있도록 했습니다.

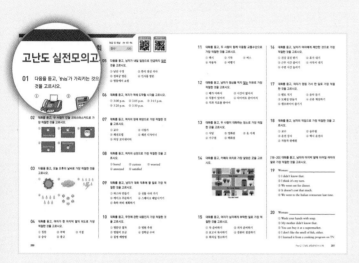

고난도 실전모의고사 2회

실제 시험보다 어려운 고난도 모의고사 2회분을 통해 실력을 보다 더 높일 수 있도록 했습니다.

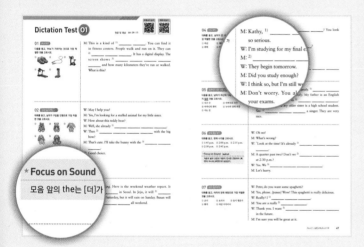

Dictation Test

모의고사 문제 전체 스크립트의 받아쓰기를 수록했습니다. 들은 내용을 한번 더 확인하며, 중요 표현들과 듣기 어려운 연음 등을 학습할 수 있습니다.

Focus on Sound

듣기를 어렵게 하는 발음 현상을 정리하여 듣기의 기본기를 높일 수 있도록 했습니다.

Word Test

모의고사를 통해 학습한 단어와 숙어를 문제를 통해 확인하고 정리해 볼 수 있도록 했습니다.

목차

기출 문제 유형 분석표
(2020년 ~ 2022년)

1학년	2022년 1회	2021년 2회	2021년 1회	2020년 2회	2020년 1회
주제·화제 파악	2	2	2	2	2
그림 정보 파악	1	1	1	1	1
세부 정보 파악	3	3	3	4	3
의도 파악	1	1	1	1	1
이유 파악	1	1	1	1	1
언급하지 않은 내용 찾기	1	1	1	1	1
숫자 정보 파악	1	1	1	1	1
심정 추론	1	1	1	1	1
할 일 파악	1	2	1	1	1
한 일 파악	1		1		1
장소 추론	1	1	1	1	1
직업 추론	1	1	1	1	1
위치 찾기	1	1	1	1	1
부탁한 일 파악	1	1	1	1	1
제안한 것 파악	1	1	1	1	1
마지막 말에 이어질 응답 찾기	2	2	2	2	2

STUDY PLANNER

시험 전 한 달 동안 본 교재를 마스터할 수 있는 계획표입니다.
학습한 날짜와 점수를 적고 계획에 맞춰 학습하세요.

	1일차	2일차	3일차	4일차	5일차	6일차
1주	유형 분석	기출문제 01회	기출문제 02회	실전모의고사 01회	실전모의고사 02회	실전모의고사 03회
	월 일	월 일 _____점	월 일 _____점	월 일 _____점	월 일 _____점	월 일 _____점
	7일차	**8일차**	**9일차**	**10일차**	**11일차**	**12일차**
2주	실전모의고사 04회	실전모의고사 05회	실전모의고사 06회	실전모의고사 07회	실전모의고사 08회	실전모의고사 09회
	월 일 _____점	월 일 _____점	월 일 _____점	월 일 _____점	월 일 _____점	월 일 _____점
	13일차	**14일차**	**15일차**	**16일차**	**17일차**	**18일차**
3주	실전모의고사 10회	실전모의고사 11회	실전모의고사 12회	실전모의고사 13회	실전모의고사 14회	실전모의고사 15회
	월 일 _____점	월 일 _____점	월 일 _____점	월 일 _____점	월 일 _____점	월 일 _____점
	19일차	**20일차**	**21일차**	**22일차**	**23일차**	**24일차**
4주	실전모의고사 16회	실전모의고사 17회	실전모의고사 18회	고난도 실전모의고사 01회	고난도 실전모의고사 02회	어휘 총 정리
	월 일 _____점	월 일 _____점	월 일 _____점	월 일 _____점	월 일 _____점	월 일 _____점

능률 중학영어듣기
모의고사 22회
Level 1

PART
01

기출 탐구

- 유형 분석
- 기출문제 2회

주제 · 화제 파악

1 먼저 선택지를 보고, 어떤 주제나 화제의 내용이 나올지 예상해 본다.
2 대화나 담화 중 주제를 나타내는 키워드가 명확히 제시되는 경우가 많으므로 놓치지 않고 들어야 한다.
3 사물이나 동물을 설명하는 문제의 경우, 특징을 나타내는 어휘나 표현을 잘 듣는다.

기출 맛보기 🍋

다음을 듣고, 'this'가 가리키는 것으로 가장 적절한 것을 고르시오.

① 　② 　③ 　④ 　⑤

W: People may use this when they travel. Other people use this to get exercise. This usually has two wheels and doesn't need electric power. For your safety, don't forget to wear a helmet when you use this. What is this?

여: 사람들은 이동할 때 이것을 사용할 수 있습니다. 다른 사람들은 운동을 하기 위해 이것을 사용합니다. 이것은 보통 두 개의 바퀴가 있고, 전기가 필요하지 않습니다. 안전을 위해서, 이것을 사용할 때 헬멧 쓰는 것을 잊지 마세요. 이것은 무엇일까요?

문제 해설 ② 이동하거나 운동할 때 사용하고, 바퀴가 두 개이며 전기가 필요하지 않은 것은 자전거이다.

주제를 나타내는 표현

- 일상 주제　　How was your vacation[weekend]? 방학[주말]은 어땠니?
　　　　　　　　What is your favorite subject? 네가 가장 좋아하는 과목이 뭐니?
　　　　　　　　What do you like to do when you're free? 여가 시간에 뭘 하는 것을 좋아하니?

- 특정 주제　　We should not waste energy. 우리는 에너지를 낭비해서는 안 돼.
　　　　　　　　Do you know about this new game app? 이 새로운 게임 앱에 대해 알고 있니?
　　　　　　　　Shopping online is so convenient. 온라인으로 쇼핑하는 건 정말 편리해.

화제를 나타내는 표현

- 종류　　　　This is a kind of sport. 이것은 스포츠의 한 종류입니다.　　This is a large animal. 이것은 큰 동물입니다.

- 형태　　　　This is a long stick. 이것은 긴 막대입니다.　　This has a short neck. 이것의 목은 짧습니다.

- 특징과 쓰임　This lives in Australia. 이것은 호주에 삽니다.
　　　　　　　　It usually smells good. 그것은 보통 좋은 향기가 납니다.
　　　　　　　　You can hit a home run with it. 그것으로 홈런을 칠 수 있습니다.
　　　　　　　　Many people use this when reading at night. 많은 사람들이 밤에 독서할 때 이것을 사용합니다.

유형 분석

02 그림 정보 파악

1 먼저 선택지의 그림을 보며, 무엇에 관한 내용일지 생각해 보고 그림의 차이점을 파악한다.

2 대화 속의 무늬, 모양, 특징, 위치 등을 나타내는 어휘나 표현에 주의를 기울여 듣는다.

3 대화 중에 화자의 선택이 바뀔 수 있으므로 끝까지 듣고 정답을 고른다.

기출 맛보기 🍋

대화를 듣고, 남자가 선택할 물건으로 가장 적절한 것을 고르시오.

①   ②   ③   ④   ⑤

W: Hello. Can I help you?

M: Yes, I need a baseball cap for my son.

W: Okay. What about this one with a dolphin on it?

M: Well, I want that one with a bear on it. He likes bears.

W: Good choice. Many boys like that cap.

여: 안녕하세요. 도와드릴까요?

남: 네, 아들에게 줄 야구 모자가 필요해요.

여: 알겠습니다. 돌고래가 있는 이건 어떠세요?

남: 음, 곰이 있는 저걸 원해요. 아이가 곰을 좋아하거든요.

여: 좋은 선택이에요. 많은 남자아이들이 저 모자를 좋아해요.

문제 해설 ② 남자는 아들이 좋아하는 곰이 있는 모자를 원한다고 했다.

그림 묘사에 쓰이는 어휘 및 표현

• 무늬	checked 체크무늬의	stripe 줄무늬	polka dot 물방울무늬
• 모양	circle 원	round 둥근	triangle 삼각형	rectangle 직사각형
	square 정사각형		
• 위치	front 정면	inside 안[속]에	behind 뒤에	outside 밖에

• 그림 묘사

How about that mug with a heart shape? 하트 모양이 있는 저 머그잔은 어떠세요?

I like the one with the rabbit on it. 저는 토끼가 있는 것이 좋아요.

I want a bag with two pockets on the front. 저는 앞쪽에 두 개의 주머니가 있는 가방을 원해요.

I like the flower pattern. 저는 꽃무늬가 좋아요.

유형 분석
03

세부 정보 파악

1 먼저 지시문을 읽고, 어떤 정보를 찾아야 하는지 파악한다.
2 날씨를 묻는 문제의 경우, 서로 다른 시간대의 날씨나 여러 지역의 날씨가 한꺼번에 나오므로 주의하여 듣는다.
3 장래 희망을 묻는 문제의 경우, 취미나 관심사에 주의하여 듣는다. 단, 취미나 관심사와는 다른 직업을 원할 수도 있으므로 끝까지 잘 듣는다.
4 교통수단을 묻는 문제의 경우, 대화 중에 화자의 선택이 바뀔 수 있으므로 끝까지 듣고 정답을 고른다.

기출 맛보기

다음을 듣고, 오늘 오후의 날씨로 가장 적절한 것을 고르시오.

①   ②   ③   ④   ⑤

W: Good morning. This is today's weather report. This morning, it's cold and a little cloudy, but the weather will get warmer. In the afternoon, it'll be sunny. It'll be good for doing outdoor activities. Thank you.

여: 안녕하세요. 오늘의 일기 예보입니다. 오늘 아침에는 춥고 약간 흐리겠으나, 날씨는 더 따뜻해질 것입니다. 오후에는 화창하겠습니다. 야외 활동을 하기에 좋을 것입니다. 감사합니다.

[문제 해설] ② 오전에는 춥고 흐리지만 더 따뜻해져 오후에는 화창할 것이라고 했다.

날씨와 관련된 어휘 및 표현

• 날씨		
weather forecast 일기 예보	sunny 화창한	cloudy 흐린, 구름이 잔뜩 낀
rainy 비 오는	foggy 안개 낀	windy 바람이 부는
snowy 눈 오는	stormy 폭풍우 치는	warm 따뜻한
hot 더운	cool 시원한	cold 추운
chilly 쌀쌀한	shower 소나기	yellow dust 황사

It will be cloudy in Seoul all day. 서울은 종일 흐릴 것입니다.
Sydney will have sunny skies. 시드니의 하늘은 화창할 것입니다.
The rain will stop on Saturday night. 비는 토요일 밤에 그치겠습니다.
It will get warmer later this afternoon. 오늘 오후부터 더 따뜻해지겠습니다.
Don't forget to bring your umbrella. 우산 가져가는 것을 잊지 마세요.
Be careful not to catch a cold. 감기 걸리지 않게 조심하세요.

장래 희망과 관련된 어휘 및 표현

- **직업**

writer 작가	poet 시인	artist 예술가, 화가	painter 화가
singer 가수	doctor 의사	nurse 간호사	photographer 사진작가
model 모델	police 경찰	cook 요리사	scientist 과학자
athlete 운동선수	teacher 교사	actor 배우	cartoonist 만화가

- **직업 묻고 답하기**

  What do you want to be in the future? 장래에 뭐가 되고 싶니?

  I want to be an artist. 나는 예술가가 되고 싶어.

  I want to become a photographer when I grow up. 나는 자라서 사진작가가 되고 싶어.

- **취미와 관심사**

  You're good at writing poems. 너는 시를 잘 써.

  I love drawing pictures. 나는 그림 그리는 것을 좋아해.

교통수단과 관련된 어휘 및 표현

- **교통수단**

  stop 정류장　　station 역　　ride 타다　　park 주차하다　　on foot 도보로

  by bus[subway/taxi/plane] 버스[지하철/택시/비행기]를 타고

  drive a car 차를 운전하다　　　　　　catch a taxi[cab] 택시를 잡다

  heavy traffic 많은 교통량　　　　　　get on[off] 타다[내리다]

  How do you get there? 그곳에 어떻게 가니?

  I go to school on foot. / I walk to school. 나는 걸어서 학교에 가.

  I'm going to take a train[bus/taxi/subway]. 나는 기차[버스/택시/지하철]를 탈 거야.

  The airplane is much faster. 비행기가 훨씬 더 빨라.

  It takes long to get there by bus. 버스로 그곳에 가는 것은 오래 걸려.

유형 분석 04 의도 · 이유 파악

1 의도를 묻는 문제의 경우, 거절, 충고, 제안, 요청 등의 상황별 표현을 익혀 두면 좋다.
2 이유를 묻는 문제의 경우, 대화 중 이유를 직접적으로 묻는 경우가 많으므로 그에 대한 대답을 집중해서 듣는다.

기출 맛보기 🍋

대화를 듣고, 남자가 한 마지막 말의 의도로 가장 적절한 것을 고르시오.

① 거절   ② 동의   ③ 제안   ④ 축하   ⑤ 위로

··

[Cell phone rings.]

W: Hi, Kevin. Where are you?

M: I'm at home. Why?

W: I have two K-pop concert tickets. Do you want to see the concert with me?

M: I'm sorry, but I can't. I don't feel well today.

[휴대전화가 울린다.]

여: 안녕, Kevin. 너 어디니?

남: 나 집이야. 왜?

여: 나한테 K-pop 콘서트 입장권이 두 장 있거든. 나와 함께 보러 갈래?

남: 미안하지만, 갈 수 없어. 오늘 몸이 좋지 않아.

··

문제 해설 ① 남자는 함께 콘서트를 보러 가자는 여자의 제안을 몸이 좋지 않아 갈 수 없다고 거절하고 있다.

의도를 나타내는 표현

• 거절	I'm so sorry, but I can't do it. 죄송하지만, 그것을 할 수 없어요. No, thanks. I'm full. 아니에요. 배불러요.
• 위로	That's too bad. I'm so sorry. 그것 참 안됐다. 유감이야.
• 제안	Why don't you go to see a doctor? 진찰을 받는 것이 어때? How[What] about joining our club? 우리 동아리에 가입하는 것이 어때? Do you want to play soccer after school tomorrow? 내일 방과 후에 축구 하고 싶니?
• 요청	Can you turn on the heater? 히터 좀 켜 줄래?
• 축하	Congratulations! 축하해!
• 사과	I'm so sorry. I won't do it again. 정말 미안해. 다신 그러지 않을게.
• 감사	Thank you so much. / I really appreciate it. 정말 고맙습니다.
• 허락	You may go now. 이제 가도 돼.
• 승낙	No problem. (부탁·질문에) 그렇게 해요. Sure. I'd really like to. 물론이죠. 저도 정말 그러고 싶어요.
• 칭찬	You did a good job. 정말 잘했어.

14

- 충고   You'd better get more sleep. 너는 잠을 더 자야 해.
          You should do your homework first. 너는 숙제를 먼저 해야 해.

이유를 나타내는 표현

- 이유 묻기   Why didn't you do your homework? 왜 숙제를 하지 않았니?
              What do you like about him? 그의 어떤 점을 좋아하니?
              What happened? You look worried. 무슨 일이 있었어? 걱정이 있어 보여.

- 이유 대답   I'm busy because I have many things to do. 나는 할 일이 많아서 바빠.
              I can't go because I have to look after my sister. 나는 여동생을 돌봐야 해서 갈 수 없어.
              I'm here to pick up my order. 제가 주문한 것을 찾으러 왔습니다.

언급하지 않은 내용 찾기

1 먼저 선택지를 읽고, 어떤 내용이 나올지 생각해 본다.
2 담화의 내용이 선택지 순서대로 언급되므로, 들려주는 내용과 선택지를 비교해 가며 오답을 하나씩 지우면서 정답을 찾는다.
3 담화에 언급된 일부 어휘만 듣고 오답을 고르지 않도록 주의한다.

기출 맛보기

다음을 듣고, 남자가 자신에 대해 언급하지 <u>않은</u> 것을 고르시오.

① 이름   ② 나이   ③ 고향   ④ 특기   ⑤ 장래 희망

M: Hi, everyone. Nice to meet you. Let me introduce myself. My name is Thomas Carter. I'm 14 years old. My hometown is New York. My dream is to become a teacher someday. I want to make many new friends here. Thank you.

남: 안녕하세요, 여러분. 만나서 반갑습니다. 제 소개를 하겠습니다. 제 이름은 Thomas Carter입니다. 저는 14살입니다. 제 고향은 뉴욕입니다. 제 꿈은 언젠가 교사가 되는 것입니다. 저는 여기서 친구를 많이 만들고 싶습니다. 감사합니다.

[문제 해설] ④ 이름(Thomas Carter), 나이(14살), 고향(뉴욕), 장래 희망(교사)에 대해서는 언급하였으나, 특기는 언급하지 않았다.

언급 문제에 자주 쓰이는 표현

- 인물 소개

I'd like to introduce my friend Harry. 제 친구 Harry를 소개하려고 합니다.
My name is Andy Ford. 제 이름은 Andy Ford입니다.
I'm 15 years old. 저는 15살입니다.
She was born in Canada, but she lives in Seoul. 그녀는 캐나다에서 태어났지만, 서울에 삽니다.
My favorite sport is soccer. 제가 가장 좋아하는 운동은 축구입니다.
She teaches math in middle school. 그녀는 중학교에서 수학을 가르칩니다.
I want to be a singer. 저는 가수가 되고 싶습니다.

- 수업 소개

Class hours are from 2 to 3 p.m. 수업 시간은 오후 2시에서 3시까지입니다.
We meet on Wednesdays and Fridays. 우리는 매주 수요일과 금요일에 만납니다.
You will learn how to play the guitar. 여러분은 기타를 연주하는 법을 배우게 될 것입니다.
We will meet in the music room. 우리는 음악실에서 만날 것입니다.

유형 분석 06 숫자 정보 파악

1 먼저 지시문을 읽고, 파악해야 하는 내용이 무엇인지 확인한다.
2 시각을 묻는 문제의 경우, '더 일찍, 늦게'와 같은 표현에 주의하면서 듣는다.
3 금액을 묻는 문제의 경우, 살 물건의 정가, 개수, 할인율, 쿠폰 여부 등의 정보에 주의하며 듣는다.

기출 맛보기

대화를 듣고, 두 사람이 만날 시각을 고르시오.

① 6:00   ② 6:30   ③ 7:00   ④ 7:30   ⑤ 8:00

W: John, let's go jogging tomorrow morning.
M: Okay. What time shall we meet? I get up at 6 o'clock.
W: Then, how about 6:30?
M: That's too early. Let's meet at 7 o'clock.
W: Okay. See you then.

여: John, 내일 아침에 조깅하러 가자.
남: 그래. 몇 시에 만날까? 나는 6시에 일어나.
여: 그러면, 6시 30분 어때?
남: 그건 너무 일러. 7시에 만나자.
여: 알았어. 그때 보자.

문제 해설 ③ 여자는 6시 30분에 만나자고 했으나 남자가 너무 이르다며 7시에 만나자고 했다.

시각과 관련된 어휘 및 표현

- **시각** quarter 15분   half 30분   late 늦은   at noon 정오에   at midnight 자정에

- **현재 시각** It's half past two. 2시 30분입니다.
  It's four thirty. 4시 30분입니다.
  It's a quarter to twelve. 11시 45분입니다.

- **약속 시각** Let's meet an hour earlier than that. 그것보다 한 시간 더 일찍 만나자.
  How about meeting in 40 minutes? 40분 후에 만나는 게 어때요?
  The concert starts in 10 minutes. 공연은 10분 후에 시작합니다.

금액과 관련된 어휘 및 표현

- **구매** total 총액   dozen 12개   change 거스름돈
  I'll take three. 세 개 살게요.
  Here's a twenty-dollar bill. 여기 20달러 지폐입니다.
  It is ten dollars each. 한 개에 10달러입니다.
  The total is thirty dollars. 총 30달러입니다.

- **할인** It's 20% off. 20% 할인입니다.

유형 분석 **07**

심정 추론

1 먼저 지시문을 읽고, 누구의 심정을 묻는지 파악한다.
2 감정을 나타내는 한두 단어보다는 전체적인 상황을 파악해야 하며, 화자의 어조도 주의 깊게 듣는다.
3 선택지가 영어로 출제되기도 하므로, 감정을 나타내는 어휘를 미리 익혀 둔다.

기출 맛보기

대화를 듣고, 남자의 심정으로 가장 적절한 것을 고르시오.

① sad   ② angry   ③ bored   ④ excited   ⑤ worried

M: Wendy, what are you going to do this weekend?
W: Well, I'm going to stay home all weekend. How about you?
M: I'm going to Jeju Island with my family.
W: That sounds wonderful!
M: Yes, I know. I can't wait.

남: Wendy, 이번 주말에 뭐 할 거야?
여: 음, 주말 내내 집에 있을 거야. 너는 어때?
남: 나는 우리 가족들과 함께 제주도에 가.
여: 정말 좋겠다!
남: 응, 맞아. 빨리 가고 싶어.

문제 해설 ④ 남자는 주말에 가족들과 제주도에 간다며 빨리 가고 싶다고 했으므로 신이 날(excited) 것이다.

심정을 나타내는 어휘 및 표현

- **긍정적 심정** happy 행복한   glad 기쁜   excited 신난   proud 자랑스러운

  I can't wait. 정말 기다려져. (신남)
  I'm really looking forward to this trip! 이 여행이 정말 기대돼! (신남)
  I'm so proud of you. 난 네가 정말 자랑스러워. (자랑스러움)

- **부정적 심정** angry 화가 난   upset 속상한   sad 슬픈   worried 걱정하는
  surprised 놀란   lonely 외로운   nervous 초조한   jealous 질투하는
  bored 지루해하는   scared 무서워하는

  I'm worried about the test tomorrow. 내일 시험이 걱정이야. (걱정)
  I didn't win the prize. 나는 상을 타지 못했어. (실망)
  I really miss her. 나는 정말 그녀가 보고 싶어. (그리움)
  I envy my sister. 나는 여동생이 부러워. (질투)

유형 분석 08

할 일 · 한 일 파악

1 먼저 지시문을 읽고, 두 화자 중에 누가 할 일 또는 한 일을 묻는지 파악한다.

2 할 일을 묻는 문제의 경우, 미래를 나타내는 동사에 유의하며 듣는다. 단, 대화 직후에 할 일을 묻는 경우에는 나중에 할 일과 혼동하지 않도록 주의한다.

기출 맛보기

대화를 듣고, 여자가 대화 직후에 할 일로 가장 적절한 것을 고르시오.

① 병원 가기   ② 스트레칭하기   ③ 다른 영화 찾기

④ 친구에게 전화하기   ⑤ 휴대전화 전원 끄기

W: Dad! My neck really hurts.	여: 아빠! 저 목이 너무 아파요.
M: Why?	남: 왜?
W: I don't know. I was just watching movies on my cell phone.	여: 모르겠어요. 전 그냥 제 휴대전화로 영화를 보고 있었어요.
M: Oh, maybe you looked down too much.	남: 오, 아래를 너무 많이 내려다봤나 보구나.
W: Ow! The pain is so strong.	여: 아! 통증이 너무 심해요.
M: Then, you should try stretching your neck.	남: 그렇다면, 목 스트레칭을 해 보렴.
W: Okay. I'll do that now.	여: 네. 지금 할게요.

문제 해설 ② 목 스트레칭을 해 보라는 남자의 말에 여자는 지금 하겠다고 했다.

할 일에 쓰이는 표현

- **대화 직후 할 일**   I'll book the ticket now. 내가 지금 표를 예매할게.

                     I'll send you my homework right now. 내가 지금 당장 숙제를 보낼게.

                     I will clean up the room right away. 내가 당장 방을 치울게.

                     I'll go get it from the car now. 내가 지금 차에 가서 가져올게.

한 일에 쓰이는 표현

- **한 일**   I planted flowers in my garden. 나는 내 정원에 꽃들을 심었어.

               I climbed Mt. Seorak with my family. 나는 가족들과 설악산에 올랐어.

               I made baby hats for my little brother at home. 나는 집에서 남동생을 위해 아기 모자를 만들었어.

유형 분석 09 · 장소 · 직업 · 관계 추론

1 장소, 직업, 관계를 묻는 문제의 경우, 대화의 주제나 화제가 답을 찾는 중요한 단서가 되므로 무엇에 관한 내용인지 파악하며 듣는다.
2 특정 장소, 직업, 관계에서 자주 쓰는 표현을 미리 익혀 둔다.

기출 맛보기

대화를 듣고, 남자의 직업으로 가장 적절한 것을 고르시오.

① 모델　　　② 안마사　　　③ 미용사　　　④ 피부 관리사　　　⑤ 은행원

M: Mrs. Banks. Long time no see.	남: Banks 씨. 오랜만에 뵙습니다.
W: Yes, I've been so busy. How are you?	여: 네, 제가 아주 바빴어요. 어떻게 지내세요?
M: Great, thanks. What can we do for you today?	남: 좋아요, 감사합니다. 오늘은 어떻게 해 드릴까요?
W: I need a haircut.	여: 머리를 잘라 주세요.
M: First, Jane will shampoo your hair, and then I'll cut it.	남: 먼저, Jane이 머리를 감겨 드릴 거고, 그러고 나서 제가 자르도록 하겠습니다.
W: Thank you. Carl, you always do a good job.	여: 고마워요. Carl, 당신은 항상 일을 잘 하시네요.

문제 해설 ③ 남자는 여자의 머리를 샴푸 후 잘라 주겠다고 했으므로, 남자의 직업으로 가장 적절한 것은 미용사이다.

장소를 나타내는 표현

• 도서관	I'd like to check out this book. 이 책을 대출하고 싶습니다.
	How long can I keep this book? 이 책을 얼마 동안 가지고 있을 수 있나요?
	Show me your ID card, please. 신분증 좀 보여 주세요.
• 극장	I'd like two tickets for *The Hunger Games*. 〈헝거 게임〉 표 두 장 주세요.
	When does the next movie start? 다음 영화는 몇 시에 시작하나요?
	All the tickets for that movie are sold out. 그 영화표는 모두 매진입니다.
	I'll get popcorn. 내가 팝콘을 살게.
• 공항	Would you like a window or an aisle seat? 창가 쪽 자리로 하시겠어요, 아니면 통로 쪽 자리로 하시겠어요?
	Your boarding gate is Gate 5. 탑승구는 5번입니다.
	You need to check in 2 hours before your flight. 탑승 2시간 전에 수속해야 합니다.
• 호텔	I'd like a double room for two nights. 이틀 밤 지낼 2인실을 예약하려고 합니다.
	I'd like to order room service for tomorrow morning. 내일 오전에 룸서비스를 주문하려고요.

- 점원 – 손님

What size do you want? 어떤 치수를 원하세요?

Do you have this in red? 이걸로 빨간색 있나요?

Can I try this on? 이걸 입어 봐도 될까요?

- 식당 종업원 – 손님

What can I get you? 무엇을 드시겠어요?

Can I take your order? 주문하시겠어요?

Can I have a coffee? 커피 한 잔 주시겠어요?

- 의사 – 환자

How do you feel today? 오늘 몸이 어떠세요?

I have a headache[sore throat/runny nose/cough/fever].
두통이 있어요[목이 아파요/콧물이 나요/기침이 나요/열이 나요].

Take the medicine three times a day. 하루에 세 번 약을 드세요.

- 승무원 – 승객

Switch your phone to airplane mode, sir. 전화기를 비행기 모드로 전환해 주세요, 손님.

Would you like something to drink? 마실 것을 좀 드릴까요?

Fasten your seat belt while seated. 앉아 계실 땐 안전벨트를 매 주세요.

Can I get an extra blanket, please? 담요 하나 더 주시겠어요?

- 교사 – 학생

Don't forget to do your homework. 숙제하는 것을 잊지 마세요.

Hand in your homework by this Friday. 숙제는 이번 주 금요일까지 제출하세요.

Do you have any questions? 질문 있나요?

- 택시 운전사 – 승객

Where are you heading? 어디로 가시나요?

Could you go faster? I'm late. 더 빨리 가 주실 수 있나요? 제가 늦어서요.

Here we are. This is Central Station. 도착했습니다. 여기가 센트럴 역입니다.

위치 찾기

1 목적지의 위치를 묻는 문제인 경우, 먼저 지도를 살펴보며 거리의 이름이나 건물의 위치 등을 파악한 후, 방향이나 위치를 나타내는 표현을 주의 깊게 들으면서 길을 따라가 목적지를 찾는다.
2 물건의 위치를 묻는 문제인 경우, 위, 아래, 옆 등 위치를 나타내는 전치사를 주의해서 듣는다.

기출 맛보기 🍋

대화를 듣고, 경찰서의 위치로 가장 알맞은 곳을 고르시오.

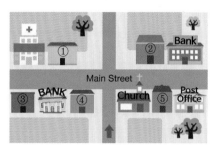

You are here!

M: Excuse me. How can I get to the police station?
W: Let me see. Go straight one block and turn right.
M: Go straight one block and turn right?
W: Yes. Then, walk straight a little farther. It'll be on your left next to the bank.
M: Oh, I see. Thank you very much.

남: 실례합니다. 경찰서에 어떻게 가나요?
여: 봅시다. 한 블록 직진하셔서 오른쪽으로 도세요.
남: 한 블록 직진하고 오른쪽으로 도나요?
여: 네. 그리고, 조금 더 직진하세요. 왼쪽에 은행 옆에 있을 거예요.
남: 아, 알겠습니다. 정말 감사합니다.

[문제 해설] ② 경찰서는 한 블록 직진해서 오른쪽으로 돈 후 조금 더 직진하면 왼쪽에 은행 옆에 있을 것이라고 했다.

목적지의 위치 찾기에 쓰이는 표현

* 길 묻기   How can I get to Seoul Station? 서울역에 어떻게 가나요?
           Where is the post office? 우체국이 어디에 있나요?
           Do you know where the nearest café is? 가장 가까운 카페가 어디 있는지 아시나요?
           I'm looking for City Hall. 저는 시청을 찾고 있습니다.
           Is there a hospital around here? 여기 근처에 병원이 있나요?

* 길 안내   Go straight two blocks and turn right[left]. 두 블록 직진해서 오른쪽[왼쪽]으로 도세요.
           It's right next to the library. 도서관 바로 옆에 있습니다.
           The bus stop is across from the bookstore. 버스 정류장은 서점 건너편에 있어요.
           It'll be on your left. It's next to the bank. 왼편에 있을 거예요. 은행 옆에 있습니다.
           It'll be on your right. It's between the fire station and the movie theater.
           오른편에 있을 거예요. 소방서와 영화관 사이에 있습니다.

• 위치를 나타내는 전치사	on ~ 위에	in ~ 안에	next to ~ 옆에	between ~ 사이에
	under ~ 아래에	behind ~ 뒤에	in front of ~ 앞에	

• 위치 묻기

Can you look on the sofa? 소파 위를 봐 줄래?

Where did you put my earphones? 내 이어폰 어디에 두었니?

Did you look on my desk? 내 책상 위를 봤니?

Did you see my bus card? 내 버스 카드 봤니?

Isn't it on the table? 그거 테이블 위에 있지 않니?

• 위치 답하기

It's on the sofa. 소파 위에 있어.

Here they are under the sofa. 여기 소파 아래에 있어.

I found it. It's under the table! 찾았어. 테이블 아래에 있어!

I think they're on my bed. 내 침대 위에 있는 것 같아.

I see them on your desk. 네 책상 위에 그것들이 보여.

I saw them on the bookshelf this afternoon. 오늘 오후에 책꽂이 위에서 그것들을 봤어.

유형 분석 11 · 부탁한 일 · 제안한 것 파악

1 먼저 지시문을 읽고, 두 화자 중에 누가 부탁한 것 또는 제안한 것을 묻는지 파악한다.
2 대화 마지막에 부탁이나 제안하는 내용이 바뀌기도 하므로 끝까지 주의해서 듣는다.

기출 맛보기 🍊

대화를 듣고, 여자가 남자에게 제안한 것으로 가장 적절한 것을 고르시오.

① 계획표 작성하기　　② 도서관 이용하기　　③ 인터넷 강의 듣기
④ 수업시간에 집중하기　　⑤ 공부 모임에 참여하기

M: Jane, I heard you got a good grade on the test.
W: Yes. I'm so happy.
M: How did you do so well on the test?
W: I studied with my friends. Why don't you join our study group?
M: Really? Thank you. I'd love to.

남: Jane, 네가 시험에서 좋은 성적을 받았다고 들었어.
여: 응. 정말 기뻐.
남: 어떻게 그렇게 시험을 잘 봤어?
여: 친구들과 함께 공부했어. 우리 공부 모임에 참여하는 게 어때?
남: 정말? 고마워. 정말 그러고 싶어.

문제 해설 ⑤ 시험을 잘 본 비결을 묻는 남자에게 여자는 자신이 속한 공부 모임에 참여할 것을 제안했다.

부탁 · 제안에 쓰이는 표현

• 부탁한 일
Wash these vegetables for me. 나 대신 이 채소 좀 씻어 줘.
Can you erase the blackboard? 칠판 좀 지워 줄래?
Can I borrow your book? 네 책을 빌릴 수 있을까?
Can you print out my science report for me? 나 대신 내 과학 보고서를 출력해 줄 수 있니?
Instead, can you go find your grandpa? 대신에, 가서 할아버지를 찾아봐 줄래?

• 제안한 것
Why don't you go to the hospital? 병원에 가는 게 어때?
Why don't we go to the library together? 우리 함께 도서관에 가는 게 어때?
What[How] about joining the art club? 미술 동아리에 가입하는 게 어때?
Let's have dinner at an Indian restaurant tonight. 오늘 밤에 인도 음식점에서 저녁 식사하자.
Let's go see a doctor right now. 지금 당장 병원에 가자.
I think you should say sorry to her. 네가 그녀에게 사과해야 할 것 같아.

마지막 말에 이어질 응답 찾기

1 대화를 듣기 전에 선택지를 미리 읽고 의미를 파악해 둔다.
2 마지막 문장을 놓치면 답을 고를 수 없으므로, 대화의 마지막 말을 잘 듣는 것이 가장 중요하다.
3 대화 중에 언급된 일부 단어나 표현을 포함한 오답을 고르지 않도록 주의한다.

기출 맛보기 🍊

대화를 듣고, 여자의 마지막 말에 이어질 남자의 말로 가장 적절한 것을 고르시오.

Man: _____

① I may be a bit late.   ② I met her 30 minutes ago.
③ At 6 o'clock every Saturday.   ④ Maybe with Mike and his sister.
⑤ The Chinese restaurant near our school.

W: You're meeting Susan at 6 o'clock, right?
M: Yes, we're planning to have dinner tonight.
W: Well, you should hurry up then. It's already 5:30.
M: Oh, really? Thanks, Mom.
W: Where are you going for dinner?
M: _____

여: 너 6시에 Susan을 만나기로 했지, 그렇지?
남: 네, 오늘 밤에 저녁을 먹기로 했어요.
여: 음, 그럼 서둘러야겠다. 지금 벌써 5시 30분이야.
남: 아, 정말이에요? 고마워요, 엄마.
여: 저녁 먹으러 어디로 가니?
남: 우리 학교 근처 중국음식점으로요.

문제 해설 ⑤ 여자가 저녁을 어디에서 먹을 것인지 물었으므로, 장소를 말하는 응답이 가장 적절하다.

① 저 조금 늦을지도 모르겠어요.   ② 저는 그 애를 30분 전에 만났어요.
③ 매주 토요일 6시 정각에요.   ④ 아마도 Mike와 그 애의 여동생이랑요.

마지막 말에 이어질 응답에 자주 나오는 대화

- 제안-승낙   A: Let's play basketball. 같이 농구 하자.
              B: Sounds great. 좋아.

- 제안-거절   A: Do you want to watch a movie together? 영화 같이 볼래?
              B: I'm sorry. I'm busy today. 미안해. 오늘 바빠.

- 주문   A: What can I get you? 무엇으로 하시겠어요?
              B: Can I have a cheeseburger, please? 치즈버거 하나 주시겠어요?

- 위로   A: My dog is sick. 내 개가 아파.
              B: Don't worry. She will get better soon. 걱정하지 마. 금방 좋아질 거야.

- 충고   A: I'm still writing my report. 나 아직도 보고서 쓰고 있어.
              B: You'd better finish it today. 오늘 끝내는 게 좋겠어.

기출문제 01 회

정답 및 해설 pp. 02~05

점수: /20

 보통 속도 듣기
 빠르게 듣기

01 다음을 듣고, 'I'가 무엇인지 가장 적절한 것을 고르시오.

①   ②   ③

④   ⑤

02 대화를 듣고, 여자가 구입할 선물 상자로 가장 적절한 것을 고르시오.

①   ②   ③

④   ⑤

03 다음을 듣고, 오늘 오후의 날씨로 가장 적절한 것을 고르시오.

04 대화를 듣고, 남자가 한 마지막 말의 의도로 가장 적절한 것을 고르시오.

① 항의   ② 거절   ③ 축하
④ 위로   ⑤ 허락

05 다음을 듣고, 여자가 선생님에 대해 언급하지 않은 것을 고르시오.

① 이름   ② 경력   ③ 과목
④ 취미   ⑤ 성격

06 대화를 듣고, 두 사람이 만날 시각을 고르시오.

① 1:00 p.m.   ② 1:30 p.m.   ③ 2:00 p.m.
④ 2:30 p.m.   ⑤ 3:00 p.m.

07 대화를 듣고, 남자의 장래 희망으로 가장 적절한 것을 고르시오.

① 농부   ② 배우   ③ 요리사
④ 성악가   ⑤ 건축가

08 대화를 듣고, 여자의 심정으로 가장 적절한 것을 고르시오.

① 지루함   ② 수줍음   ③ 슬픔
④ 기쁨   ⑤ 화남

09 대화를 듣고, 남자가 대화 직후에 할 일로 가장 적절한 것을 고르시오.

① 과제 제출하기
② 선생님 찾아가기
③ 온라인 강의 듣기
④ 친구에게 전화하기
⑤ 그룹 채팅방 만들기

10 대화를 듣고, 무엇에 관한 내용인지 가장 적절한 것을 고르시오.

① 입학 선물   ② 학교 소개
③ 학급 회의   ④ 가족사진
⑤ 앨범 구입

11 대화를 듣고, 남자가 이용할 교통수단으로 가장 적절한 것을 고르시오.

① 택시   ② 비행기   ③ 자전거
④ 지하철   ⑤ 셔틀버스

12 대화를 듣고, 여행 장소가 변경된 이유로 가장 적절한 것을 고르시오.

① 예산이 부족해서
② 비 예보가 있어서
③ 일정이 너무 빠듯해서
④ 다른 곳에 가보고 싶어서
⑤ 입장권을 구매하지 못해서

13 대화를 듣고, 두 사람이 대화하는 장소로 가장 적절한 곳을 고르시오.

① 서점   ② 식당   ③ 법원
④ 편의점   ⑤ 놀이공원

14 대화를 듣고, 우체국의 위치로 가장 알맞은 곳을 고르시오.

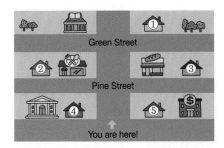

15 대화를 듣고, 여자가 남자에게 부탁한 일로 가장 적절한 것을 고르시오.

① 책 빌려주기   ② 짐 옮겨주기
③ 숙제 도와주기   ④ 영화 예매하기
⑤ 사진 찍어주기

16 대화를 듣고, 남자가 여자에게 제안한 것으로 가장 적절한 것을 고르시오.

① 봉사활동 하기   ② 집안 청소하기
③ 학원 등록하기   ④ 학생증 만들기
⑤ 교복 수선하기

17 대화를 듣고, 남자가 휴일에 한 일로 가장 적절한 것을 고르시오.

① 꽃 심기   ② 창문 닦기
③ 그림 그리기   ④ 뮤지컬 보기
⑤ 친구 만나기

18 대화를 듣고, 여자의 직업으로 가장 적절한 것을 고르시오.

① 은행원   ② 미술 교사
③ 심리 상담사   ④ 소아과 의사
⑤ 옷 가게 점원

[19-20] 대화를 듣고, 여자의 마지막 말에 이어질 남자의 말로 가장 적절한 것을 고르시오.

19 Man: _____

① I got up late.
② You're welcome.
③ I can't believe it.
④ You can swim well.
⑤ You play soccer often.

20 Man: _____

① See you again.
② It's not my fault.
③ It begins at 5 p.m.
④ I'm sorry, but I can't.
⑤ My hobby is reading books.

Dictation Test 01

01 화제 파악

다음을 듣고, 'I'가 무엇인지 가장 적절한 것을 고르시오.

① ② ③

④ ⑤

W: I have 1) _____ _____. My eyes are very big. I usually 2) _____ _____ _____. I live both in water and on land. I can 3) _____ _____ _____. What am I?

02 그림 정보 파악

대화를 듣고, 여자가 구입할 선물 상자로 가장 적절한 것을 고르시오.

① ② ③

④ ⑤

W: Hello, I'm looking for a gift box.

M: We have square ones and round ones.

W: I 1) _____ _____ _____ _____.

M: Okay, how about this striped box?

W: Well... Can you show me another one?

M: We also have this round one 2) _____ _____ _____ _____.

W: I like stars. 3) _____ _____ _____.

03 세부 정보 파악

다음을 듣고, 오늘 오후의 날씨로 가장 적절한 것을 고르시오.

①  ② ③

④ ⑤

W: Good morning. Here's the weather news. We have clear blue skies now. However, we 1) _____ _____ _____ this afternoon. The rain will 2) _____ _____ _____ _____. When you go out in *the afternoon, 3) _____ _____ _____ with you.

04 의도 파악 🇬🇧

대화를 듣고, 남자가 한 마지막 말의 의도로 가장 적절한 것을 고르시오.

① 항의   ② 거절   ③ 축하
④ 위로   ⑤ 허락

[Cell phone rings.]

W: Hey, what's up?

M: Hi. Do you want to play tennis together?

W: 1) _____ _____ _____, but I can't.

M: Why not?

W: My mom is sick. So, I should 2) _____ _____ _____ _____.

M: I'm sorry to hear that. I hope she 3) _____ _____ _____.

---

05 언급하지 않은 내용 찾기

다음을 듣고, 여자가 선생님에 대해 언급하지 않은 것을 고르시오.

① 이름   ② 경력   ③ 과목
④ 취미   ⑤ 성격

W: Hi, class. Let me introduce my favorite teacher to you. Her name is Yumin Lee. She 1) _____ _____. I like her lessons very much. Her 2) _____ _____ _____. Many students like her because she is 3) _____ _____ _____.

---

06 숫자 정보 파악

대화를 듣고, 두 사람이 만날 시각을 고르시오.

① 1:00 p.m.   ② 1:30 p.m.   ③ 2:00 p.m.
④ 2:30 p.m.   ⑤ 3:00 p.m.

M: Hi, Stacy. There is a free cooking class this afternoon.

W: Really? 1) _____ _____ _____ _____ together?

M: Sounds good. It starts at 3 p.m.

W: Then, I'll 2) _____ _____ _____ _____ at 2:30.

M: We'll be late. 3) _____ _____ _____?

W: 2 o'clock? Okay. I'll see you then.

---

07 세부 정보 파악

대화를 듣고, 남자의 장래 희망으로 가장 적절한 것을 고르시오.

① 농부   ② 배우   ③ 요리사
④ 성악가   ⑤ 건축가

M: Olivia, would you like some tomatoes?

W: I'd love some. They look fresh.

M: They are. My dad grew them.

W: Really? He's 1) _____ _____ _____ _____.

M: Yes. He's a farmer. And I want to 2) _____ _____ _____ like him.

W: I believe you can be.

M: Thanks. I'll 3) _____ _____ _____ _____ someday.

대화를 듣고, 여자의 심정으로 가장 적절한 것을 고르시오.

① 지루함   ② 수줍음   ③ 슬픔
④ 기쁨   ⑤ 화남

M: Anna, is this your cell phone?

W: Oh, [1) _____ _____ ! I was looking for it everywhere.

M: I knew it was yours!

W: I'm so glad [2) _____ _____ _____ . Where was it?

M: It was in the playground next to the bench.

W: Thank you! [3) _____ _____ _____ _____ .

대화를 듣고, 남자가 대화 직후에 할 일로 가장 적절한 것을 고르시오.

① 과제 제출하기
② 선생님 찾아가기
③ 온라인 강의 듣기
④ 친구에게 전화하기
⑤ 그룹 채팅방 만들기

∗Focus on Sound   talk about

자음의 끝과 모음의 처음이 만나면 연음되어 [토크 어바웃]이 아닌 [토커바웃]으로 발음된다.

W: Peter, we should ∗talk about our group project.

M: But Kevin is not here today.

W: Then how can we [1) _____ _____ _____ ?

M: Let's make a group chat room online.

W: Sounds great! Then, Kevin can also [2) _____ _____ _____ .

M: Right. I'll [3) _____ _____ _____ _____ _____ right away.

대화를 듣고, 무엇에 관한 내용인지 가장 적절한 것을 고르시오.

① 입학 선물   ② 학교 소개
③ 학급 회의   ④ 가족사진
⑤ 앨범 구입

M: Wow, you decorated your room with lots of pictures.

W: Yeah, these are [1) _____ _____ _____ .

M: Cool! Is he your dad?

W: That's right. And [2) _____ _____ _____ and sister.

M: I see. And your dog is in almost every family picture.

W: He [3) _____ _____ _____ _____ with us, too.

11 세부 정보 파악

대화를 듣고, 남자가 이용할 교통수단으로 가장 적절한 것을 고르시오.

① 택시 ② 비행기 ③ 자전거
④ 지하철 ⑤ 셔틀버스

W: Hojun, how will you 1) _____ _____ _____ _____ this weekend?
M: I'm not sure, Mom.
W: You have to carry a heavy bag. How about 2) _____ _____ _____?
M: It may be expensive.
W: Then, why don't you 3) _____ _____ _____ _____? It's cheaper.
M: A shuttle bus? That sounds good.

12 이유 파악 🇬🇧

대화를 듣고, 여행 장소가 변경된 이유로 가장 적절한 것을 고르시오.

① 예산이 부족해서
② 비 예보가 있어서
③ 일정이 너무 빠듯해서
④ 다른 곳에 가보고 싶어서
⑤ 입장권을 구매하지 못해서

W: Jake, you are going to Bukhansan Mountain next week, right?
M: I was going to, but the 1) _____ _____.
W: Why? You really wanted to go.
M: But the news said it 2) _____ _____ _____ _____ next week.
W: Yeah, hiking can be dangerous when it rains.
M: Right. So I 3) _____ _____ _____ to National Museum.

13 장소 추론

대화를 듣고, 두 사람이 대화하는 장소로 가장 적절한 곳을 고르시오.

① 서점 ② 식당 ③ 법원
④ 편의점 ⑤ 놀이공원

M: Wow! Look at the line over there, Jina.
W: Is that the waiting line 1) _____ _____ _____ _____?
M: Yes. I think we'll have to wait for more than an hour.
W: Oh, no. Then, let's 2) _____ _____ _____.
M: I agree. Why don't we 3) _____ _____ _____ first?
W: Good! I like bumper cars, too.
M: Let's go!

14 위치 찾기

대화를 듣고, 우체국의 위치로 가장 알맞은 곳을 고르시오.

W: Excuse me. Is there a post office around here?

M: Yes, 1) _____ _____ _____ _____.

W: How can I get there from here?

M: Hmm... Go straight one block and 2) _____ _____ on Pine Street.

W: On Pine Street?

M: Yes, the post office will be on your left. It's 3) _____ _____ _____ _____.

---

15 부탁한 일 파악

대화를 듣고, 여자가 남자에게 부탁한 일로 가장 적절한 것을 고르시오.

① 책 빌려주기　　② 짐 옮겨주기

③ 숙제 도와주기　　④ 영화 예매하기

⑤ 사진 찍어주기

Focus on Sound　did you

[d]가 뒤의 반모음 [j]를 만나면 동화되어 [디드유]가 아닌 [디쥬]로 발음된다.

W: Alex, I watched the movie, *Little Women*.

M: *Did you? It is also a 1) _____ _____.

W: Really? I didn't know that. Do you have the book?

M: Of course, it's my favorite.

W: Then, can I 2) _____ _____ _____?

M: Sure, 3) _____ _____ _____ tomorrow.

---

16 제안한 것 파악

대화를 듣고, 남자가 여자에게 제안한 것으로 가장 적절한 것을 고르시오.

① 봉사활동 하기　　② 집안 청소하기

③ 학원 등록하기　　④ 학생증 만들기

⑤ 교복 수선하기

M: Emma, what are you going to do this Sunday?

W: I'm going to stay at home. What about you?

M: I'll 1) _____ _____ _____ at the animal care center.

W: Oh, what do you do there?

M: I usually 2) _____ _____ _____.

W: That's cool!

M: 3) _____ _____ _____ _____? They need more volunteers.

W: Okay, I'll join you.

---

17 한 일 파악

대화를 듣고, 남자가 휴일에 한 일로 가장 적절한 것을 고르시오.

① 꽃 심기　　② 창문 닦기

③ 그림 그리기　　④ 뮤지컬 보기

⑤ 친구 만나기

W: Good morning, Namhoon. How was your holiday?

M: It was great! I 1) _____ _____ in my garden.

W: That's interesting! What kind of flowers did you plant?

M: They were roses and sunflowers. I hope 2) _____ _____ _____.

W: Wow, you 3) _____ _____ _____ _____.

18 [직업 추론]

대화를 듣고, 여자의 직업으로 가장 적절한 것을 고르시오.

① 은행원　　　② 미술 교사
③ 심리 상담사　④ 소아과 의사
⑤ 옷 가게 점원

W: May I help you?

M: Yes, I'd like to 1) _____ _____ _____ _____.

W: This one? It's selling very well.

M: Do you have it 2) _____ _____ _____ _____? It looks too small for me.

W: Sure, we have this shirt in a large size. Here it is.

M: Thanks. 3) _____ _____ _____ _____?

W: It's over there.

19 [마지막 말에 이어질 응답 찾기]

대화를 듣고, 여자의 마지막 말에 이어질 남자의 말로 가장 적절한 것을 고르시오.

Man: _____

① I got up late.
② You're welcome.
③ I can't believe it.
④ You can swim well.
⑤ You play soccer often.

* Focus on Sound　don't worry

[t]는 단어 끝에서 거의 발음되지 않아 [돈트 워리]가 아닌 [돈워리]로 발음된다.

M: Kelly, how are you doing these days?

W: Hi, Mr. Kim. Classes are fine, but I want to 1) _____ _____ _____.

M: Then, would you join my art club? You can make friends there.

W: But, I'm 2) _____ _____ _____ _____.

M: *Don't worry. I will help you.

W: Really? Then I'll try it. 3) _____ _____ _____ _____ me.

M: You're welcome.

20 [마지막 말에 이어질 응답 찾기] 🇬🇧

대화를 듣고, 여자의 마지막 말에 이어질 남자의 말로 가장 적절한 것을 고르시오.

Man: _____

① See you again.
② It's not my fault.
③ It begins at 5 p.m.
④ I'm sorry, but I can't.
⑤ My hobby is reading books.

[Cell phone rings.]

W: Hello.

M: Hello, Tiffany. This is Mark.

W: Hey, what's up?

M: 1) _____ _____ _____ this Sunday?

W: No, I'm free this weekend.

M: Good. I'm going to 2) _____ _____ _____ _____ on Sunday. Can you come?

W: Of course, I can. 3) _____ _____ does the party start?

M: It begins at 5 p.m.

기출문제 02회

 보통속도 듣기 빠르게 듣기

01 다음을 듣고, 'this'가 가리키는 것으로 가장 적절한 것을 고르시오.

02 대화를 듣고, 여자가 구입할 꽃병으로 가장 적절한 것을 고르시오.

03 다음을 듣고, 내일의 날씨로 가장 적절한 것을 고르시오.

04 대화를 듣고, 남자가 한 마지막 말의 의도로 가장 적절한 것을 고르시오.
① 위로　　② 사과　　③ 축하
④ 칭찬　　⑤ 제안

05 다음을 듣고, 남자가 앱에 대해 언급하지 <u>않은</u> 것을 고르시오.
① 이름　　② 제작자　　③ 평점
④ 기능　　⑤ 가격

06 대화를 듣고, 두 사람이 만날 시각을 고르시오.
① 1:30 p.m.　② 2:00 p.m.　③ 2:30 p.m.
④ 3:00 p.m.　⑤ 3:30 p.m.

07 대화를 듣고, 여자의 장래 희망으로 가장 적절한 것을 고르시오.
① 발레리나　　② 아나운서　　③ 사진작가
④ 기타리스트　⑤ 패션 디자이너

08 대화를 듣고, 남자의 심정으로 가장 적절한 것을 고르시오.
① shy　　② bored　　③ angry
④ happy　　⑤ nervous

09 대화를 듣고, 남자가 대화 직후에 할 일로 가장 적절한 것을 고르시오.
① 세차하기　　　　② 마트 방문하기
③ 옷장 정리하기　　④ 영화 예매하기
⑤ 핸드크림 가져오기

10 대화를 듣고, 무엇에 관한 내용인지 가장 적절한 것을 고르시오.
① 설문지 작성　　　② 영화제 방문
③ 캠페인 참여　　　④ 도시락 준비
⑤ 봉사활동 신청

11 대화를 듣고, 두 사람이 함께 이용할 교통수단으로 가장 적절한 것을 고르시오.

① 택시   ② 버스   ③ 기차
④ 지하철   ⑤ 자전거

12 대화를 듣고, 여자에게 매트가 필요한 이유로 가장 적절한 것을 고르시오.

① 짐을 옮기기 위해서
② 소풍을 가기 위해서
③ 방을 꾸미기 위해서
④ 물건을 올려두기 위해서
⑤ 집에서 운동하기 위해서

13 대화를 듣고, 두 사람이 대화하는 장소로 가장 적절한 곳을 고르시오.

① 도서관   ② 안경점   ③ 영화관
④ 미용실   ⑤ 우체국

14 대화를 듣고, 여자가 찾는 열쇠의 위치로 가장 알맞은 곳을 고르시오.

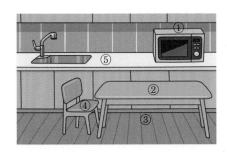

15 대화를 듣고, 남자가 여자에게 부탁한 일로 가장 적절한 것을 고르시오.

① 보고서 출력하기
② 프린터 수리하기
③ 과학 노트 빌려주기
④ 도서관에 책 반납하기
⑤ 선생님께 이메일 보내기

16 대화를 듣고, 여자가 남자에게 제안한 것으로 가장 적절한 것을 고르시오.

① 병원 가기   ② 천천히 먹기
③ 친구 초대하기   ④ 식사 전 손 씻기
⑤ 규칙적으로 운동하기

17 대화를 듣고, 두 사람이 오늘 오후에 할 일로 가장 적절한 것을 고르시오.

① 공부하기   ② 산책하기
③ 배드민턴 치기   ④ 보드게임 하기
⑤ TV 시청하기

18 대화를 듣고, 여자의 직업으로 가장 적절한 것을 고르시오.

① 서예가   ② 경찰관
③ 웹툰 작가   ④ 테니스 선수
⑤ 비행기 조종사

[19-20] 대화를 듣고, 여자의 마지막 말에 이어질 남자의 말로 가장 적절한 것을 고르시오.

19 Man: _____

① No, it isn't.
② Sure, why not?
③ She likes singing.
④ I think it's too small.
⑤ What do you do for fun?

20 Man: _____

① How about 5 o'clock?
② I met them yesterday.
③ It's the big green one.
④ He is watching a movie.
⑤ She was my homeroom teacher.

Dictation Test 02

01 화제 파악

다음을 듣고, 'this'가 가리키는 것으로 가장 적절한 것을 고르시오.

① ② ③

④ ⑤

M: You can see this 1) _____ _____ _____. It has 2) _____ _____ _____ _____. You put foods and drinks in it. It 3) _____ _____ _____ and drinks cool. What is this?

02 그림 정보 파악

대화를 듣고, 여자가 구입할 꽃병으로 가장 적절한 것을 고르시오.

① ② ③

④ ⑤

M: May I help you?

W: Yes, I'm 1) _____ _____ _____ _____ for my mom.

M: What about this one with a big star on it? It's 2) _____ _____ _____ _____.

W: I like the star, but I think it's too big.

M: Then, you may like this one. It 3) _____ _____ _____ _____ on it.

W: It's great! I'll take it.

03 세부 정보 파악

다음을 듣고, 내일의 날씨로 가장 적절한 것을 고르시오.

① ② ③

④ 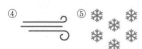 ⑤

W: Good morning. This is the daily weather report. Yesterday, there 1) _____ _____ _____, with sunny and clear skies. But today, it'll be 2) _____ _____ _____. From tomorrow, 3) _____ _____ _____ for the rest of the week. Have a great day!

04 의도 파악

대화를 듣고, 남자가 한 마지막 말의 의도로 가장 적절한 것을 고르시오.

① 위로 　② 사과 　③ 축하
④ 칭찬 　⑤ 제안

W: Andrew, what are you going to do this weekend?

M: Hi, Kate. I am going to the National Museum to ¹⁾ _____ _____ _____ _____.

W: Oh, I forgot about that.

M: You *have to do it by Monday.

W: Really? There's not much time. Can I ²⁾ _____ _____ _____ ?

M: Sure. Let's go and ³⁾ _____ _____ _____ _____.

---

05 언급하지 않은 내용 찾기 🇬🇧

다음을 듣고, 남자가 앱에 대해 언급하지 않은 것을 고르시오.

① 이름 　② 제작자 　③ 평점
④ 기능 　⑤ 가격

M: Hello. I'm Bill Jobs. I'd like to tell you about a new music app. Its name is Music Album. ¹⁾ _____ _____ _____ with my friends. You can ²⁾ _____ _____ _____ _____ with this app. You can download the app ³⁾ _____ _____ from the application market now.

---

06 숫자 정보 파악

대화를 듣고, 두 사람이 만날 시각을 고르시오.

① 1:30 p.m. 　② 2:00 p.m. 　③ 2:30 p.m.
④ 3:00 p.m. 　⑤ 3:30 p.m.

[Cell phone rings.]

M: Hey, Sujin! What's up?

W: Hey, Taemin! I'm calling to see ¹⁾ _____ _____ _____ _____ today.

M: The concert begins at 3 p.m., so what about 1:30 p.m.?

W: It's ²⁾ _____ _____ _____, but I'm okay with that.

M: Okay, then let's ³⁾ _____ _____ _____ p.m. in front of the ticket office.

W: Alright. See you then.

---

07 세부 정보 파악

대화를 듣고, 여자의 장래 희망으로 가장 적절한 것을 고르시오.

① 발레리나 　② 아나운서 　③ 사진작가
④ 기타리스트 　⑤ 패션 디자이너

M: Gloria, why do you have this picture on your desk?

W: Because the woman in the picture ¹⁾ _____ _____ _____ _____.

M: Cool. Who is she?

W: She is ²⁾ _____ _____ _____, Clara Bell.

M: Wow! So, do you *want to be like her in the future?

W: Yes. I want to be ³⁾ _____ _____ _____ someday.

M: Great!

08 심정 추론

대화를 듣고, 남자의 심정으로 가장 적절한 것을 고르시오.
① shy   ② bored   ③ angry
④ happy   ⑤ nervous

W: Look, Patrick! The sun ¹⁾ _____ _____ _____ !
M: It's beautiful! Happy new year, Mom!
W: Happy new year! How do you feel?
M: I ²⁾ _____ _____ _____ .
W: That's great. Did you make a wish?
M: Yes. I made a wish that our family ³⁾ _____ _____ _____ _____ .

---

09 할 일 파악

대화를 듣고, 남자가 대화 직후에 할 일로 가장 적절한 것을 고르시오.
① 세차하기   ② 마트 방문하기
③ 옷장 정리하기   ④ 영화 예매하기
⑤ 핸드크림 가져오기

★ Focus on Sound   thank you
자음의 끝과 반모음 [j]가 만나면 연음되어 [땡크유]가 아닌 [땡큐]로 발음된다.

W: Dad, ¹⁾ _____ _____ _____ the hand cream.
M: Oh! Your hands are dry?
W: Yes. But, I ²⁾ _____ _____ _____ in the bathroom.
M: Oh, yeah. I put the hand cream in the car.
W: Really? I need to use it.
M: ³⁾ _____ _____ _____ _____ from the car now.
W: *Thank you, Dad!

---

10 주제 파악 🏴󠁧󠁢󠁥󠁮󠁧󠁿

대화를 듣고, 무엇에 관한 내용인지 가장 적절한 것을 고르시오.
① 설문지 작성   ② 영화제 방문
③ 캠페인 참여   ④ 도시락 준비
⑤ 봉사활동 신청

W: Jaewon, are you going to the Seoul Movie Festival?
M: Of course. ¹⁾ _____ _____ _____ .
W: Me, too. There are going to be good movies there.
M: ²⁾ _____ _____ _____ _____ there together?
W: Sounds great! What about tomorrow?
M: That works. ³⁾ _____ _____ _____ in front of the Classic Theatre?
W: Okay, see you there.

---

11 세부 정보 파악

대화를 듣고, 두 사람이 함께 이용할 교통수단으로 가장 적절한 것을 고르시오.
① 택시   ② 버스   ③ 기차
④ 지하철   ⑤ 자전거

[Cell phone rings.]
M: Hey, Sena!
W: Hey, Jiho! Do you want to go to Forest Park?
M: Sure. ¹⁾ _____ _____ _____ _____ _____ ?
W: We can just ²⁾ _____ _____ _____ .
M: But, it will be very crowded on the bus now.
W: Right. Then, what about ³⁾ _____ _____ ?
M: Sounds good. We can also get some fresh air.
W: Great. Let's go now!

12 이유 파악 🇬🇧

대화를 듣고, 여자에게 매트가 필요한 이유로 가장 적절한 것을 고르시오.

① 짐을 옮기기 위해서
② 소풍을 가기 위해서
③ 방을 꾸미기 위해서
④ 물건을 올려두기 위해서
⑤ 집에서 운동하기 위해서

M: Yerin, do you need anything from the supermarket?

W: Yes, Dad. I 1) _____ _____ _____ .

M: Okay. What for?

W: As you know, I just 2) _____ _____ _____ _____
  *last week. So, I want to have one.

M: I see. 3) _____ _____ _____ for you.

W: Thank you.

---

13 장소 추론

대화를 듣고, 두 사람이 대화하는 장소로 가장 적절한 곳을 고르시오.

① 도서관   ② 안경점   ③ 영화관
④ 미용실   ⑤ 우체국

M: Have a seat here. [pause] First, 1) _____ _____ _____
  _____ . Can you read this?

W: Five, two, three.

M: Good. What about this?

W: Eight and... 2) _____ _____ _____ the next one.

M: Alright. Now cover your left eye and read this.

W: Seven, nine, and... [pause] I'm not sure.

M: Okay. Now look around and 3) _____ _____ _____
  _____ .

---

14 위치 찾기

대화를 듣고, 여자가 찾는 열쇠의 위치로 가장 알맞은 곳을 고르시오.

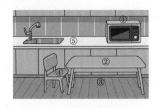

W: Hey, James. Can you get my key in the kitchen?

M: Okay, Mom. Where did you put it?

W: Maybe 1) _____ _____ _____ ?

M: No, it's not there.

W: Then, 2) _____ _____ _____ _____ .

M: Let me see. Oh, I found it. It's 3) _____ _____ _____ !

15 부탁한 일 파악

대화를 듣고, 남자가 여자에게 부탁한 일로 가장 적절한 것을 고르시오.

① 보고서 출력하기
② 프린터 수리하기
③ 과학 노트 빌려주기
④ 도서관에 책 반납하기
⑤ 선생님께 이메일 보내기

[Cell phone rings.]

M: Hello, Christine.

W: Hi, Nate. What's up?

M: My printer isn't working. 1) _____ _____ _____ _____ my science report for me?

W: Sure. Just 2) _____ _____ _____ _____.

M: Okay, just a second. *[typing sound]* I 3) _____ _____ _____ _____.

W: Let me check. *[pause]* I got it.

M: Thanks for your help.

---

16 제안한 것 파악

대화를 듣고, 여자가 남자에게 제안한 것으로 가장 적절한 것을 고르시오.

① 병원 가기
② 천천히 먹기
③ 친구 초대하기
④ 식사 전 손 씻기
⑤ 규칙적으로 운동하기

W: Sam, are you okay? You look sick.

M: Mom, I 1) _____ _____ _____.

W: But, you were fine at lunch.

M: I know. This pain started right after lunch.

W: Maybe you 2) _____ _____ _____?

M: No, I ate slowly. And, I think I have a fever.

W: Then, let's 3) _____ _____ _____ _____ right now.

M: Okay.

---

17 할 일 파악 🇬🇧

대화를 듣고, 두 사람이 오늘 오후에 할 일로 가장 적절한 것을 고르시오.

① 공부하기
② 산책하기
③ 배드민턴 치기
④ 보드게임 하기
⑤ TV 시청하기

[Cell phone rings.]

W: Hey, Tony, what are you doing?

M: Nothing much. What about you?

W: Just watching TV.

M: Do you want to go play badminton this afternoon?

W: That's a good idea, but it 1) _____ _____ _____.

M: Really? I didn't know that. I guess we 2) _____ _____ _____.

W: Then, how about 3) _____ _____ _____ at my house?

M: Sounds good.

18 `직업 추론`

대화를 듣고, 여자의 직업으로 가장 적절한 것을 고르시오.

① 서예가   ② 경찰관
③ 웹툰 작가   ④ 테니스 선수
⑤ 비행기 조종사

M: Natalie, how was the event with your fans?

W: Fantastic. They were ¹⁾ _____ _____ _____ _____
_____.

M: That's wonderful! You worked so hard on this series.

W: I know. I hope my fans will ²⁾ _____ _____ _____.

M: They will. They're really going to love your ³⁾ _____
_____ _____.

W: I hope so.

---

19 `마지막 말에 이어질 응답 찾기`

대화를 듣고, 여자의 마지막 말에 이어질 남자의 말로 가장 적절한 것을 고르시오.

Man: _____
① No, it isn't.
② Sure, why not?
③ She likes singing.
④ I think it's too small.
⑤ What do you do for fun?

M: Jinhee, what are you going to do this weekend?

W: I don't have any plans yet. What about you?

M: ¹⁾ _____ _____ _____ _____ at a nursing home.
I do it every Sunday.

W: What do you do there?

M: I usually read newspapers ²⁾ _____ _____ _____
_____.

W: Oh, that's nice! Can I ³⁾ _____ _____ _____?

M: Sure, why not?

---

20 `마지막 말에 이어질 응답 찾기` 🇬🇧

대화를 듣고, 여자의 마지막 말에 이어질 남자의 말로 가장 적절한 것을 고르시오.

Man: _____
① How about 5 o'clock?
② I met them yesterday.
③ It's the big green one.
④ He is watching a movie.
⑤ She was my homeroom teacher.

W: Oh, I lost my worksheet for math class.

M: You ¹⁾ _____ _____ _____. Let's use the copy
machine right over there.

W: Do you know ²⁾ _____ _____ _____ _____?

M: It's easy. Open the cover and put the paper on the glass.

W: Alright, and then?

M: Close the cover and push the start button.

W: ³⁾ _____ _____ _____ the start button?

M: It's the big green one.

능률 중학영어듣기
모의고사 22회
Level 1

PART

02

실전모의고사

- 실전모의고사 18회
- 고난도 실전모의고사 2회

실전모의고사 01회

01 다음을 듣고, 'this'가 가리키는 것으로 가장 적절한 것을 고르시오.

①  ②   ③

④   ⑤

02 대화를 듣고, 남자가 구입할 인형으로 가장 적절한 것을 고르시오.

①   ②   ③

④   ⑤

03 다음을 듣고, 부산의 주말 날씨로 가장 적절한 것을 고르시오.

①   ②   ③

④   ⑤

04 대화를 듣고, 남자가 한 마지막 말의 의도로 가장 적절한 것을 고르시오.

① 비난   ② 제안   ③ 격려
④ 축하   ⑤ 부탁

05 다음을 듣고, 남자가 자신의 가족에 대해 언급하지 않은 것을 고르시오.

① 식구 수   ② 아버지의 직업
③ 어머니의 취미   ④ 누나의 장래 희망
⑤ 사는 곳

06 대화를 듣고, 현재 시각을 고르시오.

① 1:45 p.m.   ② 2:00 p.m.   ③ 2:15 p.m.
④ 2:30 p.m.   ⑤ 2:45 p.m.

07 대화를 듣고, 여자의 장래 희망으로 가장 적절한 것을 고르시오.

① 교사   ② 요리사   ③ 음식 평론가
④ 화가   ⑤ 의상 디자이너

08 대화를 듣고, 남자의 심정으로 가장 적절한 것을 고르시오.

① sad   ② tired   ③ sorry
④ worried   ⑤ pleased

09 대화를 듣고, 여자가 대화 직후에 할 일로 가장 적절한 것을 고르시오.

① 표 예매하기   ② 시험공부하기
③ 공연 연습하기   ④ 콘서트 보러 가기
⑤ 음반 구입하기

고난도
10 대화를 듣고, 무엇에 관한 내용인지 가장 적절한 것을 고르시오.

① 온난화 현상   ② 이상 기온 현상
③ 계절 변화의 원인   ④ 태국의 건기와 우기
⑤ 해외여행 시 주의 사항

11 대화를 듣고, 두 사람이 함께 이용할 교통수단으로 가장 적절한 것을 고르시오.

① 택시　　　② 기차　　　③ 버스
④ 지하철　　⑤ 자가용

12 대화를 듣고, 남자의 컴퓨터가 느려진 이유로 가장 적절한 것을 고르시오.

① 너무 오래되어서
② 오랫동안 켜 놓아서
③ 저장 공간이 부족해서
④ 바이러스에 감염되어서
⑤ 여러 프로그램을 동시에 사용해서

13 대화를 듣고, 두 사람이 대화하는 장소로 가장 적절한 곳을 고르시오.

① 은행　　　② 공항　　　③ 학교
④ 서점　　　⑤ 도서관

14 대화를 듣고, 서점의 위치로 가장 알맞은 곳을 고르시오.

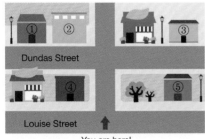

15 대화를 듣고, 남자가 여자에게 부탁한 일로 가장 적절한 것을 고르시오.

① 숙제 도와주기　　② 집 청소하기
③ 케이크 사 오기　　④ 식사 준비하기
⑤ 엄마에게 전화하기

16 대화를 듣고, 여자가 남자에게 제안한 것으로 가장 적절한 것을 고르시오.

① 연극 관람하기　　② 연극 연습하기
③ 웹 사이트 가입하기　④ 시험공부 같이 하기
⑤ 연극 동아리 가입하기

17 대화를 듣고, 여자가 주말에 한 일로 가장 적절한 것을 고르시오.

① 등산하기　　　② 캠핑하기
③ 친구와 놀기　　④ 병문안 다녀오기
⑤ 친척 집 방문하기

18 대화를 듣고, 남자의 직업으로 가장 적절한 것을 고르시오.

① 화가　　　② 작가　　　③ 통역가
④ 선원　　　⑤ 여행 가이드

[19-20] 대화를 듣고, 남자의 마지막 말에 이어질 여자의 말로 가장 적절한 것을 고르시오.

19 Woman: _____

① Good choice.
② I'd like to go.
③ Yes, I have a sister.
④ No, I don't have any pets.
⑤ Yes, I'd like to have a dog.

고난도
20 Woman: _____

① You're late again.
② I'm very tired today.
③ I don't need a new shirt.
④ Let me show you what I bought.
⑤ Oh, then we'd better go right now.

Dictation Test 01

01 화제 파악

다음을 듣고, 'this'가 가리키는 것으로 가장 적절한 것을 고르시오.

①   ②   ③

④   ⑤

M: This is a kind of 1) _____ _____. You can find it in fitness centers. People walk and run on it. They can 2) _____ _____ _____. It has a digital display. The screen shows 3) _____ _____ _____ _____ _____ and how many kilometers they've run or walked. What is this?

02 그림 정보 파악 🇬🇧

대화를 듣고, 남자가 구입할 인형으로 가장 적절한 것을 고르시오.

①   ②   ③

④   ⑤

W: May I help you?

M: Yes, I'm looking for a stuffed animal for my little sister.

W: How about this teddy bear?

M: Well, she already 1) _____ _____ _____ _____.

W: Then 2) _____ _____ _____ _____ with the big bow?

M: That's cute. I'll take the bunny with the 3) _____ _____ _____.

W: Good choice.

03 세부 정보 파악

다음을 듣고, 부산의 주말 날씨로 가장 적절한 것을 고르시오.

①   ②   ③

④   ⑤

W: Good morning. Here is the weekend weather report. It 1) _____ _____ in Seoul. In Jeju, it will 2) _____ _____ on Saturday, but it will rain on Sunday. Busan will 3) _____ _____ _____ all weekend.

04 의도 파악

대화를 듣고, 남자가 한 마지막 말의 의도로 가장 적절한 것을 고르시오.

① 비난　　② 제안　　③ 격려
④ 축하　　⑤ 부탁

M: Kathy, 1) _____ _____ _____ _____? You look so serious.

W: I'm studying for my final exams.

M: 2) _____ _____ _____ _____?

W: They begin tomorrow.

M: Did you study enough?

W: I think so, but I'm still worried.

M: Don't worry. You always 3) _____ _____ _____ your exams.

---

05 언급하지 않은 내용 찾기

다음을 듣고, 남자가 자신의 가족에 대해 언급하지 않은 것을 고르시오.

① 식구 수　　② 아버지의 직업
③ 어머니의 취미　　④ 누나의 장래 희망
⑤ 사는 곳

M: Hello, I'd like to talk about my family. 1) _____ _____ _____ _____ in my family. My father is an English teacher. My mother likes to 2) _____ _____ _____. It's her hobby. And my older sister is a high school student. She 3) _____ _____ _____ a singer. They are very nice.

---

06 숫자 정보 파악

대화를 듣고, 현재 시각을 고르시오.

① 1:45 p.m.　② 2:00 p.m.　③ 2:15 p.m.
④ 2:30 p.m.　⑤ 2:45 p.m.

*Focus on Sound   look at

자음의 끝과 모음의 처음이 만나면 연음되어 [룩 앳]이 아니라 [루깼]으로 발음된다.

W: Oh no!

M: What's wrong?

W: *Look at the time! It's already 1) _____ _____ _____ _____.

M: A quarter past two? Don't we 2) _____ _____ at 2:30 p.m.?

W: Yes. We 3) _____ _____ _____ _____.

M: Let's hurry.

---

07 세부 정보 파악

대화를 듣고, 여자의 장래 희망으로 가장 적절한 것을 고르시오.

① 교사　　② 요리사　　③ 음식 평론가
④ 화가　　⑤ 의상 디자이너

W: Peter, do you want some spaghetti?

M: Yes, please. [pause] Wow! This spaghetti is really delicious.

W: Really? I 1) _____ _____ _____.

M: You are a really 2) _____ _____.

W: Thank you. I want 3) _____ _____ _____ _____ in the future.

M: I'm sure you will be great at it.

대화를 듣고, 남자의 심정으로 가장 적절한 것을 고르시오.

① sad ② tired ③ sorry
④ worried ⑤ pleased

W: Hey, I heard you 1) _____ _____ _____ in the English speech contest.
M: I did! I got the prize last week.
W: 2) _____ _____ _____ _____?
M: A smartwatch.
W: Wow! You really wanted one, didn't you?
M: Yes, I did.
W: You 3) _____ _____ _____ _____.

---

09 할 일 파악

대화를 듣고, 여자가 대화 직후에 할 일로 가장 적절한 것을 고르시오.

① 표 예매하기 ② 시험공부하기
③ 공연 연습하기 ④ 콘서트 보러 가기
⑤ 음반 구입하기

W: Jisung, do you have any plans for this Saturday?
M: 1) _____ _____. Why?
W: I heard Wing will 2) _____ _____ _____ this Saturday. Can you go?
M: Sure. They are a really good band.
W: Okay, then I will 3) _____ _____ _____ right now.
M: Sounds perfect.

---

10 주제 파악

대화를 듣고, 무엇에 관한 내용인지 가장 적절한 것을 고르시오.

① 온난화 현상 ② 이상 기온 현상
③ 계절 변화의 원인 ④ 태국의 건기와 우기
⑤ 해외여행 시 주의 사항

✱ Focus on Sound went to

똑같은 발음의 자음이 겹치면 앞 자음 소리가 탈락하여 [웬트 투]가 아니라 [웬투]로 발음된다.

M: How was your trip to Bangkok?
W: It was great, but it was 1) _____ _____ _____.
M: Cold? Isn't it always hot in Thailand?
W: It usually is, but it wasn't last week.
M: My sister ✱went to Cambodia last month, and she said 2) _____ _____ _____ _____, either.
W: Really? It worries me that some countries are experiencing 3) _____ _____ _____.
M: Me, too.

11 세부 정보 파악

대화를 듣고, 두 사람이 함께 이용할 교통수단으로 가장 적절한 것을 고르시오.

① 택시　　② 기차　　③ 버스
④ 지하철　　⑤ 자가용

* Focus on Sound   traffic

[t]와 [r]이 연달아 나와 [트래픽]이 아닌 [츄래픽]으로 발음된다.

M: Katie, we should go now.

W: Okay. 1) _____ _____ _____ _____?

M: It's near City Hall.

W: Then we can 2) _____ _____ _____.

M: No. There will be a lot of *traffic. Let's 3) _____ _____ _____.

W: That's a good idea.

12 이유 파악 🇬🇧

대화를 듣고, 남자의 컴퓨터가 느려진 이유로 가장 적절한 것을 고르시오.

① 너무 오래되어서
② 오랫동안 켜 놓아서
③ 저장 공간이 부족해서
④ 바이러스에 감염되어서
⑤ 여러 프로그램을 동시에 사용해서

M: I 1) _____ _____ _____ my computer. It's very slow.

W: Let me take a look.

M: Is it because my computer is too old?

W: No, I think it 2) _____ _____ _____.

M: Can you fix it?

W: I'm not sure, but I'll 3) _____ _____ _____ _____.

13 장소 추론

대화를 듣고, 두 사람이 대화하는 장소로 가장 적절한 곳을 고르시오.

① 은행　　② 공항　　③ 학교
④ 서점　　⑤ 도서관

M: May I help you?

W: Yes. I'd like to 1) _____ _____ _____.

M: Then please 2) _____ _____ _____ _____. Do you have your ID card?

W: Yes. Do I need my seal?

M: Yes, but if you don't have it, you can 3) _____ _____ _____.

W: Okay.

14 위치 찾기 🇬🇧

대화를 듣고, 서점의 위치로 가장 알맞은 곳을 고르시오.

M: Excuse me. Can you tell me ¹⁾ _____ _____ _____ _____ the M&B Bookstore?

W: The M&B Bookstore? Go straight one block and ²⁾ _____ _____ .

M: Turn right?

W: Yes. Walk down Dundas Street. It'll be on your left. It's ³⁾ _____ _____ Joe's Flower Shop.

M: Okay. Thank you.

W: You're welcome.

---

15 부탁한 일 파악

대화를 듣고, 남자가 여자에게 부탁한 일로 가장 적절한 것을 고르시오.

① 숙제 도와주기　　② 집 청소하기
③ 케이크 사 오기　　④ 식사 준비하기
⑤ 엄마에게 전화하기

W: Did you ¹⁾ _____ _____ _____ ?

M: Yes, just a few minutes ago.

W: Then let's ²⁾ _____ _____ _____ Mom's birthday party before she gets home.

M: Okay, I'll cook the spaghetti. Can you ³⁾ _____ _____ _____ _____ ?

W: Sure.

M: Thanks. Mom would love that .

---

16 제안한 것 파악

대화를 듣고, 여자가 남자에게 제안한 것으로 가장 적절한 것을 고르시오.

① 연극 관람하기　　② 연극 연습하기
③ 웹 사이트 가입하기　　④ 시험공부 같이 하기
⑤ 연극 동아리 가입하기

W: Hey, Sam. Which club are you going to join?

M: I'm not sure yet. There are ¹⁾ _____ _____ .

W: You want to be an actor, right? Why don't you ²⁾ _____ _____ _____ _____ ?

M: Can you tell me more about it?

W: Sure. We meet every Friday, and we ³⁾ _____ _____ _____ in the winter.

M: Oh, that's cool.

17 한 일 파악

대화를 듣고, 여자가 주말에 한 일로 가장 적절한 것을 고르시오.
① 등산하기　　② 캠핑하기
③ 친구와 놀기　④ 병문안 다녀오기
⑤ 친척 집 방문하기

M: Hi, Alice. 1) _____ _____ _____ _____ last weekend?
W: I 2) _____ _____ _____ _____ _____.
M: Did you have a great time there?
W: Yes, I did. I met my baby nephew. How about you?
M: I 3) _____ _____ with my dad.
W: That sounds fun.

---

18 직업 추론 🇬🇧

대화를 듣고, 남자의 직업으로 가장 적절한 것을 고르시오.
① 화가　　② 작가　　③ 통역가
④ 선원　　⑤ 여행 가이드

M: 1) _____ _____ _____ _____ it so far here in Paris?
W: I love it. Paris is such an amazing city.
M: It really is. Well, now 2) _____ _____ _____ _____ the Eiffel Tower.
W: Cool. Are we going on a cruise on the Seine River after that?
M: Yes, we are. You will 3) _____ _____ _____ of Paris on the cruise.
W: Wow, I can't wait!

---

19 마지막 말에 이어질 응답 찾기

대화를 듣고, 남자의 마지막 말에 이어질 여자의 말로 가장 적절한 것을 고르시오.

Woman: _____
① Good choice.
② I'd like to go.
③ Yes, I have a sister.
④ No, I don't have any pets.
⑤ Yes, I'd like to have a dog.

W: Do you 1) _____ _____ _____ ?
M: Yes, I have a cute cat.
W: 2) _____ _____ _____ ?
M: Her name is Mimi.
W: 3) _____ _____ .
M: Don't you have a pet?
W: No, I don't have any pets.

---

20 마지막 말에 이어질 응답 찾기

대화를 듣고, 남자의 마지막 말에 이어질 여자의 말로 가장 적절한 것을 고르시오.

Woman: _____
① You're late again.
② I'm very tired today.
③ I don't need a new shirt.
④ Let me show you what I bought.
⑤ Oh, then we'd better go right now.

W: Are you busy now?
M: Not really. What's up?
W: I want to buy a new shirt. Let's 1) _____ _____ .
M: Sounds good. But the 2) _____ _____ at 8:00 today.
W: Oh, what time is it now?
M: 3) _____ _____ _____ _____ .
W: Oh, then we'd better go right now.

실전모의고사 02 회

 보통속도듣기   빠르게듣기

01 다음을 듣고, 'this'가 가리키는 것으로 가장 적절한 것을 고르시오.

①   ②   ③

④   ⑤

02 대화를 듣고, 여자가 만들 머그잔으로 가장 적절한 것을 고르시오.

①   ②   ③

④   ⑤

03 다음을 듣고, 내일의 날씨로 가장 적절한 것을 고르시오.

①   ②   ③

④   ⑤

04 대화를 듣고, 남자가 한 마지막 말의 의도로 가장 적절한 것을 고르시오.

① 거절   ② 위로   ③ 제안
④ 항의   ⑤ 승낙

05 다음을 듣고, 남자가 미술관에 대해 언급하지 않은 것을 고르시오.

① 전시품 수   ② 개방 시간
③ 입장료   ④ 위치
⑤ 음식물 반입 가능 여부

고난도
06 대화를 듣고, 현재 시각을 고르시오.

① 6:15 p.m.   ② 6:50 p.m.   ③ 7:00 p.m.
④ 7:15 p.m.   ⑤ 8:50 p.m.

07 대화를 듣고, 여자의 장래 희망으로 가장 적절한 것을 고르시오.

① 배우   ② 가수   ③ 작곡가
④ 음악 교사   ⑤ 피아니스트

08 대화를 듣고, 남자의 심정으로 가장 적절한 것을 고르시오.

① 초조함   ② 행복함   ③ 감격스러움
④ 수줍음   ⑤ 실망스러움

09 대화를 듣고, 여자가 대화 직후에 할 일로 가장 적절한 것을 고르시오.

① 날씨 확인하기
② 안경 구입하기
③ 약속 취소하기
④ 선글라스 가지러 가기
⑤ 자동차 열쇠 가지러 가기

10 대화를 듣고, 무엇에 관한 내용인지 가장 적절한 것을 고르시오.

① 수학여행   ② 생일 파티
③ 방학 계획   ④ 영화 시청
⑤ 크리스마스 선물

11 대화를 듣고, 여자가 이용할 교통수단으로 가장 적절한 것을 고르시오.

① 택시 ② 버스 ③ 자동차
④ 자전거 ⑤ 지하철

12 대화를 듣고, 남자가 늦은 이유로 가장 적절한 것을 고르시오.

① 교통 체증이 심해서
② 콘서트가 늦게 끝나서
③ 약속 시간을 잘못 알아서
④ 준비 시간이 오래 걸려서
⑤ 알람 시계가 울리지 않아서

13 대화를 듣고, 두 사람이 대화하는 장소로 가장 적절한 곳을 고르시오.

① 서점 ② 공항 ③ 도서관
④ 영화관 ⑤ 백화점

14 대화를 듣고, 남자가 찾는 휴대전화의 위치로 가장 알맞은 곳을 고르시오.

15 대화를 듣고, 남자가 여자에게 부탁한 일로 가장 적절한 것을 고르시오.

① 식당 찾기 ② 식사 준비하기
③ 저녁 함께 먹기 ④ 식당 예약하기
⑤ 휴대전화 충전하기

16 대화를 듣고, 여자가 남자에게 제안한 것으로 가장 적절한 것을 고르시오.

① 진통제 먹기
② 휴식 취하기
③ 병원에서 진찰받기
④ 새 콘택트렌즈 사기
⑤ 콘택트렌즈 대신 안경 착용하기

17 대화를 듣고, 남자가 어제 한 일로 가장 적절한 것을 고르시오.

① TV 보기 ② 숙제하기
③ 독서하기 ④ 과학 실험하기
⑤ 컴퓨터 게임하기

18 대화를 듣고, 여자의 직업으로 가장 적절한 것을 고르시오.

① 엔지니어 ② 프로게이머
③ 게임 개발자 ④ 지하철 기관사
⑤ 컴퓨터 수리 기사

[19-20] 대화를 듣고, 여자의 마지막 말에 이어질 남자의 말로 가장 적절한 것을 고르시오.

19 Man: _____

① Why not?
② I don't like to do that.
③ Oh, I can't wait to hear it.
④ He is my favorite guitarist.
⑤ I bought a new guitar yesterday.

고난도
20 Man: _____

① It was our first date.
② She was not my type.
③ Yes, we had a great time.
④ She has a very beautiful smile.
⑤ No, I didn't like her very much.

Dictation Test 02

정답 및 해설 pp. 13~16

보통 속도 듣기　빠르게 듣기

---

01 화제 파악

다음을 듣고, 'this'가 가리키는 것으로 가장 적절한 것을 고르시오.

① ② ③

④ ⑤

M: You can see this in the sky on a clear night. You can find it easily because it is ¹⁾ _____ _____ _____. It also seems to ²⁾ _____ _____ _____ during the month. People ³⁾ _____ _____ _____ _____ when it is fully round. What is this?

---

02 그림 정보 파악

대화를 듣고, 여자가 만들 머그잔으로 가장 적절한 것을 고르시오.

① ② ③

④ ⑤

W: Now we need to draw pictures on our mugs.
M: What will you draw?
W: I'll draw a ¹⁾ _____ _____.
M: Oh, it will ²⁾ _____ _____ _____.
W: Right. How about you?
M: I'll ³⁾ _____ _____ _____. I'm going to give the mug to my girlfriend.
W: Oh, she will like it.

---

03 세부 정보 파악

다음을 듣고, 내일의 날씨로 가장 적절한 것을 고르시오.

① ② ③

④⑤

W: Good morning. This is the weekly weather forecast. You can enjoy a ¹⁾ _____ _____ _____ today. However, it'll ²⁾ _____ _____ tomorrow. On Saturday and Sunday, it'll be ³⁾ _____ _____ _____ all day.

04 의도 파악

대화를 듣고, 남자가 한 마지막 말의 의도로 가장 적절한 것을 고르시오.

① 거절 ② 위로 ③ 제안
④ 항의 ⑤ 승낙

M: Hi, Nancy. 1) _____ _____ _____ ?

W: I am going to the library. Does the Number. 3 bus go to the library?

M: Yes, but why are you 2) _____ _____ _____ _____ ?

W: I'm going to meet my study group, but I think I'm late.

M: Then why don't you 3) _____ _____ _____ ? It takes too much time by bus.

---

05 언급하지 않은 내용 찾기 🇬🇧

다음을 듣고, 남자가 미술관에 대해 언급하지 않은 것을 고르시오.

① 전시품 수 ② 개방 시간
③ 입장료 ④ 위치
⑤ 음식물 반입 가능 여부

★ Focus on Sound close

'닫다'의 의미인 경우 [클로우즈]로, '가까운'의 의미인 경우 [클로우스]로 발음된다.

M: Welcome to the MV Art Gallery. You can enjoy over 300 paintings here. We 1) _____ _____ 10:00 a.m. and ★close at 8:00 p.m. every day except Monday. Entry is 2) _____ _____ _____ and $6 for children. Food and drinks 3) _____ _____ _____ inside.

---

06 숫자 정보 파악 🇬🇧

대화를 듣고, 현재 시각을 고르시오.

① 6:15 p.m. ② 6:50 p.m. ③ 7:00 p.m.
④ 7:15 p.m. ⑤ 8:50 p.m.

M: What time is the movie going to start?

W: At 7:00 p.m.

M: It's already 1) _____ _____ _____ . We won't arrive at the theater until 7:15.

W: You're right. The 2) _____ _____ _____ is 8:50. How about going to that one instead?

M: That would be better. Let's 3) _____ _____ _____ , then.

W: Okay.

---

07 세부 정보 파악

대화를 듣고, 여자의 장래 희망으로 가장 적절한 것을 고르시오.

① 배우 ② 가수 ③ 작곡가
④ 음악 교사 ⑤ 피아니스트

M: Amanda, I heard you 1) _____ _____ _____ in a singing contest. Congratulations!

W: Thank you. I practiced a lot for the contest.

M: Your voice always 2) _____ _____ .

W: Thanks. I want to 3) _____ _____ _____ .

M: I'm sure you'll be a great singer.

W: I hope so.

대화를 듣고, 남자의 심정으로 가장 적절한 것을 고르시오.

① 초조함　　② 행복함　　③ 감격스러움
④ 수줍음　　⑤ 실망스러움

* Focus on Sound　either

[이더]나 [아이더] 둘 다로 발음될 수 있다.

W: Minho, are you 1) _____ _____ _____ _____ tomorrow?
M: I don't think so.
W: Why not? Is there something wrong?
M: I failed one of 2) _____ _____ _____.
W: Oh no. I know how hard you studied. I can't believe you 3) _____ _____.
M: I can't *either.

대화를 듣고, 여자가 대화 직후에 할 일로 가장 적절한 것을 고르시오.

① 날씨 확인하기
② 안경 구입하기
③ 약속 취소하기
④ 선글라스 가지러 가기
⑤ 자동차 열쇠 가지러 가기

M: What are you going to do today?
W: I am going to 1) _____ _____ _____ with Jinhee.
M: That sounds great. It's a beautiful day.
W: Yes, there isn't a cloud in the sky.
M: Don't forget to 2) _____ _____ _____. It's really sunny today.
W: Oh! I almost forgot them. I'll 3) _____ _____ _____ right now.

대화를 듣고, 무엇에 관한 내용인지 가장 적절한 것을 고르시오.

① 수학여행　　　② 생일 파티
③ 방학 계획　　　④ 영화 시청
⑤ 크리스마스 선물

* Focus on Sound　think so

자음 3개가 겹쳐 나와 중간 자음인 [k]가 약화되어 [띵크 소]가 이닌 [띵쏘]로 발음된다.

M: I really had fun last night.
W: I'm glad you 1) _____ _____. I was very happy that all of Kate's friends were there.
M: Did she 2) _____ _____ _____ _____?
W: Yes, I think she loved them all. And the 3) _____ _____ _____ _____, too.
M: That must be why she looked so happy.
W: I *think so, too!

11 세부 정보 파악

대화를 듣고, 여자가 이용할 교통수단으로 가장 적절한 것을 고르시오.

① 택시 ② 버스 ③ 자동차
④ 자전거 ⑤ 지하철

W: Dad, can you 1) _____ _____ _____ _____ to the cinema?

M: Sorry, I can't. Mom is using the car. Why don't you take a taxi?

W: 2) _____ _____.

M: Then what about taking the bus?

W: Buses are too crowded at this time. I'll just 3) _____ _____ _____, then.

M: That sounds like a good idea.

---

12 이유 파악

대화를 듣고, 남자가 늦은 이유로 가장 적절한 것을 고르시오.

① 교통 체증이 심해서
② 콘서트가 늦게 끝나서
③ 약속 시간을 잘못 알아서
④ 준비 시간이 오래 걸려서
⑤ 알람 시계가 울리지 않아서

W: We've 1) _____ _____ _____ now because of you.

M: I'm really sorry.

W: You're always late. So, your alarm clock 2) _____ _____ again?

M: No. That's not it.

W: Then why were you late today?

M: 3) _____ _____ _____. Please forgive me. I won't be late next time.

W: Okay, but this is the last time.

---

13 장소 추론

대화를 듣고, 두 사람이 대화하는 장소로 가장 적절한 곳을 고르시오.

① 서점 ② 공항 ③ 도서관
④ 영화관 ⑤ 백화점

W: Excuse me. I'd like to 1) _____ _____ _____, please.

M: Sure. Show me your student card, please.

W: Here it is.

M: Sharon Paterson. *[typing sound]* Okay.

W: When do I have to 2) _____ _____ _____ _____?

M: You need to bring it back 3) _____ _____ _____.

W: Okay. Thank you.

14 위치 찾기

대화를 듣고, 남자가 찾는 휴대전화의 위치로 가장 알맞은 곳을 고르시오.

M: Mom, have you seen my cell phone?

W: You always put it 1) _____ _____ _____, don't you?

M: Yes, but it's not there.

W: 2) _____ _____ _____ _____ the piano?

M: Yes, I even looked under it. But I can't find it.

W: Hmm... *[pause]* What is that 3) _____ _____ _____ ?

M: Oh, that's my phone! Thank you, Mom.

---

15 부탁한 일 파악 🇬🇧

대화를 듣고, 남자가 여자에게 부탁한 일로 가장 적절한 것을 고르시오.

① 식당 찾기   ② 식사 준비하기
③ 저녁 함께 먹기   ④ 식당 예약하기
⑤ 휴대전화 충전하기

★Focus on Sound   the Internet
모음 앞의 the는 [더]가 아닌 [디이]로 발음된다.

M: Hey, I'm hungry.

W: Me, too. 1) _____ _____ .

M: But I don't know 2) _____ _____ _____ _____ .

W: Neither do I. Hmm... Let's just eat at the nearest restaurant.

M: I don't want to do that. Can you 3) _____ _____ _____ _____ on *the Internet? My phone is dead.

W: Okay, just a second.

---

16 제안한 것 파악

대화를 듣고, 여자가 남자에게 제안한 것으로 가장 적절한 것을 고르시오.

① 진통제 먹기
② 휴식 취하기
③ 병원에서 진찰받기
④ 새 콘택트렌즈 사기
⑤ 콘택트렌즈 대신 안경 착용하기

M: Oh, my right eye really hurts.

W: What's wrong?

M: I was wearing contact lenses, and now there's 1) _____ _____ _____ my eye.

W: Oh, your eye is really red. You need to 2) _____ _____ _____ _____ .

M: Should I?

W: Yes. The doctor will 3) _____ _____ _____ of the problem and give you medicine.

---

17 한 일 파악

대화를 듣고, 남자가 어제 한 일로 가장 적절한 것을 고르시오.

① TV 보기   ② 숙제하기
③ 독서하기   ④ 과학 실험하기
⑤ 컴퓨터 게임하기

W: You look tired.

M: I stayed up late last night.

W: Why? Were you 1) _____ _____ _____ ?

M: No, I had to 2) _____ _____ _____ .

W: You mean the science project?

M: Yes. It took four hours 3) _____ _____ _____ .

W: Oh. That's why you look so tired now.

18 직업 추론

대화를 듣고, 여자의 직업으로 가장 적절한 것을 고르시오.

① 엔지니어 ② 프로게이머
③ 게임 개발자 ④ 지하철 기관사
⑤ 컴퓨터 수리 기사

M: Alice! Your new game is 1) _____ _____ _____!
   Congratulations!
W: Thank you so much.
M: Everyone on the subway 2) _____ _____ _____!
W: Oh, really?
M: Yeah. How did you make such an interesting game?
W: It was hard, but I 3) _____ _____ _____ _____
   that anyone could enjoy.

19 마지막 말에 이어질 응답 찾기

대화를 듣고, 여자의 마지막 말에 이어질 남자의 말로 가장 적절한 것을 고르시오.

Man: _____

① Why not?
② I don't like to do that.
③ Oh, I can't wait to hear it.
④ He is my favorite guitarist.
⑤ I bought a new guitar yesterday.

M: What are you 1) _____ _____ _____ this Saturday?
W: I have a guitar lesson.
M: Wow, you 2) _____ _____ _____? I didn't know
   that.
W: I really love it.
M: Can I 3) _____ _____ _____ _____?
W: Sure. I'll play the guitar for you next time.
M: Oh, I can't wait to hear it.

20 마지막 말에 이어질 응답 찾기 🇬🇧

대화를 듣고, 여자의 마지막 말에 이어질 남자의 말로 가장 적절한 것을 고르시오.

Man: _____

① It was our first date.
② She was not my type.
③ Yes, we had a great time.
④ She has a very beautiful smile.
⑤ No, I didn't like her very much.

W: Robert, 1) _____ _____ _____ _____ your
   girlfriend?
M: We met at our friends' wedding.
W: How romantic!
M: I know.
W: Did you 2) _____ _____ _____ _____ her at first
   sight?
M: Yes, I did.
W: 3) _____ _____ _____ fall in love with her?
M: She has a very beautiful smile.

실전모의고사 03회

정답 및 해설 pp. 17~20

점수: /20

01 다음을 듣고, 'this'가 가리키는 것으로 가장 적절한 것을 고르시오.

①   ②   ③

④ ⑤

02 대화를 듣고, 여자가 구입할 모자로 가장 적절한 것을 고르시오.

①   ②   ③

④   ⑤

03 다음을 듣고, 보스턴의 내일 날씨로 가장 적절한 것을 고르시오.

①   ②   ③

④   ⑤

04 대화를 듣고, 여자가 한 마지막 말의 의도로 가장 적절한 것을 고르시오.

① 감사   ② 제안   ③ 거절
④ 승낙   ⑤ 충고

05 다음을 듣고, 남자가 다리에 대해 언급하지 <u>않은</u> 것을 고르시오.

① 위치   ② 길이   ③ 높이
④ 건설 기간   ⑤ 색깔

06 대화를 듣고, 두 사람이 만날 시각을 고르시오.

① 10:00 a.m. ② 10:30 a.m. ③ 11:00 a.m.
④ 11:30 a.m. ⑤ 12:00 p.m.

07 대화를 듣고, 여자의 장래 희망으로 가장 적절한 것을 고르시오.

① 화가   ② 배우   ③ 요리사
④ 영화감독   ⑤ 여행 작가

08 대화를 듣고, 남자의 심정으로 가장 적절한 것을 고르시오.

① sad   ② proud   ③ angry
④ worried   ⑤ pleased

09 대화를 듣고, 여자가 대화 직후에 할 일로 가장 적절한 것을 고르시오.

① 숙제하기   ② 학교 가기
③ 시계 고치기   ④ 팬케이크 먹기
⑤ 아침 식사 준비하기

고난도
10 대화를 듣고, 무엇에 관한 내용인지 가장 적절한 것을 고르시오.

① 콘서트   ② 장기 자랑
③ 학교 축제   ④ 좋아하는 노래
⑤ 밴드 경연 대회 준비

11 대화를 듣고, 남자가 이용할 교통수단으로 가장 적절한 것을 고르시오.

① 배   ② 버스   ③ 기차
④ 택시   ⑤ 비행기

12 대화를 듣고, 여자가 행복한 이유로 가장 적절한 것을 고르시오.

① 돈을 주워서
② 새 컴퓨터를 사서
③ 용돈을 많이 받아서
④ 공짜 음악회 표가 생겨서
⑤ 수학 시험에서 좋은 성적을 받아서

13 대화를 듣고, 두 사람이 대화하는 장소로 가장 적절한 곳을 고르시오.

① 공연장   ② 기차역   ③ 슈퍼마켓
④ 영화관   ⑤ 휴대전화 매장

14 대화를 듣고, 피자 가게의 위치로 가장 알맞은 곳을 고르시오.

You are here!

15 대화를 듣고, 여자가 남자에게 부탁한 일로 가장 적절한 것을 고르시오.

① 빵집에 다녀오기   ② 우유 가져다주기
③ 음료수 사다 주기   ④ 파이 만들어 주기
⑤ 요리법 알려 주기

16 대화를 듣고, 남자가 여자에게 제안한 것으로 가장 적절한 것을 고르시오.

① 수학 문제집 풀기   ② 선생님과 상담하기
③ 중간고사 준비하기   ④ 공부 모임 참여하기
⑤ 수업 내용 복습하기

17 대화를 듣고, 여자가 주말에 한 일로 가장 적절한 것을 고르시오.

① 하이킹하기   ② 캠핑 가기
③ 방 정리하기   ④ 페인트칠하기
⑤ 집에서 휴식하기

18 대화를 듣고, 남자의 직업으로 가장 적절한 것을 고르시오.

① 의사   ② 약사
③ 간호사   ④ 엔지니어
⑤ 병원 접수원

[19-20] 대화를 듣고, 남자의 마지막 말에 이어질 여자의 말로 가장 적절한 것을 고르시오.

19 Woman: _____

① She's out.
② I'll call you later.
③ Do you want to leave a message?
④ Yes. She changed her phone number.
⑤ No. You must have dialed the wrong number.

고난도
20 Woman: _____

① I'll call you if I see him.
② I think you should call the police.
③ Yes, we first met at a cello concert.
④ I'm going to see him at seven o'clock.
⑤ We had dinner together last Wednesday.

01

다음을 듣고, 'this'가 가리키는 것으로 가장 적절한 것을 고르시오.

① ② ③

④ ⑤

M: We 1) _____ _____ _____ some foods and drinks. It is white, yellow, or brown. 2) _____ _____ _____. Candy, cake, and ice cream have a lot of this in them. If you eat too much of this, you'll 3) _____ _____. What is this?

02 그림 정보 파악

대화를 듣고, 여자가 구입할 모자로 가장 적절한 것을 고르시오.

① ② ③

④ ⑤

M: May I help you?

W: Yes, please. I'd like to 1) _____ _____ _____ for my grandma.

M: How about this one 2) _____ _____ _____ _____?

W: Hmm. My grandma 3) _____ _____ _____ _____.

M: Oh, then I think she will like this one with the blue flowers.

W: Yes. I think so, too.

03 세부 정보 파악

다음을 듣고, 보스턴의 내일 날씨로 가장 적절한 것을 고르시오.

① ② ③

④ ⑤

W: This is the weather forecast for tomorrow. Houston will be cloudy all day. In Denver, it will 1) _____ _____ _____ in the afternoon. Chicago will 2) _____ _____ _____ _____. It will be a great day for picnics. There will 3) _____ _____ _____ and heavy rain in Boston.

04 의도 파악

대화를 듣고, 여자가 한 마지막 말의 의도로 가장 적절한 것을 고르시오.

① 감사　　② 제안　　③ 거절
④ 승낙　　⑤ 충고

M: What are you going to do today?

W: 1) _____ _____ _____ _____ a cake and some cookies for my mother.

M: Is today a special day?

W: Yes, it's my mother's birthday.

M: Do you 2) _____ _____ _____ ?

W: Thanks for offering, but I think I can 3) _____ _____ _____ .

---

05 언급하지 않은 내용 찾기 🇬🇧

다음을 듣고, 남자가 다리에 대해 언급하지 않은 것을 고르시오.

① 위치　　② 길이　　③ 높이
④ 건설 기간　　⑤ 색깔

M: The Golden Gate Bridge is a beautiful bridge in San Francisco, California. It is 1) _____ _____ _____ . And it 2) _____ _____ _____ to build. The bridge is actually not golden at all. 3) _____ _____ _____ . Many tourists love to take photos of this bridge.

---

06 숫자 정보 파악

대화를 듣고, 두 사람이 만날 시각을 고르시오.

① 10:00 a.m. ② 10:30 a.m. ③ 11:00 a.m.
④ 11:30 a.m. ⑤ 12:00 p.m.

★Focus on Sound　need to

[d]는 자음 앞에서 거의 발음되지 않아 [니드 투]가 아닌 [니투]로 발음된다.

W: Hi, Paul. Are you free this Saturday?

M: Yes. What's up?

W: We *need to go to the history museum 1) _____ _____ _____ .

M: Oh, right. How about meeting at 10:30 a.m. 2) _____ _____ _____ the museum?

W: Well, I have a swimming lesson at 10 o'clock. How about 3) _____ _____ _____ ?

M: Sounds good to me.

---

07 세부 정보 파악

대화를 듣고, 여자의 장래 희망으로 가장 적절한 것을 고르시오.

① 화가　　② 배우　　③ 요리사
④ 영화감독　　⑤ 여행 작가

W: What are you going to do 1) _____ _____ _____ ?

M: I'm not sure. How about you?

W: I'm moving to New York.

M: Why New York?

W: I'm going to study there because 2) _____ _____ _____ _____ an actress.

M: I heard there are 3) _____ _____ _____ in New York. Good luck!

08 심정 추론 🇬🇧

대화를 듣고, 남자의 심정으로 가장 적절한 것을 고르시오.
① sad   ② proud   ③ angry
④ worried   ⑤ pleased

M: Hi, Anna.
W: Hi, Patrick. 1) _____ _____ _____ _____ the baseball game?
M: I guess so, but 2) _____ _____ I will make a mistake.
W: Why? You're a good player.
M: Well, it's the first game of the season.
W: Don't worry. 3) _____ _____ _____.

09 할 일 파악

대화를 듣고, 여자가 대화 직후에 할 일로 가장 적절한 것을 고르시오.
① 숙제하기   ② 학교 가기
③ 시계 고치기   ④ 팬케이크 먹기
⑤ 아침 식사 준비하기

M: Jenny, here's your breakfast. I made some pancakes for you.
W: Thanks, Dad, but 1) _____ _____ _____ _____.
M: Why not?
W: I think I'm 2) _____ _____ _____. It's already 8:00.
M: Oh, that clock is fast. It's only 7:40.
W: Great! Then I have 3) _____ _____ _____ _____ _____.

10 주제 파악

대화를 듣고, 무엇에 관한 내용인지 가장 적절한 것을 고르시오.
① 콘서트   ② 장기 자랑
③ 학교 축제   ④ 좋아하는 노래
⑤ 밴드 경연 대회 준비

W: Hey, Andrew. What are you up to?
M: I'm going to practice a song with my band.
W: Oh, 1) _____ _____ _____ _____ in the band contest?
M: Yes, we are. We've 2) _____ _____ _____ since last semester.
W: Wow. Isn't it hard?
M: A little bit. But I really want to do great 3) _____ _____ _____.
W: I'm sure you will.

11 세부 정보 파악

대화를 듣고, 남자가 이용할 교통수단으로 가장 적절한 것을 고르시오.

① 배 ② 버스 ③ 기차
④ 택시 ⑤ 비행기

M: I'm visiting my grandpa this Saturday. I think I should take the bus.

W: But doesn't it 1) _____ _____ _____ ?

M: Yes, that's the problem.

W: *What about 2) _____ _____ _____ this time?

M: Hmm... It will be more expensive.

W: I know, but it will be 3) _____ _____.

M: Okay. I'll take the train.

12 이유 파악

대화를 듣고, 여자가 행복한 이유로 가장 적절한 것을 고르시오.

① 돈을 주워서
② 새 컴퓨터를 사서
③ 용돈을 많이 받아서
④ 공짜 음악회 표가 생겨서
⑤ 수학 시험에서 좋은 성적을 받아서

M: Rachel, you look very happy. Did your father finally 1) _____ _____ _____ _____ _____ _____ ?

W: No, he didn't.

M: Well, tell me 2) _____ _____ _____ _____. I'm very curious.

W: I 3) _____ _____ _____ on my math exam.

M: Oh, you did?

W: Yeah. It's the *first time that's happened.

M: Congratulations!

13 장소 추론

대화를 듣고, 두 사람이 대화하는 장소로 가장 적절한 곳을 고르시오.

① 공연장 ② 기차역 ③ 슈퍼마켓
④ 영화관 ⑤ 휴대전화 매장

M: 1) _____ _____ _____ concert tickets?

W: Only seats on the second floor are still available. They're $30 each.

M: Okay. 2) _____ _____ _____ _____, please.

W: All right, that will be $60.

M: Here's my credit card.

W: Thank you. Here are your tickets. 3) _____ _____ _____ C10 and C11.

14 위치 찾기 🇬🇧

대화를 듣고, 피자 가게의 위치로 가장 알맞은 곳을 고르시오.

You are here!

[Cell phone rings.]

M: Hi, Rebecca. What's up?

W: Hi. I 1) _____ _____ _____ . Do you know where Joe's Pizza is?

M: Yes, I do. Where are you now?

W: I'm between the church and the pharmacy now.

M: In that case, go straight for two blocks and 2) _____ _____ at the corner.

W: Turn right?

M: Yes. You'll see Joe's Pizza 3) _____ _____ _____ .

15 부탁한 일 파악 🇬🇧

대화를 듣고, 여자가 남자에게 부탁한 일로 가장 적절한 것을 고르시오.

① 빵집에 다녀오기　② 우유 가져다주기
③ 음료수 사다 주기　④ 파이 만들어 주기
⑤ 요리법 알려 주기

M: How is the apple pie, Amy?

W: It's delicious.

M: Would you 1) _____ _____ _____ ?

W: No, thanks. But 2) _____ _____ _____ a little more milk?

M: Sure. I'll 3) _____ _____ _____ _____ .

W: Thanks.

16 제안한 것 파악

대화를 듣고, 남자가 여자에게 제안한 것으로 가장 적절한 것을 고르시오.

① 수학 문제집 풀기　② 선생님과 상담하기
③ 중간고사 준비하기　④ 공부 모임 참여하기
⑤ 수업 내용 복습하기

M: Mina, is something wrong?

W: I'm studying for my midterms, but 1) _____ _____ _____ _____ .

M: Why don't you 2) _____ _____ _____ _____ _____ ?

W: Your study group?

M: Sumin, Jaejin, and I study together once a week. We 3) _____ _____ _____ study math.

W: That's a great idea!

17 한 일 파악

대화를 듣고, 여자가 주말에 한 일로 가장 적절한 것을 고르시오.

① 하이킹하기　② 캠핑 가기
③ 방 정리하기　④ 페인트칠하기
⑤ 집에서 휴식하기

W: What did you do last weekend?

M: I 1) _____ _____ with my parents. How about you?

W: Well, I was home all weekend.

M: Really? 2) _____ _____ _____ _____ ?

W: No, I 3) _____ _____ _____ my room.

M: Nice! Your room must feel different now.

18 직업 추론

대화를 듣고, 남자의 직업으로 가장 적절한 것을 고르시오.

① 의사
② 약사
③ 간호사
④ 엔지니어
⑤ 병원 접수원

W: Where do you work, Drake?

M: I 1) _____ _____ _____ _____.

W: Oh, are you a doctor?

M: No, I'm not. I help doctors and 2) _____ _____ _____ _____.

W: How do you like your job?

M: I love it. I'm happy I can 3) _____ _____ _____.

---

19 마지막 말에 이어질 응답 찾기 🇬🇧

대화를 듣고, 남자의 마지막 말에 이어질 여자의 말로 가장 적절한 것을 고르시오.

Woman: _____

① She's out.
② I'll call you later.
③ Do you want to leave a message?
④ Yes. She changed her phone number.
⑤ No. You must have dialed the wrong number.

[Phone rings.]

W: Hello?

M: 1) _____ _____ _____ _____ Hailey Stewart?

W: You mean Harry Stevens on the marketing team?

M: No, Hailey Stewart.

W: Well, I'm sorry, but there's 2) _____ _____ _____ by that name.

M: 3) _____ _____. Isn't this 2014−7114?

W: No. You must have dialed the wrong number.

---

20 마지막 말에 이어질 응답 찾기

대화를 듣고, 남자의 마지막 말에 이어질 여자의 말로 가장 적절한 것을 고르시오.

Woman: _____

① I'll call you if I see him.
② I think you should call the police.
③ Yes, we first met at a cello concert.
④ I'm going to see him at seven o'clock.
⑤ We had dinner together last Wednesday.

W: Hey, Jason. 1) _____ _____ _____ Carl?

M: Not recently. Why?

W: I called him several times this week, but he didn't answer.

M: Really? Did something happen to him?

W: I don't know. He 2) _____ _____ _____ at our cello lesson yesterday, either.

M: Hmm. That's unusual. 3) _____ _____ _____ _____ him last?

W: We had dinner together last Wednesday.

Word Test

A 다음 영어의 우리말 뜻을 쓰시오.

01 prize

02 hospital

03 gift

04 crowded

05 machine

06 except

07 seal

08 strange

09 finally

10 contest

11 sign

12 guess

13 wrong

14 straight

15 reserve

16 recently

17 relax

18 bright

19 pharmacy

20 unusual

21 allow

22 success

23 amazing

24 bring

25 direction

26 nearby

27 semester

28 almost

29 tourist

30 available

31 a lot of

32 in a hurry

33 right away

34 gain weight

35 get ready

36 participate in

37 fill out

38 take a look

39 make a wish

40 give it a try

B 다음 우리말 뜻에 맞는 영어를 쓰시오.

01 주말 _____

02 심각한 _____

03 모양 _____

04 도착하다 _____

05 그리다 _____

06 배우 _____

07 요리하다; 요리사 _____

08 경기장 _____

09 과학 _____

10 서두르다 _____

11 변화 _____

12 용서하다 _____

13 약 _____

14 고치다, 수리하다 _____

15 역사 _____

16 궁금한 _____

17 성인 _____

18 좌석, 자리 _____

19 운동; 운동하다 _____

20 경험하다 _____

21 방문하다 _____

22 이미, 벌써 _____

23 연습하다 _____

24 짓다, 건설하다 _____

25 차량들, 교통(량) _____

26 잊다, 깜박하다 _____

27 원인 _____

28 비싼 _____

29 빌리다 _____

30 닫다 _____

31 실제로, 사실은 _____

32 몇 번의 _____

33 ~한 맛이 나다 _____

34 환자 _____

35 대신에 _____

36 박물관 _____

37 ~을 돌보다 _____

38 ~에 지각하다 _____

39 실수하다 _____

40 ~의 앞에 _____

01 다음을 듣고, 'I'가 무엇인지 가장 적절한 것을 고르시오.

02 대화를 듣고, 여자가 주문할 케이크로 가장 적절한 것을 고르시오.

03 다음을 듣고, 일요일 오후의 날씨로 가장 적절한 것을 고르시오.

04 대화를 듣고, 여자가 한 마지막 말의 의도로 가장 적절한 것을 고르시오.

① 위로   ② 격려   ③ 조언
④ 거절   ⑤ 비난

05 다음을 듣고, 남자가 소개하는 인물에 대해 언급하지 않은 것을 고르시오.

① 직업   ② 이름   ③ 나이
④ 취미   ⑤ 소속

06 대화를 듣고, Lewis가 집에 올 시각을 고르시오.

① 6:00 p.m.   ② 7:00 p.m.   ③ 8:00 p.m.
④ 9:00 p.m.   ⑤ 10:00 p.m.

07 대화를 듣고, 여자의 장래 희망으로 가장 적절한 것을 고르시오.

① 가수   ② 화가   ③ 요리사
④ 발레리나   ⑤ 뮤지컬 배우

08 대화를 듣고, 남자의 심정으로 가장 적절한 것을 고르시오.

① 슬픔   ② 외로움   ③ 부러움
④ 미안함   ⑤ 자랑스러움

09 대화를 듣고, 남자가 대화 직후에 할 일로 가장 적절한 것을 고르시오.

① 스마트폰 빌리기
② 새 스마트폰 사기
③ 친구에게 전화하기
④ 스마트폰 앱 업데이트하기
⑤ 스마트폰 수리점 방문하기

고난도
10 대화를 듣고, 무엇에 관한 내용인지 가장 적절한 것을 고르시오.

① 숫자의 역사   ② 언어의 보편성
③ 영어의 중요성   ④ 호주의 다양한 문화
⑤ 보디랭귀지의 차이

11 대화를 듣고, 여자가 이용할 교통수단으로 가장 적절한 것을 고르시오.

① 버스   ② 자동차   ③ 택시
④ 기차   ⑤ 지하철

12 대화를 듣고, 남자가 약속 시간을 변경한 이유로 가장 적절한 것을 고르시오.

① 늦잠을 자서
② 동생을 돌봐야 해서
③ 집을 청소해야 해서
④ 쇼핑몰에 들러야 해서
⑤ 영화 시작 시간을 착각해서

13 대화를 듣고, 두 사람이 대화하는 장소로 가장 적절한 곳을 고르시오.

① 공항   ② 세차장   ③ 주유소
④ 세탁소   ⑤ 주차장

14 대화를 듣고, 여자가 찾는 머리띠의 위치로 가장 알맞은 곳을 고르시오.

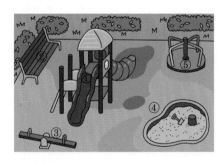

15 대화를 듣고, 여자가 남자에게 부탁한 일로 가장 적절한 것을 고르시오.

① 옷 골라 주기
② 옷장 정리하기
③ 결혼식 시간 확인하기
④ 결혼식에 대신 참석하기
⑤ 세탁소에서 옷 찾아오기

16 대화를 듣고, 남자가 여자에게 제안한 것으로 가장 적절한 것을 고르시오.

① 일찍 자기   ② 두꺼운 옷 입기
③ 감기약 먹기   ④ 따뜻한 수프 먹기
⑤ 뜨거운 차 마시기

17 대화를 듣고, 두 사람의 관계로 가장 적절한 것을 고르시오.

① 의사 – 환자
② 매표원 – 관람객
③ 식당 종업원 – 손님
④ 주차 관리원 – 운전자
⑤ 헬스 트레이너 – 헬스장 회원

고난도
18 대화를 듣고, 여자의 직업으로 가장 적절한 것을 고르시오.

① 교사   ② 작가   ③ 은행원
④ 잡지 기자   ⑤ 뉴스 앵커

[19-20] 대화를 듣고, 여자의 마지막 말에 이어질 남자의 말로 가장 적절한 것을 고르시오.

고난도
19 Man: _____

① Yes, I saw it.
② I have a smartphone.
③ No, I don't like music.
④ No, Brett Jackson sang the song.
⑤ Yes, it's one of my favorite songs.

20 Man: _____

① I'm ready for the math test.
② I am pretty good at math too.
③ Not at all. I didn't know it before.
④ Don't worry. I think I can help you.
⑤ You should finish your homework by seven o'clock.

Dictation Test 04

정답 및 해설 pp. 21~24

보통 속도 듣기 빠르게 듣기

01 화제 파악

다음을 듣고, 'I'가 무엇인지 가장 적절한 것을 고르시오.

① ② ③
④ ⑤

M: I live deep in the ocean. I 1) _____ _____ _____.
   When I see a predator, I 2) _____ _____ _____ into
   the water. Then I 3) _____ _____. What am I?

02 그림 정보 파악

대화를 듣고, 여자가 주문할 케이크로 가장 적절한 것을 고르시오.

① ② ③
④ ⑤

W: Hi. I'd like to order a cake.

M: Sure. 1) _____ _____ _____ _____ do you want?

W: Can you make a chocolate cake with 2) _____ _____
   _____ _____ in the center?

M: Of course. We can make heart-shaped cakes, too, if you want.

W: That's okay. Just 3) _____ _____ _____, please.

M: All right.

03 세부 정보 파악

다음을 듣고, 일요일 오후의 날씨로 가장 적절한 것을 고르시오.

① ② ③
④ ⑤

W: This is Janet Smith with your weather report. It will
   1) _____ _____ _____ _____, and then it
   2) _____ _____ on Saturday. But don't worry. On
   Sunday morning, the rain will stop and 3) _____ _____
   _____ _____ in the afternoon.

04 의도 파악 🇬🇧

대화를 듣고, 여자가 한 마지막 말의 의도로 가장 적절한 것을 고르시오.

① 위로   ② 격려   ③ 조언
④ 거절   ⑤ 비난

M: Ouch!

W: Derek, what's wrong?

M: 1) _____ _____ _____ so much! I cannot eat anything.

W: When did it 2) _____ _____ _____?

M: The day before yesterday.

W: You should 3) _____ _____ _____ _____. If you
   don't, your pain will get worse.

05 언급하지 않은 내용 찾기

다음을 듣고, 남자가 소개하는 인물에 대해 언급하지 <u>않은</u> 것을 고르시오.

① 직업　　② 이름　　③ 나이
④ 취미　　⑤ 소속

M: Hello, everyone. I'd like to 1) _____ _____ _____ _____, Jim Reed. He is 2) _____ _____ _____ and is the lead singer in a rock band. If you 3) _____ _____ _____, you should listen to his songs. I'm sure you will love them.

06 숫자 정보 파악 🇬🇧

대화를 듣고, Lewis가 집에 올 시각을 고르시오.

① 6:00 p.m.　② 7:00 p.m.　③ 8:00 p.m.
④ 9:00 p.m.　⑤ 10:00 p.m.

[Phone rings.]
W: Hello?
M: Hello. This is Tommy. 1) _____ _____ _____ _____ Lewis, please?
W: He's not here.
M: When will he 2) _____ _____ _____?
W: It's 6:00 p.m. now, so he will be home 3) _____ _____ _____.
M: Okay, then I'll call again after 7:00.

07 세부 정보 파악

대화를 듣고, 여자의 장래 희망으로 가장 적절한 것을 고르시오.

① 가수　　② 화가　　③ 요리사
④ 발레리나　⑤ 뮤지컬 배우

M: What do you like to do in your free time?
W: I 1) _____ _____ _____.
M: Oh, do you want to be a dancer?
W: Yes. I want to 2) _____ _____ _____. What about you?
M: Well, I like to cook. I want to be a chef 3) _____ _____ _____.
W: Sounds cool.

08 심정 추론

대화를 듣고, 남자의 심정으로 가장 적절한 것을 고르시오.

① 슬픔　　② 외로움　　③ 부러움
④ 미안함　⑤ 자랑스러움

W: Ian, are you okay?
M: 1) _____ _____.
W: What happened?
M: My puppy, Bravo, 2) _____ _____. I don't know what to do.
W: Well, did you take him 3) _____ _____ _____?
M: Yes, two days ago. But he is still sick.
W: I'm sorry to hear that.

대화를 듣고, 남자가 대화 직후에 할 일로 가장 적절한 것을 고르시오.

① 스마트폰 빌리기
② 새 스마트폰 사기
③ 친구에게 전화하기
④ 스마트폰 앱 업데이트하기
⑤ 스마트폰 수리점 방문하기

W: What's up, Tim?

M: I 1) _____ _____ _____ _____ in some water.

W: What? Your smartphone?

M: Yes, and 2) _____ _____ _____.

W: You should get it fixed right away. Take it 3) _____ _____ _____ _____.

M: Okay. I will.

---

10 주제 파악

대화를 듣고, 무엇에 관한 내용인지 가장 적절한 것을 고르시오.

① 숫자의 역사
② 언어의 보편성
③ 영어의 중요성
④ 호주의 다양한 문화
⑤ 보디랭귀지의 차이

M: Yesterday, I read a book 1) _____ _____ _____.

W: Oh, sounds interesting.

M: Did you know that body language is a little different in Australia?

W: No. 2) _____ _____ _____ _____?

M: For example, when you make the "okay" sign with your hand, it means "zero" in Australia.

W: I didn't know that. I will be careful 3) _____ _____ _____ _____ if I go to Australia.

---

11 세부 정보 파악

대화를 듣고, 여자가 이용할 교통수단으로 가장 적절한 것을 고르시오.

① 버스
② 자동차
③ 택시
④ 기차
⑤ 지하철

W: 1) _____ _____ _____ _____ _____ the museum tomorrow?

M: I have a car. How about you?

W: I will 2) _____ _____ _____ or subway.

M: Oh, I thought you would drive.

W: Well, my car is in the repair shop.

M: Oh, I see. Then I'll 3) _____ _____ _____.

W: Will you? Great! That's very nice of you.

12 이유 파악

대화를 듣고, 남자가 약속 시간을 변경한 이유로 가장 적절한 것을 고르시오.

① 늦잠을 자서
② 동생을 돌봐야 해서
③ 집을 청소해야 해서
④ 쇼핑몰에 들러야 해서
⑤ 영화 시작 시간을 착각해서

★ Focus on Sound won't

will not의 축약형으로 [워운트]로 발음된다.

[Cell phone rings.]

W: Hello, Jake. What's up?

M: Hi, Hanna. I'm sorry, but can we ¹⁾ _____ _____ _____ at 5:30 instead of 3:15?

W: That's okay, but why?

M: My mom *won't be home until 4:00, so I have to ²⁾ _____ _____ _____ my baby sister until then.

W: Okay. Then ³⁾ _____ _____ _____ _____ at the theater.

M: Thank you for understanding.

---

13 장소 추론

대화를 듣고, 두 사람이 대화하는 장소로 가장 적절한 곳을 고르시오.

① 공항   ② 세차장   ③ 주유소
④ 세탁소   ⑤ 주차장

M: Hello. How much do you want?

W: Hi. Just ¹⁾ _____ _____ _____, please.

M: Sure. It will just take a few minutes. *[pause]* Okay, your ²⁾ _____ _____ _____.

W: Thank you.

M: How do you want to pay?

W: Here's my credit card.

M: Thank you. *[pause]* Here you go. ³⁾ _____ _____ and have a nice day!

---

14 위치 찾기

대화를 듣고, 여자가 찾는 머리띠의 위치로 가장 알맞은 곳을 고르시오.

W: Oh no. Where is my hairband? I ¹⁾ _____ _____ _____ _____.

M: Let me help you find it.

W: Thanks. Will you ²⁾ _____ _____ _____ _____, please?

M: Sure. *[pause]* Well, it's not here.

W: Hmm… It's not on the bench, either.

M: Oh, I found it. It was ³⁾ _____ _____ _____ _____.

W: Thanks a lot!

대화를 듣고, 여자가 남자에게 부탁한 일로 가장 적절한 것을 고르시오.

① 옷 골라 주기
② 옷장 정리하기
③ 결혼식 시간 확인하기
④ 결혼식에 대신 참석하기
⑤ 세탁소에서 옷 찾아오기

＊Focus on Sound   hour

[h]는 묵음으로 [하우어]가 아닌 [아우어]로 발음된다.

M: Honey, you 1) _____ _____ _____. The wedding starts in an ＊hour.

W: Okay. Have you seen my green dress? I can't find it.

M: You took it 2) _____ _____ _____ last weekend!

W: Oh no! I forgot!

M: Do you need it today?

W: I do. I'm sorry, but can you go 3) _____ _____ _____ for me now?

M: Sure.

대화를 듣고, 남자가 여자에게 제안한 것으로 가장 적절한 것을 고르시오.

① 일찍 자기   ② 두꺼운 옷 입기
③ 감기약 먹기   ④ 따뜻한 수프 먹기
⑤ 뜨거운 차 마시기

M: Kate, are you all right?

W: No, I feel cold.

M: Hmm... I think you're 1) _____ _____.

W: I think so, too. I need to 2) _____ _____ _____.

M: How about 3) _____ _____ _____ _____ before you go to bed?

W: That's actually a good idea.

대화를 듣고, 두 사람의 관계로 가장 적절한 것을 고르시오.

① 의사 – 환자
② 매표원 – 관람객
③ 식당 종업원 – 손님
④ 주차 관리원 – 운전자
⑤ 헬스 트레이너 – 헬스장 회원

＊Focus on Sound   receipt

[p]는 묵음으로 [리씹트]가 아닌 [리씨트]로 발음된다.

W: 1) _____ _____ _____ _____, sir?

M: It was great. May I see the 2) _____ _____?

W: Of course. Here it is.

M: Hmm... 3) _____ _____ _____ a black coffee. And where can I pay for parking?

W: Oh, you just have to show your ＊receipt at the parking lot.

M: All right. Thanks.

18 직업 추론

대화를 듣고, 여자의 직업으로 가장 적절한 것을 고르시오.

① 교사　　② 작가　　③ 은행원
④ 잡지 기자　　⑤ 뉴스 앵커

M: Kelly, I didn't expect to see you here.

W: 1) _____ _____ _____ today. I work for *JK Magazine* now.

M: That's surprising! You 2) _____ _____ _____ _____ before.

W: That's right. I changed jobs.

M: Good for you! So, what will we be talking about today?

W: I will be asking you about your success 3) _____ _____ _____.

19 마지막 말에 이어질 응답 찾기

대화를 듣고, 여자의 마지막 말에 이어질 남자의 말로 가장 적절한 것을 고르시오.

Man: _____
① Yes, I saw it.
② I have a smartphone.
③ No, I don't like music.
④ No, Brett Jackson sang the song.
⑤ Yes, it's one of my favorite songs.

M: What are you 1) _____ _____?

W: A new song by Jack Rich.

M: Do you like pop music?

W: I enjoy 2) _____ _____ _____ _____, but I like pop music best. How about you?

M: I like pop music, too.

W: Then do you 3) _____ _____ _____ by Jack Rich called "Love"?

M: Yes, it's one of my favorite songs.

20 마지막 말에 이어질 응답 찾기

대화를 듣고, 여자의 마지막 말에 이어질 남자의 말로 가장 적절한 것을 고르시오.

Man: _____
① I'm ready for the math test.
② I am pretty good at math too.
③ Not at all. I didn't know it before.
④ Don't worry. I think I can help you.
⑤ You should finish your homework by seven o'clock.

M: What are you doing?

W: I'm 1) _____ _____ _____ _____.

M: Is it due tomorrow?

W: Yes. But I don't know 2) _____ _____ _____ _____ it today.

M: Why not? It's only five o'clock. You have enough time.

W: It's too difficult. I don't know how to 3) _____ _____ _____.

M: Don't worry. I think I can help you.

실전모의고사 05회

정답 및 해설 pp. 25~28

점수: /20

01 다음을 듣고, 'this'가 가리키는 것으로 가장 적절한 것을 고르시오.

①   ②   ③

④   ⑤

05 다음을 듣고, 남자가 카페에 대해 언급하지 <u>않은</u> 것을 고르시오.

① 위치   ② 영업시간   ③ 테이블 수
④ 판매 음식   ⑤ 주차장 위치

02 대화를 듣고, 남자가 구입할 운동화로 가장 적절한 것을 고르시오.

①   ②   ③

④   ⑤

06 대화를 듣고, 여자가 코치를 만날 시각을 고르시오.

① 4:20 p.m.   ② 4:30 p.m.   ③ 4:35 p.m.
④ 4:40 p.m.   ⑤ 4:45 p.m.

07 대화를 듣고, 남자의 장래 희망으로 가장 적절한 것을 고르시오.

① 교사   ② 기자   ③ 수의사
④ 의사   ⑤ 사진작가

08 대화를 듣고, 여자의 심정으로 가장 적절한 것을 고르시오.

① angry   ② bored   ③ sorry
④ proud   ⑤ nervous

03 다음을 듣고, 런던의 내일 날씨로 가장 적절한 것을 고르시오.

09 대화를 듣고, 남자가 대화 직후에 할 일로 가장 적절한 것을 고르시오.

① 식당 예약하기   ② 샌드위치 만들기
③ 스파게티 만들기   ④ 볶음밥 주문하기
⑤ 음식 재료 사러 가기

고난도
10 대화를 듣고, 무엇에 관한 내용인지 가장 적절한 것을 고르시오.

① 방 정리   ② 빨래 건조
③ 감기 증상   ④ 습도 조절
⑤ 난방비 절약

04 대화를 듣고, 여자가 한 마지막 말의 의도로 가장 적절한 것을 고르시오.

① 격려   ② 불평   ③ 제안
④ 사과   ⑤ 비난

78

11 대화를 듣고, 두 사람이 함께 이용할 교통수단으로 가장 적절한 것을 고르시오.

① 택시   ② 지하철   ③ 자전거
④ 버스   ⑤ 승용차

12 대화를 듣고, 여자가 다리를 다친 이유로 가장 적절한 것을 고르시오.

① 자전거에 치여서   ② 친구와 부딪혀서
③ 계단에서 넘어져서   ④ 빙판에서 미끄러져서
⑤ 자동차 사고가 나서

고난도
13 대화를 듣고, 두 사람이 대화하는 장소로 가장 적절한 곳을 고르시오.

① 도서관   ② 박물관   ③ 영화관
④ 미술 학원   ⑤ 놀이공원

14 대화를 듣고, 우체국의 위치로 가장 알맞은 곳을 고르시오.

You are here!

15 대화를 듣고, 여자가 남자에게 요청한 일로 가장 적절한 것을 고르시오.

① 매일 숙제하기
② 9시까지 귀가하기
③ 일찍 잠자리에 들기
④ 컴퓨터 게임 시간 줄이기
⑤ 허락 없이 외출하지 않기

16 대화를 듣고, 남자가 여자에게 제안한 것으로 가장 적절한 것을 고르시오.

① 함께 케이크 굽기
② 생일 선물 미리 사 두기
③ 빵집에 케이크 주문하기
④ 케이크 굽는 법 찾아보기
⑤ 인터넷으로 생일 선물 주문하기

17 대화를 듣고, 남자가 어제 한 일로 가장 적절한 것을 고르시오.

① 전화하기   ② 숙제하기
③ 쇼핑하기   ④ 영화 보기
⑤ 친구 도와주기

18 대화를 듣고, 여자의 직업으로 가장 적절한 것을 고르시오.

① 비서   ② 승무원
③ 조종사   ④ 버스 운전사
⑤ 호텔 지배인

[19-20] 대화를 듣고, 남자의 마지막 말에 이어질 여자의 말로 가장 적절한 것을 고르시오.

19 Woman: _____

① It was very cold.
② You can do better.
③ Oh, that's too bad.
④ That sounds great!
⑤ Why didn't you go outside?

20 Woman: _____

① I don't like rainy days.
② Sure. I'll be right there.
③ It'll clear up tomorrow.
④ I'm very glad to hear that.
⑤ Good. I'm glad you bought an umbrella.

Dictation Test 05

보통속도 듣기 / 빠르게 듣기

01 [화제 파악]

다음을 듣고, 'this'가 가리키는 것으로 가장 적절한 것을 고르시오.

①
②
③
④
⑤

M: This is a 1) _____ _____ _____. When people hurt their leg or 2) _____ _____, they use this. This has two big wheels. People can make this stop or move 3) _____ _____ _____ _____ with their hands. What is this?

02 [그림 정보 파악]

대화를 듣고, 남자가 구입할 운동화로 가장 적절한 것을 고르시오.

①
②
③
④
⑤

W: Do you like these blue sneakers?
M: I 1) _____ _____ _____, but I don't like the color.
W: Then look at those sneakers. That violet pair looks good.
M: I think the 2) _____ _____ _____ _____.
W: Oh, those are nice, too.
M: Then 3) _____ _____ _____.

03 [세부 정보 파악]

다음을 듣고, 런던의 내일 날씨로 가장 적절한 것을 고르시오.

①
②
③
④ ⑤

W: Good evening. This is the weather report for this week. We've 1) _____ _____ _____ _____ for the past few days here in London, but it 2) _____ _____ _____ starting from tomorrow and lasting until Saturday. You'll be able to 3) _____ _____ _____ _____ on Sunday.

04 의도 파악

대화를 듣고, 여자가 한 마지막 말의 의도로 가장 적절한 것을 고르시오.

① 격려　　② 불평　　③ 제안
④ 사과　　⑤ 비난

Focus on Sound can't

미국식은 a를 [애]로 발음하여 [캔트]로, 영국식은 [아]로 발음하여 [칸트]로 발음된다.

M: The music next door 1) _____ _____ _____.
W: Yeah. I *can't study for my test.
M: Me neither.
W: Could you go tell them to 2) _____ _____ _____?
M: I did, but they wouldn't listen to me.
W: Then why don't we 3) _____ _____ _____ _____? It will be quiet there.

---

05 언급하지 않은 내용 찾기

다음을 듣고, 남자가 카페에 대해 언급하지 <u>않은</u> 것을 고르시오.

① 위치　　② 영업시간　　③ 테이블 수
④ 판매 음식　　⑤ 주차장 위치

M: The newly opened café Starry Night 1) _____ _____ _____ Maple Street. It is open from 8:00 a.m. to 9:00 p.m. on weekdays. 2) _____ _____ various kinds of coffee and tea. You can also try some brownies and cookies. There is a 3) _____ _____ _____ next to the café.

---

06 숫자 정보 파악

대화를 듣고, 여자가 코치를 만날 시각을 고르시오.

① 4:20 p.m.　② 4:30 p.m.　③ 4:35 p.m.
④ 4:40 p.m.　⑤ 4:45 p.m.

M: Why are you running? Are you late?
W: Yes. I 1) _____ _____ _____ with the tennis coach in ten minutes.
M: Is your meeting at 4:30 p.m.?
W: No, 2) _____ _____ _____.
M: You know it's 4:20 right now, don't you?
W: Really? I thought it was 3) _____ _____ _____.

---

07 세부 정보 파악

대화를 듣고, 남자의 장래 희망으로 가장 적절한 것을 고르시오.

① 교사　　② 기자　　③ 수의사
④ 의사　　⑤ 사진작가

M: What do you want to be 1) _____ _____ _____?
W: My parents want me to be a teacher, but I want to 2) _____ _____ _____ _____.
M: Oh, right. You like animals.
W: Yes. How about you?
M: I want to become a famous photographer. I 3) _____ _____ _____.
W: That's cool!

심정 추론 🏴󠁧󠁢󠁥󠁮󠁧󠁿

대화를 듣고, 여자의 심정으로 가장 적절한 것을 고르시오.

① angry   ② bored   ③ sorry
④ proud   ⑤ nervous

W: Did you bring my book?

M: Oh no! 1) _____ _____. I'm so sorry.

W: Again? You 2) _____ _____ _____ today.

M: I know. I'm really sorry. I'll bring it tomorrow.

W: It's 3) _____ _____ _____ you've said that. I need it today!

M: I won't forget it again.

---

09 할 일 파악

대화를 듣고, 남자가 대화 직후에 할 일로 가장 적절한 것을 고르시오.

① 식당 예약하기   ② 샌드위치 만들기
③ 스파게티 만들기   ④ 볶음밥 주문하기
⑤ 음식 재료 사러 가기

M: How about having spaghetti for dinner?

W: That will 1) _____ _____ _____ to make. I'm hungry now.

M: I can 2) _____ _____ _____ within half an hour. What do you think?

W: I can't wait that long.

M: Then 3) _____ _____ _____ sandwiches.

W: Okay. That'll be good.

---

10 주제 파악

대화를 듣고, 무엇에 관한 내용인지 가장 적절한 것을 고르시오.

① 방 정리   ② 빨래 건조
③ 감기 증상   ④ 습도 조절
⑤ 난방비 절약

W: I have a sore throat.

M: I think it's because your room 1) _____ _____ _____.

W: What should I do?

M: Why don't you 2) _____ _____ _____ in your room or dry your clothes there?

W: Would that be helpful?

M: Sure. Or 3) _____ _____ _____ _____ _____.

W: That's a good idea.

---

11 세부 정보 파악

대화를 듣고, 두 사람이 함께 이용할 교통수단으로 가장 적절한 것을 고르시오.

① 택시   ② 지하철   ③ 자전거
④ 버스   ⑤ 승용차

M: Honey, did you buy everything you need?

W: Yes, let's go home.

M: Okay. 1) _____ _____ _____ _____. Let's take a taxi.

W: A taxi? But there will be lots of traffic at this hour. Can't we 2) _____ _____ _____?

M: But my legs are too tired.

W: Okay. We 3) _____ _____ _____ _____ anyway.

12 이유 파악 🏴󠁧󠁢󠁥󠁮󠁧󠁿

대화를 듣고, 여자가 다리를 다친 이유로 가장
적절한 것을 고르시오.
① 자전거에 치여서   ② 친구와 부딪혀서
③ 계단에서 넘어져서   ④ 빙판에서 미끄러져서
⑤ 자동차 사고가 나서

✱Focus on Sound   trying

[t]와 [r]이 연달아 나와 [트라잉]이 아닌 [츄라잉]
으로 발음된다.

M: Jessica, 1) _____ _____ _____ your leg?

W: Well, I had an accident.

M: 2) _____ _____ _____ _____? Like a car accident?

W: No. I was ✱trying to help my friend move some boxes, and
I 3) _____ _____ _____ _____.

M: Oh no! I hope you get better soon.

---

13 장소 추론

대화를 듣고, 두 사람이 대화하는 장소로 가장
적절한 곳을 고르시오.
① 도서관   ② 박물관   ③ 영화관
④ 미술 학원   ⑤ 놀이공원

M: Wow, 1) _____ _____ _____ _____. It's really
beautiful.

W: It really is. Do you know who made it?

M: According to this sign, 2) _____ _____ _____
_____ Pablo Picasso.

W: It's very impressive. Oh, a short documentary about him is
playing in the next room.

M: Let's watch it.

W: Okay. And let's 3) _____ _____ _____ _____
_____ before we leave.

M: Sounds good.

---

14 위치 찾기

대화를 듣고, 우체국의 위치로 가장 알맞은 곳을
고르시오.

You are here!

W: Excuse me, where is the post office?

M: 1) _____ _____ one block and turn right.

W: You mean turn right 2) _____ _____ _____ _____?

M: That's right. Then you'll see a tall gray building on your left.
The post office is 3) _____ _____ _____.

W: Thank you very much.

M: No problem.

15 요청한 일 파악

대화를 듣고, 여자가 남자에게 요청한 일로 가장 적절한 것을 고르시오.
① 매일 숙제하기
② 9시까지 귀가하기
③ 일찍 잠자리에 들기
④ 컴퓨터 게임 시간 줄이기
⑤ 허락 없이 외출하지 않기

W: Jason, why 1) _____ _____ _____ _____? It's almost 11:00.
M: Sorry, Mom. I was at my friend's house. We were playing computer games.
W: Well, did you 2) _____ _____ _____?
M: Yes, I did.
W: Okay, but next time, you 3) _____ _____ _____ _____ 9:00.
M: I will.

---

16 제안한 것 파악

대화를 듣고, 남자가 여자에게 제안한 것으로 가장 적절한 것을 고르시오.
① 함께 케이크 굽기
② 생일 선물 미리 사 두기
③ 빵집에 케이크 주문하기
④ 케이크 굽는 법 찾아보기
⑤ 인터넷으로 생일 선물 주문하기

W: Steve, do you know 1) _____ _____ _____ a cake?
M: No, I don't. Why do you ask?
W: It's my mother's birthday soon, and I want to 2) _____ _____ _____ _____.
M: Wow, your mom will be very happy.
W: But I've never baked a cake before.
M: Why don't you 3) _____ _____ _____ _____ for a recipe?
W: Oh, that sounds like a good idea. Thank you.

---

17 한 일 파악

대화를 듣고, 남자가 어제 한 일로 가장 적절한 것을 고르시오.
① 전화하기   ② 숙제하기
③ 쇼핑하기   ④ 영화 보기
⑤ 친구 도와주기

M: Sorry, I didn't call you back yesterday.
W: That's okay. Were you busy?
M: Yes, I 1) _____ _____ with my brother. Anyway, why did you call?
W: Oh, I called to ask if you could help me 2) _____ _____ _____ _____.
M: Well, I'm free now.
W: Then 3) _____ _____ _____ _____?
M: Of course.

18 직업 추론

대화를 듣고, 여자의 직업으로 가장 적절한 것을 고르시오.

① 비서　　　　　② 승무원
③ 조종사　　　　④ 버스 운전사
⑤ 호텔 지배인

M: Excuse me.

W: May I help you?

M: It's a bit chilly 1) _____ _____ _____ . Do you have a blanket?

W: 2) _____ _____ _____ _____ right away.

M: Thanks. Also, can I have a bottle of water, please?

W: Sure. Oh, please 3) _____ _____ _____ _____ in case of turbulence.

M: Okay, I will.

---

19 마지막 말에 이어질 응답 찾기

대화를 듣고, 남자의 마지막 말에 이어질 여자의 말로 가장 적절한 것을 고르시오.

Woman: _____

① It was very cold.
② You can do better.
③ Oh, that's too bad.
④ That sounds great!
⑤ Why didn't you go outside?

★ Focus on Sound　had to

[d]가 [t]를 만나 약화되어 [해드 투]가 아닌 [해 투]로 발음된다.

M: What did you do last weekend?

W: I 1) _____ _____ with my family.

M: Oh, how was it?

W: It was really fun. What did you do?

M: Well, I 2) _____ _____ _____ .

W: What do you mean?

M: I 3) _____ _____ _____ _____ , so I *had to stay home.

W: Oh, that's too bad.

---

20 마지막 말에 이어질 응답 찾기 🇬🇧

대화를 듣고, 남자의 마지막 말에 이어질 여자의 말로 가장 적절한 것을 고르시오.

Woman: _____

① I don't like rainy days.
② Sure. I'll be right there.
③ It'll clear up tomorrow.
④ I'm very glad to hear that.
⑤ Good. I'm glad you bought an umbrella.

[Cell phone rings.]

W: Hello.

M: Hi, Ann. 1) _____ _____ _____ _____ ?

W: Yes, I am.

M: It's 2) _____ _____ , but I don't have an umbrella.

W: Where are you now?

M: At the Washington Street subway station. Can you 3) _____ _____ _____ ?

W: Sure. I'll be right there.

실전모의고사 06회

정답 및 해설 pp. 28~32

점수: /20

보통속도 듣기   빠르게 듣기

01 다음을 듣고, 'I'가 무엇인지 가장 적절한 것을 고르시오.

02 대화를 듣고, 두 사람이 구입할 접시로 가장 적절한 것을 고르시오.

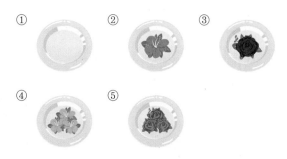

03 다음을 듣고, 로마의 현재 날씨로 가장 적절한 것을 고르시오.

04 대화를 듣고, 남자가 한 마지막 말의 의도로 가장 적절한 것을 고르시오.

① 제안   ② 불평   ③ 수락
④ 사과   ⑤ 비난

05 다음을 듣고, 여자가 친구에 대해 언급하지 않은 것을 고르시오.

① 국적   ② 성격
③ 한국에 온 이유   ④ 취미
⑤ 장래 희망

고난도

06 대화를 듣고, 남자의 플루트 수업이 끝나는 시각을 고르시오.

① 4:45 p.m.   ② 5:00 p.m.   ③ 5:30 p.m.
④ 6:00 p.m.   ⑤ 7:00 p.m.

07 대화를 듣고, 여자의 장래 희망으로 가장 적절한 것을 고르시오.

① 요리사   ② 화가   ③ 작가
④ 제빵사   ⑤ 호텔 지배인

08 대화를 듣고, 남자의 심정으로 가장 적절한 것을 고르시오.

① 화남   ② 실망함   ③ 안도함
④ 무관심함   ⑤ 걱정스러움

09 대화를 듣고, 여자가 대화 직후에 할 일로 가장 적절한 것을 고르시오.

① 숙제하기   ② 컴퓨터 게임하기
③ 체육관 가기   ④ 온라인 쇼핑하기
⑤ 이메일 확인하기

10 대화를 듣고, 무엇에 관한 내용인지 가장 적절한 것을 고르시오.

① 좋아하는 과목   ② 좋아하는 운동
③ 연주할 수 있는 악기   ④ 존경하는 인물
⑤ 즐겨 보는 영화 장르

11 대화를 듣고, 두 사람이 함께 이용할 교통수단으로 가장 적절한 것을 고르시오.

① 버스   ② 택시   ③ 자동차
④ 지하철   ⑤ 자전거

12 대화를 듣고, 여자가 약속 시간을 변경한 이유로 가장 적절한 것을 고르시오.

① 병원에 가야 해서
② 쇼핑을 해야 해서
③ 집안일을 해야 해서
④ 생일 파티에 가야 해서
⑤ 사장님과 회의가 있어서

13 대화를 듣고, 두 사람이 대화하는 장소로 가장 적절한 곳을 고르시오.

① 공원   ② 동물원   ③ 도서관
④ 박물관   ⑤ 동물 병원

14 대화를 듣고, 남자가 찾는 요구르트의 위치로 가장 알맞은 곳을 고르시오.

15 대화를 듣고, 여자가 남자에게 부탁한 일로 가장 적절한 것을 고르시오.

① 컴퓨터 옮겨주기
② 파일 복구 도와주기
③ 대신 파일 작성해주기
④ 남자의 컴퓨터 빌려주기
⑤ 새로 살 컴퓨터 골라주기

고난도

16 대화를 듣고, 남자가 여자에게 제안한 것으로 가장 적절한 것을 고르시오.

① 구호 물품 보내기
② 자원봉사 활동하기
③ 자선 단체 가입하기
④ 인도네시아 여행하기
⑤ 성금 모금하여 보내기

17 대화를 듣고, 남자가 주말에 한 일로 가장 적절한 것을 고르시오.

① 여행하기   ② 집 청소하기
③ 캠핑 가기   ④ 친구 만나기
⑤ 개 산책시키기

18 대화를 듣고, 여자의 직업으로 가장 적절한 것을 고르시오.

① 작가   ② 교사   ③ 경찰
④ 서점 주인   ⑤ 도서관 사서

[19 - 20] 대화를 듣고, 여자의 마지막 말에 이어질 남자의 말로 가장 적절한 것을 고르시오.

19 Man: _____

① It cost a lot.
② We stayed at a hotel.
③ It was two meters long.
④ We were there for five days.
⑤ It took about an hour to get there.

20 Man: _____

① I study every day.
② He teaches English.
③ I like math the best.
④ I like my classmates.
⑤ She is my favorite teacher.

Dictation Test 06

01 화제 파악

다음을 듣고, 'I'가 무엇인지 가장 적절한 것을 고르시오.

①   ②   ③

④   ⑤

W: I'm very large. I have a 1) _____ _____ _____ _____ . I have wings, but I 2) _____ _____ . I have two long, strong legs, so I can 3) _____ _____ _____ . What am I?

02 그림 정보 파악

대화를 듣고, 두 사람이 구입할 접시로 가장 적절한 것을 고르시오.

①   ②   ③

④   ⑤

M: We need a big plate for our party.
W: How about 1) _____ _____ _____ ?
M: It's nice. I like the red flower 2) _____ _____ _____ .
W: Hmm… I don't like the rose very much.
M: Then how about the plate with the 3) _____ _____ _____ _____ ?
W: Oh, I like that one. Let's buy it.

03 세부 정보 파악

다음을 듣고, 로마의 현재 날씨로 가장 적절한 것을 고르시오.

①   ②   ③

④  ⑤

M: Hello. This is the weather report. In *Rome, it 1) _____ _____ early this morning, but it has stopped now. However, the sun 2) _____ _____ _____ this afternoon, as it will be cloudy all day. But in Venice and Florence, it 3) _____ _____ _____ all afternoon. Thank you.

*Focus on Sound **Rome**

우리나라에서 [로마]라고 읽지만, 영어는 [롬]으로 발음된다.

04 의도 파악 🇬🇧

대화를 듣고, 남자가 한 마지막 말의 의도로 가장 적절한 것을 고르시오.

① 제안　　② 불평　　③ 수락
④ 사과　　⑤ 비난

M: Your birthday is on November 18, right?

W: No, it's 1) _____ _____ _____ .

M: Oh, I'm sorry.

W: That's all right.

M: Well, are you 2) _____ _____ _____ on that day?

W: Yes, I am. Can you come to my birthday party?

M: Sure. 3) _____ _____ _____ .

---

05 언급하지 않은 내용 찾기

다음을 듣고, 여자가 친구에 대해 언급하지 <u>않은</u> 것을 고르시오.

① 국적　　　　② 성격
③ 한국에 온 이유　④ 취미
⑤ 장래 희망

W: I'd like to introduce my friend, Edward. He is from New Zealand, and 1) _____ _____ _____ _____ . He came here 2) _____ _____ _____ during his summer vacation. He likes 3) _____ _____ _____ . He knows about many Korean actors.

---

06 숫자 정보 파악

대화를 듣고, 남자의 플루트 수업이 끝나는 시각을 고르시오.

① 4:45 p.m.　② 5:00 p.m.　③ 5:30 p.m.
④ 6:00 p.m.　⑤ 7:00 p.m.

W: Are you going to watch the soccer game at 5:00 p.m.?

M: I'd like to, but I can't.

W: Why not?

M: I 1) _____ _____ _____ _____ at 5:30.

W: What time does it finish? The game 2) _____ _____ _____ at about 7:00.

M: The problem is that the lesson finishes 3) _____ _____ _____ _____ .

W: That's too bad.

---

07 세부 정보 파악

대화를 듣고, 여자의 장래 희망으로 가장 적절한 것을 고르시오.

① 요리사　　② 화가　　③ 작가
④ 제빵사　　⑤ 호텔 지배인

W: Andy, have some of this cake.

M: Wow, it looks delicious. Hmm...

W: Well, 1) _____ _____ _____ _____ ?

M: This is amazing! Did you make it?

W: Yes! I made it 2) _____ _____ _____ . I want to be a baker.

M: I think you should! You're a 3) _____ _____ already.

08 심정 추론 🇬🇧

대화를 듣고, 남자의 심정으로 가장 적절한 것을 고르시오.

① 화남   ② 실망함   ③ 안도함
④ 무관심함   ⑤ 걱정스러움

W: Kevin, is everything okay? You were ¹⁾ _____ _____ _____ _____ yesterday.
M: Oh, yeah. I was on my way to the hospital.
W: ²⁾ _____ _____ _____ ? Why?
M: My grandmother was there.
W: Oh, is she okay?
M: Yeah, she fell in the bathroom. Luckily, she ³⁾ _____ _____ _____ _____ _____ .
W: That's a relief!

09 할 일 파악

대화를 듣고, 여자가 대화 직후에 할 일로 가장 적절한 것을 고르시오.

① 숙제하기   ② 컴퓨터 게임하기
③ 체육관 가기   ④ 온라인 쇼핑하기
⑤ 이메일 확인하기

★ Focus on Sound thanks

자음 3개가 겹쳐 나와 중간 자음인 [k]가 약화되어 [땡크스]가 아닌 [땡스]로 발음된다.

W: Are you surfing the net?
M: No, I'm just ¹⁾ _____ _____ _____ . I'm almost done.
W: Can I ²⁾ _____ _____ _____ when you're finished?
M: Sure. Are you going to play computer games?
W: No, I have to ³⁾ _____ _____ _____ _____ .
M: Okay, you can use it now. I'm going to the gym soon.
W: *Thanks.

10 주제 파악

대화를 듣고, 무엇에 관한 내용인지 가장 적절한 것을 고르시오.

① 좋아하는 과목   ② 좋아하는 운동
③ 연주할 수 있는 악기   ④ 존경하는 인물
⑤ 즐겨 보는 영화 장르

W: What is ¹⁾ _____ _____ _____ ?
M: I ²⁾ _____ _____ _____ _____ . Do you play?
W: No, but I play squash almost every day.
M: I heard you were good at badminton. You ³⁾ _____ _____ _____ _____ ?
W: Not really. I really like to play squash nowadays.
M: I see.

11 세부 정보 파악 🇬🇧

대화를 듣고, 두 사람이 함께 이용할 교통수단으로 가장 적절한 것을 고르시오.

① 버스 ② 택시 ③ 자동차
④ 지하철 ⑤ 자전거

M: We 1) _____ _____ _____ _____ today.

W: What's wrong with it?

M: It 2) _____ _____ yesterday. The engine won't start now.

W: Then how are we going to get to work?

M: Let's 3) _____ _____ _____.

W: Okay.

---

12 이유 파악

대화를 듣고, 여자가 약속 시간을 변경한 이유로 가장 적절한 것을 고르시오.

① 병원에 가야 해서
② 쇼핑을 해야 해서
③ 집안일을 해야 해서
④ 생일 파티에 가야 해서
⑤ 사장님과 회의가 있어서

★Focus on Sound   meet you

[t]가 뒤의 반모음 [j]를 만나면 동화되어 [미트 유]가 아닌 [미츄]로 발음된다.

[Cell phone rings.]

M: Hello?

W: Hi, honey. Are you at home now?

M: Yes. I was 1) _____ _____. What's up?

W: I have a 2) _____ _____ _____ _____, so I can't *meet you at 6:00 to go shopping.

M: Oh, that's okay.

W: 3) _____ _____ _____ at 7:00?

M: Sure.

---

13 장소 추론

대화를 듣고, 두 사람이 대화하는 장소로 가장 적절한 곳을 고르시오.

① 공원 ② 동물원 ③ 도서관
④ 박물관 ⑤ 동물 병원

M: Look at the lions over there!

W: Wow. That big one really looks like the king of the jungle.

M: But why aren't they 1) _____ _____? Are they sick?

W: No, it's because they usually 2) _____ _____ _____ _____.

M: Oh, I didn't know that. Then let's go and 3) _____ _____ _____ _____.

W: Sounds good.

14 위치 찾기

대화를 듣고, 남자가 찾는 요구르트의 위치로 가장 알맞은 곳을 고르시오.

W: Darren, I bought some yogurt for you.

M: Thanks, Mom. Is it 1) _____ _____ _____ ?

W: Yes, it is.

M: Hmm… I don't see any yogurt in the fridge.

W: Oh, really? Then 2) _____ _____ _____ _____ .

M: It's not here, either. Oh, I found it. It's 3) _____ _____ _____ _____ by the sink.

---

15 부탁한 일 파악 🇬🇧

대화를 듣고, 여자가 남자에게 부탁한 일로 가장 적절한 것을 고르시오.

① 컴퓨터 옮겨주기
② 파일 복구 도와주기
③ 대신 파일 작성해주기
④ 남자의 컴퓨터 빌려주기
⑤ 새로 살 컴퓨터 골라주기

W: Oh no!

M: What's wrong?

W: It's my computer. It 1) _____ _____ _____ , and I think I lost the file 2) _____ _____ _____ _____ .

M: I'm sorry to hear that.

W: Hey, you know a lot about computers. Can you help me 3) _____ _____ _____ _____ ?

M: Okay. I'll try.

---

16 제안한 것 파악

대화를 듣고, 남자가 여자에게 제안한 것으로 가장 적절한 것을 고르시오.

① 구호 물품 보내기
② 자원봉사 활동하기
③ 자선 단체 가입하기
④ 인도네시아 여행하기
⑤ 성금 모금하여 보내기

M: There was an earthquake in Indonesia. A lot of people 1) _____ _____ _____ _____ .

W: How terrible!

M: I know! What do you think about 2) _____ _____ _____ ?

W: How can we do that?

M: Let's 3) _____ _____ _____ and send it to them.

W: That's a great idea!

---

17 한 일 파악

대화를 듣고, 남자가 주말에 한 일로 가장 적절한 것을 고르시오.

① 여행하기   ② 집 청소하기
③ 캠핑 가기   ④ 친구 만나기
⑤ 개 산책시키기

W: Happy Monday!

M: Happy Monday! Did you have a great weekend?

W: Yes, I did. I 1) _____ _____ _____ _____ to Busan.

M: Sounds fun!

W: What did you do on the weekend? Did you 2) _____ _____ as usual?

M: No, I just stayed home. I 3) _____ _____ _____ for a couple of hours yesterday.

18 직업 추론

대화를 듣고, 여자의 직업으로 가장 적절한 것을 고르시오.

① 작가　　② 교사　　③ 경찰
④ 서점 주인　　⑤ 도서관 사서

W: Can I help you?

M: Yes, please. Can I ¹⁾ _____ _____ _____ _____ ?

W: Sorry, you can check out only three books ²⁾ _____ _____ _____ .

M: Okay. I'll take these three, then.

W: Please show me ³⁾ _____ _____ _____ _____ .

M: Here it is.

---

19 마지막 말에 이어질 응답 찾기 🇬🇧

대화를 듣고, 여자의 마지막 말에 이어질 남자의 말로 가장 적절한 것을 고르시오.

Man: _____

① It cost a lot.
② We stayed at a hotel.
③ It was two meters long.
④ We were there for five days.
⑤ It took about an hour to get there.

W: Where did you ¹⁾ _____ _____ _____ ?

M: I went to Jeju with my family.

W: Sounds nice. Did you ²⁾ _____ _____ _____ _____ there?

M: Yes, we did.

W: How did you get there?

M: We flew there.

W: ³⁾ _____ _____ _____ _____ _____ ?

M: It took about an hour to get there.

---

20 마지막 말에 이어질 응답 찾기

대화를 듣고, 여자의 마지막 말에 이어질 남자의 말로 가장 적절한 것을 고르시오.

Man: _____

① I study every day.
② He teaches English.
③ I like math the best.
④ I like my classmates.
⑤ She is my favorite teacher.

★**Focus on Sound**　subject

명사일 때는 앞에 강세를 두어 [서브젝트]나 [서브직트]로 발음되며, 동사일 때는 뒤에 강세를 두어 [서브젝트]로 발음된다.

M: Hi, Mina. ¹⁾ _____ _____ _____ _____ ?

W: Great.

M: How do you like your classes this year?

W: They're good. My teachers are ²⁾ _____ _____ _____ .

M: I feel the same. I ³⁾ _____ _____ _____ _____ .

W: What's your favorite ★subject?

M: I like math the best.

Word Test

A 다음 영어의 우리말 뜻을 쓰시오.

01 stay

02 full

03 move

04 send

05 pain

06 finish

07 recipe

08 safely

09 control

10 favorite

11 luckily

12 math

13 raise

14 chef

15 anymore

16 fasten

17 ocean

18 fridge

19 hurt

20 heavily

21 expect

22 loud

23 introduce

24 within

25 solve

26 nowadays

27 impressive

28 outside

29 anyway

30 relief

31 all by oneself

32 as usual

33 get worse

34 a couple of

35 fall down

36 for example

37 be located on

38 go on a trip

39 lie down

40 have a sore throat

B 다음 우리말 뜻에 맞는 영어를 쓰시오.

01 피곤한, 피로한

02 건조한; 말리다

03 떨어뜨리다

04 미래

05 팔

06 도움이 되는

07 둥근

08 굽다

09 다시, 또

10 젖은

11 운전하다

12 사진작가

13 방학, 휴가

14 튼튼한, 강한

15 이, 치아

16 체육관

17 잃어버리다

18 치과 의사, 치과

19 포식자, 포식 동물

20 조심스러운, 신중한

21 영수증

22 여러 가지의, 다양한

23 과목

24 주문하다

25 갑자기

26 맛있는

27 약속하다

28 문화

29 사고

30 지진

31 다정한, 친절한

32 계단

33 우체국

34 ~ 옆에

35 회의를 하다

36 ~ 대신에, ~이 아니라

37 사진을 찍다

38 설거지를 하다

39 동시에

40 파티를 열다

01 다음을 듣고, 'this'가 가리키는 것으로 가장 적절한 것을 고르시오.

① ② ③

④ ⑤

02 대화를 듣고, 남자가 구입할 셔츠로 가장 적절한 것을 고르시오.

① ② ③

④ ⑤

03 다음을 듣고, 대구의 오후 날씨로 가장 적절한 것을 고르시오.

① ② ③

④ ⑤

04 대화를 듣고, 여자가 한 마지막 말의 의도로 가장 적절한 것을 고르시오.

① 제안 ② 불평 ③ 거절
④ 승낙 ⑤ 감사

05 다음을 듣고, 남자가 벼룩시장에 대해 언급하지 않은 것을 고르시오.

① 개최 장소 ② 개최 일시 ③ 판매 물품
④ 참가 자격 ⑤ 개최 목적

고난도
06 대화를 듣고, Mike가 집에 돌아오기로 한 시각을 고르시오.

① 4:45 p.m. ② 5:00 p.m. ③ 5:15 p.m.
④ 5:50 p.m. ⑤ 6:00 p.m.

07 대화를 듣고, 남자의 장래 희망으로 가장 적절한 것을 고르시오.

① 군인 ② 대통령 ③ 은행원
④ 경찰관 ⑤ 정치인

08 대화를 듣고, 여자의 심정으로 가장 적절한 것을 고르시오.

① shy ② excited ③ happy
④ relaxed ⑤ disappointed

고난도
09 대화를 듣고, 남자가 대화 직후에 할 일로 가장 적절한 것을 고르시오.

① 서점에 가기 ② 꽃 구입하기
③ 책 반납하기 ④ 병문안 가기
⑤ 친구 집에 놀러 가기

10 대화를 듣고, 무엇에 관한 내용인지 가장 적절한 것을 고르시오.

① 태풍 대비 ② 외출 준비
③ 에너지 절약 ④ 집안일 분담
⑤ 일기 예보의 정확성

11 대화를 듣고, 여자가 이용할 교통수단으로 가장 적절한 것을 고르시오.

① 택시   ② 자전거   ③ 자동차
④ 지하철   ⑤ 통학 버스

12 대화를 듣고, 남자가 아르바이트를 하려는 이유로 가장 적절한 것을 고르시오.

① 용돈을 받지 못해서
② 데이트 비용을 마련해야 해서
③ 게임 CD 살 돈을 모아야 해서
④ 어머니의 생신 선물을 사야 해서
⑤ 새 컴퓨터를 사느라 돈을 다 써서

13 대화를 듣고, 두 사람이 대화하는 장소로 가장 적절한 곳을 고르시오.

① 스키장   ② 기차역   ③ 선착장
④ 놀이공원   ⑤ 버스 정거장

14 대화를 듣고, 미술관의 위치로 가장 알맞은 곳을 고르시오.

You are here!

15 대화를 듣고, 남자가 여자에게 부탁한 일로 가장 적절한 것을 고르시오.

① 가방 들어주기
② 교과서 가져다주기
③ 병원에 데려다주기
④ 사물함에 책 넣어주기
⑤ 축구 연습하러 같이 가기

16 대화를 듣고, 여자가 남자에게 제안한 것으로 가장 적절한 것을 고르시오.

① 방 청소하기
② 미술 작품 만들기
③ 여동생에게 사과하기
④ 친구에게 사실대로 말하기
⑤ 여동생에게 기념품 사 주기

17 대화를 듣고, 여자가 어제 한 일로 가장 적절한 것을 고르시오.

① 숙제하기   ② 영화 보기
③ 시험공부하기   ④ 보드게임하기
⑤ 사촌 집 방문하기

고난도
18 대화를 듣고, 남자의 직업으로 가장 적절한 것을 고르시오.

① 의사   ② 요리사   ③ 소방관
④ 정비사   ⑤ 판매원

[19-20] 대화를 듣고, 남자의 마지막 말에 이어질 여자의 말로 가장 적절한 것을 고르시오.

19 Woman: _____

① That's all right.
② What are friends for?
③ You shouldn't do that again.
④ The school festival is next Friday.
⑤ I know you're good at decorating.

20 Woman: _____

① I called you twice.
② No, he is not in the office.
③ What is your phone number?
④ I left a message on his phone.
⑤ Yes. Please tell him that Nora Smith called.

Dictation Test 07

정답 및 해설 pp.33~36

01 화제 파악

다음을 듣고, 'this'가 가리키는 것으로 가장 적절한 것을 고르시오.

① ② ③

④ ⑤

M: This is a sport. It is 1) _____ _____ _____ _____.
Each team has eleven members. You can 2) _____ _____
_____ or your head to move the ball. You score a point if
you 3) _____ _____ _____ in the other team's net.
What is this?

02 그림 정보 파악

대화를 듣고, 남자가 구입할 셔츠로 가장 적절한 것을 고르시오.

① ② ③

④ ⑤

W: Are you looking for something?

M: Yes, I'm 1) _____ _____ _____ _____. I'd like to
buy a white one or a blue one.

W: How about this white shirt?

M: Hmm... I don't like the 2) _____ _____ _____. But
that blue shirt looks good.

W: Good choice. That 3) _____ _____ _____ is
a popular item.

M: I'll take it.

03 세부 정보 파악

다음을 듣고, 대구의 오후 날씨로 가장 적절한 것을 고르시오.

① ② ③

④ ⑤

W: Here's your weather forecast. There will be clear, 1) _____
_____ in Seoul today. In Busan, it'll be cloudy, and there
will be some rain 2) _____ _____ _____ _____.
And in Daegu, it'll be very windy with cloudy skies in the
morning, and there 3) _____ _____ _____ in the
afternoon.

04 의도 파악

대화를 듣고, 여자가 한 마지막 말의 의도로 가장 적절한 것을 고르시오.

① 제안   ② 불평   ③ 거절
④ 승낙   ⑤ 감사

> *** Focus on Sound**   next time
>
> 똑같은 발음의 자음이 겹치면 앞 자음 소리가 탈락하여 [넥스트 타임]이 아닌 [넥스타임]으로 발음된다.

[Phone rings.]

M: Hello?

W: Hi, Tom. It's Jessica.

M: Hi. What's up?

W: Can I 1) _____ _____ _____ tomorrow? Mine is broken.

M: Sure. Also, I'd like to 2) _____ _____ _____ for dinner this Friday. Can you come?

W: Oh, I 3) _____ _____ _____ . Maybe *next time?

---

05 언급하지 않은 내용 찾기 🏴󠁧󠁢󠁥󠁮󠁧󠁿

다음을 듣고, 남자가 벼룩시장에 대해 언급하지 않은 것을 고르시오.

① 개최 장소   ② 개최 일시   ③ 판매 물품
④ 참가 자격   ⑤ 개최 목적

M: We will have a flea market this Saturday. It will 1) _____ _____ _____ Lion Square from 9:00 a.m. to 6:00 p.m. We 2) _____ _____ _____ homemade jewelry. All the profits will 3) _____ _____ _____ _____ , so please come and be a part of it. Thank you.

---

06 숫자 정보 파악

대화를 듣고, Mike가 집에 돌아오기로 한 시각을 고르시오.

① 4:45 p.m.   ② 5:00 p.m.   ③ 5:15 p.m.
④ 5:50 p.m.   ⑤ 6:00 p.m.

M: Mom, where's Mike?

W: He 1) _____ _____ _____ _____ .

M: Really? We're supposed to go to a movie at 6:00 p.m.

W: He said he would be back at 2) _____ _____ _____ _____ .

M: It's 5:00 now. So he should be back 3) _____ _____ _____ , then.

W: Right.

---

07 세부 정보 파악

대화를 듣고, 남자의 장래 희망으로 가장 적절한 것을 고르시오.

① 군인   ② 대통령   ③ 은행원
④ 경찰관   ⑤ 정치인

M: Did you watch the news? The police officers finally caught the people who 1) _____ _____ _____ .

W: Oh, wow! I hope no one got hurt during the arrest.

M: I heard everyone was okay.

W: What a relief! 2) _____ _____ _____ _____ must be very hard.

M: Yes. I'm sure it's difficult, but it's a 3) _____ _____ _____ . I want to be a police officer one day.

W: You do? That's great.

08 심정 추론

대화를 듣고, 여자의 심정으로 가장 적절한 것을
고르시오.

① shy   ② excited   ③ happy
④ relaxed   ⑤ disappointed

M: Hey, 1) _____ _____ _____ _____ ?

W: Yeah. I ordered them three days ago, and I got them today.

M: Good. 2) _____ _____ _____ .

W: No, I can't.

M: What do you mean?

W: They sent the wrong shoes. Now I 3) _____ _____ _____ for a few more days.

M: That's too bad.

---

09 할 일 파악 🇬🇧

대화를 듣고, 남자가 대화 직후에 할 일로 가장
적절한 것을 고르시오.

① 서점에 가기   ② 꽃 구입하기
③ 책 반납하기   ④ 병문안 가기
⑤ 친구 집에 놀러 가기

W: Where are you going?

M: To the library. I have to 1) _____ _____ _____ today. How about you?

W: I'm going to City Hospital to see Amy. She is very sick.

M: Oh no! I'd like to 2) _____ _____ _____ _____ with you.

W: Then return your book and come back quickly. 3) _____ _____ _____ _____ .

M: Okay.

---

10 주제 파악

대화를 듣고, 무엇에 관한 내용인지 가장 적절한
것을 고르시오.

① 태풍 대비   ② 외출 준비
③ 에너지 절약   ④ 집안일 분담
⑤ 일기 예보의 정확성

W: Did you see the weather forecast?

M: Yes, a huge 1) _____ _____ _____ soon.

W: I don't think we should go out.

M: Right. And we have to 2) _____ _____ _____ _____ tight.

W: What else should we do?

M: It would be a good idea to get some flashlights. The power 3) _____ _____ _____ .

W: That's a good idea.

11 세부 정보 파악

대화를 듣고, 여자가 이용할 교통수단으로 가장 적절한 것을 고르시오.
① 택시   ② 자전거   ③ 자동차
④ 지하철   ⑤ 통학 버스

M: Sophie, hurry!

W: Oh no! I just 1) _____ _____ _____ _____. Now I'll be late for school!

M: Again? Then 2) _____ _____ _____.

W: The station is too far. Can you 3) _____ _____ _____ _____?

M: Okay, I will. But this is the last time. Okay?

W: All right. Thanks, Dad.

---

12 이유 파악 🇬🇧

대화를 듣고, 남자가 아르바이트를 하려는 이유로 가장 적절한 것을 고르시오.
① 용돈을 받지 못해서
② 데이트 비용을 마련해야 해서
③ 게임 CD 살 돈을 모아야 해서
④ 어머니의 생신 선물을 사야 해서
⑤ 새 컴퓨터를 사느라 돈을 다 써서

M: I should get a part-time job.

W: How come? Did you 1) _____ _____ _____ on your new computer?

M: No, that's not it.

W: Do you need more money to 2) _____ _____ _____ your girlfriend?

M: No. My mother's birthday is in June. I'd like to 3) _____ _____ _____ _____ _____.

W: Wow. You're so sweet.

---

13 장소 추론

대화를 듣고, 두 사람이 대화하는 장소로 가장 적절한 곳을 고르시오.
① 스키장   ② 기차역   ③ 선착장
④ 놀이공원   ⑤ 버스 정거장

★Focus on Sound honest

[h]는 묵음으로 [하니스트]가 아닌 [아니스트]로 발음된다.

M: There are so many people here.

W: There really are. What would you 1) _____ _____ _____ _____?

M: How about the monorail?

W: That small train? 2) _____ _____ _____. Let's ride the Viking Ship.

M: To be *honest, 3) _____ _____ _____ _____ it.

W: Try it! I'm sure you'll like it.

M: Okay.

14 위치 찾기

대화를 듣고, 미술관의 위치로 가장 알맞은 곳을 고르시오.

You are here!

M: Excuse me. 1) _____ _____ _____ _____ _____ the art gallery?

W: Go straight one block and 2) _____ _____.

M: Okay, and then?

W: Walk about 15 meters, and you will see a park 3) _____ _____ _____. Turn right after the park, and the art gallery is the first building on the right side.

M: Thank you!

---

15 부탁한 일 파악

대화를 듣고, 남자가 여자에게 부탁한 일로 가장 적절한 것을 고르시오.

① 가방 들어주기
② 교과서 가져다주기
③ 병원에 데려다주기
④ 사물함에 책 넣어주기
⑤ 축구 연습하러 같이 가기

W: What happened to your leg?

M: I 1) _____ _____ _____ while playing soccer. So I have to wear a cast.

W: That's too bad. Is there anything I can do for you?

M: Well, can you 2) _____ _____ _____ _____ in my locker, please?

W: Sure. Do you want me to 3) _____ _____ _____ as well?

M: No, thanks. I can do it myself.

---

16 제안한 것 파악 🇬🇧

대화를 듣고, 여자가 남자에게 제안한 것으로 가장 적절한 것을 고르시오.

① 방 청소하기
② 미술 작품 만들기
③ 여동생에게 사과하기
④ 친구에게 사실대로 말하기
⑤ 여동생에게 기념품 사 주기

W: Hey, Chris, is there 1) _____ _____ _____?

M: Well... I threw away my sister's artwork 2) _____ _____.

W: Oh no. Did you tell her what happened?

M: No, I didn't.

W: Why don't you 3) _____ _____ _____ _____ and apologize? Then she'll understand.

M: I think I should.

---

17 한 일 파악

대화를 듣고, 여자가 어제 한 일로 가장 적절한 것을 고르시오.

① 숙제하기   ② 영화 보기
③ 시험공부하기   ④ 보드게임하기
⑤ 사촌 집 방문하기

M: Irene, you look sleepy.

W: Yeah. I went to bed very late last night.

M: Why? Were you 1) _____ _____ _____ _____?

W: No. My cousins came over, so we 2) _____ _____ _____.

M: Wow, you 3) _____ _____ _____ _____ last night.

W: Yes, I did.

18 직업 추론

대화를 듣고, 남자의 직업으로 가장 적절한 것을 고르시오.

① 의사 ② 요리사 ③ 소방관
④ 정비사 ⑤ 판매원

M: You're looking better. I'm very happy to see that.
W: I ¹⁾ _____ _____ _____ _____. I was very scared, but you saved my life.
M: You're welcome. I was just doing my job.
W: ²⁾ _____ _____ _____ _____ with my electric heater from now on.
M: Good. And I think you should learn ³⁾ _____ _____ _____ a fire extinguisher.
W: Absolutely.

---

19 마지막 말에 이어질 응답 찾기

대화를 듣고, 남자의 마지막 말에 이어질 여자의 말로 가장 적절한 것을 고르시오.

Woman: _____

① That's all right.
② What are friends for?
③ You shouldn't do that again.
④ The school festival is next Friday.
⑤ I know you're good at decorating.

W: What's wrong? You look tired.
M: I'm really ¹⁾ _____ _____ _____ the school festival.
W: Oh, do you need some help?
M: Well, can you ²⁾ _____ _____ _____ the classroom?
W: Of course I can.
M: ³⁾ _____ _____ _____.
W: What are friends for?

---

20 마지막 말에 이어질 응답 찾기 🇬🇧

대화를 듣고, 남자의 마지막 말에 이어질 여자의 말로 가장 적절한 것을 고르시오.

Woman: _____

① I called you twice.
② No, he is not in the office.
③ What is your phone number?
④ I left a message on his phone.
⑤ Yes. Please tell him that Nora Smith called.

[*Phone rings.*]
M: Hello?
W: Hello. May I [*]speak to Mr. Brown?
M: ¹⁾ _____ _____, please.
W: Okay.
M: I'm sorry, but he ²⁾ _____ _____ _____ _____ now.
W: Do you know when the meeting will be over?
M: Maybe in an hour. Can I ³⁾ _____ _____ _____?
W: Yes. Please tell him that Nora Smith called.

실전모의고사 08회

01 다음을 듣고, 'this'가 가리키는 것으로 가장 적절한 것을 고르시오.

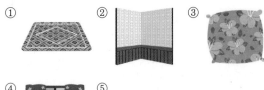

02 대화를 듣고, 남자가 구입할 우산으로 가장 적절한 것을 고르시오.

03 다음을 듣고, 토론토의 내일 오후 날씨로 가장 적절한 것을 고르시오.

04 대화를 듣고, 남자가 한 마지막 말의 의도로 가장 적절한 것을 고르시오.

① 충고　　② 사과　　③ 거절
④ 승낙　　⑤ 위로

05 다음을 듣고, 여자가 소설에 대해 언급하지 <u>않은</u> 것을 고르시오.

① 제목　　② 저자　　③ 출판 연도
④ 출판사　　⑤ 등장인물

`고난도`
06 대화를 듣고, 두 사람이 만날 시각을 고르시오.

① 5:15 p.m.　② 5:30 p.m.　③ 5:45 p.m.
④ 8:00 p.m.　⑤ 8:30 p.m.

07 대화를 듣고, 남자의 장래 희망으로 가장 적절한 것을 고르시오.

① 화가　　② 건축가　　③ 작곡가
④ 디자이너　　⑤ 여행 가이드

08 대화를 듣고, 남자의 심정으로 가장 적절한 것을 고르시오.

① 기쁨　　② 무서움　　③ 외로움
④ 자랑스러움　⑤ 당황스러움

09 대화를 듣고, 여자가 대화 직후에 할 일로 가장 적절한 것을 고르시오.

① 책 구매하기　　　② 영어책 읽기
③ 교실 정리하기　　④ 도서관에 책 반납하기
⑤ 책 옮기는 것 도와주기

10 대화를 듣고, 무엇에 관한 내용인지 가장 적절한 것을 고르시오.

① 토크쇼의 인기
② 홈쇼핑의 장점
③ TV 시청의 문제점
④ 인터넷 쇼핑의 대중화
⑤ 스마트폰 중독의 심각성

11 대화를 듣고, 남자가 이용할 교통수단으로 가장 적절한 것을 고르시오.

① 버스   ② 택시   ③ 자동차
④ 지하철   ⑤ 자전거

12 대화를 듣고, 남자가 약속 시간에 늦은 이유로 가장 적절한 것을 고르시오.

① 늦잠을 자서
② 차가 막혀서
③ 차에 문제가 생겨서
④ 약속 시간을 착각해서
⑤ 뮤지컬이 늦게 끝나서

13 대화를 듣고, 두 사람이 대화하는 장소로 가장 적절한 곳을 고르시오.

① 백화점   ② 소방서
③ 매표소   ④ 분실물 보관소
⑤ 버스 정거장

14 대화를 듣고, 두 사람이 찾는 야구공의 위치로 가장 알맞은 곳을 고르시오.

15 대화를 듣고, 여자가 남자에게 부탁한 일로 가장 적절한 것을 고르시오.

① 외식하기   ② 책 빌려주기
③ 선물 골라주기   ④ 영화표 예매하기
⑤ 영화 검색하기

16 대화를 듣고, 남자가 여자에게 제안한 것으로 가장 적절한 것을 고르시오.

① 야근하기   ② 낮잠 자기
③ 병원에 가기   ④ 일찍 일어나기
⑤ 효율적으로 일하기

17 대화를 듣고, 남자가 방학에 한 일로 가장 적절한 것을 고르시오.

① 일하기   ② 수영하기
③ 축구하기   ④ 여행하기
⑤ 해변에 가기

18 대화를 듣고, 남자의 직업으로 가장 적절한 것을 고르시오.

① 판매원   ② 웨이터   ③ 수리 기사
④ 앱 개발자   ⑤ 컴퓨터 엔지니어

[19-20] 대화를 듣고, 여자의 마지막 말에 이어질 남자의 말로 가장 적절한 것을 고르시오.

19 Man: _____

① Here's my ticket.
② Yes, I do. Thank you.
③ By cash. Here you are.
④ I don't have to pay for it.
⑤ You can give me the tickets.

고난도
20 Man: _____

① I don't like Italian food.
② Please pick me up at 3:00.
③ I have to take some medicine.
④ I don't want to eat out tonight.
⑤ No, thanks. I don't feel like eating anything.

Dictation Test 08

01 화제 파악

다음을 듣고, 'this'가 가리키는 것으로 가장 적절한 것을 고르시오.

①   ②   ③

④   ⑤

W: This is made of a long piece of cloth. It is 1) _____ _____ _____ _____ and keeps the sun out. In winter, this 2) _____ _____ _____ _____, too. It can also make your house 3) _____ _____. What is this?

---

02 그림 정보 파악

대화를 듣고, 남자가 구입할 우산으로 가장 적절한 것을 고르시오.

①   ② ③

④   ⑤

＊Focus on Sound   pattern

강모음과 약모음 사이에 오는 [t]는 발음이 약화되어 [패런]으로 발음된다.

M: I'd like to 1) _____ _____ _____ for my friend.
W: What do you think about that pink one with red hearts?
M: Hmm... I 2) _____ _____ _____, but not the ＊pattern.
W: How about that one 3) _____ _____ _____ _____?
M: Oh, that's pretty. I'll get that one. Thanks for your help.
W: You're welcome.

---

03 세부 정보 파악

다음을 듣고, 토론토의 내일 오후 날씨로 가장 적절한 것을 고르시오.

①  ② ③

④  ⑤

M: Here is the weather for tomorrow. In Vancouver, it will be 1) _____ _____ _____ all day. In Toronto, it will rain in the morning, but the rain will 2) _____ _____ _____ in the afternoon. In Montreal, it will be cloudy in the morning, and then the 3) _____ _____ _____ _____ in the afternoon.

04 의도 파악 🏴󠁧󠁢󠁥󠁮󠁧󠁿

대화를 듣고, 남자가 한 마지막 말의 의도로 가장 적절한 것을 고르시오.

① 충고　　② 사과　　③ 거절
④ 승낙　　⑤ 위로

M: Are you busy now?

W: Not really. I'm just 1) _____ _____.

M: Oh, what are you going to buy?

W: I'm looking at shoes. These look nice.

M: I don't think it's a good idea 2) _____ _____ _____ online.

W: Why?

M: Shoe sizes can be different. So I think you should 3) _____ _____ _____ _____.

05 언급하지 않은 내용 찾기

다음을 듣고, 여자가 소설에 대해 언급하지 않은 것을 고르시오.

① 제목　　② 저자　　③ 출판 연도
④ 출판사　　⑤ 등장인물

W: I want to recommend a children's novel called *Wonder*. It 1) _____ _____ _____ R. J. Palacio and 2) _____ _____ _____ 2012. It is a story 3) _____ _____ _____ _____ August. He has a condition that affects the appearance of his face. It is a very beautiful story.

06 숫자 정보 파악

대화를 듣고, 두 사람이 만날 시각을 고르시오.

① 5:15 p.m.　② 5:30 p.m.　③ 5:45 p.m.
④ 8:00 p.m.　⑤ 8:30 p.m.

[Phone rings.]

M: Hello?

W: Hi, this is Kelly. Did you call Diana?

M: Yes. She said she 1) _____ _____ _____ until 8:30 p.m. She's busy today.

W: I see. Then how about going shopping for her wedding gift before we meet her?

M: That's a great idea! I can 2) _____ _____ _____ _____ _____.

W: Can you wait for me 3) _____ _____ _____?

M: Sure. I'll see you then.

대화를 듣고, 남자의 장래 희망으로 가장 적절한 것을 고르시오.

① 화가   ② 건축가   ③ 작곡가
④ 디자이너   ⑤ 여행 가이드

W: This picture is great. Where did you buy it?
M: Actually, I ¹⁾ _____ _____ _____ .
W: Wow! That is amazing! I didn't know you could paint.
M: Well, I usually ²⁾ _____ _____ _____ _____ .
W: Have you taken art classes before?
M: No, but I learn from my dad. He is a painter. I want to be a ³⁾ _____ _____ _____ _____ .
W: I think you have your dad's talent. You will be a great artist.
M: Thank you for saying that.

---

08 심정 추론 🇬🇧

대화를 듣고, 남자의 심정으로 가장 적절한 것을 고르시오.

① 기쁨   ② 무서움   ③ 외로움
④ 자랑스러움   ⑤ 당황스러움

W: That was a wonderful dinner! Thanks.
M: My pleasure. Let's go home now. Hmm... ¹⁾ _____ _____ .
W: What's wrong?
M: ²⁾ _____ _____ _____ my car keys. Where are they?
W: Did you take them with you when you ³⁾ _____ _____ _____ _____ _____ ?
M: I'm not sure. I thought I did.

---

09 할 일 파악

대화를 듣고, 여자가 대화 직후에 할 일로 가장 적절한 것을 고르시오.

① 책 구매하기   ② 영어책 읽기
③ 교실 정리하기   ④ 도서관에 책 반납하기
⑤ 책 옮기는 것 도와주기

* Focus on Sound help you

자음의 끝과 반모음 [j]가 만나면 연음되어 [헬프 유]가 아닌 [헬퓨]로 발음된다.

W: Pete, are you ¹⁾ _____ _____ _____ _____ _____ ?
M: No, I'm going to my classroom.
W: Oh, those English books ²⁾ _____ _____ . Do you want me to *help you?
M: Could you?
W: Sure. Give me ³⁾ _____ _____ _____ .
M: Thanks a lot.

---

10 주제 파악

대화를 듣고, 무엇에 관한 내용인지 가장 적절한 것을 고르시오.

① 토크쇼의 인기
② 홈쇼핑의 장점
③ TV 시청의 문제점
④ 인터넷 쇼핑의 대중화
⑤ 스마트폰 중독의 심각성

W: What are you watching?
M: A home shopping channel. I'm going to buy that brown jacket.
W: I ¹⁾ _____ _____ _____ _____ sometimes, too. I think it's ²⁾ _____ _____ .
M: Yeah. All you need to do is watch the show, order, and wait.
W: Right! The ³⁾ _____ _____ _____ , too.

11 세부 정보 파악

대화를 듣고, 남자가 이용할 교통수단으로 가장 적절한 것을 고르시오.

① 버스　　② 택시　　③ 자동차
④ 지하철　　⑤ 자전거

M: Mom, I'm going to Charles's house!

W: Oh, isn't it 1) _____ _____ _____ ?

M: It's not that far.

W: Do you want me 2) _____ _____ _____ ?

M: No, Mom. The weather is really nice, so I'll 3) _____ _____ _____ .

W: Oh, that's a good idea. Just be careful.

M: Okay. Don't worry!

12 이유 파악 🇬🇧

대화를 듣고, 남자가 약속 시간에 늦은 이유로 가장 적절한 것을 고르시오.

① 늦잠을 자서
② 차가 막혀서
③ 차에 문제가 생겨서
④ 약속 시간을 착각해서
⑤ 뮤지컬이 늦게 끝나서

W: Jack, the musical 1) _____ _____ _____ _____ .

M: I'm really sorry.

W: Why are you late? Was there 2) _____ _____ _____ ?

M: No, I had a problem 3) _____ _____ _____ . I'm sorry, Tina.

W: That's okay. Let's hurry.

M: All right.

13 장소 추론

대화를 듣고, 두 사람이 대화하는 장소로 가장 적절한 곳을 고르시오.

① 백화점　　② 소방서
③ 매표소　　④ 분실물 보관소
⑤ 버스 정거장

M: Can I help you?

W: Yes. I 1) _____ _____ _____ on the subway this morning.

M: What does it 2) _____ _____ ?

W: It's brown with a red handle. And it has two big pockets in the front.

M: 3) _____ _____ _____ . [pause] Is this yours?

W: Yes, it is. Thank you so much.

14 위치 찾기

대화를 듣고, 두 사람이 찾는 야구공의 위치로 가장 알맞은 곳을 고르시오.

W: Let's play baseball.

M: Sounds good. But where is the baseball?

W: Isn't it [1] _____ _____ _____ ?

M: No, it isn't. Let me [2] _____ _____ _____ _____ .

W: Did you find it?

M: No, I didn't.

W: Oh, Steve. Come here. It's [3] _____ _____ _____ .

---

15 부탁한 일 파악

대화를 듣고, 여자가 남자에게 부탁한 일로 가장 적절한 것을 고르시오.

① 외식하기 ② 책 빌려주기
③ 선물 골라주기 ④ 영화표 예매하기
⑤ 영화 검색하기

W: I'm so bored. Can we [1] _____ _____ _____ _____ ?

M: I'm sorry, but I'm too tired. I want to stay home and rest. Can't we just read quietly and order some food?

W: But we [2] _____ _____ last weekend, too. I really want to watch a movie.

M: How about watching one here?

W: I guess that's okay. Can you try to [3] _____ _____ _____ _____ , then?

M: Sure. I'll do that right now.

---

16 제안한 것 파악

대화를 듣고, 남자가 여자에게 제안한 것으로 가장 적절한 것을 고르시오.

① 야근하기
② 낮잠 자기
③ 병원에 가기
④ 일찍 일어나기
⑤ 효율적으로 일하기

M: Hi, Laura. You look very tired.

W: Yeah. I [1] _____ _____ _____ last night. I had a lot of work to do.

M: So [2] _____ _____ _____ your work yet?

W: Almost. But I'm really sleepy now.

M: Then why don't you [3] _____ _____ _____ for a while?

W: I think I should.

---

17 한 일 파악

대화를 듣고, 남자가 방학에 한 일로 가장 적절한 것을 고르시오.

① 일하기 ② 수영하기
③ 축구하기 ④ 여행하기
⑤ 해변에 가기

W: Henry, how was your vacation?

M: It was fantastic!

W: That's good! You got a tan. Did you [1] _____ _____ _____ _____ ?

M: No, I [2] _____ _____ _____ .

W: What kind of exercise did you do? Swimming?

M: No, I [3] _____ _____ .

18 직업 추론 🇬🇧

대화를 듣고, 남자의 직업으로 가장 적절한 것을 고르시오.

① 판매원   ② 웨이터   ③ 수리 기사
④ 앱 개발자   ⑤ 컴퓨터 엔지니어

W: I'd like to buy a new smartphone.
M: This is 1) _____ _____ _____, and it's very popular.
W: It looks good. Do you ＊have it 2) _____ _____ _____ _____?
M: We have white, black, purple, and silver.
W: Hmm... I'll 3) _____ _____ _____ _____.
M: Good choice.

---

19 마지막 말에 이어질 응답 찾기

대화를 듣고, 여자의 마지막 말에 이어질 남자의 말로 가장 적절한 것을 고르시오.

Man: _____

① Here's my ticket.
② Yes, I do. Thank you.
③ By cash. Here you are.
④ I don't have to pay for it.
⑤ You can give me the tickets.

W: How can I help you?
M: I'd like two children's tickets and one adult ticket, please.
W: So 1) _____ _____ _____ _____?
M: Yes. How much are they?
W: Fifty dollars in total. Do you have any coupons 2) _____ _____ _____?
M: No, I don't.
W: All right. Then 3) _____ _____ _____ _____ to pay?
M: By cash. Here you are.

---

20 마지막 말에 이어질 응답 찾기

대화를 듣고, 여자의 마지막 말에 이어질 남자의 말로 가장 적절한 것을 고르시오.

Man: _____

① I don't like Italian food.
② Please pick me up at 3:00.
③ I have to take some medicine.
④ I don't want to eat out tonight.
⑤ No, thanks. I don't feel like eating anything.

[Cell phone rings.]
M: Hello?
W: Mike, are you okay? Your voice 1) _____ _____ _____.
M: I don't feel well. I think I caught a cold.
W: Oh dear. I'll 2) _____ _____ _____ _____. Did you have lunch?
M: No, I didn't.
W: Then do you want me to 3) _____ _____ _____ _____ for you?
M: No, thanks. I don't feel like eating anything.

실전모의고사 09회

01 다음을 듣고, 'this'가 가리키는 것으로 가장 적절한 것을 고르시오.

①   ②   ③

④   ⑤

02 대화를 듣고, 여자가 구입할 스웨터로 가장 적절한 것을 고르시오.

①   ②   ③

④   ⑤

03 다음을 듣고, 뉴욕의 다음 주 날씨로 가장 적절한 것을 고르시오.

①   ②   ③

④   ⑤

04 대화를 듣고, 남자가 한 마지막 말의 의도로 가장 적절한 것을 고르시오.

① 칭찬   ② 사과   ③ 감사
④ 격려   ⑤ 제안

05 다음을 듣고, 여자가 음악회에 대해 언급하지 <u>않은</u> 것을 고르시오.

① 음악 장르   ② 시간   ③ 장소
④ 연주곡   ⑤ 표 가격

고난도
06 대화를 듣고, 두 사람이 만날 시각을 고르시오.

① 4:20 p.m.   ② 4:40 p.m.   ③ 5:00 p.m.
④ 5:20 p.m.   ⑤ 6:00 p.m.

07 대화를 듣고, 남자의 장래 희망으로 가장 적절한 것을 고르시오.

① 가수   ② 경찰관   ③ 승무원
④ 사진작가   ⑤ 여행 가이드

08 대화를 듣고, 여자의 심정으로 가장 적절한 것을 고르시오.

① shy   ② glad   ③ lonely
④ jealous   ⑤ angry

09 대화를 듣고, 남자가 대화 직후에 할 일로 가장 적절한 것을 고르시오.

① 영화표 사기
② 쇼핑하러 가기
③ 영화관에 가기
④ 친구 데리러 가기
⑤ 쇼핑몰에 친구 데려다주기

10 대화를 듣고, 무엇에 관한 내용인지 가장 적절한 것을 고르시오.

① 방 꾸미기   ② 좋아하는 음식
③ 방과 후 활동   ④ 좋아하는 책 종류
⑤ 좋아하는 영화 장르

11 대화를 듣고, 여자가 이용할 교통수단으로 가장 적절한 것을 고르시오.

① 버스   ② 기차   ③ 택시
④ 자전거   ⑤ 지하철

12 대화를 듣고, 남자가 이메일을 보지 못한 이유로 가장 적절한 것을 고르시오.

① 너무 바빠서
② 컴퓨터가 고장 나서
③ 메일함이 가득 차서
④ 스팸 메일로 분류되어서
⑤ 사용하지 않는 주소로 보내서

13 대화를 듣고, 두 사람이 대화하는 장소로 가장 적절한 곳을 고르시오.

① 식당   ② 공항   ③ 호텔
④ 병원   ⑤ 백화점

14 대화를 듣고, 박물관의 위치로 가장 알맞은 곳을 고르시오.

You are here!

15 대화를 듣고, 남자가 여자에게 부탁한 일로 가장 적절한 것을 고르시오.

① 라디오 끄기   ② 숙제 도와주기
③ 같이 음악 듣기   ④ 음악 볼륨 낮추기
⑤ 시험공부 같이 하기

16 대화를 듣고, 여자가 남자에게 제안한 것으로 가장 적절한 것을 고르시오.

① 돈 빌리기   ② 가방 새로 사기
③ 경찰에 신고하기   ④ 도서관에서 공부하기
⑤ 휴대전화로 전화하기

17 대화를 듣고, 남자가 주말에 한 일로 가장 적절한 것을 고르시오.

① 숙제하기   ② 집안일 하기
③ 페인트칠 하기   ④ 자전거 수리하기
⑤ 고장 난 문 고치기

고난도
18 대화를 듣고, 여자의 직업으로 가장 적절한 것을 고르시오.

① 아나운서   ② 엔지니어
③ 우주 비행사   ④ 비행기 조종사
⑤ 비행기 승무원

[19-20] 대화를 듣고, 남자의 마지막 말에 이어질 여자의 말로 가장 적절한 것을 고르시오.

19 Woman: _____

① Let's meet at 3:00.
② Dinner's at 6:00 p.m.
③ It'll take about five hours.
④ We'll meet at the school library.
⑤ Okay, I'll see him tomorrow evening.

20 Woman: _____

① That sounds strange.
② I'm sorry to hear that.
③ You'd better see a doctor.
④ You're right. She is very sick.
⑤ Yes, she works for a hospital.

Dictation Test 09

정답 및 해설   pp. 40~44

01 화제 파악

다음을 듣고, 'this'가 가리키는 것으로 가장 적절한 것을 고르시오.

① ② ③
④ ⑤

W: We can find this 1)＿＿＿ ＿＿＿ ＿＿＿. We use it 2)＿＿＿ ＿＿＿ ＿＿＿. We can also use it to heat food. We can 3)＿＿＿ ＿＿＿ ＿＿＿ and make a pizza with it. What is this?

02 그림 정보 파악

대화를 듣고, 여자가 구입할 스웨터로 가장 적절한 것을 고르시오.

① ② ③
④ ⑤

W: Dad, I need a new sweater.
M: All right. How about that green one?
W: Do you mean the one with the 1)＿＿＿ ＿＿＿ ＿＿＿?
M: Yes, isn't it cute?
W: I don't know. I like the one 2)＿＿＿ ＿＿＿ ＿＿＿ *better.
M: Oh, yeah. The beige one with the deer is cute, too.
W: I agree. 3)＿＿＿ ＿＿＿ ＿＿＿ ＿＿＿.

★Focus on Sound   better

[t]가 모음 사이에 올 때는 r처럼 발음하여 [베터ㄹ]보다는 [베러ㄹ]로 발음된다.

03 세부 정보 파악

다음을 듣고, 뉴욕의 다음 주 날씨로 가장 적절한 것을 고르시오.

① ② ③
④ ⑤

M: Hello. Here in New York, it 1)＿＿＿ ＿＿＿ up until yesterday, but now 2)＿＿＿ ＿＿＿ ＿＿＿. The snow is expected to stop this weekend, so you will be able to 3)＿＿＿ ＿＿＿ ＿＿＿ ＿＿＿ next week. Thank you.

04 의도 파악 🇬🇧

대화를 듣고, 남자가 한 마지막 말의 의도로 가장 적절한 것을 고르시오.

① 칭찬 ② 사과 ③ 감사
④ 격려 ⑤ 제안

W: I didn't sleep well last night.

M: Why not?

W: 1) _____ _____ _____ the game.

M: Why?

W: I'm afraid 2) _____ _____ _____ _____.

M: Don't worry. You played well last time. And you 3) _____ _____ _____ _____.

05 언급하지 않은 내용 찾기

다음을 듣고, 여자가 음악회에 대해 언급하지 않은 것을 고르시오.

① 음악 장르 ② 시간 ③ 장소
④ 연주곡 ⑤ 표 가격

W: There will be a 1) _____ _____ _____ next Friday and Saturday from 6:00 to 8:00 p.m. It 2) _____ _____ _____ _____ the Symphony Hall. All of the musicians are from Europe, and the tickets 3) _____ _____ _____. We hope you'll be able to come.

06 숫자 정보 파악

대화를 듣고, 두 사람이 만날 시각을 고르시오.

① 4:20 p.m. ② 4:40 p.m. ③ 5:00 p.m.
④ 5:20 p.m. ⑤ 6:00 p.m.

W: What time does your train leave?

M: Six o'clock in the evening.

W: Then I'll 1) _____ _____ _____ at 5:00.

M: But it will be crowded at the station. Can you come 2) _____ _____ _____ than that?

W: Sure. I'll be there 3) _____ _____.

M: Okay. See you then.

07 세부 정보 파악

대화를 듣고, 남자의 장래 희망으로 가장 적절한 것을 고르시오.

① 가수 ② 경찰관 ③ 승무원
④ 사진작가 ⑤ 여행 가이드

*Focus on Sound travel

[t]와 [r]이 연달아 나와 [트레블]이 아닌 [츄레블]로 발음된다.

W: Do you still want to be a singer?

M: No, I 1) _____ _____ _____. Guess what I want to be now.

W: Hmm... You like to *travel and meet new people. So maybe you want to 2) _____ _____ _____ _____.

M: Wow, that's right. What about you, Kate? What do you want to be in the future?

W: I want to be a police officer 3) _____ _____ _____.

M: That's cool.

08 심정 추론

대화를 듣고, 여자의 심정으로 가장 적절한 것을 고르시오.

① shy ② glad ③ lonely
④ jealous ⑤ angry

M: How was your first day at your new school?
W: It was great. I already 1) _____ _____ _____.
M: Wow, you did? Nice!
W: I was sitting alone, and a girl named Megan 2) _____ _____ _____ _____ to me.
M: So you became friends?
W: Yes. She even 3) _____ _____ _____ to me. She is really nice.
M: I'm happy to hear that.

09 할 일 파악 🇬🇧

대화를 듣고, 남자가 대화 직후에 할 일로 가장 적절한 것을 고르시오.

① 영화표 사기
② 쇼핑하러 가기
③ 영화관에 가기
④ 친구 데리러 가기
⑤ 쇼핑몰에 친구 데려다주기

M: Andrea! Where are you going?
W: Oh, hi! I'm going to the mall.
M: I'm 1) _____ _____ _____ _____ with Matt. Will you join us? Do you have to go to the mall now?
W: Well, I really 2) _____ _____ _____ some things today.
M: I will 3) _____ _____ _____ _____ _____ after the movie, then.
W: Okay, then. Let's go.

10 주제 파악

대화를 듣고, 무엇에 관한 내용인지 가장 적절한 것을 고르시오.

① 방 꾸미기 ② 좋아하는 음식
③ 방과 후 활동 ④ 좋아하는 책 종류
⑤ 좋아하는 영화 장르

W: You have 1) _____ _____ _____ _____ in your room.
M: Yes, I really like to read.
W: 2) _____ _____ _____ _____ do you like best?
M: I like science fiction.
W: Me too! 3) _____ _____ _____ this one? It looks interesting.
M: Sure.

116

11 세부 정보 파악

대화를 듣고, 여자가 이용할 교통수단으로 가장 적절한 것을 고르시오.

① 버스　　② 기차　　③ 택시
④ 자전거　　⑤ 지하철

W: Excuse me, 1) _____ _____ _____ _____ World Cup Stadium?

M: You can take the subway or the bus.

W: Which 2) _____ _____ _____?

M: Take bus number 271. It'll take about 10 minutes.

W: Okay. Where is the *bus stop?

M: It's 3) _____ _____ _____ _____ _____ over there.

W: Thank you very much.

---

12 이유 파악 🇬🇧

대화를 듣고, 남자가 이메일을 보지 <u>못한</u> 이유로 가장 적절한 것을 고르시오.

① 너무 바빠서
② 컴퓨터가 고장 나서
③ 메일함이 가득 차서
④ 스팸 메일로 분류되어서
⑤ 사용하지 않는 주소로 보내서

W: I 1) _____ _____ _____ _____ last week. Did you read them?

M: Really? I 2) _____ _____ _____. Which address did you send them to?

W: I sent them to Jack5@allmail.com.

M: That's my old address. I 3) _____ _____ _____ _____.

W: Oops. Then please let me know your current address. I'll send them again.

M: Okay.

---

13 장소 추론

대화를 듣고, 두 사람이 대화하는 장소로 가장 적절한 곳을 고르시오.

① 식당　　② 공항　　③ 호텔
④ 병원　　⑤ 백화점

M: Good evening. What can I do for you?

W: I'm in Room 803. I'd like to 1) _____ _____ _____, please.

M: What would you like?

W: I'd like to order fried rice and a soda.

M: 2) _____ _____ _____ _____ that you need?

W: Well, can you 3) _____ _____ _____ _____, please?

M: No problem.

14 위치 찾기

대화를 듣고, 박물관의 위치로 가장 알맞은 곳을 고르시오.

You are here!

M: Hey, Martha. Do you know ¹⁾ _____ _____ _____ _____?

W: Yeah. Go straight one block until you see a gym.

M: Is it ²⁾ _____ _____ _____ _____?

W: No. Turn right when you see the gym. You will see a pool next to it. The museum is ³⁾ _____ _____ _____ _____ _____.

M: Thanks.

W: You're welcome.

---

15 부탁한 일 파악 🇬🇧

대화를 듣고, 남자가 여자에게 부탁한 일로 가장 적절한 것을 고르시오.

① 라디오 끄기　　② 숙제 도와주기
③ 같이 음악 듣기　④ 음악 볼륨 낮추기
⑤ 시험공부 같이 하기

[knock knock]

M: Excuse me.

W: Oh, hello.

M: ¹⁾ _____ _____ _____ _____?

W: Yes, it is.

M: Well, I'm studying for my final exams. Could you ²⁾ _____ _____ _____ _____, please?

W: Oh, I'm sorry. I didn't know that ³⁾ _____ _____ _____ _____. I'll turn it down right now.

---

16 제안한 것 파악

대화를 듣고, 여자가 남자에게 제안한 것으로 가장 적절한 것을 고르시오.

① 돈 빌리기　　　② 가방 새로 사기
③ 경찰에 신고하기　④ 도서관에서 공부하기
⑤ 휴대전화로 전화하기

W: You look upset. ¹⁾ _____ _____ _____?

M: I was just in the library, and now my bag is missing. I think ²⁾ _____ _____ _____.

W: That's too bad. Was your wallet in it?

M: Yes. And so were my cell phone and watch.

W: You should ³⁾ _____ _____ _____ _____ _____.

M: Yes, I will.

---

17 한 일 파악

대화를 듣고, 남자가 주말에 한 일로 가장 적절한 것을 고르시오.

① 숙제하기　　　② 집안일 하기
③ 페인트칠 하기　④ 자전거 수리하기
⑤ 고장 난 문 고치기

W: What did you do last weekend?

M: I ¹⁾ _____ _____ _____.

W: Really? What did you do?

M: I worked for a charity. We ²⁾ _____ _____ _____ for a family in need.

W: What was your job?

M: I ³⁾ _____ _____ _____.

18 [직업 추론]

대화를 듣고, 여자의 직업으로 가장 적절한 것을 고르시오.

① 아나운서　　② 엔지니어
③ 우주 비행사　④ 비행기 조종사
⑤ 비행기 승무원

M: Hello, Ms. Jansen. I heard that you just came back from the International Space Station.

W: That's right.

M: How many times 1) _____ _____ _____ _____ _____?

W: I've been on three space shuttle missions.

M: Awesome. What did 2) _____ _____ _____ from space?

W: It's really beautiful.

M: I want to 1) _____ _____ _____ _____ someday.

19 [마지막 말에 이어질 응답 찾기]

대화를 듣고, 남자의 마지막 말에 이어질 여자의 말로 가장 적절한 것을 고르시오.

Woman: _____

① Let's meet at 3:00.
② Dinner's at 6:00 p.m.
③ It'll take about five hours.
④ We'll meet at the school library.
⑤ Okay, I'll see him tomorrow evening.

W: Have you 1) _____ _____ _____ _____ _____ yet?

M: Not yet. Have you?

W: No, I haven't either.

M: Then why don't we 2) _____ _____?

W: All right. How about studying at the school library?

M: Good. 3) _____ _____ do you want to meet?

W: Let's meet at 3:00.

20 [마지막 말에 이어질 응답 찾기] 🇬🇧

대화를 듣고, 남자의 마지막 말에 이어질 여자의 말로 가장 적절한 것을 고르시오.

Woman: _____

① That sounds strange.
② I'm sorry to hear that.
③ You'd better see a doctor.
④ You're right. She is very sick.
⑤ Yes, she works for a hospital.

W: Alex, 1) _____ _____ _____ _____. How are you these days?

M: I'm doing fine. How about you?

W: I'm really busy these days. But I'm doing great.

M: Good.

W: 2) _____ _____ _____ _____? I miss her.

M: She is home right now. She 3) _____ _____ _____ _____.

W: I'm sorry to hear that.

Word Test

A 다음 영어의 우리말 뜻을 쓰시오.

01 price	_____	21 choice	_____
02 carry	_____	22 upset	_____
03 behind	_____	23 current	_____
04 cash	_____	24 publish	_____
05 quickly	_____	25 station	_____
06 check	_____	26 appearance	_____
07 latest	_____	27 volunteer work	_____
08 present	_____	28 be able to-v	_____
09 worry	_____	29 feel well	_____
10 alone	_____	30 in need	_____
11 charity	_____	31 try on	_____
12 silver	_____	32 do one's best	_____
13 convenient	_____	33 cut down	_____
14 truth	_____	34 give ~ a ride	_____
15 return	_____	35 change one's mind	_____
16 condition	_____	36 throw away	_____
17 recommend	_____	37 from now on	_____
18 mission	_____	38 score a point	_____
19 matter	_____	39 catch a cold	_____
20 tight	_____	40 leave a message	_____

B 다음 우리말 뜻에 맞는 영어를 쓰시오.

01 소설 _____

02 소비하다, 쓰다 _____

03 털다, 도둑질하다 _____

04 무거운 _____

05 인기 있는 _____

06 걸다, 달다 _____

07 여행하다 _____

08 축제 _____

09 떠나다; 두고 가다 _____

10 다른 _____

11 소나기 _____

12 주소 _____

13 두려운, 무서운 _____

14 놓치다; 그리워하다 _____

15 재능 _____

16 담, 벽 _____

17 얼굴 _____

18 깨진; 고장 난 _____

19 아마도 _____

20 알리다; 신고하다 _____

21 팔다 _____

22 보석류 _____

23 지루한 _____

24 사촌 _____

25 지갑 _____

26 없어진 _____

27 이익, 수익 _____

28 구하다 _____

29 성인 _____

30 사무실 _____

31 할인 _____

32 태풍 _____

33 ~하느라 바쁘다 _____

34 ~의 맞은편에 _____

35 잠시 동안, 잠깐 _____

36 외식하다 _____

37 퇴근하다 _____

38 친구가 되다 _____

39 낮잠을 자다 _____

40 솔직히 말하자면 _____

실전모의고사 10회

정답 및 해설　pp. 44~48

점수:　　　/20

보통속도 듣기　빠르게 듣기

01 다음을 듣고, 'this'가 가리키는 것으로 가장 적절한 것을 고르시오.

① ② ③

④ ⑤

02 대화를 듣고, 두 사람이 구입할 꽃병으로 가장 적절한 것을 고르시오.

① ② ③

④ ⑤

고난도

03 다음을 듣고, 목요일의 날씨로 가장 적절한 것을 고르시오.

① ② ③

④ ⑤

04 대화를 듣고, 여자가 한 마지막 말의 의도로 가장 적절한 것을 고르시오.

① 비난　　② 동의　　③ 허락
④ 반대　　⑤ 충고

05 다음을 듣고, 남자가 과일 농장에 대해 언급하지 않은 것을 고르시오.

① 위치　　　　　② 면적
③ 개방 요일　　　④ 재배 과일 종류
⑤ 가격

06 대화를 듣고, 두 사람이 볼 공연이 시작될 시각을 고르시오.

① 6:00 p.m.　② 6:15 p.m.　③ 6:30 p.m.
④ 7:00 p.m.　⑤ 8:00 p.m.

07 대화를 듣고, 남자의 장래 희망으로 가장 적절한 것을 고르시오.

① 작가　　② 교사　　③ 의사
④ 변호사　⑤ 경찰관

08 대화를 듣고, 여자의 심정으로 가장 적절한 것을 고르시오.

① 행복함　② 지루함　③ 속상함
④ 미안함　⑤ 궁금함

09 대화를 듣고, 두 사람이 대화 직후에 할 일로 가장 적절한 것을 고르시오.

① 외식하기　　　　② 쇼핑하러 가기
③ 친구 마중 나가기　④ 중국 음식 주문하기
⑤ 생일 선물 구입하기

10 대화를 듣고, 무엇에 관한 내용인지 가장 적절한 것을 고르시오.

① 태국 날씨　　　② 환전 방법
③ 여행 계획표　　④ 여행 준비물
⑤ 동남아 관광

11 대화를 듣고, 여자가 이용한 교통수단으로 가장 적절한 것을 고르시오.

① 택시   ② 버스   ③ 지하철
④ 자전거   ⑤ 자가용

12 대화를 듣고, 여자가 지금 쇼핑을 가지 <u>못하는</u> 이유로 가장 적절한 것을 고르시오.

① 수업이 있어서
② 쇼핑할 돈이 없어서
③ 숙제를 끝내지 못해서
④ 집안일을 도와야 해서
⑤ 다른 친구와 선약이 있어서

13 대화를 듣고, 두 사람의 관계로 가장 적절한 것을 고르시오.

① 웨이터 – 손님
② 호텔 직원 – 손님
③ 택시 운전사 – 승객
④ 옷 가게 점원 – 손님
⑤ 여행 가이드 – 관광객

고난도
14 대화를 듣고, 남자가 찾는 초대장의 위치로 가장 알맞은 곳을 고르시오.

고난도
15 대화를 듣고, 여자가 남자에게 요청한 일로 가장 적절한 것을 고르시오.

① 최신 모델 추천하기
② 제품 가격 할인하기
③ 구입 제품 배달하기
④ 무료로 제품 수리하기
⑤ 새 소프트웨어 설치하기

16 대화를 듣고, 남자가 여자에게 제안한 것으로 가장 적절한 것을 고르시오.

① 책 환불받기   ② 새 책 구매하기
③ 서점에 항의하기   ④ 도서관에 함께 가기
⑤ 다른 책으로 교환하기

17 대화를 듣고, 남자가 어제 한 일로 가장 적절한 것을 고르시오.

① 쇼핑하기   ② 낚시하기
③ 영화 보기   ④ 수족관 가기
⑤ 공연 관람하기

18 대화를 듣고, 여자의 직업으로 가장 적절한 것을 고르시오.

① 의사   ② 약사   ③ 가수
④ 상담원   ⑤ 보건 교사

[19-20] 대화를 듣고, 여자의 마지막 말에 이어질 남자의 말로 가장 적절한 것을 고르시오.

19 Man: _____

① I'll be more careful.
② Who won first prize?
③ I hope you'll be okay.
④ I agree. I made a big mistake.
⑤ Thank you very much for saying so.

20 Man: _____

① That's a good idea.
② How do we get there?
③ Yes, I love sunny days.
④ How about London Bridge?
⑤ This is my first visit to England.

Dictation Test 10

보통 속도 듣기   빠르게 듣기

01 화제 파악

다음을 듣고, 'this'가 가리키는 것으로 가장 적절한 것을 고르시오.

① ② ③ ④ ⑤

M: This is 1) _____ _____ _____ _____ . People take it when they 2) _____ _____ _____ . Because it flies, it's the fastest vehicle. If you travel by this, it 3) _____ _____ _____ _____ _____ to get from Seoul to Jeju. What is this?

02 그림 정보 파악 🇬🇧

대화를 듣고, 두 사람이 구입할 꽃병으로 가장 적절한 것을 고르시오.

① ② ③ ④ ⑤

★ Focus on Sound vase

미국식은 [베이스]로, 영국식은 [바아즈]로 발음된다.

M: Let's buy a new ★vase.

W: Okay. How about 1) _____ _____ _____ ?

M: The one with a flower on it?

W: No, the one 2) _____ _____ _____ _____ .

M: I like the smiley face, but I think the 3) _____ _____ _____ _____ .

W: Okay. Let's get that one.

03 세부 정보 파악

다음을 듣고, 목요일의 날씨로 가장 적절한 것을 고르시오.

① ② ③ ④ ⑤

W: Good evening. This is the weather report for this week. It 1) _____ _____ _____ all day tomorrow, and then it will rain on Wednesday. The rain 2) _____ _____ _____ _____ . But you'll be able to enjoy 3) _____ _____ _____ _____ on the weekend.

04 의도 파악

대화를 듣고, 여자가 한 마지막 말의 의도로 가장 적절한 것을 고르시오.

① 비난   ② 동의   ③ 허락
④ 반대   ⑤ 충고

M: What a bad smell!

W: That tall man [1] _____ _____.

M: I hate the smell of smoke.

W: I hate it, too. He is [2] _____ _____ _____.

M: Right. People should not be allowed to smoke on the street.

W: [3] _____ _____ _____ _____.

05 언하지지 않은 내용 찾기

다음을 듣고, 남자가 과일 농장에 대해 언급하지 않은 것을 고르시오.

① 위치   ② 면적
③ 개방 요일   ④ 재배 과일 종류
⑤ 가격

M: Lambert's Fruit Farm is one of the best places for [1] _____ _____. It's on Pine Street, and it is [2] _____ _____ _____ _____ Mondays. Families can enjoy strawberry picking, as well as blueberry and raspberry picking. You [3] _____ _____ _____ $15 per kilogram. Pick fresh fruit and enjoy!

06 숫자 정보 파악

대화를 듣고, 두 사람이 볼 공연이 시작될 시각을 고르시오.

① 6:00 p.m. ② 6:15 p.m. ③ 6:30 p.m.
④ 7:00 p.m. ⑤ 8:00 p.m.

*Focus on Sound   second

끝소리의 [d]가 탈락되어 [세컨드]가 아닌 [세컨]으로 발음된다.

W: What time is it?

M: It's already [1] _____ _____ _____ _____.

W: The first show started [2] _____ _____ _____. What should we do?

M: We can go to the *second show instead.

W: All right. When does it start?

M: It [3] _____ _____ _____ p.m.

W: Okay.

07 세부 정보 파악

대화를 듣고, 남자의 장래 희망으로 가장 적절한 것을 고르시오.

① 작가   ② 교사   ③ 의사
④ 변호사 ⑤ 경찰관

W: There are [1] _____ _____ _____ at our school this year.

M: I know. I have Mr. Taylor for math.

W: Oh, really? [2] _____ _____ _____ _____ _____ him?

M: He is very kind. I want to be a teacher just like him.

W: I'm sure you'll [3] _____ _____ _____ _____.

M: Thank you for saying that.

대화를 듣고, 여자의 심정으로 가장 적절한 것을 고르시오.

① 행복함　　② 지루함　　③ 속상함
④ 미안함　　⑤ 궁금함

M: Hi, Julie. Today is your birthday, isn't it?

W: Yes, it is.

M: Then why 1) _____ _____ _____ _____ ?

W: Because my family and boyfriend 2) _____ _____
_____ .

M: How did that happen?

W: I don't know. I hoped they were planning a surprise party, but they weren't.

M: 3) _____ _____ _____ .

---

09 할 일 파악

대화를 듣고, 두 사람이 대화 직후에 할 일로 가장 적절한 것을 고르시오.

① 외식하기　　② 쇼핑하러 가기
③ 친구 마중 나가기　　④ 중국 음식 주문하기
⑤ 생일 선물 구입하기

W: Are you hungry?

M: Yes, I am. I 1) _____ _____ _____ _____ some Chinese food. Do you want to get something together?

W: Hmm... I 2) _____ _____ _____ Chinese. Do you want to eat here at home?

M: Well, I can go out if that's what you want.

W: Yeah. 3) _____ _____ _____ . How about Italian food?

M: Okay.

---

10 주제 파악

대화를 듣고, 무엇에 관한 내용인지 가장 적절한 것을 고르시오.

① 태국 날씨　　② 환전 방법
③ 여행 계획표　　④ 여행 준비물
⑤ 동남아 관광

M: Are you 1) _____ _____ _____ _____ to Thailand?

W: Yes. I even remembered to pack my swimsuit and sunglasses.

M: What about your passport?

W: Don't worry. I put it in my bag.

M: Did you 2) _____ _____ _____ _____ Thai money?

W: Of course I did. Oh, 3) _____ _____ _____ _____ your sunscreen. It will be hot and sunny there.

M: Oh, thanks for reminding me!

11 세부 정보 파악

대화를 듣고, 여자가 이용한 교통수단으로 가장 적절한 것을 고르시오.

① 택시 ② 버스 ③ 지하철
④ 자전거 ⑤ 자가용

M: I'm sorry I couldn't 1) _____ _____ _____ yesterday, Abby.

W: That's okay.

M: How 2) _____ _____ _____ _____? Did you take a taxi?

W: No, I didn't. I 3) _____ _____ _____.

M: Were you late?

W: No, I wasn't.

---

12 이유 파악

대화를 듣고, 여자가 지금 쇼핑을 가지 <u>못하는</u> 이유로 가장 적절한 것을 고르시오.

① 수업이 있어서
② 쇼핑할 돈이 없어서
③ 숙제를 끝내지 못해서
④ 집안일을 도와야 해서
⑤ 다른 친구와 선약이 있어서

[Cell phone rings.]

M: Hi, Gina. What's up?

W: Hi, Bob. Sorry, but I 1) _____ _____ _____ with you today.

M: Why not?

W: I forgot that I 2) _____ _____ _____ Laura. I promised that I would help her with her homework.

M: How about going after you help her?

W: Sure. 3) _____ _____ _____ _____.

---

13 관계 추론

대화를 듣고, 두 사람의 관계로 가장 적절한 것을 고르시오.

① 웨이터 – 손님
② 호텔 직원 – 손님
③ 택시 운전사 – 승객
④ 옷 가게 점원 – 손님
⑤ 여행 가이드 – 관광객

[Phone rings.]

M: Hello, Best Eastern. How may I help you?

W: I'd like a room, please.

M: 1) _____ _____ _____?

W: May 15. And it needs to be a double room.

M: Let me check. *[pause]* Yes, we 2) _____ _____ _____ on that day.

W: Good. Please 3) _____ _____ _____ _____ _____ Judy Whitman. Thanks.

14 위치 찾기

대화를 듣고, 남자가 찾는 초대장의 위치로 가장 알맞은 곳을 고르시오.

M: Mindy, did you make all the invitations for the party?

W: Yes, I did.

M: Let me [1] _____ _____ _____ . Where are they?

W: I put them on the books on my desk.

M: There's nothing [2] _____ _____ _____ .

W: Oh, really? Look under the desk. They might have fallen.

M: Oh, wait. I found them. They're [3] _____ _____ _____ _____ .

---

15 요청한 일 파악

대화를 듣고, 여자가 남자에게 요청한 일로 가장 적절한 것을 고르시오.

① 최신 모델 추천하기
② 제품 가격 할인하기
③ 구입 제품 배달하기
④ 무료로 제품 수리하기
⑤ 새 소프트웨어 설치하기

W: I like this computer and that printer.

M: They're [1] _____ _____ _____ .

W: Good. I'll take them.

M: Great choice. [2] _____ _____ _____ now?

W: Actually, can you [3] _____ _____ _____ _____ ?

M: Of course, but there will be a delivery fee.

W: That's fine.

---

16 제안한 것 파악

대화를 듣고, 남자가 여자에게 제안한 것으로 가장 적절한 것을 고르시오.

① 책 환불받기   ② 새 책 구매하기
③ 서점에 항의하기   ④ 도서관에 함께 가기
⑤ 다른 책으로 교환하기

M: Hi, Elena. What are you up to?

W: I need to [1] _____ _____ _____ .

M: Why? Is there something wrong with it?

W: No. But my friend [2] _____ _____ _____ _____ _____ as a gift.

M: Oh, I see. How about [3] _____ _____ for a different book?

W: That's actually a great idea!

17 한 일 파악

대화를 듣고, 남자가 어제 한 일로 가장 적절한 것을 고르시오.

① 쇼핑하기　　② 낚시하기
③ 영화 보기　　④ 수족관 가기
⑤ 공연 관람하기

W: I heard that you went to a movie with Tina yesterday.

M: Well, we went to the cinema, but we 1) _____ _____ _____ _____.

W: Why not?

M: There 2) _____ _____ _____ _____.

W: Oh, that's too bad. What did you do instead?

M: We 3) _____ _____ _____ _____. It was fun.

18 직업 추론

대화를 듣고, 여자의 직업으로 가장 적절한 것을 고르시오.

① 의사　　② 약사　　③ 가수
④ 상담원　　⑤ 보건 교사

*Focus on Sound   symptom

자음 3개가 겹쳐 나와 중간 자음인 [p]가 약화되어 [심프텀]이 아닌 [심텀]으로 발음된다.

W: Hello. How can I help you?

M: Hi. I 1) _____ _____ _____ _____.

W: Okay. What are your *symptoms?

M: I 2) _____ _____ _____, a fever, and a runny nose.

W: Okay. I'll give you this. 3) _____ _____ _____ after every meal.

M: Thank you. Here's my credit card.

19 마지막 말에 이어질 응답 찾기 🇬🇧

대화를 듣고, 여자의 마지막 말에 이어질 남자의 말로 가장 적절한 것을 고르시오.

Man: _____

① I'll be more careful.
② Who won first prize?
③ I hope you'll be okay.
④ I agree. I made a big mistake.
⑤ Thank you very much for saying so.

W: 1) _____ _____ _____ _____?

M: Even though I've finished my violin performance, I'm still nervous.

W: You 2) _____ _____ _____. You can relax now.

M: Do you think I played well?

W: Yes, it was perfect. I'm sure you'll 3) _____ _____ _____.

M: Thank you very much for saying so.

20 마지막 말에 이어질 응답 찾기

대화를 듣고, 여자의 마지막 말에 이어질 남자의 말로 가장 적절한 것을 고르시오.

Man: _____

① That's a good idea.
② How do we get there?
③ Yes, I love sunny days.
④ How about London Bridge?
⑤ This is my first visit to England.

W: I'm so glad we finally 1) _____ _____ _____.

M: Me, too. I'm happy to be here. London is beautiful.

W: So what should we do now?

M: Let's 2) _____ _____ _____ _____ the city.

W: Okay. What would you 3) _____ _____ _____ _____?

M: How about London Bridge?

실전모의고사 11 회

01 다음을 듣고, 'this'가 가리키는 것으로 가장 적절한 것을 고르시오.

02 대화를 듣고, 남자가 찾아올 원피스로 가장 적절한 것을 고르시오.

03 다음을 듣고, 내일 아침의 날씨로 가장 적절한 것을 고르시오.

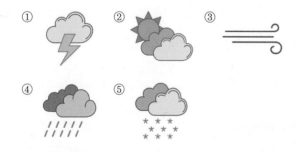

04 대화를 듣고, 남자가 한 마지막 말의 의도로 가장 적절한 것을 고르시오.

① 위로   ② 사과   ③ 불평
④ 비난   ⑤ 제안

05 다음을 듣고, 여자가 수업에 대해 언급하지 <u>않은</u> 것을 고르시오.

① 강사 이름   ② 과목   ③ 시간
④ 강의실   ⑤ 교재

06 대화를 듣고, 두 사람이 만날 시각을 고르시오.

① 4:00 p.m.   ② 4:10 p.m.   ③ 4:20 p.m.
④ 4:30 p.m.   ⑤ 4:40 p.m.

07 대화를 듣고, 남자의 장래 희망으로 가장 적절한 것을 고르시오.

① 작가   ② 가수   ③ 배우
④ 코미디언   ⑤ 프로듀서

08 대화를 듣고, 여자의 심정으로 가장 적절한 것을 고르시오.

① bored   ② nervous   ③ worried
④ jealous   ⑤ annoyed

09 대화를 듣고, 두 사람이 대화 직후에 할 일로 가장 적절한 것을 고르시오.

① 농구하기   ② 독서하기
③ 영화 보기   ④ 집에 가기
⑤ 서점에 가기

10 대화를 듣고, 무엇에 관한 내용인지 가장 적절한 것을 고르시오.

① 다이어트   ② 에너지 절약
③ 용돈 저축   ④ 대중교통 이용
⑤ 가전제품 구입

11 대화를 듣고, 여자가 이용할 교통수단으로 가장 적절한 것을 고르시오.

① 배   ② 기차   ③ 버스
④ 비행기   ⑤ 자동차

12 대화를 듣고, 여자가 쇼핑 장소를 변경한 이유로 가장 적절한 것을 고르시오.

① 시간이 촉박해서
② 백화점 휴점일이어서
③ 단골 가게에 가기 위해서
④ 더 가까운 곳에 가기 위해서
⑤ 물건값이 더 저렴한 곳에 가기 위해서

13 대화를 듣고, 두 사람이 대화하는 장소로 가장 적절한 곳을 고르시오.

① 식당   ② 치과   ③ 은행
④ 약국   ⑤ 미용실

고난도
14 대화를 듣고, 아파트의 위치로 가장 알맞은 곳을 고르시오.

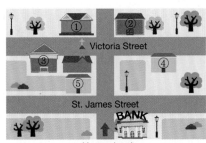

15 대화를 듣고, 남자가 여자에게 부탁한 일로 가장 적절한 것을 고르시오.

① 설거지하기   ② 간식 만들기
③ 점심 만들기   ④ 숙제 도와주기
⑤ 거실 청소하기

16 대화를 듣고, 여자가 남자에게 제안한 것으로 가장 적절한 것을 고르시오.

① 담요 덮기   ② 난방 켜기
③ 감기약 먹기   ④ 따뜻한 물 마시기
⑤ 옷 한 겹 더 입기

17 대화를 듣고, 남자가 어제 한 일로 가장 적절한 것을 고르시오.

① 동생 돌보기   ② 낮잠 자기
③ 동물 병원 가기   ④ 아버지와 캠핑하기
⑤ 고양이 집 만들기

18 대화를 듣고, 여자의 직업으로 가장 적절한 것을 고르시오.

① 화가   ② 미용사   ③ 상담원
④ 패션모델   ⑤ 영화감독

[19-20] 대화를 듣고, 남자의 마지막 말에 이어질 여자의 말로 가장 적절한 것을 고르시오.

고난도
19 Woman: _____

① I feel thirsty.
② I wear a size nine.
③ They're too small.
④ I don't like sneakers.
⑤ They're too expensive.

20 Woman: _____

① Have a nice trip.
② Let's meet at Gate 4.
③ You can't park there.
④ You have to go this way.
⑤ You have to get on the plane in 10 minutes.

Dictation Test 11

01 [화제 파악]

다음을 듣고, 'this'가 가리키는 것으로 가장 적절한 것을 고르시오.

① ② ③
④ ⑤

W: This is a sweet treat. People often get one 1) _____ _____ _____. It is sometimes covered with fresh cream. It may also 2) _____ _____ _____ chocolate, fruit, or candy. And 3) _____ _____ _____ _____ on this to show the person's age. What is this?

02 [그림 정보 파악]

대화를 듣고, 남자가 찾아올 원피스로 가장 적절한 것을 고르시오.

① ② ③
④ ⑤

W: Hey, can you 1) _____ _____ _____ _____ from the dry cleaner's on the way home?
M: Sure. Which *dress is it?
W: My black dress.
M: I'm not sure which one you mean. You have more than one of those. Is it the 2) _____ _____ with gray stripes?
W: No. It has long sleeves, but it 3) _____ _____ _____.
M: Ah, okay. I know which one you mean.

Focus on Sound dress

[d]가 [r]을 만나 [드레스]가 아닌 [쥬레스]로 발음된다.

03 [세부 정보 파악] 🇬🇧

다음을 듣고, 내일 아침의 날씨로 가장 적절한 것을 고르시오.

① ② ③
④ ⑤

M: It 1) _____ _____ _____ for a few days. However, the sun will finally come out tomorrow morning. However, there will still be 2) _____ _____ _____ _____ _____. In the afternoon, all the clouds will go away and you will be able to enjoy 3) _____ _____ _____.

04 **의도 파악**

대화를 듣고, 남자가 한 마지막 말의 의도로 가장 적절한 것을 고르시오.

① 위로   ② 사과   ③ 불평
④ 비난   ⑤ 제안

M: Are you excited about the field trip?

W: What field trip?

M: Doesn't your class ¹⁾ _____ _____ _____ tomorrow?

W: No, we don't

M: What do you mean?

W: The field trip ²⁾ _____ _____.

M: Oh, really? ³⁾ _____ _____ _____.

---

05 **언급하지 않은 내용 찾기** 🇬🇧

다음을 듣고, 여자가 수업에 대해 언급하지 않은 것을 고르시오.

① 강사 이름   ② 과목   ③ 시간
④ 강의실   ⑤ 교재

W: Hello. My name is Wendy Clinton. I'm going to ¹⁾ _____ _____ _____ _____ _____ this semester. As you know, we'll ²⁾ _____ _____ _____ from 2:00 to 5:00 p.m. Our textbook is *Ancient China* ³⁾ _____ _____ Thomas Hu. I hope you'll enjoy my class. Thanks.

---

06 **숫자 정보 파악**

대화를 듣고, 두 사람이 만날 시각을 고르시오.

① 4:00 p.m.   ② 4:10 p.m.   ③ 4:20 p.m.
④ 4:30 p.m.   ⑤ 4:40 p.m.

W: What time does the movie start?

M: It ¹⁾ _____ _____ _____ p.m. Let's meet at 4:00.

W: My English class finishes at 4:00, so I can't ²⁾ _____ _____ _____ _____.

M: Can you be there ³⁾ _____ _____ _____ the movie starts?

W: Yes, I can.

M: Okay. I'll see you then.

---

07 **세부 정보 파악**

대화를 듣고, 남자의 장래 희망으로 가장 적절한 것을 고르시오.

① 작가   ② 가수   ③ 배우
④ 코미디언   ⑤ 프로듀서

M: Hey, Julie. What did you ¹⁾ _____ _____ _____?

W: It was really funny!

M: Was it? Thank you.

W: Yeah. You're good at ²⁾ _____ _____ _____. You should be a comedian.

M: Thank you for saying that. I actually do ³⁾ _____ _____ _____ _____ _____.

W: Sounds like the perfect job for you.

08 심정 추론

대화를 듣고, 여자의 심정으로 가장 적절한 것을 고르시오.

① bored ② nervous ③ worried
④ jealous ⑤ annoyed

[Phone rings.]

M: Thanks for calling Tony's Chicken.

W: I ordered fried chicken and a cola ¹⁾ _____ _____ _____, but it's still not here.

M: Sorry about that. Could you tell me your address?

W: 1339 Forest Road.

M: Sorry... There seems to ²⁾ _____ _____ _____ _____. Your order will be there in 30 minutes.

W: In 30 minutes? No, I don't want it anymore. I want to ³⁾ _____ _____ _____.

---

09 할 일 파악

대화를 듣고, 두 사람이 대화 직후에 할 일로 가장 적절한 것을 고르시오.

① 농구하기 ② 독서하기
③ 영화 보기 ④ 집에 가기
⑤ 서점에 가기

W: Hey, Tommy. Are you going to play basketball today?

M: No, I played yesterday. I ¹⁾ _____ _____ _____.

W: What are you going to do?

M: I'm ²⁾ _____ _____ _____ _____.

W: Oh! I need to buy some books, too. ³⁾ _____ _____ _____ _____?

M: Sure.

---

10 주제 파악

대화를 듣고, 무엇에 관한 내용인지 가장 적절한 것을 고르시오.

① 다이어트 ② 에너지 절약
③ 용돈 저축 ④ 대중교통 이용
⑤ 가전제품 구입

★ Focus on Sound lately

[t]가 [l] 앞에 오면 약하게 발음하여 [래이틀리]가 아닌 [래잇리]로 발음된다.

M: You didn't ¹⁾ _____ _____ _____ _____ or the TV when you went out.

W: Oh, I didn't? I guess I forgot.

M: You should ²⁾ _____ _____ _____.

W: I'm sorry. I won't do it again.

M: Good. ³⁾ _____ _____ is very important.

W: You're right. That's why I haven't used the air conditioner [★]lately.

M: That's good.

11 세부 정보 파악 🇬🇧

대화를 듣고, 여자가 이용할 교통수단으로 가장 적절한 것을 고르시오.

① 배 ② 기차 ③ 버스
④ 비행기 ⑤ 자동차

W: I couldn't 1) _____ _____ _____ _____ to Busan for this Chuseok. They're all sold out.

M: Oh, no. What about flying? It would be 2) _____ _____ _____ _____.

W: I know. But plane tickets are sold out, too.

M: Really? What will you do then?

W: 3) _____ _____.

---

12 이유 파악

대화를 듣고, 여자가 쇼핑 장소를 변경한 이유로 가장 적절한 것을 고르시오.

① 시간이 촉박해서
② 백화점 휴점일이어서
③ 단골 가게에 가기 위해서
④ 더 가까운 곳에 가기 위해서
⑤ 물건값이 더 저렴한 곳에 가기 위해서

[Cell phone rings.]

M: Hello, Kate. What's up?

W: Hi, Jackson! Do you 1) _____ _____ _____ for today?

M: Of course. We're 2) _____ _____ _____ _____ _____.

W: Yes, but how about going to the traditional market instead? 3) _____ _____.

M: Okay. Where shall we meet? In front of the school?

W: No, let's meet at the traditional market.

M: Okay.

---

13 장소 추론

대화를 듣고, 두 사람이 대화하는 장소로 가장 적절한 곳을 고르시오.

① 식당 ② 치과 ③ 은행
④ 약국 ⑤ 미용실

★Focus on Sound matter

[t]가 모음 사이에 오면 r처럼 발음되어 [매터]가 아닌 [매러]로 발음된다.

W: Good morning. Do you 1) _____ _____ _____ ?

M: Yes. My name is Chris Johnson.

W: Is this your first visit here?

M: No. I 2) _____ _____ _____ _____ _____ here three months ago.

W: Okay. What's the *matter today?

M: I 3) _____ _____ _____, so I'd like to have my teeth checked.

W: Okay.

14 위치 찾기 🇬🇧

대화를 듣고, 아파트의 위치로 가장 알맞은 곳을 고르시오.

Focus on Sound next to

똑같은 발음의 자음이 겹치면 앞 자음 소리가 탈락하여 [넥스트 투]가 아닌 [넥스투]로 발음된다.

[Cell phone rings.]

M: Hello, Jane. Are you on your way?

W: Yes, but I can't remember 1) _____ _____ _____ _____ your apartment from here.

M: Where are you now?

W: I'm 2) _____ _____ _____ World Bank.

M: Go straight two blocks and turn left.

W: You mean go straight to Victoria Street and 3) _____ _____ _____ ?

M: Yes. You'll see a church. My apartment is *next to it.

---

15 부탁한 일 파악

대화를 듣고, 남자가 여자에게 부탁한 일로 가장 적절한 것을 고르시오.

① 설거지하기   ② 간식 만들기
③ 점심 만들기   ④ 숙제 도와주기
⑤ 거실 청소하기

M: What are you doing?

W: I'm 1) _____ _____ _____ . I'm almost done, though. Why?

M: My friends are coming in 30 minutes. And I'm very busy 2) _____ _____ for them.

W: Oh, do you want me to help you make lunch?

M: No, I can do that myself. But I don't have time to 3) _____ _____ _____ _____ . Would you please do that for me?

W: Sure. I'll do it right now.

M: Thanks.

---

16 제안한 것 파악

대화를 듣고, 여자가 남자에게 제안한 것으로 가장 적절한 것을 고르시오.

① 담요 덮기   ② 난방 켜기
③ 감기약 먹기   ④ 따뜻한 물 마시기
⑤ 옷 한 겹 더 입기

M: It's really cold in here.

W: Is it? I 1) _____ _____ _____ _____ a few minutes ago.

M: Thank you. But I still feel cold.

W: How about 2) _____ _____ _____ ? I'll get one for you.

M: Oh, that's so nice of you. And can I also get 3) _____ _____ _____ _____ , please?

W: Sure.

17 한 일 파악

대화를 듣고, 남자가 어제 한 일로 가장 적절한 것을 고르시오.

① 동생 돌보기   ② 낮잠 자기
③ 동물 병원 가기   ④ 아버지와 캠핑하기
⑤ 고양이 집 만들기

M: Hi, Megan. I have a new family member.
W: Oh, do you have a new baby brother or sister?
M: No, I 1) _____ _____ _____ _____ . Her name is Coco.
W: That's great! Does she 2) _____ _____ _____ _____ with you?
M: No, actually, I 3) _____ _____ _____ for her with my father yesterday.
W: Cool. She will love it.

18 직업 추론 🇬🇧

대화를 듣고, 여자의 직업으로 가장 적절한 것을 고르시오.

① 화가   ② 미용사   ③ 상담원
④ 패션모델   ⑤ 영화감독

W: What do you 1) _____ _____ _____ today?
M: Hmm... I'm not sure. What would you recommend?
W: Well, I think you would look great if you 2) _____ _____ _____ .
M: Sounds good. But please don't 3) _____ _____ _____ _____ .
W: Of course.

19 마지막 말에 이어질 응답 찾기

대화를 듣고, 남자의 마지막 말에 이어질 여자의 말로 가장 적절한 것을 고르시오.

Woman: _____

① I feel thirsty.
② I wear a size nine.
③ They're too small.
④ I don't like sneakers.
⑤ They're too expensive.

W: Excuse me, can I 1) _____ _____ _____ _____ ?
M: Sure. They're very popular these days.
W: Yeah. They look really nice.
M: What size do you need?
W: I think these might be okay. Let me see 2) _____ _____ _____ .
M: Okay. [pause] 3) _____ _____ _____ _____ ?
W: They're too small.

20 마지막 말에 이어질 응답 찾기

대화를 듣고, 남자의 마지막 말에 이어질 여자의 말로 가장 적절한 것을 고르시오.

Woman: _____

① Have a nice trip.
② Let's meet at Gate 4.
③ You can't park there.
④ You have to go this way.
⑤ You have to get on the plane in 10 minutes.

M: Hey, Sophie! 1) _____ _____ _____ to see you here in the airport!
W: It really is. Where are you going?
M: I'm going to Chicago 2) _____ _____ _____ _____ . How about you?
W: I came here to meet my friends. What gate are you going to?
M: Gate 4. But I 3) _____ _____ _____ _____ .
W: You have to go this way.

실전모의고사 12 회

정답 및 해설 pp.52~56

점수: ／20

01 다음을 듣고, 'this'가 가리키는 것으로 가장 적절한 것을 고르시오.

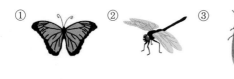

02 대화를 듣고, 남자가 구입할 일기장으로 가장 적절한 것을 고르시오.

03 다음을 듣고, 오늘 오후의 날씨로 가장 적절한 것을 고르시오.

04 대화를 듣고, 여자가 한 마지막 말의 의도로 가장 적절한 것을 고르시오.

① 비난　② 감사　③ 허락
④ 반대　⑤ 충고

05 다음을 듣고, 여자가 선생님에 대해 언급하지 <u>않은</u> 것을 고르시오.

① 국적　② 한국에 온 시기
③ 전 근무지　④ 사는 곳
⑤ 성격

06 대화를 듣고, 두 사람이 영화를 볼 시각을 고르시오.

① 10:00 a.m.　② 10:30 a.m.　③ 11:00 a.m.
④ 11:30 a.m.　⑤ 12:00 p.m.

고난도
07 대화를 듣고, 여자의 장래 희망으로 가장 적절한 것을 고르시오.

① 배우　② 매니저　③ 만화가
④ 영화감독　⑤ 시나리오 작가

08 대화를 듣고, 남자의 심정으로 가장 적절한 것을 고르시오.

① 기쁨　② 무서움　③ 외로움
④ 긴장됨　⑤ 미안함

09 대화를 듣고, 여자가 대화 직후에 할 일로 가장 적절한 것을 고르시오.

① 책 읽기　② 식사 준비하기
③ 재료 사러 가기　④ 외식하러 나가기
⑤ 요리법 찾아보기

10 대화를 듣고, 무엇에 관한 내용인지 가장 적절한 것을 고르시오.

① 주말 계획　② 취미 활동
③ 박물관 견학 일정　④ 방학 동안 한 일
⑤ 수영 잘하는 방법

11 대화를 듣고, 남자가 이용할 교통수단으로 가장 적절한 것을 고르시오.

① 택시   ② 버스   ③ 자동차
④ 지하철   ⑤ 자전거

12 대화를 듣고, 여자가 매장을 방문한 이유로 가장 적절한 것을 고르시오.

① 새 옷을 사기 위해서
② 친구를 만나기 위해서
③ 옷을 교환하기 위해서
④ 옷을 환불받기 위해서
⑤ 아르바이트를 구하기 위해서

13 대화를 듣고, 두 사람이 대화하는 장소로 가장 적절한 곳을 고르시오.

① 도서관   ② 체육관   ③ 천문대
④ 영화관   ⑤ 백화점

14 대화를 듣고, 남자가 찾는 이어폰의 위치로 가장 알맞은 곳을 고르시오.

15 대화를 듣고, 여자가 남자에게 요청한 일로 가장 적절한 것을 고르시오.

① 제품 환불받기   ② 감기약 사다 주기
③ 택시 불러 주기   ④ 난방 장치 수리하기
⑤ 새 아파트 보여 주기

16 대화를 듣고, 남자가 여자에게 제안한 것으로 가장 적절한 것을 고르시오.

① 책 읽기   ② 산책하기
③ 그림 그리기   ④ 휴식 취하기
⑤ 새 책 구매하기

17 대화를 듣고, 여자가 주말에 한 일로 가장 적절한 것을 고르시오.

① 수영하기   ② 캠핑 가기
③ 낚시하기   ④ 하이킹 가기
⑤ 번지 점프 하기

18 대화를 듣고, 남자의 직업으로 가장 적절한 것을 고르시오.

① 교사   ② 의사   ③ 조련사
④ 미용사   ⑤ 사진사

[19-20] 대화를 듣고, 여자의 마지막 말에 이어질 남자의 말로 가장 적절한 것을 고르시오.

고난도
19 Man: _____

① No, he's not.
② He feels better today.
③ Thank you, but he said no.
④ He's not doing well at school this year.
⑤ He's three centimeters shorter than me.

20 Man: _____

① Yes, I would.
② They smell good.
③ Yes, I'd like some soup.
④ Okay. I made it for you.
⑤ I ate dinner with my friends.

Dictation Test 12

 보통속도 듣기
 빠르게 듣기

01 화제 파악

다음을 듣고, 'this'가 가리키는 것으로 가장 적절한 것을 고르시오.

①   ②   ③

④   ⑤

＊Focus on Sound hate it

[t]가 약화되고 뒤의 모음과 연음되어 [해이트 잇]이 아닌 [해이릿]으로 발음된다.

W: This is 1) ＿＿＿＿ ＿＿＿＿ ＿＿＿＿ ＿＿＿＿. It has long antennae on its head and six strong legs. Its long back legs 2) ＿＿＿＿ ＿＿＿＿ ＿＿＿＿ ＿＿＿＿. Its body is green or brown. It eats a variety of plants. Because it 3) ＿＿＿＿ ＿＿＿＿, farmers ＊hate it. What is this?

02 그림 정보 파악

대화를 듣고, 남자가 구입할 일기장으로 가장 적절한 것을 고르시오.

①   ②   ③

④   ⑤

M: I need to buy a new diary.

W: Oh, do you 1) ＿＿＿＿ ＿＿＿＿ ＿＿＿＿?

M: Yes, I do. What do you think of the one with flowers on it?

W: It's too fancy. What about the one 2) ＿＿＿＿ ＿＿＿＿ ＿＿＿＿?

M: It's okay. But I don't like black.

W: Oh, that 3) ＿＿＿＿ ＿＿＿＿ ＿＿＿＿ ＿＿＿＿.

M: I like it, too. I'll get the striped diary with the heart on it.

03 세부 정보 파악

다음을 듣고, 오늘 오후의 날씨로 가장 적절한 것을 고르시오.

①   ②   ③

④ 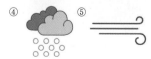 ⑤

M: Hello, everyone. It's going to be very cold today. And it 1) ＿＿＿＿ ＿＿＿＿ ＿＿＿＿ ＿＿＿＿ this afternoon, so 2) ＿＿＿＿ ＿＿＿＿ ＿＿＿＿ ＿＿＿＿. It will stop snowing tomorrow, and it 3) ＿＿＿＿ ＿＿＿＿ ＿＿＿＿ tomorrow afternoon.

04 의도 파악

대화를 듣고, 여자가 한 마지막 말의 의도로 가장 적절한 것을 고르시오.

① 비난   ② 감사   ③ 허락
④ 반대   ⑤ 충고

W: Oh no! I just 1) _____ _____ on my shirt.

M: Here's a tissue.

W: Thanks. The presentation starts in 10 minutes. What should I do?

M: Do you have a jacket or something?

W: I do. It's in my car. But I don't have time to get it.

M: Let me 2) _____ _____ _____ _____. Give me your car key.

W: 3) _____ _____ _____ _____.

05 언급하지 않은 내용 찾기

다음을 듣고, 여자가 선생님에 대해 언급하지 않은 것을 고르시오.

① 국적   ② 한국에 온 시기
③ 전 근무지   ④ 사는 곳
⑤ 성격

W: I'd like you to meet Mr. Simpson. He is the new English teacher. He is Canadian and 1) _____ _____ _____ three years ago. Before he came to our school, he 2) _____ _____ Boram Middle School in Busan. He is 3) _____ _____ _____. I think you will like him.

06 숫자 정보 파악 🇬🇧

대화를 듣고, 두 사람이 영화를 볼 시각을 고르시오.

① 10:00 a.m. ② 10:30 a.m. ③ 11:00 a.m.
④ 11:30 a.m. ⑤ 12:00 p.m.

Focus on Sound   train

[t]와 [r]이 연달아 나와 [트레인]이 아닌 [츄레인]으로 발음된다.

W: 1) _____ _____ _____ _____ Express *Train tomorrow morning.

M: That sounds good.

W: The 2) _____ _____ _____ at 10:00 a.m., and the next is at 11:30 a.m. Shall we watch the 11:30 a.m. movie?

M: No. I'm going to meet Sujin 3) _____ _____. So how about the 10:00 a.m. movie?

W: Okay, that's fine.

07 세부 정보 파악

대화를 듣고, 여자의 장래 희망으로 가장 적절한 것을 고르시오.

① 배우   ② 매니저   ③ 만화가
④ 영화감독   ⑤ 시나리오 작가

M: Are you a 1) _____ _____ _____ that drama?

W: Yes. This is the fifth time I've watched it.

M: You 2) _____ _____ _____ _____ _____.

W: Not really. It's actually the storyline that I love.

M: Oh, I remember you said you wanted to be a director or something.

W: Yes, I want to 3) _____ _____ _____.

대화를 듣고, 남자의 심정으로 가장 적절한 것을
고르시오.

① 기쁨   ② 무서움   ③ 외로움
④ 긴장됨   ⑤ 미안함

M: I feel bad. We 1) _____ _____ _____ because of me.

W: I know you did your best. Don't feel bad.

M: Thanks, but I 2) _____ _____ _____ _____ .

W: Everyone makes mistakes. I think you'll 3) _____ _____ _____ next time.

M: I'll try.

대화를 듣고, 여자가 대화 직후에 할 일로 가장
적절한 것을 고르시오.

① 책 읽기   ② 식사 준비하기
③ 재료 사러 가기   ④ 외식하러 나가기
⑤ 요리법 찾아보기

M: What are you looking at?

W: It's a recipe for beef stew.

M: Are you going to 1) _____ _____ _____ _____ ?

W: Yes. It'll be delicious.

M: Do you 2) _____ _____ _____ _____ to make it?

W: Yes. I have all the ingredients. I'll 3) _____ _____ _____ _____ so we can have it in an hour.

M: Great! I can't wait.

대화를 듣고, 무엇에 관한 내용인지 가장 적절한
것을 고르시오.

① 주말 계획   ② 취미 활동
③ 박물관 견학 일정   ④ 방학 동안 한 일
⑤ 수영 잘하는 방법

W: 1) _____ _____ _____ _____ ?

M: I had a great time. I went swimming, and I also went water skiing a few times.

W: That 2) _____ _____ _____ . What else did you do?

M: I visited the Space Museum and the AC Art Gallery. How about you?

W: I 3) _____ _____ _____ _____ almost every day. I even made a big sand castle.

M: Sounds like you had a good time, too.

11 세부 정보 파악

대화를 듣고, 남자가 이용할 교통수단으로 가장 적절한 것을 고르시오.

① 택시 ② 버스 ③ 자동차
④ 지하철 ⑤ 자전거

M: I'm meeting Jina for dinner in front of Gangnam station. I should take the subway, right?

W: No, 1) _____ _____ _____. That would be better.

M: Why?

W: You 2) _____ _____ _____ _____ if you take the subway.

M: Oh, I didn't know that. Then does the bus go there directly?

W: Yes, it does. So 3) _____ _____ _____ _____.

M: Oh, okay. Thanks.

12 이유 파악

대화를 듣고, 여자가 매장을 방문한 이유로 가장 적절한 것을 고르시오.

① 새 옷을 사기 위해서
② 친구를 만나기 위해서
③ 옷을 교환하기 위해서
④ 옷을 환불받기 위해서
⑤ 아르바이트를 구하기 위해서

M: May I help you?

W: Yes. I bought this ＊skirt here yesterday.

M: 1) _____ _____ _____ _____ with it?

W: It's a little small. So I'd like to 2) _____ _____ _____ a size 7.

M: Let me check. Oh, you're in luck. We 3) _____ _____ _____.

W: Great!

13 장소 추론

대화를 듣고, 두 사람이 대화하는 장소로 가장 적절한 곳을 고르시오.

① 도서관 ② 체육관 ③ 천문대
④ 영화관 ⑤ 백화점

M: Have you been here before?

W: No, it's my first time. I'm so excited to 1) _____ _____ _____ _____.

M: You'll be able to see Venus and 2) _____ _____ _____ tonight.

W: Wow, sounds cool! But how do I know which one is Venus?

M: Don't worry. I'll help you find Venus 3) _____ _____ _____.

W: I can't wait!

14 위치 찾기

대화를 듣고, 남자가 찾는 이어폰의 위치로 가장 알맞은 곳을 고르시오.

M: Mom, 1) _____ _____ _____ my earphones?

W: Didn't you put them on the sofa?

M: I thought I did. But they aren't there.

W: Then 2) _____ _____ _____ _____.

M: There isn't anything on the table.

W: Hmm… Have you 3) _____ _____ _____ _____ ?

M: Aha! That's where they are. Thank you!

---

15 요청한 일 파악

대화를 듣고, 여자가 남자에게 요청한 일로 가장 적절한 것을 고르시오.

① 제품 환불받기 ② 감기약 사다 주기
③ 택시 불러 주기 ④ 난방 장치 수리하기
⑤ 새 아파트 보여 주기

[Phone rings.]

M: Hello, manager's office. How may I help you?

W: Hello. The heater in my apartment 1) _____ _____.

M: When did it stop working?

W: Last night. Can you 2) _____ _____ _____ _____ ?
   I'm in 305.

M: Hmm… I can be there at two o'clock today.

W: Okay. Please don't be late. 3) _____ _____ _____
   _____ _____.

---

16 제안한 것 파악

대화를 듣고, 남자가 여자에게 제안한 것으로 가장 적절한 것을 고르시오.

① 책 읽기 ② 산책하기
③ 그림 그리기 ④ 휴식 취하기
⑤ 새 책 구매하기

★Focus on Sound   thought you

[t]가 뒤의 반모음 [j]를 만나면 동화되어 [쏘트 유]가 아닌 [쏘츄]로 발음된다.

W: I'm so bored.

M: I *thought you were enjoying that book.

W: I was, but I've been reading it 1) _____ _____ _____.

M: Oh, really?

W: Yeah. I want to 2) _____ _____ _____ now.

M: How about 3) _____ _____ _____ ? It's a beautiful day.

W: That's a good idea.

17 한 일 파악

대화를 듣고, 여자가 주말에 한 일로 가장 적절한 것을 고르시오.

① 수영하기　　② 캠핑 가기
③ 낚시하기　　④ 하이킹 가기
⑤ 번지 점프 하기

W: 1) _____?
M: Good. I visited my grandmother with my family.
W: What did you do there?
M: There's a small mountain behind her house. So 2) _____ _____ _____. How about you?
W: I went bungee jumping with my friends on Saturday. I wanted to go fishing, but my friends didn't want to.
M: Wow! You and your friends 3) _____ _____ _____!

---

18 직업 추론

대화를 듣고, 남자의 직업으로 가장 적절한 것을 고르시오.

① 교사　　② 의사　　③ 조련사
④ 미용사　　⑤ 사진사

M: 1) _____ _____ _____ to the left, please.
W: Okay. Where should I put my hands?
M: Put them 2) _____ _____ _____. And smile!
W: Are you done?
M: Yes, you can come 3) _____ _____ _____ _____ this Thursday. It will be $40.

---

19 마지막 말에 이어질 응답 찾기 🇬🇧

대화를 듣고, 여자의 마지막 말에 이어질 남자의 말로 가장 적절한 것을 고르시오.

Man: _____
① No, he's not.
② He feels better today.
③ Thank you, but he said no.
④ He's not doing well at school this year.
⑤ He's three centimeters shorter than me.

W: You and your brother 1) _____ _____ _____. You're more than 180 cm, aren't you?
M: Yes, I am.
W: 2) _____ _____ _____ _____ exactly?
M: I'm 186 cm.
W: And 3) _____ _____ _____ _____?
M: He's three centimeters shorter than me.

---

20 마지막 말에 이어질 응답 찾기

대화를 듣고, 여자의 마지막 말에 이어질 남자의 말로 가장 적절한 것을 고르시오.

Man: _____
① Yes, I would.
② They smell good.
③ Yes, I'd like some soup.
④ Okay. I made it for you.
⑤ I ate dinner with my friends.

M: What should we make for dinner tonight?
W: Why don't we 1) _____ _____ _____?
M: That sounds great!
W: 2) _____ _____ _____ _____ some buns and some meat.
M: We need lettuce and tomatoes, too.
W: I know. 3) _____ _____ _____ _____ on your burger?
M: Yes. I would.

Word Test 실전모의고사 10~12회

A 다음 영어의 우리말 뜻을 쓰시오.

01 bored		21 tour	
02 fever		22 quite	
03 later		23 presentation	
04 cancel		24 stripe	
05 sunscreen		25 bother	
06 directly		26 promise	
07 bridge		27 wisdom tooth	
08 bother		28 runny nose	
09 lap		29 do well	
10 nervous		30 a variety of	
11 pill		31 get to	
12 exactly		32 far away	
13 remind		33 more than	
14 textbook		34 be ready for	
15 photo		35 be covered with	
16 cinema		36 have in mind	
17 performance		37 be decorated with	
18 heater		38 get on	
19 invitation		39 on the way home	
20 telescope		40 have an appointment	

B 다음 우리말 뜻에 맞는 영어를 쓰시오.

01 식물

02 나이

03 목마른

04 똑같은

05 서점

06 주차하다

07 탈것, 운송 수단

08 곤충

09 날다; 비행기로 가다

10 치통

11 상추

12 농작물

13 증상

14 흘리다, 쏟다

15 여권

16 산딸기

17 공간; 우주

18 교환하다

19 고대의

20 두 번

21 공항

22 배달하다

23 두통

24 가르치다

25 연출가, 감독

26 여전히, 아직도

27 재료

28 갈아타다

29 담요

30 용감한

31 시작하다

32 고기

33 ~을 제외하고는

34 신용 카드

35 거실

36 (전기 등을) 끄다

37 (전기 등을) 켜다

38 정오에

39 산책하다

40 일기를 쓰다

실전모의고사 13 회

01 다음을 듣고, 'this'가 가리키는 것으로 가장 적절한 것을 고르시오.

①   ②   ③

④   ⑤

02 대화를 듣고, 두 사람이 구입할 과일 바구니로 가장 적절한 것을 고르시오.

①   ②   ③

④  ⑤

03 다음을 듣고, 크리스마스 오후의 날씨로 가장 적절한 것을 고르시오.

①   ②   ③

④   ⑤

04 대화를 듣고, 여자가 한 마지막 말의 의도로 가장 적절한 것을 고르시오.

① 위로 ② 감사 ③ 사과
④ 축하 ⑤ 승낙

05 다음을 듣고, 남자가 보드게임에 대해 언급하지 않은 것을 고르시오.

① 이름   ② 참가 인원
③ 이용 가능 연령   ④ 소요 시간
⑤ 승리 방법

고난도

06 대화를 듣고, 두 사람이 만날 시각을 고르시오.

① 3:00 p.m.   ② 5:00 p.m.   ③ 6:00 p.m.
④ 8:00 p.m.   ⑤ 9:00 p.m.

07 대화를 듣고, 남자의 장래 희망으로 가장 적절한 것을 고르시오.

① 기자   ② 무용가   ③ 피아니스트
④ 가수   ⑤ 음악 교사

08 대화를 듣고, 남자의 심정으로 가장 적절한 것을 고르시오.

① 슬픔   ② 지루함   ③ 무서움
④ 기쁨   ⑤ 초조함

09 대화를 듣고, 여자가 수업 후에 할 일로 가장 적절한 것을 고르시오.

① 숙제하기
② 쇼핑하러 가기
③ 영어 시험 공부하기
④ 컴퓨터 수업 복습하기
⑤ 여동생의 보고서 작성 돕기

고난도

10 대화를 듣고, 무엇에 관한 내용인지 가장 적절한 것을 고르시오.

① 옷 쇼핑   ② 옷장 정리
③ 계절 변화   ④ 가구 교체
⑤ 짐 정리 요령

11 대화를 듣고, 남자가 이용한 교통수단으로 가장 적절한 것을 고르시오.

① 버스   ② 택시   ③ 지하철
④ 승용차   ⑤ 자전거

12 대화를 듣고, 여자가 어젯밤에 잠을 충분히 자지 못한 이유로 가장 적절한 것을 고르시오.

① 낮잠을 많이 자서
② 기타 연습을 해서
③ 추리 소설을 읽어서
④ 이웃이 밤새 기타를 쳐서
⑤ 이웃이 음악을 크게 틀어 놓아서

13 대화를 듣고, 두 사람의 관계로 가장 적절한 것을 고르시오.

① 경찰관 – 운전자
② 도서관 사서 – 학생
③ 우체국 직원 – 고객
④ 비행기 승무원 – 승객
⑤ 기차 매표소 직원 – 승객

14 대화를 듣고, 안내소의 위치로 가장 알맞은 곳을 고르시오.

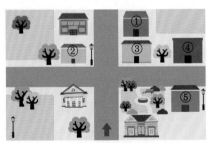

You are here!

15 대화를 듣고, 남자가 여자에게 요청한 일로 가장 적절한 것을 고르시오.

① 제품 골라 주기   ② 제품 수리하기
③ 제품 교환해 주기   ④ 제품 분석하기
⑤ 제품 환불해 주기

16 대화를 듣고, 여자가 남자에게 제안한 것으로 가장 적절한 것을 고르시오.

① 산책 가기   ② 우산 사기
③ 약속 다시 정하기   ④ 특별한 계획 짜기
⑤ 친구 데리러 가기

17 대화를 듣고, 남자가 어제 한 일로 가장 적절한 것을 고르시오.

① 식료품 사기   ② 분리수거 하기
③ 시험공부하기   ④ 캠페인 참여하기
⑤ 미술 작품 만들기

18 대화를 듣고, 여자의 직업으로 가장 적절한 것을 고르시오.

① 의사   ② 미용사   ③ 요리사
④ 간호사   ⑤ 물리 치료사

[19-20] 대화를 듣고, 남자의 마지막 말에 이어질 여자의 말로 가장 적절한 것을 고르시오.

19 Woman: _____

① It's a great plan.
② Oh, I totally forgot.
③ Why didn't you call me?
④ How about taking a train?
⑤ I'd like to go to the East Sea, too.

20 Woman: _____

① I'll come home later.
② He came at 10:00 a.m.
③ I came back last Tuesday.
④ I didn't want to come here.
⑤ I want to go to Texas next month.

Dictation Test 13

01 화제 파악

다음을 듣고, 'this'가 가리키는 것으로 가장 적절한 것을 고르시오.

①   ②   ③

④   ⑤

M: This 1) _____ _____ _____ one to twelve on it. It tells us 2) _____ _____ _____ _____ it is. It wakes people up 3) _____ _____ or playing a melody in the morning. What is this?

02 그림 정보 파악

대화를 듣고, 두 사람이 구입할 과일 바구니로 가장 적절한 것을 고르시오.

①   ②   ③

④   ⑤

M: Let's buy one of those fruit baskets for Eddie's housewarming party.

W: That's a good idea! How about that one 1) _____ _____ _____ _____ ?

M: I think one with bananas would be better.

W: But Eddie 2) _____ _____ _____ .

M: Really? I didn't know that. Then how about the 3) _____ _____ _____ _____ ?

W: You mean apples, oranges, and a pineapple? Okay.

03 세부 정보 파악

다음을 듣고, 크리스마스 오후의 날씨로 가장 적절한 것을 고르시오.

①   ②   ③

④   ⑤

W: Good evening. This is Lynn Williams with the weather. Tomorrow is Christmas Eve, and many of you might have been 1) _____ _____ _____ , but instead it will be rainy all day. The 2) _____ _____ _____ on Christmas morning, and then it will become very cold. In the afternoon, it'll 3) _____ _____ _____ _____ . So don't expect a white Christmas.

04 의도 파악 🇬🇧

대화를 듣고, 여자가 한 마지막 말의 의도로 가장 적절한 것을 고르시오.

① 위로 ② 감사 ③ 사과
④ 축하 ⑤ 승낙

M: I have some good news.
W: Yeah? What is it?
M: You know the essay contest I participated in? They picked my essay [1] _____ _____ _____ of the contest.
W: Are you serious?
M: Yes. So I [2] _____ _____ _____ and prize money!
W: Wow! I'm so [3] _____ _____ _____ .

05 언급하지 않은 내용 찾기

다음을 듣고, 남자가 보드게임에 대해 언급하지 않은 것을 고르시오.

① 이름 ② 참가 인원
③ 이용 가능 연령 ④ 소요 시간
⑤ 승리 방법

M: *Outfoxed* is an interesting board game. [1] _____ _____ _____ _____ can play together. It will [2] _____ _____ _____ _____ to finish the game. To win the game, players must figure out [3] _____ _____ _____ _____ . It's important for players to work together as a team.

06 숫자 정보 파악

대화를 듣고, 두 사람이 만날 시각을 고르시오.

① 3:00 p.m. ② 5:00 p.m. ③ 6:00 p.m.
④ 8:00 p.m. ⑤ 9:00 p.m.

M: Our flight to Australia [1] _____ _____ _____ p.m., right?
W: Yes. Should we be at the airport two hours earlier?
M: No, we should be there at least [2] _____ _____ _____ _____ _____ . It's right before a long holiday, so it [3] _____ _____ _____ .
W: Wow, three hours? Okay. I'll see you then.
M: Don't be late!

07 세부 정보 파악

대화를 듣고, 남자의 장래 희망으로 가장 적절한 것을 고르시오.

① 기자 ② 무용가 ③ 피아니스트
④ 가수 ⑤ 음악 교사

W: Hey, Tony!
M: Hi, Liz. How did you know that I was here?
W: You [1] _____ _____ _____ in the music room after school.
M: That's true. I love to play the piano.
W: I think [2] _____ _____ _____ .
M: Thank you. I really want to be a pianist [3] _____ _____ _____ _____ .

08 심정 추론 🇬🇧

대화를 듣고, 남자의 심정으로 가장 적절한 것을 고르시오.

① 슬픔　　② 지루함　　③ 무서움
④ 기쁨　　⑤ 초조함

*Focus on Sound   not

미국식은 o를 [아]에 가깝게 발음하여 [낫], 영국식은 [오,어]에 가깝게 발음하여 [노트]로 발음된다.

W: Mark, you look bored. Are you watching the movie?

M: Yes, but I'm just 1) _____ _____ _____.

W: Why *not?

M: 2) _____ _____ _____ _____. It's not interesting.

W: Then let's 3) _____ _____ _____.

M: Okay.

---

09 할 일 파악

대화를 듣고, 여자가 수업 후에 할 일로 가장 적절한 것을 고르시오.

① 숙제하기
② 쇼핑하러 가기
③ 영어 시험 공부하기
④ 컴퓨터 수업 복습하기
⑤ 여동생의 보고서 작성 돕기

M: Let's 1) _____ _____ around 4:00 p.m.

W: I can't. My computer class finishes at 5:00.

M: Then 2) _____ _____ _____ _____.

W: I'm really sorry, but I still can't.

M: Why not?

W: I have to help my sister 3) _____ _____ _____ _____.

---

10 주제 파악

대화를 듣고, 무엇에 관한 내용인지 가장 적절한 것을 고르시오.

① 옷 쇼핑　　② 옷장 정리
③ 계절 변화　　④ 가구 교체
⑤ 짐 정리 요령

W: Honey, I think 1) _____ _____ _____ _____ _____.

M: So do I. Let's clean it up together.

W: Sounds good. I'll 2) _____ _____ _____ here.

M: Okay. I'll put my T-shirts in the drawer.

W: Good. And I don't think we need these coats anymore. It's getting hot outside.

M: You're right. Let me 3) _____ _____ _____ _____ _____ _____.

W: Thank you.

11 세부 정보 파악

대화를 듣고, 남자가 이용한 교통수단으로 가장 적절한 것을 고르시오.

① 버스　　② 택시　　③ 지하철
④ 승용차　　⑤ 자전거

★Focus on Sound must live

끝소리 [t]는 탈락되어 [머스트 리브]가 아닌 [머스리브]로 발음된다.

W: Hi, Robert. Thanks for coming to the game.

M: No problem. You 1) _____ _____ _____ today.

W: Thanks. How did you get here? If you didn't drive here, I can 2) _____ _____ _____.

M: You don't need to. I 3) _____ _____ _____. It took about 10 minutes to get here.

W: You *must live nearby.

M: Yes, I do.

---

12 이유 파악

대화를 듣고, 여자가 어젯밤에 잠을 충분히 자지 못한 이유로 가장 적절한 것을 고르시오.

① 낮잠을 많이 자서
② 기타 연습을 해서
③ 추리 소설을 읽어서
④ 이웃이 밤새 기타를 쳐서
⑤ 이웃이 음악을 크게 틀어 놓아서

★Focus on Sound neighbor

gh는 묵음으로 [네이버]로 발음된다.

W: I'm very tired today.

M: Why?

W: I 1) _____ _____ _____ _____ last night.

M: Why not? Did you stay up late 2) _____ _____ _____ again?

W: No. My *neighbor was 3) _____ _____ _____ all night.

M: That's awful.

---

13 관계 추론 🇬🇧

대화를 듣고, 두 사람의 관계로 가장 적절한 것을 고르시오.

① 경찰관 – 운전자
② 도서관 사서 – 학생
③ 우체국 직원 – 고객
④ 비행기 승무원 – 승객
⑤ 기차 매표소 직원 – 승객

M: Hi, may I help you?

W: Yes, I want to 1) _____ _____ _____ to Tokyo. How long will it take to get there?

M: It'll take five days 2) _____ _____ _____.

W: That's too slow.

M: You can also send it by express mail. It'll 3) _____ _____ _____ _____.

W: That would be better. I'll send it by express mail.

M: Okay.

14 위치 찾기

대화를 듣고, 안내소의 위치로 가장 알맞은 곳을 고르시오.

You are here!

M: Excuse me, where can I 1) _____ _____ _____ _____?

W: You can get one at the Information Center.

M: Where is that?

W: 2) _____ _____ _____ _____ and turn right. You will see Central Park.

M: Is it next to the park?

W: No, it's 3) _____ _____ _____ _____.

M: Okay. Thank you.

15 요청한 일 파악

대화를 듣고, 남자가 여자에게 요청한 일로 가장 적절한 것을 고르시오.

① 제품 골라 주기   ② 제품 수리하기
③ 제품 교환해 주기   ④ 제품 분석하기
⑤ 제품 환불해 주기

W: Hello. Do you need any help?

M: Actually, I do. I'm trying to buy lipstick. But there are too many colors. I don't know 1) _____ _____ _____.

W: Who are you buying it for?

M: For my mom.

W: Well, this red one is 2) _____ _____ _____ with moms.

M: All right. 3) _____ _____ _____.

16 제안한 것 파악 🇬🇧

대화를 듣고, 여자가 남자에게 제안한 것으로 가장 적절한 것을 고르시오.

① 산책 가기   ② 우산 사기
③ 약속 다시 정하기   ④ 특별한 계획 짜기
⑤ 친구 데리러 가기

W: Is everything okay, Martin? You look worried.

M: I am. It looks like 1) _____ _____ _____ this afternoon.

W: Do you have any plans?

M: Yes. Amy and I are 2) _____ _____ _____ _____ at the park.

W: Maybe you should call her to 3) _____ _____ _____.

M: Yeah, I guess I should.

17 한 일 파악

대화를 듣고, 남자가 어제 한 일로 가장 적절한 것을 고르시오.

① 식료품 사기
② 분리수거 하기
③ 시험공부하기
④ 캠페인 참여하기
⑤ 미술 작품 만들기

W: Noah, have you 1) _____ _____ _____ yet?

M: Yes, I finished it yesterday. Take a look.

W: What is it?

M: I made a model of our neighborhood 2) _____ _____ _____ _____.

W: Wow, that's amazing! Is this our school?

M: Yes, it is. I 3) _____ _____ _____ _____ some snack boxes and empty bottles.

18 직업 추론

대화를 듣고, 여자의 직업으로 가장 적절한 것을 고르시오.

① 의사
② 미용사
③ 요리사
④ 간호사
⑤ 물리 치료사

*Focus on Sound   recently

[t]가 [l] 앞에 올 때는 약하게 발음되어 [리슨트리]가 아닌 [리슨리]로 발음된다.

M: My shoulders hurt.

W: Let me check. 1) _____ _____ _____ when I touch here?

M: Yes, it does.

W: Have you been 2) _____ _____ _____ *recently?

M: Yes, I played basketball the day before yesterday.

W: 3) _____ _____ _____ _____ and get some rest. Then you'll feel better.

19 마지막 말에 이어질 응답 찾기

대화를 듣고, 남자의 마지막 말에 이어질 여자의 말로 가장 적절한 것을 고르시오.

Woman: _____

① It's a great plan.
② Oh, I totally forgot.
③ Why didn't you call me?
④ How about taking a train?
⑤ I'd like to go to the East Sea, too.

W: Guess what? 1) _____ _____ _____ to the baseball game. I'm going with Ellie.

M: Nice! 2) _____ _____ _____ _____ _____?

W: No, it's this Saturday.

M: This Saturday? We planned to go to the East Sea with Jeremy this weekend. 3) _____ _____ _____?

W: Oh, I totally forgot.

20 마지막 말에 이어질 응답 찾기

대화를 듣고, 남자의 마지막 말에 이어질 여자의 말로 가장 적절한 것을 고르시오.

Woman: _____

① I'll come home later.
② He came at 10:00 a.m.
③ I came back last Tuesday.
④ I didn't want to come here.
⑤ I want to go to Texas next month.

W: Hi, Lucas.

M: Stella? Is that you?

W: Yeah. It's so 1) _____ _____ _____ _____ again.

M: I heard that you 2) _____ _____ Texas three years ago.

W: I did. But I just moved back here.

M: 3) _____ _____ _____ _____ _____?

W: I came back last Tuesday.

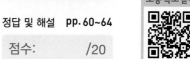

01 다음을 듣고, 'this'가 가리키는 것으로 가장 적절한 것을 고르시오.

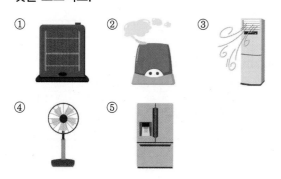

① ② ③
④ ⑤

02 대화를 듣고, 여자가 구입할 신발로 가장 적절한 것을 고르시오.

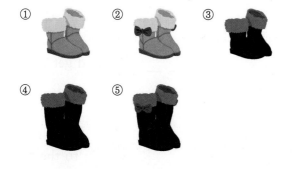

① ② ③
④ ⑤

03 다음을 듣고, 내일 오후의 날씨로 가장 적절한 것을 고르시오.

① ② ③
④ ⑤

04 대화를 듣고, 여자가 한 마지막 말의 의도로 가장 적절한 것을 고르시오.

① 불평　　② 감사　　③ 사과
④ 거절　　⑤ 제안

05 다음을 듣고, 남자가 여행 준비물로 언급하지 않은 것을 고르시오.

① 여권　　② 항공권　　③ 선글라스
④ 수영복　　⑤ 달러 현금

고난도
06 대화를 듣고, 두 사람이 만날 시각을 고르시오.

① 3:30 p.m.　② 3:40 p.m.　③ 3:50 p.m.
④ 4:00 p.m.　⑤ 4:10 p.m.

07 대화를 듣고, 남자의 장래 희망으로 가장 적절한 것을 고르시오.

① 군인　　② 상담원　　③ 권투 선수
④ 태권도 사범　⑤ 헬스 트레이너

08 대화를 듣고, 여자의 심정으로 가장 적절한 것을 고르시오.

① 화남　　② 지루함　　③ 외로움
④ 행복함　　⑤ 자랑스러움

09 대화를 듣고, 남자가 대화 직후에 할 일로 가장 적절한 것을 고르시오.

① 영어 강의 듣기
② 영어 시험공부하기
③ 영어 교과서 빌리기
④ 영어 에세이 제출하기
⑤ 영어 선생님께 이메일 보내기

10 대화를 듣고, 무엇에 관한 내용인지 가장 적절한 것을 고르시오.

① 기후 변화
② 환경 오염
③ 곤충 채집
④ 벌의 개체 수 감소
⑤ 벌에 쏘였을 때 응급 처치법

11 대화를 듣고, 두 사람이 함께 이용할 교통수단으로 가장 적절한 것을 고르시오.

① 택시 ② 승용차 ③ 지하철
④ 일반 버스 ⑤ 리무진 버스

12 대화를 듣고, 여자가 남자에게 전화한 이유로 가장 적절한 것을 고르시오.

① 회의 시간을 물어보려고
② 보고서를 다 썼는지 물어보려고
③ 회의가 취소된 것을 알려 주려고
④ 내일 회의가 있다는 것을 알려 주려고
⑤ 출장 날짜가 변경된 것을 알려 주려고

13 대화를 듣고, 두 사람이 대화하는 장소로 가장 적절한 곳을 고르시오.

① 카페 ② 놀이터 ③ 동물원
④ 유치원 ⑤ 장난감 가게

14 대화를 듣고, 여자가 찾는 붓의 위치로 가장 알맞은 곳을 고르시오.

15 대화를 듣고, 여자가 남자에게 부탁한 일로 가장 적절한 것을 고르시오.

① 약 사다 주기 ② 방 청소하기
③ 함께 운동하기 ④ 저녁 준비하기
⑤ 병원에 데려다주기

16 대화를 듣고, 남자가 여자에게 제안한 것으로 가장 적절한 것을 고르시오.

① 쌀국수 만들기 ② 치킨 카레 만들기
③ 저녁 메뉴 정하기 ④ 소고기 카레 먹기
⑤ 저녁 약속 취소하기

17 대화를 듣고, 남자가 여름 방학에 한 일로 가장 적절한 것을 고르시오.

① 수영하기 ② 여행 가기
③ 캠핑 가기 ④ 바닷가 가기
⑤ 사촌 집 방문하기

18 대화를 듣고, 여자의 직업으로 가장 적절한 것을 고르시오.

① 건축가 ② 안내원 ③ 통역사
④ 연극배우 ⑤ 오페라 가수

[19 - 20] 대화를 듣고, 여자의 마지막 말에 이어질 남자의 말로 가장 적절한 것을 고르시오.
고난도
19 Man: _____

① It was a comedy.
② Let's go together.
③ It was exciting and funny.
④ Felix Mallard plays the main role.
⑤ It was about a friendship between two men.

20 Man: _____

① Sure. You'll take a day off.
② Yes, we'll be open as usual.
③ No, we have many customers.
④ I don't have any plans on that day.
⑤ No, I don't go to that supermarket.

Dictation Test 14

정답 및 해설 pp. 60~64

01 [화제 파악]

다음을 듣고, 'this'가 가리키는 것으로 가장 적절한 것을 고르시오.

① ② ③ ④ ⑤

M: You can see this in almost every home in the summer. It 1) _____ _____ _____ to make wind. You can set the speed to make it 2) _____ _____ _____ . People use this when they feel hot. It is 3) _____ _____ _____ an air conditioner. What is this?

02 [그림 정보 파악]

대화를 듣고, 여자가 구입할 신발로 가장 적절한 것을 고르시오.

① ② ③ ④ ⑤

W: Will you help me shop for boots?

M: Sure. How about these light brown ones 1) _____ _____ _____ ?

W: They're cute. But 2) _____ _____ _____ .

M: Then how about these dark brown ones with a bow? They're taller.

W: Okay. I'll try them.

M: *[pause]* Wow, they 3) _____ _____ _____ _____ !

W: Thanks. I'm going to get them.

03 [세부 정보 파악]

다음을 듣고, 내일 오후의 날씨로 가장 적절한 것을 고르시오.

① ② ③ ④ ⑤

W: Good morning. This is Julie Cruise. Today, it will be sunny and very hot all day. Tomorrow, it will be 1) _____ _____ _____ in the morning, and there 2) _____ _____ _____ in the afternoon. 3) _____ _____ _____ with you when you go out.

04 의도 파악

대화를 듣고, 여자가 한 마지막 말의 의도로 가장 적절한 것을 고르시오.

① 불평 ② 감사 ③ 사과
④ 거절 ⑤ 제안

[Doorbell rings.]

W: Hi, it's your neighbor.

M: Oh, hello.

W: I'm sorry, but your dogs 1) _____ _____ _____. I can hear them through the walls.

M: Sorry about that. I'll do my best to 2) _____ _____ _____ _____.

W: I understand that it's hard to control them, but I 3) _____ _____ _____ because of the noise.

---

05 언급하지 않은 내용 찾기 🇬🇧

다음을 듣고, 남자가 여행 준비물로 언급하지 않은 것을 고르시오.

① 여권 ② 항공권 ③ 선글라스
④ 수영복 ⑤ 달러 현금

M: I'm going to Hawaii, so I 1) _____ _____ _____ _____. I also bought my airplane ticket already. And yesterday I 2) _____ _____ because it will be really sunny there. I bought 3) _____ _____ _____ too. Now I'm ready to go!

---

06 숫자 정보 파악

대화를 듣고, 두 사람이 만날 시각을 고르시오.

① 3:30 p.m. ② 3:40 p.m. ③ 3:50 p.m.
④ 4:00 p.m. ⑤ 4:10 p.m.

*Focus on Sound appointment

자음 3개가 겹쳐 나와 중간 자음인 [t]가 약화되어 [어포인트먼트]가 아닌 [어포인먼트]로 발음된다.

W: How's your headache? Do you feel better?

M: No, I don't. So I 1) _____ _____ _____ at the clinic.

W: When is it?

M: 2) _____ _____ _____ p.m. tomorrow.

W: Okay, I'll go with you.

M: Thanks. Let's meet in front of the clinic 3) _____ _____ _____ the *appointment.

---

07 세부 정보 파악 🇬🇧

대화를 듣고, 남자의 장래 희망으로 가장 적절한 것을 고르시오.

① 군인 ② 상담원 ③ 권투 선수
④ 태권도 사범 ⑤ 헬스 트레이너

W: You look tired, Max.

M: I am. I was 1) _____ _____ _____ _____.

W: What are you training for?

M: It's 2) _____ _____ _____ _____.

W: Really? You must be very good.

M: I'm working hard to 3) _____ _____ _____ _____. I want to be a professional fighter.

08 심정 추론

대화를 듣고, 여자의 심정으로 가장 적절한 것을 고르시오.

① 화남 ② 지루함 ③ 외로움
④ 행복함 ⑤ 자랑스러움

W: Oh no! This machine ¹⁾ _____ _____ _____.

M: What's wrong?

W: It took my money, but it ²⁾ _____ _____ _____ _____ _____. I hate it when this happens!

M: Calm down. We can find another one.

W: But there isn't another one around.

M: I'm sure we can ³⁾ _____ _____ _____ _____.

---

09 할 일 파악

대화를 듣고, 남자가 대화 직후에 할 일로 가장 적절한 것을 고르시오.

① 영어 강의 듣기
② 영어 시험공부하기
③ 영어 교과서 빌리기
④ 영어 에세이 제출하기
⑤ 영어 선생님께 이메일 보내기

W: What are you doing, Alex?

M: I'm ¹⁾ _____ _____ _____ _____. It's pretty hard.

W: You haven't finished it yet? You know ²⁾ _____ _____ _____ _____, right?

M: What? I thought it was due tomorrow. Oh no! What should I do?

W: You should email Ms. Young and ³⁾ _____ _____ _____.

M: Okay. I should do that right now.

---

10 주제 파악

대화를 듣고, 무엇에 관한 내용인지 가장 적절한 것을 고르시오.

① 기후 변화
② 환경 오염
③ 곤충 채집
④ 벌의 개체 수 감소
⑤ 벌에 쏘였을 때 응급 처치법

W: What are you reading?

M: I'm ¹⁾ _____ _____ _____ about bees. They are disappearing.

W: ²⁾ _____ _____ _____ _____?

M: Scientists don't know for sure. But they think it's ³⁾ _____ _____ _____ _____ and pollution.

W: I'm worried about them.

M: Me too.

11 세부 정보 파악 🇬🇧

대화를 듣고, 두 사람이 함께 이용할 교통수단으로 가장 적절한 것을 고르시오.

① 택시   ② 승용차   ③ 지하철
④ 일반 버스   ⑤ 리무진 버스

M: How should we get to Incheon Airport tomorrow?

W: We can 1) _____ _____ _____ _____.

M: It's too expensive. How about taking the subway?

W: It's cheaper, but the subway station is far away. We're going to be 2) _____ _____ _____.

M: I didn't think about that. Let's 3) _____ _____ _____, then.

W: Okay.

12 이유 파악

대화를 듣고, 여자가 남자에게 전화한 이유로 가장 적절한 것을 고르시오.

① 회의 시간을 물어보려고
② 보고서를 다 썼는지 물어보려고
③ 회의가 취소된 것을 알려 주려고
④ 내일 회의가 있다는 것을 알려 주려고
⑤ 출장 날짜가 변경된 것을 알려 주려고

[Cell phone rings.]

M: Hello?

W: Hi, Paul. Do you 1) _____ _____ _____ scheduled for 2:00 p.m. tomorrow?

M: Yeah. I'm preparing a report for it.

W: Well, it 2) _____ _____.

M: Really? Why?

W: The boss is going to Canada 3) _____ _____ tomorrow.

M: Oh. Thanks for letting me know.

13 장소 추론

대화를 듣고, 두 사람이 대화하는 장소로 가장 적절한 곳을 고르시오.

① 카페   ② 놀이터   ③ 동물원
④ 유치원   ⑤ 장난감 가게

M: Excuse me. I want to 1) _____ _____ _____ for my niece. What do you recommend?

W: These blocks are popular these days.

M: Hmm… I think she is too young to 2) _____ _____ _____ _____. She is only two.

W: Oh, then how about a stuffed toy?

M: Sounds good. Do you 3) _____ _____ _____ _____?

W: Of course. I recommend this pink bunny.

M: That's so cute! I'll take it.

14 위치 찾기

대화를 듣고, 여자가 찾는 붓의 위치로 가장 알맞은 곳을 고르시오.

W: Oh no! Where is my brush?
M: 1) _____ _____ _____ _____ on your easel.
W: But it's not here.
M: Oh, really? Let me look around here.
W: Is it 2) _____ _____ _____ _____?
M: No, it isn't. Why don't you 3) _____ _____ _____ _____?
W: Oh, here it is. Thanks!

---

15 부탁한 일 파악

대화를 듣고, 여자가 남자에게 부탁한 일로 가장 적절한 것을 고르시오.

① 약 사다 주기   ② 방 청소하기
③ 함께 운동하기   ④ 저녁 준비하기
⑤ 병원에 데려다주기

✱ Focus on Sound   at all

[t]는 모음 사이에서 약화된 후 연음되어 [앳올]이 아닌 [애롤]로 발음된다.

W: Jake, can you help me?
M: What's wrong, Mom?
W: 1) _____ _____ _____.
M: Why don't you 2) _____ _____ _____?
W: No, I can't move ✱at all now. Can you go to the pharmacy and 3) _____ _____ _____ for me?
M: Sure. I'll be right back.

---

16 제안한 것 파악 🇬🇧

대화를 듣고, 남자가 여자에게 제안한 것으로 가장 적절한 것을 고르시오.

① 쌀국수 만들기   ② 치킨 카레 만들기
③ 저녁 메뉴 정하기 ④ 소고기 카레 먹기
⑤ 저녁 약속 취소하기

M: What do you 1) _____ _____ _____?
W: How about rice noodles?
M: No, I 2) _____ _____ _____ _____.
W: Then how about Indian food? Chicken curry?
M: We eat chicken curry a lot, so 3) _____ _____ _____ _____ _____ this time?
W: Sure.

---

17 한 일 파악

대화를 듣고, 남자가 여름 방학에 한 일로 가장 적절한 것을 고르시오.

① 수영하기   ② 여행 가기
③ 캠핑 가기   ④ 바닷가 가기
⑤ 사촌 집 방문하기

W: What did you do during summer vacation?
M: I 1) _____ _____ most days.
W: Did you 2) _____ _____ _____ _____?
M: No, I just went to a swimming pool. How about you?
W: I 3) _____ _____ _____ _____ _____.
M: Sounds fun.

18 직업 추론

대화를 듣고, 여자의 직업으로 가장 적절한 것을 고르시오.

① 건축가　　② 안내원　　③ 통역사
④ 연극배우　　⑤ 오페라 가수

W: Can I help you?

M: Yes. 1) _____ _____ _____ _____ 78K, but I don't know where it is.

W: It's a balcony seat. 2) _____ _____. As soon as you enter the hall, turn to your left.

M: To my left?

W: Yes. You'll find your seat easily. And please remember that you 3) _____ _____ _____ _____ inside the theater.

M: Okay. Thanks.

---

19 마지막 말에 이어질 응답 찾기

대화를 듣고, 여자의 마지막 말에 이어질 남자의 말로 가장 적절한 것을 고르시오.

Man: _____

① It was a comedy.
② Let's go together.
③ It was exciting and funny.
④ Felix Mallard plays the main role.
⑤ It was about a friendship between two men.

W: What did you do yesterday?

M: I 1) _____ _____ _____ called *Heavy Rain* with my sister.

W: Is it a new movie?

M: Yes, it is.

W: Was it interesting?

M: 2) _____ _____ _____. But my sister said it was boring.

W: 3) _____ _____ _____ _____?

M: It was about a friendship between two men.

---

20 마지막 말에 이어질 응답 찾기 🇬🇧

대화를 듣고, 여자의 마지막 말에 이어질 남자의 말로 가장 적절한 것을 고르시오.

Man: _____

① Sure. You'll take a day off.
② Yes, we'll be open as usual.
③ No, we have many customers.
④ I don't have any plans on that day.
⑤ No, I don't go to that supermarket.

[Phone rings.]

M: Hello, this is Jimmy's Supermarket. What can I do for you?

W: Hello. 1) _____ _____ _____ _____ what time you open tomorrow.

M: We open at 10:00 a.m.

W: And what time 2) _____ _____ _____?

M: We close at 9:00 p.m.

W: I have one more question. 3) _____ _____ _____ _____ the day after tomorrow? I mean on New Year's Day.

M: Yes, we'll be open as usual.

실전모의고사 15 회

정답 및 해설　pp. 64~67

점수:　　　/20

보통속도 듣기　빠르게 듣기

01 다음을 듣고, 'this'가 가리키는 것으로 가장 적절한 것을 고르시오.

① 　② 　③

④ 　⑤

02 대화를 듣고, 여자가 선물한 모자로 가장 적절한 것을 고르시오.

① 　② 　③

④ 　⑤

03 다음을 듣고, 다음 주 토요일의 날씨로 가장 적절한 것을 고르시오.

① 　② 　③

④ 　⑤

04 대화를 듣고, 남자가 한 마지막 말의 의도로 가장 적절한 것을 고르시오.

① 감사　　② 제안　　③ 격려
④ 불평　　⑤ 사과

05 다음을 듣고, 여자가 태블릿에 대해 언급하지 <u>않은</u> 것을 고르시오.

① 출시 날짜　② 무게　　③ 메모리 용량
④ 색상　　　⑤ 가격

고난도

06 대화를 듣고, 두 사람이 만날 시각을 고르시오.

① 1:00 p.m.　② 4:00 p.m.　③ 5:00 p.m.
④ 6:00 p.m.　⑤ 7:00 p.m.

07 대화를 듣고, 남자의 장래 희망으로 가장 적절한 것을 고르시오.

① 하키 강사　　　② 스키 선수
③ 스키 강사　　　④ 스노보드 선수
⑤ 학교 체육 교사

08 대화를 듣고, 여자의 심정으로 가장 적절한 것을 고르시오.

① happy　　② bored　　③ angry
④ nervous　⑤ disappointed

09 대화를 듣고, 남자가 대화 직후에 할 일로 가장 적절한 것을 고르시오.

① 치과에 전화하기
② 치아 검진 예약하기
③ 수학 숙제 제출하기
④ 수학 선생님께 전화하기
⑤ 여자를 치과에 데려다주기

10 대화를 듣고, 무엇에 관한 내용인지 가장 적절한 것을 고르시오.

① 관람할 연극　　　② 가입한 동아리
③ 유행하는 노래　　④ 인기 있는 소설
⑤ 좋아하는 영화 장르

11 대화를 듣고, 여자가 이용할 교통수단으로 가장 적절한 것을 고르시오.

① 버스　　② 기차　　③ 택시
④ 자동차　　⑤ 지하철

12 대화를 듣고, 남자가 찾아온 이유로 가장 적절한 것을 고르시오.

① 사진을 찍기 위해서
② 카메라를 사기 위해서
③ 카메라를 고치기 위해서
④ 사진 인화를 하기 위해서
⑤ 사진 찍는 법을 배우기 위해서

13 대화를 듣고, 두 사람이 대화하는 장소로 가장 적절한 곳을 고르시오.

① 목욕탕　　② 체육관　　③ 수영장
④ 운동장　　⑤ 스케이트장

14 대화를 듣고, 역사 박물관의 위치로 가장 알맞은 곳을 고르시오.

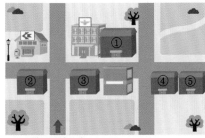

You are here!

15 대화를 듣고, 남자가 여자에게 부탁한 일로 가장 적절한 것을 고르시오.

① 요리하기　　② 표 예매하기
③ 생일 선물 사기　　④ 생일 축하 노래 부르기
⑤ 생일 파티 비밀로 하기

16 대화를 듣고, 여자가 남자에게 제안한 것으로 가장 적절한 것을 고르시오.

① 함께 음악 듣기　　② 공원 산책 가기
③ 걷기 대회 나가기　　④ 집 근처에 주차하기
⑤ 멀리 드라이브 가기

17 대화를 듣고, 여자가 오늘 한 일로 가장 적절한 것을 고르시오.

① 무대 꾸미기　　② 춤 연습하기
③ 공연 관람하기　　④ 뮤지컬 공연하기
⑤ 바이올린 연주하기

18 대화를 듣고, 남자의 직업으로 가장 적절한 것을 고르시오.

① 의사　　② 수리기사　　③ 운동선수
④ 물리 치료사　　⑤ 헬스 트레이너

[19-20] 대화를 듣고, 남자의 마지막 말에 이어질 여자의 말로 가장 적절한 것을 고르시오.

19 Woman: _____

① Not really.
② I'm free now.
③ Yes, I'm interested in jazz.
④ He's my favorite musician.
⑤ Yes, I'd like to learn how to play the cello.

고난도
20 Woman: _____

① It's my pleasure.
② Where did you buy it?
③ Sorry. I ate it this morning.
④ Well, I don't like strawberry cake.
⑤ I don't know how to make a cake.

Dictation Test 15

 보통속도듣기   빠르게듣기

01 화제 파악

다음을 듣고, 'this'가 가리키는 것으로 가장 적절한 것을 고르시오.

①   ②   ③

④   ⑤

W: This is 1) _____ _____ _____ _____. It usually hangs on a wall. 2) _____ _____ _____ _____ when we look into it. Many women 3) _____ _____ _____ _____ in their bags. What is this?

02 그림 정보 파악

대화를 듣고, 여자가 선물한 모자로 가장 적절한 것을 고르시오.

①   ②   ③

④  ⑤

M: Have you seen Jim today?

W: Yes, I saw him this morning.

M: He was 1) _____ _____ _____ _____. I really like it.

W: You know what? I gave it to him as a birthday gift!

M: Really? I think the 2) _____ _____ _____ _____.

W: And he likes animals, so that's why I chose it.

M: Yeah, the 3) _____ _____ _____ _____ is cute.

03 세부 정보 파악

다음을 듣고, 다음 주 토요일의 날씨로 가장 적절한 것을 고르시오.

①

④ ⑤

M: This is Samuel Jones. Here is the weather for next week. On Monday and Tuesday, it will be 1) _____ _____ _____ _____. On Wednesday, it will 2) _____ _____ _____. Thursday will be a snowy and windy day. From Friday to Sunday, it 3) _____ _____ _____, but it will not rain.

04 의도 파악

대화를 듣고, 남자가 한 마지막 말의 의도로 가장 적절한 것을 고르시오.

① 감사   ② 제안   ③ 격려
④ 불평   ⑤ 사과

M: You 1) _____ _____ _____. Is your brother still sick?

W: No, it's not that.

M: Then why do you look so serious?

W: I 2) _____ _____ _____ for my math test last week. But I got a C on it.

M: Oh, don't be so disappointed. You'll 3) _____ _____ _____ _____.

05 언급하지 않은 내용 찾기 🇬🇧

다음을 듣고, 여자가 태블릿에 대해 언급하지 않은 것을 고르시오.

① 출시 날짜   ② 무게   ③ 메모리 용량
④ 색상   ⑤ 가격

W: Our new tablet will be available for purchase 1) _____ _____ _____. The screen is more than 10 inches wide, but the 2) _____ _____ _____ 500 grams. Unlike the previous version, it will be 3) _____ _____ _____ _____ — black, white, gray, and pink gold. The price is $650.

06 숫자 정보 파악

대화를 듣고, 두 사람이 만날 시각을 고르시오.

① 1:00 p.m.   ② 4:00 p.m.   ③ 5:00 p.m.
④ 6:00 p.m.   ⑤ 7:00 p.m.

* Focus on Sound   meet us

[t]가 약화되고 뒤의 모음과 연음되어 [미트 어스]가 아닌 [미러스]로 발음된다.

W: Do you 1) _____ _____ _____, John?

M: No, I don't. Why?

W: I'm going to play board games with Insu. 2) _____ _____ _____ _____?

M: Sounds good. What time?

W: It's 5:00 p.m. now, so *meet us 3) _____ at Insu's house.

M: Okay, see you then.

07 세부 정보 파악

대화를 듣고, 남자의 장래 희망으로 가장 적절한 것을 고르시오.

① 하키 강사   ② 스키 선수
③ 스키 강사   ④ 스노보드 선수
⑤ 학교 체육 교사

W: Wow! You're a good skier!

M: Thank you. I 1) _____ _____ _____ _____ when I was young.

W: Do you want to be a professional skier?

M: I don't think 2) _____ _____ _____ _____ be a professional skier.

W: Oh, really?

M: But I like teaching, so I want to 3) _____ _____ _____ _____.

08 심정 추론 🇬🇧

대화를 듣고, 여자의 심정으로 가장 적절한 것을
고르시오.

① happy   ② bored   ③ angry
④ nervous   ⑤ disappointed

M: What's wrong?

W: I'm 1) _____ _____ _____ _____ _____.

M: When is it? Is it tomorrow?

W: No. It's 2) _____ _____ _____ _____.

M: Oh, I see. Are you ready for it?

W: Yes, I'm ready, but I'm afraid I 3) _____ _____ _____.

09 할 일 파악

대화를 듣고, 남자가 대화 직후에 할 일로 가장
적절한 것을 고르시오.

① 치과에 전화하기
② 치아 검진 예약하기
③ 수학 숙제 제출하기
④ 수학 선생님께 전화하기
⑤ 여자를 치과에 데려다주기

W: Hey, Mike. You look busy.

M: I'm finishing my math homework. I need to 1) _____ _____ _____ before 4:00 p.m. today!

W: What? You have only 15 minutes! Wait. Didn't you say you 2) _____ _____ _____ _____ at 4:00?

M: Is that today? Oh no!

W: 3) _____ _____ _____ and cancel it right now.

M: Okay, I will.

10 주제 파악

대화를 듣고, 무엇에 관한 내용인지 가장 적절한
것을 고르시오.

① 관람할 연극   ② 가입한 동아리
③ 유행하는 노래   ④ 인기 있는 소설
⑤ 좋아하는 영화 장르

W: What's your 1) _____ _____ _____ _____?

M: I like comedies best. I 2) _____ _____ when I watch them.

W: Oh. That's interesting.

M: How about you?

W: I 3) _____ _____ _____ _____.

M: Wow, I never expected that.

11 세부 정보 파악

대화를 듣고, 여자가 이용할 교통수단으로 가장 적절한 것을 고르시오.

① 버스　　② 기차　　③ 택시
④ 자동차　　⑤ 지하철

M: What are you going to do this Saturday?

W: I'm going to San Diego [1)] _____ _____ _____ _____.

M: How are you getting there?

W: I'm thinking about [2)] _____ _____.

M: Well, why don't you take the train? You can see the beautiful coastline on your way.

W: Oh, that's a good idea. I'll [3)] _____ _____ _____.

12 이유 파악

대화를 듣고, 남자가 찾아온 이유로 가장 적절한 것을 고르시오.

① 사진을 찍기 위해서
② 카메라를 사기 위해서
③ 카메라를 고치기 위해서
④ 사진 인화를 하기 위해서
⑤ 사진 찍는 법을 배우기 위해서

W: Hi, how can I help you?

M: There's [1)] _____ _____ _____ my camera.

W: Oh, what's the problem?

M: I can take pictures, but I [2)] _____ _____ _____ on the camera screen.

W: Let me check. Hmm, I think it'll take some time [3)] _____ _____ _____. Can you come back tomorrow afternoon?

M: Sure.

13 장소 추론 🇬🇧

대화를 듣고, 두 사람이 대화하는 장소로 가장 적절한 곳을 고르시오.

① 목욕탕　　② 체육관　　③ 수영장
④ 운동장　　⑤ 스케이트장

M: Cindy, did you [1)] _____ _____?

W: Yes, I did.

M: Then let's [2)] _____ _____ _____ _____.

W: Okay. So, are you going to [3)] _____ _____ _____ today?

M: Yes. I'm sure you'll learn quickly.

W: Great. I'm excited to learn.

14 위치 찾기

대화를 듣고, 역사 박물관의 위치로 가장 알맞은 곳을 고르시오.

You are here!

M: Excuse me, where is the history museum? This guidebook says it's 1) _____ _____ _____ _____ _____ .

W: It moved about six months ago. Do you see the tall red building 2) _____ _____ ?

M: The one next to the police station?

W: No. The one 3) _____ _____ _____ _____ _____ .

M: Oh, I see it.

W: That's the history museum.

---

15 부탁한 일 파악

대화를 듣고, 남자가 여자에게 부탁한 일로 가장 적절한 것을 고르시오.

① 요리하기   ② 표 예매하기
③ 생일 선물 사기   ④ 생일 축하 노래 부르기
⑤ 생일 파티 비밀로 하기

M: It's Sumi's birthday on Friday.

W: Is it? Do you 1) _____ _____ _____ _____ _____ ?

M: I'm going to 2) _____ _____ _____ for her. What do you think?

W: That's a great idea.

M: Please 3) _____ _____ _____ to her. It's going to be a *surprise.

W: Oh, that sounds like fun.

---

16 제안한 것 파악

대화를 듣고, 여자가 남자에게 제안한 것으로 가장 적절한 것을 고르시오.

① 함께 음악 듣기   ② 공원 산책 가기
③ 걷기 대회 나가기   ④ 집 근처에 주차하기
⑤ 멀리 드라이브 가기

W: Did you know there's a park near here? I heard it's really nice.

M: I didn't know that. 1) _____ _____ _____ is it?

W: It's just 10 minutes away. Why don't we 2) _____ _____ _____ _____ ?

M: Sounds good. 3) _____ _____ _____ _____ ?

W: This afternoon would be great.

M: Okay.

---

17 한 일 파악

대화를 듣고, 여자가 오늘 한 일로 가장 적절한 것을 고르시오.

① 무대 꾸미기   ② 춤 연습하기
③ 공연 관람하기   ④ 뮤지컬 공연하기
⑤ 바이올린 연주하기

W: Hi, Andy. What are you going to do at the school festival?

M: I'm going to 1) _____ _____ _____ . How about you?

W: 2) _____ _____ _____ _____ with the other members of my club.

M: Sounds cool. Have you practiced a lot?

W: Yes. We 3) _____ _____ _____ _____ .

M: I can't wait to see your performance.

18 직업 추론

대화를 듣고, 남자의 직업으로 가장 적절한 것을 고르시오.

① 의사　②② 수리기사　③ 운동선수
④ 물리 치료사　⑤ 헬스 트레이너

W: What do you do for a living?

M: I help people 1) _____ _____ .

W: Are you a doctor?

M: No. I teach my clients 2) _____ _____ _____ _____ _____ in the gym.

W: That's interesting. What else do you do?

M: I also help them choose the 3) _____ _____ _____ .

---

19 마지막 말에 이어질 응답 찾기 🇬🇧

대화를 듣고, 남자의 마지막 말에 이어질 여자의 말로 가장 적절한 것을 고르시오.

Woman: _____

① Not really.
② I'm free now.
③ Yes, I'm interested in jazz.
④ He's my favorite musician.
⑤ Yes, I'd like to learn how to play the cello.

M: Hi, Lucy. What are you doing this weekend?

W: Hi, Lucas. I'm 1) _____ _____ this Saturday.

M: Sounds cool.

W: What are you doing this weekend?

M: I'm going to a cello concert Saturday night.

W: Hmm, that 2) _____ _____ _____ _____ _____ .

M: You're 3) _____ _____ _____ _____ _____ ?

W: Not really.

---

20 마지막 말에 이어질 응답 찾기

대화를 듣고, 남자의 마지막 말에 이어질 여자의 말로 가장 적절한 것을 고르시오.

Woman: _____

① It's my pleasure.
② Where did you buy it?
③ Sorry. I ate it this morning.
④ Well, I don't like strawberry cake.
⑤ I don't know how to make a cake.

★Focus on Sound　light

gh는 묵음으로 [라이트]로 발음된다.

M: Hmm... Something smells good. What is it?

W: I'm making a chicken omelet. 1) _____ _____ _____ _____ ?

M: Yes, please. Can I have it now?

W: 2) _____ _____ _____ _____ . Just wait for about 20 minutes.

M: All right. But I'm really hungry. I guess I should eat something *light while I wait.

W: Have some fruit.

M: I'd rather have some of the strawberry cake from yesterday. There was 3) _____ _____ _____ .

W: Sorry. I ate it this morning.

Word Test

A 다음 영어의 우리말 뜻을 쓰시오.

01 follow		21 become	
02 messy		22 article	
03 young		23 choose	
04 hang		24 wide	
05 wake		25 instructor	
06 bottom		26 client	
07 flight		27 loud	
08 empty		28 figure out	
09 suit		29 get rest	
10 pick		30 turn in	
11 weak		31 clean up	
12 recycle		32 look good on	
13 enter		33 on one's way	
14 another		34 grow up	
15 disappear		35 would rather	
16 previous		36 take off	
17 hurt		37 look into	
18 guidebook		38 stay up late	
19 suggestion		39 go for a walk	
20 awful		40 on business	

B 다음 우리말 뜻에 맞는 영어를 쓰시오.

01 설명하다 _____

02 지도 _____

03 축제 _____

04 계획 _____

05 중요한 _____

06 오염 _____

07 옷장, 벽장 _____

08 회색의 _____

09 안에서 _____

10 첼로 _____

11 소포, 꾸러미 _____

12 짖다 _____

13 이웃 _____

14 유리 _____

15 상황 _____

16 도둑 _____

17 소고기 _____

18 조각상 _____

19 서랍 _____

20 수영복 _____

21 공휴일, 휴일 _____

22 걱정스러운 _____

23 소음 _____

24 손님 _____

25 우정 _____

26 위층으로 _____

27 실망한 _____

28 무게가 ~이다 _____

29 이기다; 얻다[획득하다] _____

30 놀람; 뜻밖의 일 _____

31 약속, 예약 _____

32 가장 많은; 대부분의 _____

33 (탈것을) 타다 _____

34 최소한 _____

35 ~하자마자 _____

36 외출하다 _____

37 준비 운동을 하다 _____

38 약을 복용하다 _____

39 건강을 유지하다 _____

40 ~에 관심이 있다 _____

01 다음을 듣고, 'this'가 가리키는 것으로 가장 적절한 것을 고르시오.

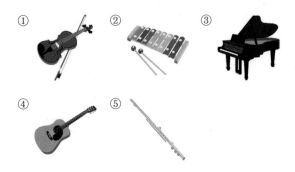

① ② ③
④ ⑤

02 대화를 듣고, 남자가 구입할 꽃바구니로 가장 적절한 것을 고르시오.

① ② ③
④ ⑤

03 다음을 듣고, 내일의 날씨로 가장 적절한 것을 고르시오.

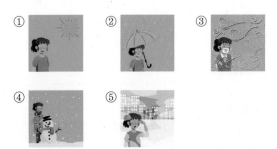

① ② ③
④ ⑤

04 대화를 듣고, 남자가 한 마지막 말의 의도로 가장 적절한 것을 고르시오.

① 감사 ② 축하 ③ 비난
④ 경고 ⑤ 조언

05 다음을 듣고, 여자가 마라톤 대회에 대해 언급하지 않은 것을 고르시오.

① 개최 날짜 ② 코스 종류 ③ 출발 장소
④ 상금 ⑤ 신청 방법

고난도
06 대화를 듣고, 두 사람이 만날 시각을 고르시오.

① 12:00 p.m. ② 1:00 p.m. ③ 2:00 p.m.
④ 3:00 p.m. ⑤ 3:30 p.m.

07 대화를 듣고, 남자의 장래 희망으로 가장 적절한 것을 고르시오.

① 교수 ② 기자 ③ 정치인
④ 판매원 ⑤ 뉴스 진행자

08 대화를 듣고, 여자의 심정으로 가장 적절한 것을 고르시오.

① 안도함 ② 실망함 ③ 고마움
④ 무관심함 ⑤ 걱정스러움

고난도
09 대화를 듣고, 남자가 대화 직후에 할 일로 가장 적절한 것을 고르시오.

① 파티에 참석하기
② 사탕 받으러 다니기
③ 핼러윈 의상 사러 가기
④ 핼러윈 의상으로 갈아입기
⑤ 아이들에게 사탕 나눠 주기

10 대화를 듣고, 무엇에 관한 내용인지 가장 적절한 것을 고르시오.

① 다이어트 ② 새해 계획 ③ 건강 관리
④ 취미 활동 ⑤ 대학교 지원

11 대화를 듣고, 두 사람이 함께 이용할 교통수단으로 가장 적절한 것을 고르시오.

① 택시   ② 버스   ③ 자동차
④ 지하철   ⑤ 자전거

고난도

12 대화를 듣고, Tom이 약속 장소에 나오지 <u>않은</u> 이유로 가장 적절한 것을 고르시오.

① 배가 아파서
② 교통사고가 나서
③ 다른 약속이 있어서
④ 약속 날짜를 착각해서
⑤ 약속 시간이 변경된 것을 몰라서

13 대화를 듣고, 두 사람이 대화하는 장소로 가장 적절한 곳을 고르시오.

① 식당   ② 병원   ③ 서점
④ 약국   ⑤ 체육관

14 대화를 듣고, 남자가 찾는 장난감 차의 위치로 가장 알맞은 곳을 고르시오.

15 대화를 듣고, 남자가 여자에게 부탁한 일로 가장 적절한 것을 고르시오.

① 책 빌려 주기   ② 청소 돕기
③ 우산 빌려 주기   ④ 우산 같이 쓰고 가기
⑤ 일기 예보 알려 주기

16 대화를 듣고, 여자가 남자에게 제안한 것으로 가장 적절한 것을 고르시오.

① 날씨 확인하기
② 친구 도와주기
③ 할 일 미루지 않기
④ 할 일 목록 만들기
⑤ 중요한 것부터 먼저 하기

17 대화를 듣고, 두 사람의 관계로 가장 적절한 것을 고르시오.

① 아버지 – 딸   ② 백화점 점원 – 손님
③ 승무원 – 승객   ④ 여행 가이드 – 여행객
⑤ 여행사 직원 – 손님

18 대화를 듣고, 남자의 직업으로 가장 적절한 것을 고르시오.

① 가수   ② 배우   ③ 작곡가
④ 작가   ⑤ 음악 교사

[19-20] 대화를 듣고, 여자의 마지막 말에 이어질 남자의 말로 가장 적절한 것을 고르시오.

19 Man: _____

① About ten.
② I'm a good cook.
③ I live with two friends.
④ It takes only 10 minutes.
⑤ There were 20 students in the hall.

20 Man: _____

① I want a white dog.
② I don't know why you hate pets.
③ My dog sleeps in my bed with me.
④ I saw many cute dogs in the pet shop.
⑤ My dad brought her home from the dog shelter.

Dictation Test 16

정답 및 해설 pp. 68~72

보통속도듣기　빠르게듣기

01 화제 파악

다음을 듣고, 'this'가 가리키는 것으로 가장 적절한 것을 고르시오.

① ② ③

④ ⑤

W: We use this 1) _____ _____ _____. It is large and has black and white keys. We 2) _____ _____ _____ with our fingers to make sounds. Many people take lessons to learn 3) _____ _____ _____ _____. What is this?

02 그림 정보 파악

대화를 듣고, 남자가 구입할 꽃바구니로 가장 적절한 것을 고르시오.

① ② ③

④ ⑤

W: Hello. Can I help you?
M: Hi. I'd like to get my mom a flower basket.
W: Okay. 1) _____ _____ _____ _____? We have really fresh ones today.
M: Hmm... She 2) _____ _____ _____ a lot, but I think I should get a 3) _____ _____ _____.
W: Oh, then this one would be perfect. It's a basket with red roses and white lilies.
M: Great. I'll take it.

03 세부 정보 파악

다음을 듣고, 내일의 날씨로 가장 적절한 것을 고르시오.

① ② ③

④ ⑤

M: Hello. Here's tomorrow's weather forecast. It is recommended that you stay home tomorrow, as the air quality will be bad 1) _____ _____ _____ _____. It will also be very windy, and the 2) _____ _____ _____ in the evening. If you have to go outside, you should 3) _____ _____ _____. Thank you.

176

04 의도 파악

대화를 듣고, 남자가 한 마지막 말의 의도로 가장 적절한 것을 고르시오.

① 감사   ② 축하   ③ 비난
④ 경고   ⑤ 조언

W: Hi, Peter.

M: Hi, Emma. Did you 1) _____ _____ _____ your Korean test?

W: Yes, I did. You'll be surprised when I tell you my grade.

M: Really? What was it?

W: I 2) _____ _____ _____.

M: I'm glad to hear that. 3) _____ _____ _____.

---

05 언급하지 않은 내용 찾기

다음을 듣고, 여자가 마라톤 대회에 대해 언급하지 않은 것을 고르시오.

① 개최 날짜   ② 코스 종류   ③ 출발 장소
④ 상금   ⑤ 신청 방법

W: The Seoul Marathon 1) _____ _____ _____ on April 15. There will be three courses — the full course, the half course, and a 10 km-course. All of the runners will start at the same time and place — at 10:00 a.m. in the World Cup Park parking lot. The 2) _____ _____ _____ $40. You can 3) _____ _____ until April 14.

---

06 숫자 정보 파악 🇬🇧

대화를 듣고, 두 사람이 만날 시각을 고르시오.

① 12:00 p.m. ② 1:00 p.m. ③ 2:00 p.m.
④ 3:00 p.m. ⑤ 3:30 p.m.

W: Edward, what time shall we meet tomorrow?

M: How about meeting at 12:00 p.m.?

W: The play starts at 3:30. What would we do for 1) _____ _____ _____ _____?

M: There is a nice restaurant near the theater. Let's 2) _____ _____ _____ and walk around.

W: That's a good idea, but 3) _____ _____ _____ _____. Twelve o'clock is too early.

M: Okay.

---

07 세부 정보 파악

대화를 듣고, 남자의 장래 희망으로 가장 적절한 것을 고르시오.

① 교수   ② 기자   ③ 정치인
④ 판매원   ⑤ 뉴스 진행자

W: Your presentation was good. You seem to enjoy 1) _____ _____ _____ _____ _____.

M: Yes, I like speaking in public.

W: You're also smart. I think 2) _____ _____ _____ _____ would be the perfect job for you.

M: Thanks, but 3) _____ _____ _____ _____ _____. I want to let people know what's going on around us.

W: That sounds cool.

08 심정 추론

대화를 듣고, 여자의 심정으로 가장 적절한 것을 고르시오.

① 안도함　② 실망함　③ 고마움
④ 무관심함　⑤ 걱정스러움

W: Hi, Andrew.

M: Hi, Crystal. Here, 1) _____ _____.

W: What is it?

M: It's a scarf. You said you needed a new one, so I 2) _____ _____ _____ _____.

W: Wow! That's 3) _____ _____ _____ _____. I really love it!

M: I'm glad you like it.

09 할 일 파악

대화를 듣고, 남자가 대화 직후에 할 일로 가장 적절한 것을 고르시오.

① 파티에 참석하기
② 사탕 받으러 다니기
③ 핼러윈 의상 사러 가기
④ 핼러윈 의상으로 갈아입기
⑤ 아이들에게 사탕 나눠 주기

W: Tomorrow is Halloween! I'm so excited.

M: Me, too. Are you going 1) _____ _____ _____ _____ _____ for candy?

W: No, I'm not. I'm not a kid anymore.

M: Are you going to 2) _____ _____ _____?

W: Oh, I'll definitely wear a costume. I'm dressing up as a witch. How about you?

M: Actually, I'm 3) _____ _____ _____ _____ _____ a costume.

W: Dressing up is the best part of Halloween. I hope you get a great one.

10 주제 파악

대화를 듣고, 무엇에 관한 내용인지 가장 적절한 것을 고르시오.

① 다이어트　② 새해 계획　③ 건강 관리
④ 취미 활동　⑤ 대학교 지원

M: I don't feel very well these days.

W: Well, you don't 1) _____ _____ _____ _____.

M: I know. I usually have fast food for lunch.

W: And you don't 2) _____ _____ _____.

M: You're right. I always stay up late watching TV.

W: From now on, you 3) _____ _____ _____ _____ and get more sleep.

M: I think you're right.

11 세부 정보 파악

대화를 듣고, 두 사람이 함께 이용할 교통수단으로 가장 적절한 것을 고르시오.

① 택시　　② 버스　　③ 자동차
④ 지하철　　⑤ 자전거

M: A new Vietnamese restaurant opened on Oak Street. Let's go there for dinner.

W: Sounds good. Can we get there by subway?

M: Yes, we can. But we 1) _____ _____ _____ twice.

W: Twice? Then how about 2) _____ _____ _____ ?

M: The restaurant 3) _____ _____ _____ _____ the bus stop. Let's just take a taxi.

W: All right.

12 이유 파악

대화를 듣고, Tom이 약속 장소에 나오지 않은 이유로 가장 적절한 것을 고르시오.

① 배가 아파서
② 교통사고가 나서
③ 다른 약속이 있어서
④ 약속 날짜를 착각해서
⑤ 약속 시간이 변경된 것을 몰라서

M: Why isn't Tom here?

W: I don't know. I'll call him. [pause] Hmm... 1) _____ _____ _____ .

M: Is he sick again? Last time, he 2) _____ _____ _____ and went to the clinic.

W: Oh no! I think I 3) _____ _____ _____ _____ that we were going to meet at three, not five.

M: Uh-oh. We need to get in touch with him as soon as possible.

13 장소 추론

대화를 듣고, 두 사람이 대화하는 장소로 가장 적절한 곳을 고르시오.

① 식당　　② 병원　　③ 서점
④ 약국　　⑤ 체육관

*Focus on Sound　thanks a lot

자음의 끝과 모음의 처음이 만나면 연음되어 [땡스 어랏]이 아닌 [땡서랏]으로 발음된다.

M: Hi, may I help you?

W: 1) _____ _____ _____ information on health.

M: Health books? They're 2) _____ _____ _____ _____ .

W: Okay, thank you.

M: You'll find them 3) _____ _____ _____ _____ .

W: Great. *Thanks a lot.

14 위치 찾기

대화를 듣고, 남자가 찾는 장난감 차의 위치로 가장 알맞은 곳을 고르시오.

M: Mom, I can't find my favorite toy car.

W: It's 1) _____ _____ _____ _____ .

M: No, it's not.

W: Is it 2) _____ _____ _____ ?

M: I'll look. [pause] I don't see it. It's not on the bookshelf, either.

W: Let me see. Hmm... I see it. It's 3) _____ _____ _____ .

15 부탁한 일 파악 🇬🇧

대화를 듣고, 남자가 여자에게 부탁한 일로 가장 적절한 것을 고르시오.

① 책 빌려 주기 ② 청소 돕기
③ 우산 빌려 주기 ④ 우산 같이 쓰고 가기
⑤ 일기 예보 알려 주기

W: Look outside. It's 1) _____ _____.
M: Uh-oh. Jenny, can you 2) _____ _____ _____ _____?
W: Sure. What can I do for you?
M: I didn't bring my umbrella. 3) _____ _____ _____ _____? I'll give it back in 30 minutes.
W: Of course. Here it is.
M: Thank you.

16 제안한 것 파악

대화를 듣고, 여자가 남자에게 제안한 것으로 가장 적절한 것을 고르시오.

① 날씨 확인하기
② 친구 도와주기
③ 할 일 미루지 않기
④ 할 일 목록 만들기
⑤ 중요한 것부터 먼저 하기

W: Hey, Patrick. Do you 1) _____ _____ _____ _____? The weather is great.
M: I want to, but I can't!
W: Why not?
M: I have so 2) _____ _____ _____ _____! And I don't know what I should do first.
W: Try to 3) _____ _____ _____ _____ before you start anything. It will help you.
M: I guess I should do that. Thank you!

17 관계 추론

대화를 듣고, 두 사람의 관계로 가장 적절한 것을 고르시오.

① 아버지 – 딸 ② 백화점 점원 – 손님
③ 승무원 – 승객 ④ 여행 가이드 – 여행객
⑤ 여행사 직원 – 손님

★ Focus on Sound country

[t]와 [r]이 연달아 나와 [컨트리]가 아닌 [컨츄리]로 발음된다.

M: What can I do for you?
W: I'm thinking about 1) _____ _____ _____.
M: When do you plan to leave?
W: I'd like to go in July.
M: Right now we have a summer special. 2) _____ _____ _____ five ★countries in two weeks.
W: 3) _____ _____ _____ _____?
M: It's $2,500.
W: Sounds good.

18 직업 추론 🇬🇧

대화를 듣고, 남자의 직업으로 가장 적절한 것을 고르시오.

① 가수   ② 배우   ③ 작곡가
④ 작가   ⑤ 음악 교사

W: Excuse me. You're Peter Stevens, aren't you?

M: Yes, I am.

W: Wow! I'm a really ¹⁾ _____ _____ _____ _____.
You have such a beautiful voice.

M: Thank you for saying that.

W: I just bought your new album last week. Did you ²⁾ _____
_____ _____ _____ yourself?

M: Not all of them. But I wrote most of them.

W: I love your new songs. I'm so pleased to ³⁾ _____ _____
_____ _____.

19 마지막 말에 이어질 응답 찾기

대화를 듣고, 여자의 마지막 말에 이어질 남자의 말로 가장 적절한 것을 고르시오.

Man: _____

① About ten.
② I'm a good cook.
③ I live with two friends.
④ It takes only 10 minutes.
⑤ There were 20 students in the hall.

[Phone rings.]

W: Hello?

M: Hi, Judy. This is Noah.

W: Oh, hi. What's up?

M: ¹⁾ _____ _____ _____ this Saturday?

W: Yes, I am. Do you want to do something?

M: Actually, I'm ²⁾ _____ _____ _____ _____. Can
you come?

W: Sure. ³⁾ _____ _____ _____ will be there?

M: About ten.

20 마지막 말에 이어질 응답 찾기

대화를 듣고, 여자의 마지막 말에 이어질 남자의 말로 가장 적절한 것을 고르시오.

Man: _____

① I want a white dog.
② I don't know why you hate pets.
③ My dog sleeps in my bed with me.
④ I saw many cute dogs in the pet shop.
⑤ My dad brought her home from the
dog shelter.

W: Steve, how about getting something to eat before we go
home?

M: I'm sorry, but I should go home now. I ¹⁾ _____ _____
_____ Nina.

W: Nina? Who is Nina?

M: She's my dog. She ²⁾ _____ _____ _____.

W: Oh, you have a dog? I didn't know that.

M: Yeah. She joined my family just a week ago.

W: ³⁾ _____ _____ _____ _____ _____ _____?

M: My dad brought her home from the dog shelter.

실전모의고사 17회

정답 및 해설 pp. 72~75

점수: /20

보통속도듣기   빠르게듣기

01 다음을 듣고, 'this'가 가리키는 것으로 가장 적절한 것을 고르시오.

①  ②   ③

④   ⑤

02 대화를 듣고, 여자가 구입할 베개로 가장 적절한 것을 고르시오.

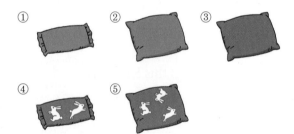

03 다음을 듣고, 다음 주 금요일의 날씨로 가장 적절한 것을 고르시오.

04 대화를 듣고, 남자가 한 마지막 말의 의도로 가장 적절한 것을 고르시오.

① 위로   ② 거절   ③ 비난
④ 경고   ⑤ 조언

05 다음을 듣고, 여자가 텀블러에 대해 언급하지 않은 것을 고르시오.

① 색상   ② 용량
③ 보온 지속 시간   ④ 가격
⑤ 판매처

고난도
06 대화를 듣고, 남자가 약속 장소에 도착할 시각을 고르시오.

① 11:45 a.m.   ② 12:00 p.m.   ③ 12:15 p.m.
④ 12:30 p.m.   ⑤ 12:45 p.m.

07 대화를 듣고, 여자의 장래 희망으로 가장 적절한 것을 고르시오.

① 작곡가   ② 시인   ③ 배우
④ 연출가   ⑤ 소설가

08 대화를 듣고, 두 사람의 심정으로 가장 적절한 것을 고르시오.

① bored   ② proud   ③ angry
④ excited   ⑤ worried

고난도
09 대화를 듣고, 두 사람이 대화 직후에 할 일로 가장 적절한 것을 고르시오.

① 벽지 고르기   ② 페인트칠하기
③ 가구 구입하기   ④ 방 대청소하기
⑤ 페인트 사러 가기

10 대화를 듣고, 무엇에 관한 내용인지 가장 적절한 것을 고르시오.

① 어학연수   ② 해외여행 계획
③ 동물원 구경   ④ 여행 서적 구매
⑤ 인기 있는 관광지

11 대화를 듣고, 두 사람이 함께 이용할 교통수단으로 가장 적절한 것을 고르시오.

① 버스   ② 기차   ③ 택시
④ 자전거   ⑤ 지하철

12 대화를 듣고, 여자가 일본에 가는 이유로 가장 적절한 것을 고르시오.

① 관광을 하기 위해서
② 친구를 만나기 위해서
③ 일자리를 구하기 위해서
④ 일본어를 배우기 위해서
⑤ 파견 근무를 하기 위해서

13 대화를 듣고, 두 사람이 대화하는 장소로 가장 적절한 곳을 고르시오.

① 산책로   ② 수영장   ③ 학교 운동장
④ 피시방   ⑤ 스포츠 센터

14 대화를 듣고, 극장의 위치로 가장 알맞은 곳을 고르시오.

You are here!

15 대화를 듣고, 남자가 여자에게 부탁한 일로 가장 적절한 것을 고르시오.

① 함께 기다리기
② 집에 데려다주기
③ 휴대전화 빌려 주기
④ 휴대전화 수리 맡기기
⑤ 아버지에게 전화해 주기

16 대화를 듣고, 여자가 남자에게 제안한 것으로 가장 적절한 것을 고르시오.

① 저녁 배달시키기   ② 금요일에 외식하기
③ 여동생과 여행 가기   ④ 부모님과 여행 가기
⑤ 함께 여동생 돌보기

17 대화를 듣고, 여자가 어제 한 일로 가장 적절한 것을 고르시오.

① 카드 쓰기   ② 선물 사기
③ 선물 포장하기   ④ 그림 그리기
⑤ 가족 모임 참석하기

18 대화를 듣고, 남자의 직업으로 가장 적절한 것을 고르시오.

① 경찰관   ② 택시 운전사
③ 우체국 직원   ④ 택배 배달원
⑤ 버스 운전사

[19-20] 대화를 듣고, 남자의 마지막 말에 이어질 여자의 말로 가장 적절한 것을 고르시오.

19 Woman: _____

① Don't mention it.
② I'm very proud of you.
③ I won't forget your kindness.
④ Why don't you ask your brother?
⑤ Which do you prefer, dogs or cats?

고난도
20 Woman: _____

① That's too bad.
② Happy birthday.
③ I did. But I lost it last month.
④ I'll recommend a popular tablet.
⑤ I have to buy a new smartphone.

Dictation Test 17

정답 및 해설 pp. 72~75

보통속도 듣기   빠르게 듣기

01 화제 파악

다음을 듣고, 'this'가 가리키는 것으로 가장 적절한 것을 고르시오.

① ② ③ ④ ⑤

W: There are many numbers on this. We look at it to 1) _____ _____ _____. We can find out what day and 2) _____ _____ _____ _____, too. It is usually made of paper. We 3) _____ _____ _____ _____ _____ or put it on our desk. What is this?

02 그림 정보 파악

대화를 듣고, 여자가 구입할 베개로 가장 적절한 것을 고르시오.

① ② ③ ④ ⑤

M: May I help you?
W: Yes. I'm looking for a pillow for my daughter.
M: Okay. What about this pink one?
W: She does like pink, but 1) _____ _____ _____.
M: Then how about the blue one with a 2) _____ _____ _____ _____?
W: I like it. 3) _____ _____ _____ _____ _____, please.

03 세부 정보 파악

다음을 듣고, 다음 주 금요일의 날씨로 가장 적절한 것을 고르시오.

① ② ③ ④ ⑤

M: Here is the weather report for next week. On Monday and Tuesday, there 1) _____ _____ _____ _____ in the morning, but it will clear up in the afternoon. On Wednesday and Thursday, it 2) _____ _____ _____. Enjoy the nice weather because 3) _____ _____ _____ _____ on Friday.

184

04 의도 파악

대화를 듣고, 남자가 한 마지막 말의 의도로 가장 적절한 것을 고르시오.

① 위로　② 거절　③ 비난
④ 경고　⑤ 조언

M: Have you [1) _____ _____ Jenny yet?

W: No, not yet.

M: You have to. [2) _____ _____ _____ was wrong.

W: I know. I want to, but it's difficult to say I'm sorry.

M: You don't have to say it. There are many ways to apologize.
[3) _____ _____ _____ _____ _____ ?

05 언급하지 않은 내용 찾기 🇬🇧

다음을 듣고, 여자가 텀블러에 대해 언급하지 않은 것을 고르시오.

① 색상　② 용량
③ 보온 지속 시간　④ 가격
⑤ 판매처

W: Rainbow Tumblers are unique. They [1) _____ _____ when their temperature changes. Normally, they're blue. But when you put a hot drink in one, it turns red. Each tumbler can hold 300 ml. They usually [2) _____ _____ _____ , but you can get one for just $20 until this Friday. [3) _____ _____ _____ _____ at the CBA mall or at www.rainbowtumbler.com.

06 숫자 정보 파악

대화를 듣고, 남자가 약속 장소에 도착할 시각을 고르시오.

① 11:45 a.m. ② 12:00 p.m. ③ 12:15 p.m.
④ 12:30 p.m. ⑤ 12:45 p.m.

★Focus on Sound restaurant

nt로 끝날 때는 끝소리 [t]가 탈락되어 [레스토란트]가 아닌 [레스토란]으로 발음된다.

M: I have a lunch appointment with Tim [1) _____ _____ .

W: Where are you going to meet him?

M: At an Italian *restaurant called Venice.

W: It'll take you about 30 minutes to get there. But it's already [2) _____ _____ _____ _____ .

M: Really? [3) _____ _____ _____ .

07 세부 정보 파악

대화를 듣고, 여자의 장래 희망으로 가장 적절한 것을 고르시오.

① 작곡가　② 시인　③ 배우
④ 연출가　⑤ 소설가

★Focus on Sound read

현재형은 [리드]로 발음되고, 과거형은 [레드]로 발음된다.

M: Lisa! Congratulations! I heard you [1) _____ _____ _____ in the poem writing contest.

W: Oh, hi, Mark! Thank you. I was so excited to win.

M: I *read your poem. You are really [2) _____ _____ _____ _____ .

W: Thanks. I really enjoy writing them.

M: I think you [3) _____ _____ _____ _____ in the future.

W: Actually, it's my dream.

08 심정 추론

대화를 듣고, 두 사람의 심정으로 가장 적절한 것을 고르시오.

① bored ② proud ③ angry
④ excited ⑤ worried

M: Hi, Sally.

W: Hi, Paul. Did you hear *that we will 1) _____ _____ _____ _____ _____ to Gyeongju next month?

M: Yes, I heard about it yesterday.

W: I 2) _____ _____ _____ _____ the historical sites.

M: Neither can I. I want to 3) _____ _____ _____ _____ _____ with everyone.

W: That will be fun!

---

09 할 일 파악

대화를 듣고, 두 사람이 대화 직후에 할 일로 가장 적절한 것을 고르시오.

① 벽지 고르기 ② 페인트칠하기
③ 가구 구입하기 ④ 방 대청소하기
⑤ 페인트 사러 가기

M: I'd like to redecorate my room, but I don't know what to do.

W: How about 1) _____ _____ _____ _____ ?

M: That would take a lot of money.

W: Then 2) _____ _____ _____ a brighter color. It's a cheaper way to redecorate your room.

M: That's a good idea.

W: Shall we 3) _____ _____ _____ _____ _____ now?

M: Sure. You can help me pick out a color.

---

10 주제 파악

대화를 듣고, 무엇에 관한 내용인지 가장 적절한 것을 고르시오.

① 어학연수 ② 해외여행 계획
③ 동물원 구경 ④ 여행 서적 구매
⑤ 인기 있는 관광지

W: So, where do you want to go 1) _____ _____ _____ _____ in Sydney?

M: I want to see the Opera House!

W: Me too!

M: And I want to go see some koalas.

W: Sure. We can 2) _____ _____ _____ _____ the next day.

M: I'm so excited. We'll 3) _____ _____ _____ there.

11 세부 정보 파악

대화를 듣고, 두 사람이 함께 이용할 교통수단으로 가장 적절한 것을 고르시오.

① 버스   ② 기차   ③ 택시
④ 자전거   ⑤ 지하철

M: How should we get to the mall?

W: Let's take a taxi.

M: 1) _____ _____ _____ _____ around here. Let's take a bus.

W: But the bus stop is 2) _____ _____ _____ _____.

M: Then why don't we 3) _____ _____ _____? The subway station is right over there.

W: That sounds like a good idea.

12 이유 파악

대화를 듣고, 여자가 일본에 가는 이유로 가장 적절한 것을 고르시오.

① 관광을 하기 위해서
② 친구를 만나기 위해서
③ 일자리를 구하기 위해서
④ 일본어를 배우기 위해서
⑤ 파견 근무를 하기 위해서

M: What are you going to do 1) _____ _____ _____?

W: I'm going to Japan.

M: Oh, really? 2) _____ _____ _____ _____?

W: No, I want to learn Japanese. So I'll 3) _____ _____ _____.

M: Sounds interesting.

W: Yes, I hope it will be.

13 장소 추론

대화를 듣고, 두 사람이 대화하는 장소로 가장 적절한 곳을 고르시오.

① 산책로   ② 수영장   ③ 학교 운동장
④ 피시방   ⑤ 스포츠 센터

M: 1) _____ _____ _____ _____ should we do first, Nancy?

W: How about starting out on the treadmills?

M: Sure. But all of them are being used right now.

W: Then let's 2) _____ _____ _____ _____ first.

M: Okay. And 3) _____ _____ _____ on the treadmills when they are available.

W: Sounds good.

14 위치 찾기 🇬🇧

대화를 듣고, 극장의 위치로 가장 알맞은 곳을 고르시오.

You are here!

M: Excuse me. Do you know 1) _____ _____ _____ _____ the Dream Theater?

W: Sure. Go straight this way for one block and 2) _____ _____ _____ _____ _____.

M: Go straight for one block and turn right?

W: That's right. Then you'll see three buildings on your left. The theater is the one 3) _____ _____ _____.

M: Okay. Thanks a lot.

---

15 부탁한 일 파악

대화를 듣고, 남자가 여자에게 부탁한 일로 가장 적절한 것을 고르시오.

① 함께 기다리기
② 집에 데려다주기
③ 휴대전화 빌려 주기
④ 휴대전화 수리 맡기기
⑤ 아버지에게 전화해 주기

W: Ben, why are you standing there?

M: I'm 1) _____ _____ _____ _____. He told me he would be here 30 minutes ago, but he's late.

W: 2) _____ _____ _____ _____ _____ _____?

M: My phone's battery is dead. 3) _____ _____ _____ _____?

W: Sure. Here it is.

---

16 제안한 것 파악

대화를 듣고, 여자가 남자에게 제안한 것으로 가장 적절한 것을 고르시오.

① 저녁 배달시키기   ② 금요일에 외식하기
③ 여동생과 여행 가기   ④ 부모님과 여행 가기
⑤ 함께 여동생 돌보기

★Focus on Sound little

[t]가 [l] 앞에 올 때는 약하게 발음되어 [리틀]이 아닌 [리를]로 발음된다.

M: I have bad news. I 1) _____ _____ _____ _____ _____ on Friday.

W: Why not?

M: My parents 2) _____ _____ _____ _____. So I have to look after my *little sister. I'm really sorry.

W: How about 3) _____ _____ _____ _____? We can all have dinner together. It will be fun.

M: Sure! That sounds great!

---

17 한 일 파악 🇬🇧

대화를 듣고, 여자가 어제 한 일로 가장 적절한 것을 고르시오.

① 카드 쓰기   ② 선물 사기
③ 선물 포장하기   ④ 그림 그리기
⑤ 가족 모임 참석하기

M: Christmas is coming!

W: Yeah. I know. I was really busy yesterday.

M: What were you doing? Did you 1) _____ _____ _____ _____ to buy some Christmas presents?

W: No, I 2) _____ _____ _____ last week.

M: Then what were you doing?

W: I was 3) _____ _____ _____ for my family and friends.

18 직업 추론

대화를 듣고, 남자의 직업으로 가장 적절한 것을 고르시오.

① 경찰관   ② 택시 운전사
③ 우체국 직원   ④ 택배 배달원
⑤ 버스 운전사

M: Where to, ma'am?

W: Downtown. 1) _____ _____ _____ Central Station, please.

M: All right.

W: There's 2) _____ _____ _____ _____ this morning, isn't there?

M: Yes, there is. 3) _____ _____ _____ in about 40 minutes.

W: Okay.

19 마지막 말에 이어질 응답 찾기

대화를 듣고, 남자의 마지막 말에 이어질 여자의 말로 가장 적절한 것을 고르시오.

Woman: _____

① Don't mention it.
② I'm very proud of you.
③ I won't forget your kindness.
④ Why don't you ask your brother?
⑤ Which do you prefer, dogs or cats?

W: I heard that you're going to Jeju Island next week.

M: That's right.

W: You don't look happy about it. 1) _____ _____ _____?

M: Yeah. I won't be home for three days. But I 2) _____ _____ _____ to take care of my cat.

W: 3) _____ _____ _____ _____. I love cats.

M: Really? Thanks a lot.

W: Don't mention it.

20 마지막 말에 이어질 응답 찾기

대화를 듣고, 남자의 마지막 말에 이어질 여자의 말로 가장 적절한 것을 고르시오.

Woman: _____

① That's too bad.
② Happy birthday.
③ I did. But I lost it last month.
④ I'll recommend a popular tablet.
⑤ I have to buy a new smartphone.

M: Hey, Mia!

W: Hey, Hunter. What are you doing here?

M: I'm 1) _____ _____ _____. What about you? 2) _____ _____ _____?

W: Yes. I'm shopping for a new tablet.

M: Really? 3) _____ _____ _____ one last summer?

W: I did. But I lost it last month.

실전모의고사 18회

점수: /20

보통속도듣기 빠르게듣기

01 다음을 듣고, 'this'가 가리키는 것으로 가장 적절한 것을 고르시오.

① ② ③

④ ⑤

02 대화를 듣고, 남자가 구입할 시계로 가장 적절한 것을 고르시오.

① ② ③

④ ⑤

03 다음을 듣고, 내일의 날씨로 가장 적절한 것을 고르시오.

① ② ③

④  ⑤

04 대화를 듣고, 남자가 한 마지막 말의 의도로 가장 적절한 것을 고르시오.

① 칭찬　　② 감사　　③ 거절
④ 승낙　　⑤ 부탁

05 다음을 듣고, 여자가 하이킹 준비물로 언급하지 않은 것을 고르시오.

① 재킷　　② 등산화　　③ 모자
④ 물　　⑤ 간식

고난도
06 대화를 듣고, 남자가 지불해야 할 금액을 고르시오.

① $10　　② $12　　③ $20
④ $22　　⑤ $24

07 대화를 듣고, 여자의 장래 희망으로 가장 적절한 것을 고르시오.

① 모델　　　　　② 배우
③ 잡지 기자　　　④ 헤어 디자이너
⑤ 메이크업 아티스트

08 대화를 듣고, 남자의 심정으로 가장 적절한 것을 고르시오.

① 기쁨　　② 지루함　　③ 불안함
④ 실망스러움　⑤ 자랑스러움

09 대화를 듣고, 두 사람의 관계로 가장 적절한 것을 고르시오.

① 엄마 - 아들　　　② 사진작가 - 모델
③ 매니저 - 가수　　④ 옷 가게 점원 - 손님
⑤ 도서관 사서 - 학생

10 대화를 듣고, 무엇에 관한 내용인지 가장 적절한 것을 고르시오.

① 콘서트 예매　　　② 좋아하는 가수
③ 고전 영화 감상　　④ 좋아하는 음악 장르
⑤ 재미있게 본 뮤지컬

11 대화를 듣고, 남자가 이용할 교통수단으로 가장 적절한 것을 고르시오.

① 택시   ② 버스   ③ 자동차
④ 지하철   ⑤ 자전거

12 대화를 듣고, 여자가 설거지를 하는 이유로 가장 적절한 것을 고르시오.

① 내기에 져서
② 부모님이 시켜서
③ 용돈을 받으려고
④ 부모님이 편찮으셔서
⑤ 부모님을 기쁘게 해 드리려고

13 대화를 듣고, 두 사람이 대화하는 장소로 가장 적절한 곳을 고르시오.

① 백화점   ② 주차장
③ 놀이공원   ④ 분실물 보관소
⑤ 자동차 판매장

14 대화를 듣고, 남자가 찾는 지갑의 위치로 가장 알맞은 곳을 고르시오.

15 대화를 듣고, 여자가 남자에게 부탁한 일로 가장 적절한 것을 고르시오.

① 사료 구입하기
② 병원 예약하기
③ 반려동물 먹이 주기
④ 반려동물과 놀아 주기
⑤ 동물병원에 반려동물 데려가기

16 대화를 듣고, 남자가 여자에게 제안한 것으로 가장 적절한 것을 고르시오.

① 해외여행 가기   ② 가족 여행 가기
③ 함께 휴가 보내기   ④ 일주일 휴가 내기
⑤ 계획 짜기 시작하기

17 대화를 듣고, 여자가 주말에 한 일로 가장 적절한 것을 고르시오.

① 등산하기   ② 축구하기
③ 집에서 쉬기   ④ 공원에 가기
⑤ 생일 파티 가기

18 대화를 듣고, 남자의 직업으로 가장 적절한 것을 고르시오.

① 심판   ② 아나운서   ③ 야구 코치
④ 야구 선수   ⑤ 프로 게이머

[19-20] 대화를 듣고, 여자의 마지막 말에 이어질 남자의 말로 가장 적절한 것을 고르시오.

19 Man: _____

① I stayed two days.
② I'll stay at a hotel.
③ I'll be here for three days.
④ It took three hours to get here.
⑤ I don't want to stay here any longer.

고난도
20 Man: _____

① That's too bad.
② It must be a cold day.
③ You got wet in the rain.
④ That's nice. She's a good friend.
⑤ Why don't you buy a new umbrella?

Dictation Test 18

정답 및 해설 pp. 76~79

01 화제 파악

다음을 듣고, 'this'가 가리키는 것으로 가장 적절한 것을 고르시오.

① ② ③

④ ⑤

W: This is a very colorful animal. It 1) _____ _____, and it can fly. Some people 2) _____ _____ _____ _____ _____ as a pet. It is very smart and can 3) _____ _____ _____ _____. What is this?

02 그림 정보 파악

대화를 듣고, 남자가 구입할 시계로 가장 적절한 것을 고르시오.

① ② ③

④ ⑤

*Focus on Sound Internet

[nt]가 강모음과 약모음 사이에 오면 [t]가 [n] 소리에 동화되어 [인터넷]이 아닌 [이너넷]으로 발음된다.

W: Are you shopping on the *Internet?
M: Yes. I want to buy a clock, but I don't know 1) _____ _____ _____ _____.
W: This round, red one is very cute.
M: Yes, it is. But I 2) _____ _____ _____ _____.
W: Then how about this black one or that yellow one?
M: I 3) _____ _____ _____, _____ _____. I'll get that one.

03 세부 정보 파악

다음을 듣고, 내일의 날씨로 가장 적절한 것을 고르시오.

①
④

M: Good morning. Here's your local weather forecast. It's been raining heavily this morning, but the rain 1) _____ _____ _____. The sun will come out for a while in the afternoon. However, it will 2) _____ _____ _____ again in the evening. The temperature will drop tonight, and the rain will 3) _____ _____ _____. It will continue to snow all day tomorrow.

04 의도 파악 🇬🇧

대화를 듣고, 남자가 한 마지막 말의 의도로 가장 적절한 것을 고르시오.

① 칭찬 ② 감사 ③ 거절
④ 승낙 ⑤ 부탁

W: I need a favor. Are you busy today?

M: No, I 1) _____ _____ _____ _____. What's up?

W: I have to send this package to Mr. Roberts in the US, but I 2) _____ _____ _____ to go to the post office today.

M: So you want me to mail it for you?

W: Yes. Could you?

M: 3) _____ _____ _____ _____.

05 언급하지 않은 내용 찾기

다음을 듣고, 여자가 하이킹 준비물로 언급하지 않은 것을 고르시오.

① 재킷 ② 등산화 ③ 모자
④ 물 ⑤ 간식

W: May I have your attention? This is an announcement 1) _____ _____ _____. After the rain tonight, it will be very cold tomorrow. So, if you are planning to hike, remember to 2) _____ _____ _____ _____ and proper hiking shoes. Also, don't forget to 3) _____ _____ _____ _____ _____. If you have any questions, contact the information desk. Thank you.

06 숫자 정보 파악

대화를 듣고, 남자가 지불해야 할 금액을 고르시오.

① $10 ② $12 ③ $20
④ $22 ⑤ $24

M: I like this V-neck T-shirt. How much is it?

W: 1) _____ _____.

M: Do you have it in any other colors?

W: Yes, it also comes in blue, green, and yellow.

M: Okay. I'll take a blue one and a green one. Can I 2) _____ _____ _____ for buying two?

W: Hmm… I'll 3) _____ _____ _____ _____ the total.

07 세부 정보 파악

대화를 듣고, 여자의 장래 희망으로 가장 적절한 것을 고르시오.

① 모델 ② 배우
③ 잡지 기자 ④ 헤어 디자이너
⑤ 메이크업 아티스트

M: Are you 1) _____ _____ _____ _____? I didn't know you were interested in fashion.

W: Actually, I'm 2) _____ _____ _____ _____.

M: So am I. I'm especially interested in hairstyles. What about you?

W: I'm mostly interested in makeup. I enjoy 3) _____ _____ _____ _____.

M: That's great.

대화를 듣고, 남자의 심정으로 가장 적절한 것을 고르시오.

① 기쁨   ② 지루함   ③ 불안함

④ 실망스러움   ⑤ 자랑스러움

W: Did you $^{1)}$ ____ ____ ____ ____ ____ ?

M: No, Mom. I got a C.

W: Did you study hard?

M: I did! I don't know why $^{2)}$ ____ ____ ____ ____ .

W: Don't worry about it too much. You'll $^{3)}$ ____ ____ ____ ____ .

M: Thanks. I will study harder.

---

09 관계 추론

대화를 듣고, 두 사람의 관계로 가장 적절한 것을 고르시오.

① 엄마 – 아들   ② 사진작가 – 모델

③ 매니저 – 가수   ④ 옷 가게 점원 – 손님

⑤ 도서관 사서 – 학생

W: May I help you?

M: Yes. Where can I find jeans?

W: They're right over here. [pause] Would you like to $^{1)}$ ____ ____ ____ ?

M: Yes, please.

W: I think they'll look good on you. If you want to $^{2)}$ ____ ____ ____ ____ , just let me know.

M: Thanks. These are $^{3)}$ ____ ____ , right?

W: Yes, they are.

---

10 주제 파악

대화를 듣고, 무엇에 관한 내용인지 가장 적절한 것을 고르시오.

① 콘서트 예매   ② 좋아하는 가수

③ 고전 영화 감상   ④ 좋아하는 음악 장르

⑤ 재미있게 본 뮤지컬

★Focus on Sound   listen

t는 묵음으로 [리스튼]이 아닌 [리쓴]으로 발음된다.

M: You $^{1)}$ ____ ____ ____ , Jan. Do you like to *listen to music?

W: Yes, I do.

M: $^{2)}$ ____ ____ ____ ____ do you like?

W: I listen only to hip hop. I don't like other kinds of music, like classical or rock.

M: That's too bad. Rock music is my favorite.

W: I guess we have $^{3)}$ ____ ____ ____ ____ .

11 세부 정보 파악

대화를 듣고, 남자가 이용할 교통수단으로 가장 적절한 것을 고르시오.

① 택시   ② 버스   ③ 자동차
④ 지하철   ⑤ 자전거

M: Oh no!

W: What's wrong?

M: 1) _____ _____ _____ _____.

W: You ride your bike to school, don't you? What will you do tomorrow?

M: I don't know. I guess I'll have to 2) _____ _____ _____.

W: Isn't the bus stop far away from your home? You will have to 3) _____ _____ _____ tomorrow morning.

M: I guess so.

---

12 이유 파악

대화를 듣고, 여자가 설거지를 하는 이유로 가장 적절한 것을 고르시오.

① 내기에 져서
② 부모님이 시켜서
③ 용돈을 받으려고
④ 부모님이 편찮으셔서
⑤ 부모님을 기쁘게 해 드리려고

[Cell phone rings.]

W: Hello?

M: Hi, Olivia. What are you doing?

W: I'm 1) _____ _____ _____.

M: What? You never do that. 2) _____ _____ _____ _____?

W: No. They went to Busan and will come back this evening. I want the house to be clean when they arrive. 3) _____ _____ _____.

M: That's nice.

---

13 장소 추론 🇬🇧

대화를 듣고, 두 사람이 대화하는 장소로 가장 적절한 곳을 고르시오.

① 백화점   ② 주차장
③ 놀이공원   ④ 분실물 보관소
⑤ 자동차 판매장

★ **Focus on Sound** find it

자음의 끝과 모음의 처음이 만나면 연음되어 [파인드 잇]이 아닌 [파인딧]으로 발음된다.

W: Where is your car?

M: Hmm... I thought I 1) _____ _____ _____ _____.

W: I don't see it.

M: This place 2) _____ _____ _____. I can't remember exactly.

W: Don't worry, we'll *find it. 3) _____ _____ _____.

M: All right.

14 위치 찾기

대화를 듣고, 남자가 찾는 지갑의 위치로 가장 알맞은 곳을 고르시오.

M: Oh no! I lost my wallet!

W: Really? Let me ¹⁾ _____ _____ _____ _____.

M: Thanks. Can you look in the grass, please?

W: Sure. *[pause]* Well, there's no wallet here.

M: I don't see it ²⁾ _____ _____ _____, either.

W: Oh, look over there! Is that your wallet ³⁾ _____ _____ _____ _____?

M: Yes, it is. Thanks.

---

15 부탁한 일 파악

대화를 듣고, 여자가 남자에게 부탁한 일로 가장 적절한 것을 고르시오.

① 사료 구입하기
② 병원 예약하기
③ 반려동물 먹이 주기
④ 반려동물과 놀아 주기
⑤ 동물병원에 반려동물 데려가기

W: I think ¹⁾ _____ _____ _____ _____ Henry.

M: Why?

W: He's been ²⁾ _____ _____ _____ and hasn't eaten anything.

M: That's not good.

W: Can you ³⁾ _____ _____ _____ the animal hospital?

M: Sure, I'll take him tomorrow.

---

16 제안한 것 파악

대화를 듣고, 남자가 여자에게 제안한 것으로 가장 적절한 것을 고르시오.

① 해외여행 가기   ② 가족 여행 가기
③ 함께 휴가 보내기   ④ 일주일 휴가 내기
⑤ 계획 짜기 시작하기

W: I'm ¹⁾ _____ _____ _____ _____ next month.

M: Wow, a whole week? I'm so jealous.

W: Yes, but I haven't decided ²⁾ _____ _____ _____.

M: How about ³⁾ _____ _____? A week is enough time to go somewhere.

W: That's a good idea! I should start searching for a place to go.

---

17 한 일 파악

대화를 듣고, 여자가 주말에 한 일로 가장 적절한 것을 고르시오.

① 등산하기   ② 축구하기
③ 집에서 쉬기   ④ 공원에 가기
⑤ 생일 파티 가기

★Focus on Sound climb

b는 묵음으로 [클라임브]가 아닌 [클라임]으로 발음된다.

M: Did you ¹⁾ _____ _____ _____ _____?

W: Yes, I did. I [★]climbed Mt. Dobong.

M: Wow, that's great.

W: How about you?

M: I ²⁾ _____ _____ _____ _____, but my brother wanted me to play soccer with him.

W: So ³⁾ _____ _____ _____ _____ together?

M: Yes, we did.

18 직업 추론

대화를 듣고, 남자의 직업으로 가장 적절한 것을 고르시오.

① 심판　　② 아나운서　　③ 야구 코치
④ 야구 선수　　⑤ 프로 게이머

W: Jerry! Congratulations! You're the MVP of today's game!

M: That's awesome. Thank you!

W: You [1)] _____ _____ _____ _____ in the last inning. How did it feel?

M: It felt great. I'm really happy that we [2)] _____ _____ _____.

W: I hope you can hit another home run tomorrow.

M: Thanks. [3)] _____ _____ _____ _____.

---

19 마지막 말에 이어질 응답 찾기

대화를 듣고, 여자의 마지막 말에 이어질 남자의 말로 가장 적절한 것을 고르시오.

Man: _____

① I stayed two days.
② I'll stay at a hotel.
③ I'll be here for three days.
④ It took three hours to get here.
⑤ I don't want to stay here any longer.

W: Welcome to the US. May I [1)] _____ _____ _____, please?

M: Here you go.

W: What's the [2)] _____ _____ _____ _____? Business or sightseeing?

M: I came here for work.

W: How long [3)] _____ _____ _____ _____ here?

M: I'll be here for three days.

---

20 마지막 말에 이어질 응답 찾기

대화를 듣고, 여자의 마지막 말에 이어질 남자의 말로 가장 적절한 것을 고르시오.

Man: _____

① That's too bad.
② It must be a cold day.
③ You got wet in the rain.
④ That's nice. She's a good friend.
⑤ Why don't you buy a new umbrella?

M: Did you [1)] _____ _____ _____ with you today? It was raining heavily this morning.

W: No, Dad. I didn't know it [2)] _____ _____ _____. It started after I got off the bus.

M: So what did you do?

W: Luckily, I ran into Emily at the bus stop. She [3)] _____ _____ _____ with me.

M: That's nice. She's a good friend.

Word Test

A 다음 영어의 우리말 뜻을 쓰시오.

01 theater

02 hate

03 healthy

04 apologize

05 surprised

06 contact

07 square

08 floor

09 proper

10 fiction

11 pleased

12 normally

13 available

14 wrong

15 repeat

16 especially

17 downtown

18 feed

19 continue

20 kindness

21 register

22 unique

23 whole

24 purpose

25 somewhere

26 definitely

27 sightseeing

28 in public

29 have fun

30 give back

31 pick out

32 look after

33 be made of

34 in person

35 do ~ a favor

36 be proud of

37 win first prize

38 turn into

39 due to

40 any longer

B 다음 우리말 뜻에 맞는 영어를 쓰시오.

01 성적, 점수	21 서두르다
02 똑똑한	22 연극
03 벽	23 간단한, 단순한
04 목소리	24 책꽂이
05 서 있다	25 우편으로 보내다
06 싱싱한, 신선한	26 정보
07 베개	27 결정하다
08 지역의	28 질투하는, 시샘하는
09 주의, 주목	29 더 좋아하다
10 (시간이) 이른	30 딸
11 함께	31 오르다, 등반하다
12 깃털	32 업무, 일
13 기온	33 날짜
14 풀, 잔디(밭)	34 장마철, 우기
15 맛; 취향	35 할인[세일] 중인
16 의상, 분장[변장]	36 하루 휴가를 얻다
17 형형색색의, 화려한	37 (차에서) 내리다
18 공지, 발표	38 해외여행을 하다
19 기자	39 수업을 받다
20 가구	40 배가 아프다

01 다음을 듣고, 'this'가 가리키는 것으로 가장 적절한 것을 고르시오.

①   ②   ③

④   ⑤

02 대화를 듣고, 두 사람이 만들 크리스마스카드로 가장 적절한 것을 고르시오.

03 다음을 듣고, 오늘 오후의 날씨로 가장 적절한 것을 고르시오.

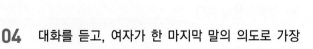

04 대화를 듣고, 여자가 한 마지막 말의 의도로 가장 적절한 것을 고르시오.

① 칭찬   ② 부탁   ③ 거절
④ 승낙   ⑤ 충고

05 다음을 듣고, 남자가 내일 일정으로 언급하지 <u>않은</u> 것을 고르시오.

① 남산 구경   ② 한식 점심 식사
③ 경복궁 방문   ④ 인사동 방문
⑤ 명동에서 쇼핑

06 대화를 듣고, 여자가 역에 도착할 시각을 고르시오.

① 3:00 p.m.   ② 3:05 p.m.   ③ 3:15 p.m.
④ 3:20 p.m.   ⑤ 3:50 p.m.

07 대화를 듣고, 여자의 장래 희망으로 가장 적절한 것을 고르시오.

① 교수   ② 사업가
③ 패션모델   ④ 패션 디자이너
⑤ 의상 코디네이터

08 대화를 듣고, 여자의 심정으로 가장 적절한 것을 고르시오.

① bored   ② curious   ③ worried
④ annoyed   ⑤ satisfied

09 대화를 듣고, 남자가 대화 직후에 할 일로 가장 적절한 것을 고르시오.

① 파스타 만들기   ② 선물 사러 가기
③ 케이크 주문하기   ④ 스테이크 배달시키기
⑤ 축하 파티 계획하기

10 대화를 듣고, 무엇에 관한 내용인지 가장 적절한 것을 고르시오.

① 병문안 절차   ② 병원 추천
③ 병원비 모금   ④ 장학금 수여
⑤ 질병 예방법

11 대화를 듣고, 두 사람이 함께 이용할 교통수단으로 가장 적절한 것을 고르시오.

① 택시   ② 기차   ③ 버스
④ 자동차   ⑤ 비행기

12 대화를 듣고, 남자가 점심을 먹지 <u>않는</u> 이유로 가장 적절한 것을 고르시오.

① 배가 아파서   ② 시간이 없어서
③ 치통이 있어서   ④ 다이어트 중이어서
⑤ 치과 치료를 받아서

13 대화를 듣고, 두 사람이 대화하는 장소로 가장 적절한 곳을 고르시오.

① 식당   ② 영화관   ③ 옷 가게
④ 가구점   ⑤ 백화점

14 대화를 듣고, 카페의 위치로 가장 알맞은 곳을 고르시오.

15 대화를 듣고, 여자가 남자에게 부탁한 일로 가장 적절한 것을 고르시오.

① 차 준비하기   ② 의자 준비하기
③ 보고서 복사하기   ④ 컴퓨터 점검하기
⑤ 회의실 청소하기

16 대화를 듣고, 남자가 여자에게 제안한 것으로 가장 적절한 것을 고르시오.

① 건강 검진 받기   ② 휴가 내기
③ 근무 시간 줄이기   ④ 사직서 내기
⑤ 수면 시간 늘리기

17 대화를 듣고, 여자가 캠핑 가서 한 일로 가장 적절한 것을 고르시오.

① 텐트 치기   ② 음악 듣기
③ 모래성 만들기   ④ 곤충 채집하기
⑤ 캠프파이어 즐기기

18 대화를 듣고, 남자의 직업으로 가장 적절한 것을 고르시오.

① 교수   ② 승무원
③ 운전 강사   ④ 택시 운전사
⑤ 자동차 판매원

[19 - 20] 대화를 듣고, 남자의 마지막 말에 이어질 여자의 말로 가장 적절한 것을 고르시오.

19 Woman: _____

① I didn't know that.
② I think it's my turn.
③ We went out for dinner.
④ It doesn't cost that much.
⑤ We went to the Italian restaurant last time.

20 Woman: _____

① Wash your hands with soap.
② My mother didn't know that.
③ You can buy it at a supermarket.
④ I don't like the smell of fish, either.
⑤ I learned it from a cooking program on TV.

고난도 Dictation Test 01

정답 및 해설 pp. 80~84

01 화제 파악

다음을 듣고, 'this'가 가리키는 것으로 가장 적절한 것을 고르시오.

①   ②   ③

④   ⑤

M: This is a machine. People 1) _____ _____ _____ into it. If they want to 2) _____ _____ _____ _____, they select "withdrawal" from the menu. Then they 3) _____ _____ _____ _____ _____ and decide how much money they want. What is this?

02 그림 정보 파악

대화를 듣고, 두 사람이 만들 크리스마스카드로 가장 적절한 것을 고르시오.

①   ②   ③

④   ⑤

W: Let's finish designing our Christmas card for this year.
M: Okay. I want to 1) _____ _____ _____ of Santa Claus on it.
W: That's a good idea. Let's put "Season's Greetings" in the middle and Santa 2) _____ _____ _____.
M: How about 3) _____ _____ _____ _____ _____ instead? That way, people can see him better.
W: Oh, that will look nice. Then let's move "Season's Greetings!" 4) _____ _____ _____.
M: Sounds perfect.

03 세부 정보 파악

다음을 듣고, 오늘 오후의 날씨로 가장 적절한 것을 고르시오.

①   ②   ③

④  ⑤

W: Good morning. Here is the weather report for today. It's 1) _____ _____ _____ now. However, dark clouds will be rolling in this afternoon. The 2) _____ _____ _____ and the winds will grow stronger. It will be a 3) _____ _____ _____.

04 의도 파악 🏴

대화를 듣고, 여자가 한 마지막 말의 의도로 가장 적절한 것을 고르시오.

① 칭찬　　② 부탁　　③ 거절
④ 승낙　　⑤ 충고

W: Hello, can I help you?

M: Yes. I bought this shirt at your store, but it 1) _____ _____ _____.

W: Do you want to 2) _____ _____ _____ _____ _____?

M: No, I'd like to 3) _____ _____ _____ _____. Can I?

W: Well... Was the shirt a sale *item?

M: Yes, I got a 30% discount.

W: I'm sorry, but we don't 4) _____ _____ _____ _____ _____.

05 언급하지 않은 내용 찾기

다음을 듣고, 남자가 내일 일정으로 언급하지 않은 것을 고르시오.

① 남산 구경　　② 한식 점심 식사
③ 경복궁 방문　　④ 인사동 방문
⑤ 명동에서 쇼핑

M: Hello, everyone! I'm going to tell you about tomorrow's schedule. After breakfast, we'll go to Namsan. You can 1) _____ _____ _____ _____ there. At noon, we'll have 2) _____ _____ _____ for lunch. Afterward, we'll go to Gyeongbok-gung. Lastly, we'll 3) _____ _____ _____ Myeongdong. It will be a busy day, so get some rest tonight.

06 숫자 정보 파악

대화를 듣고, 여자가 역에 도착할 시각을 고르시오.

① 3:00 p.m.　② 3:05 p.m.　③ 3:15 p.m.
④ 3:20 p.m.　⑤ 3:50 p.m.

[Cell phone rings.]

W: Hello?

M: Hi, Kate. This is Jim. Will you be at the station soon?

W: I'm sorry, but I'll be 1) _____ _____ _____.

M: So you'll arrive at 3:20 p.m.?

W: No, I will 2) _____ _____ _____. It's three o'clock now.

M: Oh, my watch is 3) _____ _____ _____.

07 세부 정보 파악 🇬🇧

대화를 듣고, 여자의 장래 희망으로 가장 적절한 것을 고르시오.

① 교수
② 사업가
③ 패션모델
④ 패션 디자이너
⑤ 의상 코디네이터

M: What are you 1) _____ _____ _____?

W: I'm studying fashion design.

M: Do you want to be a fashion designer?

W: Well, I wanted to 2) _____ _____ _____ _____ when I was in high school. But not anymore.

M: Then what do you want to be in the future?

W: I want to 3) _____ _____ _____ _____.

08 심정 추론

대화를 듣고, 여자의 심정으로 가장 적절한 것을 고르시오.

① bored
② curious
③ worried
④ annoyed
⑤ satisfied

M: Excuse me. Is something wrong?

W: Yes. I 1) _____ _____ _____ _____ _____ for my food.

M: Oh, I 2) _____ _____ _____ _____.

W: That's not all. I waited 20 minutes to 3) _____ _____ _____!

M: I'm really sorry once again. It's been very busy today.

W: Well, I'm busy, too. I'd like to 4) _____ _____ _____.

09 할 일 파악

대화를 듣고, 남자가 대화 직후에 할 일로 가장 적절한 것을 고르시오.

① 파스타 만들기
② 선물 사러 가기
③ 케이크 주문하기
④ 스테이크 배달시키기
⑤ 축하 파티 계획하기

W: Do you remember that the day after tomorrow is our parents' wedding anniversary?

M: Of course! And I have a great idea. How about 1) _____ _____ _____ _____ for them?

W: Okay! They'll love it.

M: 2) _____ _____ _____ pumpkin soup, pasta, and a chicken salad?

W: That's not enough. Let's make steak as well. And 3) _____ _____ _____ _____.

M: I'll go to the bakery and 4) _____ _____ _____ _____ right now.

W: Good!

10 주제 파악

대화를 듣고, 무엇에 관한 내용인지 가장 적절한 것을 고르시오.

① 병문안 절차 ② 병원 추천
③ 병원비 모금 ④ 장학금 수여
⑤ 질병 예방법

M: Did you hear that Jake is 1) _____ _____ _____?

W: Yes, I did. I heard his family has been 2) _____ _____ _____ his medical bills.

M: That's too bad. Let's 3) _____ _____ to help him.

W: What a good idea! Other students from our school will probably 4) _____ _____ _____ _____, too.

M: How about discussing what we should do with our classmates tomorrow?

W: That sounds like a good idea.

11 세부 정보 파악

대화를 듣고, 두 사람이 함께 이용할 교통수단으로 가장 적절한 것을 고르시오.

① 택시 ② 기차 ③ 버스
④ 자동차 ⑤ 비행기

W: Wow, Prague is such a beautiful city!

M: I can't agree more. So, our next destination is Milan, right?

W: Yes. We can 1) _____ _____ _____ _____.

M: By train? It 2) _____ _____ _____.

W: I know. But we can sleep on the train at night. We 3) _____ _____ _____, since we wouldn't need a hotel.

M: I don't want to sleep on a train. It's uncomfortable.

W: Would you 4) _____ _____ _____ _____?

M: Yes. That would be much better.

12 이유 파악

대화를 듣고, 남자가 점심을 먹지 <u>않는</u> 이유로 가장 적절한 것을 고르시오.

① 배가 아파서 ② 시간이 없어서
③ 치통이 있어서 ④ 다이어트 중이어서
⑤ 치과 치료를 받아서

W: Shall we go to lunch, Andrew?

M: I'm not going to lunch today.

W: Why not? Are you still 1) _____ _____ _____?

M: No. I 2) _____ _____ _____ _____. I can't eat anything.

W: I'm sorry to hear that. Did you 3) _____ _____ _____ _____?

M: No, I haven't had enough time to go.

W: You should at least 4) _____ _____ _____.

M: I will.

13 장소 추론 🇬🇧

대화를 듣고, 두 사람이 대화하는 장소로 가장 적절한 곳을 고르시오.

① 식당　　② 영화관　　③ 옷 가게
④ 가구점　　⑤ 백화점

M: Christine, did you buy a jacket?

W: Not yet. I'm still waiting for the salesperson to come over.

M: But we don't have much time. I want to 1) _____ _____
_____ _____ _____.

W: Then 2) _____ _____. I'll be there soon.

M: Do you need to buy anything else other than a jacket?

W: Yes. I also want to 3) _____ _____ _____ _____.

M: Then let's meet 4) _____ _____ _____ _____ in
30 minutes. I'll go there after I look around at the furniture.

W: That sounds good to me.

14 위치 찾기

대화를 듣고, 카페의 위치로 가장 알맞은 곳을 고르시오.

You are here!

★ Focus on Sound　got it

[t]가 약화되고 뒤에 오는 모음과 만나 연음되어 [갓잇]이 아닌 [가릿]으로 발음된다.

W: Excuse me. 1) _____ _____ _____ _____ Han's
Cafe is?

M: Yes. Go straight to York Street, and then 2) _____
_____.

W: Turn right at York Street? Okay.

M: Then go straight until you see Mary's flower shop. The cafe is
3) _____ _____ _____.

W: *Got it. Thank you!

M: No problem.

15 부탁한 일 파악

대화를 듣고, 여자가 남자에게 부탁한 일로 가장 적절한 것을 고르시오.

① 차 준비하기
② 의자 준비하기
③ 보고서 복사하기
④ 컴퓨터 점검하기
⑤ 회의실 청소하기

M: You look busy.

W: Yes. The meeting starts in 10 minutes.

M: 1) _____ _____ _____ _____. How many chairs should I get?

W: Six, but I can do that. Can you make 2) _____ _____ _____ _____ _____? That'd be *helpful.

M: Sure. Do you have to 3) _____ _____ _____ of the report?

W: No, I already made them yesterday.

16 제안한 것 파악

대화를 듣고, 남자가 여자에게 제안한 것으로 가장 적절한 것을 고르시오.

① 건강 검진 받기
② 휴가 내기
③ 근무 시간 줄이기
④ 사직서 내기
⑤ 수면 시간 늘리기

M: How are you doing, Ms. White? You 1) _____ _____ _____ these days.

W: Actually, I'm not in good health. So 2) _____ _____ _____.

M: I'm so sorry to hear that. You're our best salesperson. Is there anything I can do to 3) _____ _____ _____?

W: I don't know. I need rest.

M: How about 4) _____ _____ _____ _____? How does two weeks sound?

W: I will think about it.

대화를 듣고, 여자가 캠핑 가서 한 일로 가장 적절한 것을 고르시오.

① 텐트 치기　　② 음악 듣기
③ 모래성 만들기　　④ 곤충 채집하기
⑤ 캠프파이어 즐기기

M: Hi, Amelia. What did you do last weekend?

W: I 1) _____ _____ _____ _____ .

M: Cool. But it rained on Saturday, didn't it?

W: Yes. So we 2) _____ _____ _____ _____ all morning. But the rain stopped around noon.

M: What did you do then?

W: My little brother made a sandcastle. And I 3) _____ _____ _____ _____ _____ .

M: Insects? Like butterflies and ladybugs?

W: Yes. I love catching bugs.

M: Sounds fun.

---

18 직업 추론 🇬🇧

대화를 듣고, 남자의 직업으로 가장 적절한 것을 고르시오.

① 교수　　② 승무원
③ 운전 강사　　④ 택시 운전사
⑤ 자동차 판매원

W: This is 1) _____ _____ _____ _____ . I'm so nervous.

M: Don't worry. I'm here to help you. Did you 2) _____ _____ _____ _____ ?

W: Yes, I did. What should I do now?

M: Okay. Shift the car into drive and 3) _____ _____ _____ gently.

W: Like this?

M: You're doing great. Keep going and turn right at the next corner.

W: Okay.

대화를 듣고, 남자의 마지막 말에 이어질 여자의 말로 가장 적절한 것을 고르시오.

Woman: _____

① I didn't know that.

② I think it's my turn.

③ We went out for dinner.

④ It doesn't cost that much.

⑤ We went to the Italian restaurant last time.

W: I'm hungry. How about you?

M: Yeah, I am too. What should we have for dinner?

W: Hmm… 1) _____ _____ _____ _____ Chinese food.

M: We had Chinese food three days ago. How about Italian food?

W: That sounds good. 2) _____ _____ _____ _____ .

M: Good choice! 3) _____ _____ _____ _____ to make dinner tonight?

W: I think it's my turn.

대화를 듣고, 남자의 마지막 말에 이어질 여자의 말로 가장 적절한 것을 고르시오.

Woman: _____

① Wash your hands with soap.

② My mother didn't know that.

③ You can buy it at a supermarket.

④ I don't like the smell of fish, either.

⑤ I learned it from a cooking program on TV.

M: My hands 1) _____ _____ !

W: Really? Why?

M: I made fish for lunch.

W: Didn't you 2) _____ _____ _____ ?

M: Of course I did. I washed them several times, but the smell 3) _____ _____ _____ .

W: Add a few drops of vinegar to some water and wash your hands with it. Then the smell will go away.

M: 4) _____ _____ _____ _____ _____ ?

W: I learned it from a cooking program on TV.

정답 및 해설 pp. 84~88

점수: /20

보통속도 듣기

빠르게 듣기

01 다음을 듣고, 'this'가 가리키는 것으로 가장 적절한 것을 고르시오.

① ② ③
④ ⑤

02 대화를 듣고, 여자가 구입할 옷으로 가장 적절한 것을 고르시오.

① ② ③
④ ⑤

03 다음을 듣고, 대전의 화요일 날씨로 가장 적절한 것을 고르시오.

① ② ③
④ ⑤

04 대화를 듣고, 남자가 한 마지막 말의 의도로 가장 적절한 것을 고르시오.

① 제안 ② 경고 ③ 사과
④ 위로 ⑤ 격려

05 다음을 듣고, 여자가 TV 프로그램에 대해 언급하지 않은 것을 고르시오.

① 출연자 수 ② 방영 기간
③ 방영 횟수 ④ 경연 우승자
⑤ 상금

06 대화를 듣고, 여자가 지불해야 할 금액을 고르시오.

① $3 ② $6 ③ $9 ④ $10 ⑤ $15

07 대화를 듣고, 여자의 장래 희망으로 가장 적절한 것을 고르시오.

① 작가 ② 간호사 ③ 사업가
④ 변호사 ⑤ 비행기 승무원

08 대화를 듣고, 남자의 심정으로 가장 적절한 것을 고르시오.

① 슬픔 ② 화남 ③ 신남
④ 부끄러움 ⑤ 실망스러움

09 대화를 듣고, 여자가 대화 직후에 할 일로 가장 적절한 것을 고르시오.

① 바닷가 가기 ② 수영장 가기
③ 수영복 매장 가기 ④ 여행 계획 세우기
⑤ 웹 사이트 주소 보내기

10 대화를 듣고, 무엇에 관한 내용인지 가장 적절한 것을 고르시오.

① 가족 나들이 ② 주말에 한 일
③ 좋아하는 운동 ④ 축구 경기 일정
⑤ 볼링 잘 치는 방법

11 대화를 듣고, 두 사람이 집에 올 때 이용할 교통수단으로 가장 적절한 것을 고르시오.

① 버스　　　② 택시　　　③ 자동차
④ 자전거　　⑤ 지하철

12 대화를 듣고, 남자가 프랑스에 가는 이유로 가장 적절한 것을 고르시오.

① 여행을 하기 위해
② 영화를 찍기 위해
③ 불어를 배우기 위해
④ 영화를 공부하기 위해
⑤ 프랑스 역사를 공부하기 위해

13 대화를 듣고, 두 사람이 대화하는 장소로 가장 적절한 곳을 고르시오.

① 공항　　　② 비행기　　　③ 여행사
④ 기차역　　⑤ 공연장

14 대화를 듣고, 여자가 찾는 스카프의 위치로 가장 알맞은 곳을 고르시오.

15 대화를 듣고, 남자가 여자에게 부탁한 일로 가장 적절한 것을 고르시오.

① 숙제 도와주기　　　② 파일 출력해주기
③ 프린터 고치기　　　④ 이메일로 파일 보내기
⑤ 집으로 파일 가져오기

16 대화를 듣고, 여자가 남자에게 제안한 것으로 가장 적절한 것을 고르시오.

① 함께 음악 듣기　　　② 보고서 빨리 끝내기
③ 뮤지컬 보러 가기　　④ 다른 공연 관람하기
⑤ 뮤지컬 표 예매하기

17 대화를 듣고, 남자가 어제 한 일로 가장 적절한 것을 고르시오.

① TV 보기　　　　② 헌혈하기
③ 집에서 쉬기　　④ 병문안 다녀오기
⑤ 병원 진료 받기

18 대화를 듣고, 여자의 직업으로 가장 적절한 것을 고르시오.

① 통역사　　　② 기자　　　③ 교사
④ 버스 운전사　⑤ 여행 가이드

[19 - 20] 대화를 듣고, 여자의 마지막 말에 이어질 남자의 말로 가장 적절한 것을 고르시오.

19 Man: _____

① I know when it moved.
② You'd better take the elevator.
③ I'd like to work for Ace Travel.
④ That's why I couldn't find it here.
⑤ I see. Then I should go to the next building.

20 Man: _____

① I like snowboarding.
② I know many people in the club.
③ Don't worry. I'll lend you my skis.
④ This is my first time at a ski resort.
⑤ That's not a problem. Beginners are also welcome to join.

고난도 Dictation Test 02

정답 및 해설 pp. 84~88

01 [화제 파악]

다음을 듣고, 'this'가 가리키는 것으로 가장 적절한 것을 고르시오.

W: Almost every family has this. It shows different kinds of programs. 1) _____ _____ _____ _____, we can choose to watch different programs. 2) _____ _____ _____ _____, comedy shows, news, and even movies. Sometimes, parents and teachers 3) _____ _____ _____ teenagers for watching too much of this. What is this?

02 [그림 정보 파악]

대화를 듣고, 여자가 구입할 옷으로 가장 적절한 것을 고르시오.

M: May I help you?

W: Yes. 1) _____ _____ _____ some pajamas for my baby niece.

M: How about these pajamas with a picture of a bow on them?

W: I like the bow, but I like the 2) _____ _____ _____ _____ on them too! They're all cute.

M: Then these ones with a picture of a rabbit 3) _____ _____ _____ _____ on them would be perfect.

W: They are! I'll take them.

03 [세부 정보 파악]

다음을 듣고, 대전의 화요일 날씨로 가장 적절한 것을 고르시오.

M: Good morning. This is your weekly weather forecast. Right now, 1) _____ _____ _____ all over the country. In most areas, it will stop tomorrow morning, and then it will be sunny. But in Seoul and Daejeon, it 2) _____ _____ _____ until Wednesday. On Thursday and Friday, it will 3) _____ _____ in Gwangju and Jeju.

212

04 의도 파악

대화를 듣고, 남자가 한 마지막 말의 의도로 가장 적절한 것을 고르시오.

① 제안   ② 경고   ③ 사과
④ 위로   ⑤ 격려

M: Hanna, why didn't you [1] _____ _____ _____?

W: I'm sorry, but I couldn't finish it. I was sick last night.

M: Is that ★true?

W: Yes. I [2] _____ _____ _____.

M: Last month when you didn't hand in your homework, you [3] _____ _____ _____ _____.

W: But it's true!

M: This is the last time. I don't want to [4] _____ _____ _____ _____.

05 언급하지 않은 내용 찾기

다음을 듣고, 여자가 TV 프로그램에 대해 언급하지 않은 것을 고르시오.

① 출연자 수   ② 방영 기간
③ 방영 횟수   ④ 경연 우승자
⑤ 상금

W: "Is It Cake?" is a cooking competition TV series. [1] _____ _____ _____ _____ amazing cakes in order to win. They make cakes that look exactly like real objects like suitcases and sewing machines. [2] _____ _____ _____ _____, and the winner was Andrew. He won $50,000 [3] _____ _____ _____.

06 숫자 정보 파악

대화를 듣고, 여자가 지불해야 할 금액을 고르시오.

① $3   ② $6   ③ $9   ④ $10   ⑤ $15

M: Good afternoon. How may I help you?

W: I'd like to [1] _____ _____ _____.

M: You're in luck. We just [2] _____ _____ _____ _____ _____.

W: Great. How much is it for 100 grams?

M: One hundred grams [3] _____ _____.

W: Okay. I'll take 300 grams, please.

M: Here you are.

대화를 듣고, 여자의 장래 희망으로 가장 적절한
것을 고르시오.

① 작가　　　② 간호사　　　③ 사업가
④ 변호사　　　⑤ 비행기 승무원

M: What do you ¹⁾ _____ _____ _____ in the future?
   Do you want to be a flight attendant like your sister?
W: No, I don't. I want to ²⁾ _____ _____ _____
   like Mo Willems.
M: That's cool!
W: What kind of job do you want?
M: I'm still thinking, but ³⁾ _____ _____ _____ would
   be great.
W: Sounds perfect.

대화를 듣고, 남자의 심정으로 가장 적절한 것을
고르시오.

① 슬픔　　　② 화남　　　③ 신남
④ 부끄러움　　　⑤ 실망스러움

M: Guess who I saw downtown ¹⁾ _____ _____ _____
   _____ .
W: I don't know. Who?
M: ²⁾ _____ _____ _____ !
W: Emma Simpson? I don't believe you.
M: It's true! Look at this! I ³⁾ _____ _____
   _____ _____ and got her autograph.
W: Wow. How lucky you are!
M: I even talked with her! Everything ⁴⁾ _____ _____
   _____ _____ .

대화를 듣고, 여자가 대화 직후에 할 일로 가장
적절한 것을 고르시오.

① 바닷가 가기　　　② 수영장 가기
③ 수영복 매장 가기　　　④ 여행 계획 세우기
⑤ 웹 사이트 주소 보내기

W: Why don't we ¹⁾ _____ _____ _____ _____ next
   week?
M: I'd love to, but I ²⁾ _____ _____ _____ _____ .
   Mine is too old.
W: Why don't you ³⁾ _____ _____ _____ _____ _____ ?
M: I don't have time.
W: You can just buy one online. I know a good website. I'll
   ⁴⁾ _____ _____ _____ _____ .
M: Thanks.

10 주제 파악

대화를 듣고, 무엇에 관한 내용인지 가장 적절한 것을 고르시오.
① 가족 나들이
② 주말에 한 일
③ 좋아하는 운동
④ 축구 경기 일정
⑤ 볼링 잘 치는 방법

W: What did you 1)_____ _____ _____?
M: I went bowling with my friends. I got the highest score.
W: That's great! 2)_____ _____ _____ _____ _____?
M: No, not really. I usually play soccer on Sundays, but it rained heavily last Sunday. Did you stay home and 3)_____ _____ _____ _____?
W: No, I went to the swimming pool with my family.
M: Sounds fun!

---

11 세부 정보 파악

대화를 듣고, 두 사람이 집에 올 때 이용할 교통수단으로 가장 적절한 것을 고르시오.
① 버스
② 택시
③ 자동차
④ 자전거
⑤ 지하철

M: Are you ready to go to the movies?
W: Sure. Are we 1)_____ _____ _____ _____ _____ _____?
M: Neither goes there directly, so they'll both 2)_____ _____ _____. Let's take a taxi.
W: Okay, but 3)_____ _____ _____ _____.
M: Yeah, but we don't have much time. We can take the bus home when the 4)_____ _____ _____.
W: Okay.

---

12 이유 파악

대화를 듣고, 남자가 프랑스에 가는 이유로 가장 적절한 것을 고르시오.
① 여행을 하기 위해
② 영화를 찍기 위해
③ 불어를 배우기 위해
④ 영화를 공부하기 위해
⑤ 프랑스 역사를 공부하기 위해

W: Hi, Tom. I heard you're going to France to study French history next month.
M: It's true that I'm going to France, but I'm going 1)_____ _____ _____ _____.
W: Really? That sounds very interesting.
M: I'm really 2)_____ _____ _____ some filming locations.
W: I know you love French films. I think you'll really 3)_____ _____ _____.
M: I think so too.

13 장소 추론

대화를 듣고, 두 사람이 대화하는 장소로 가장 적절한 곳을 고르시오.

① 공항　　② 비행기　　③ 여행사
④ 기차역　　⑤ 공연장

W: Hello. How can I help you today?

M: Hi. Before I 1) _____ _____, can I change my seat?

W: Sure. May I see your passport, please? *[pause]* *Would you like a 2) _____ _____ _____ _____?

M: I'd like a window seat.

W: Okay. There is one window seat left. Would you please 3) _____ _____ _____ here?

M: Sure. This is all I have.

W: All right. 4) _____ _____ _____ _____ _____ and passport. Enjoy your trip.

M: Thanks.

14 위치 찾기

대화를 듣고, 여자가 찾는 스카프의 위치로 가장 알맞은 곳을 고르시오.

M: What are you looking for?

W: I'm looking for my new scarf. I thought I put it 1) _____ _____ _____. But it's not here.

M: You mean the purple scarf 2) _____ _____ _____ _____?

W: Yes! Have you seen it?

M: Well, it was on the bed. So I folded it and 3) _____ _____ _____ _____ _____.

W: Aha! Thanks.

15 부탁한 일 파악 🇬🇧

대화를 듣고, 남자가 여자에게 부탁한 일로 가장 적절한 것을 고르시오.

① 숙제 도와주기 ② 파일 출력해주기
③ 프린터 고치기 ④ 이메일로 파일 보내기
⑤ 집으로 파일 가져오기

[Cell phone rings.]

W: Hey, Jake. What's up?

M: Hi, Amy. Can I 1) _____ _____ _____ _____?

W: Sure. Is everything okay?

M: Yeah. It's just that my printer 2) _____ _____ _____, and I need to print out some files Ms. Diaz sent us.

W: Do you want me to 3) _____ _____ _____ for you?

M: Yeah. Can you? I'll drop by tomorrow morning to 4) _____ _____ _____.

W: All right. See you tomorrow.

16 제안한 것 파악

대화를 듣고, 여자가 남자에게 제안한 것으로 가장 적절한 것을 고르시오.

① 함께 음악 듣기 ② 보고서 빨리 끝내기
③ 뮤지컬 보러 가기 ④ 다른 공연 관람하기
⑤ 뮤지컬 표 예매하기

W: Austin, 1) _____ _____ _____ this Saturday?

M: This Saturday? Why?

W: I have two tickets for a musical.

M: Oh, really? I'd love to go, but I 2) _____ _____ _____ _____ _____ by Monday.

W: Why don't you 3) _____ _____ _____ _____ with me anyway? Then I'll help you finish the report on Sunday.

M: Really? Okay.

17 한일 파악

대화를 듣고, 남자가 어제 한 일로 가장 적절한 것을 고르시오.

① TV 보기　　② 헌혈하기
③ 집에서 쉬기　　④ 병문안 다녀오기
⑤ 병원 진료 받기

M: Hi, Julie. What did you do yesterday?

W: Nothing special. I stayed home and ¹⁾ _____ _____ . How about you, Mark?

M: I ²⁾ _____ _____ _____ _____ .

W: Oh, you were sick? Are you okay now?

M: I'm fine. I went there ³⁾ _____ _____ _____ .

W: Wow, that's great! Was it your first time?

M: No. I donate blood ⁴⁾ _____ _____ _____ _____ _____ .

W: That's awesome.

---

18 직업 추론

대화를 듣고, 여자의 직업으로 가장 적절한 것을 고르시오.

① 통역사　　② 기사　　③ 교사
④ 버스 운전사　　⑤ 여행 가이드

M: Excuse me. Does Bus 250 go to City Hall?

W: Yes. You ¹⁾ _____ _____ _____ at the ＊fifth stop.

M: Thank you so much! ²⁾ _____ _____ _____ . Are you from an English-speaking country?

W: No, but ³⁾ _____ _____ _____ at a middle school. Thank you for saying that.

M: Not at all. Thank you for helping me.

W: You're welcome.

19 마지막 말에 이어질 응답 찾기

대화를 듣고, 여자의 마지막 말에 이어질 남자의 말로 가장 적절한 것을 고르시오.

Man: _____

① I know when it moved.
② You'd better take the elevator.
③ I'd like to work for Ace Travel.
④ That's why I couldn't find it here.
⑤ I see. Then I should go to the next building.

M: Excuse me. Can you help me?

W: Sure. What do you need?

M: I'm looking for Ace Travel. Is it in this building?

W: Yes, it is. Just 1) _____ _____ _____ to the ninth floor.

M: That's strange. I remember Ace Travel 2) _____ _____ _____ _____.

W: It was on the sixth floor, but they recently 3) _____ _____ _____ _____ _____.

M: That's why I couldn't find it here.

---

20 마지막 말에 이어질 응답 찾기 🇬🇧

대화를 듣고, 여자의 마지막 말에 이어질 남자의 말로 가장 적절한 것을 고르시오.

Man: _____

① I like snowboarding.
② I know many people in the club.
③ Don't worry. I'll lend you my skis.
④ This is my first time at a ski resort.
⑤ That's not a problem. Beginners are also welcome to join.

M: Hi, Anna. 1) _____ _____ _____ which club to join?

W: No. I haven't decided yet. How about you?

M: I'm thinking about 2) _____ _____ _____ _____.

W: I think that's a good choice. You love winter sports.

M: What do you think about joining it together? That 3) _____ _____ _____ _____.

W: You know what? I don't know 4) _____ _____ _____.

M: That's not a problem. Beginners are also welcome to join.

Word Test

A 다음 영어의 우리말 뜻을 쓰시오.

01 shift _____

02 rest _____

03 catch _____

04 beginner _____

05 select _____

06 pay _____

07 manager _____

08 press _____

09 fit _____

10 gently _____

11 romantic _____

12 sometimes _____

13 pleasant _____

14 true _____

15 section _____

16 object _____

17 destination _____

18 suitcase _____

19 salesperson _____

20 uncomfortable _____

21 bill _____

22 enough _____

23 probably _____

24 quit _____

25 area _____

26 competition _____

27 believe _____

28 score _____

29 luggage _____

30 awesome _____

31 join _____

32 dark cloud _____

33 boarding pass _____

34 get angry _____

35 be on a diet _____

36 get back _____

37 be over _____

38 feel like v-ing _____

39 give a refund _____

40 have trouble (in) v-ing _____

B 다음 우리말 뜻에 맞는 영어를 쓰시오.

01 비용이 들다 _____

02 후에, 그 후에 _____

03 교환하다 _____

04 유명한 _____

05 일정, 스케줄 _____

06 돌다; 차례 _____

07 비누 _____

08 (둘 중) 어느 것도 ~ 아닌 _____

09 (액체의) 방울 _____

10 향수 _____

11 여자 조카 _____

12 맨 아래 (부분) _____

13 식초 _____

14 변명, 해명 _____

15 곤충 _____

16 달리다; 경영하다 _____

17 경치, 풍경 _____

18 여배우 _____

19 반 친구 _____

20 인출 _____

21 무당벌레 _____

22 토론하다, 상의하다 _____

23 전통적인 _____

24 십 대 청소년 _____

25 모래성 _____

26 사인 _____

27 접다, 개다 _____

28 보고서 _____

29 기부하다; 헌혈하다 _____

30 호박 _____

31 피, 혈액 _____

32 변호사 _____

33 양쪽 모두 _____

34 가운데 _____

35 안전벨트 _____

36 창가 쪽 좌석 _____

37 통로 쪽 좌석 _____

38 치과에 가다 _____

39 볼링을 치러 가다 _____

40 역시, ~도 _____

지은이

NE능률 영어교육연구소

NE능률 영어교육연구소는 혁신적이며 효율적인 영어 교재를 개발하고
영어 학습의 질을 한 단계 높이고자 노력하는 NE능률의 연구조직입니다.

능률 중학영어 듣기 모의고사 22회 〈Level 1〉

펴 낸 이	주민홍
펴 낸 곳	서울특별시 마포구 월드컵북로 396(상암동) 누리꿈스퀘어 비즈니스타워 10층
	㈜NE능률 (우편번호 03925)
펴 낸 날	2023년 1월 5일 개정판 제1쇄 발행
	2024년 9월 15일 제7쇄
전 화	02 2014 7114
팩 스	02 3142 0356
홈페이지	www.neungyule.com
등록번호	제1-68호
I S B N	979-11-253-4037-9 53740
정 가	15,000원

NE 능률

고객센터

교재 내용 문의 : contact.nebooks.co.kr (별도의 가입 절차 없이 작성 가능)
제품 구매, 교환, 불량, 반품 문의 : 02-2014-7114
☎ 전화문의는 본사 업무시간 중에만 가능합니다.

NE능률 교재 MAP

듣기
말하기
쓰기

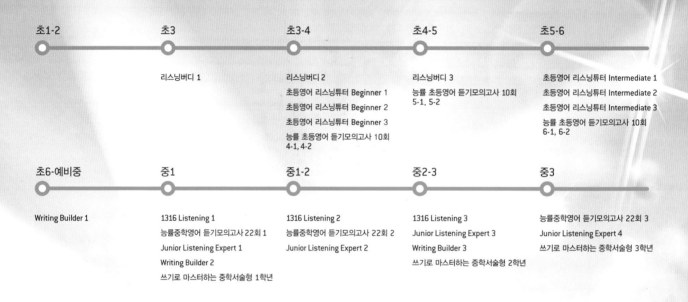

초1-2	초3	초3-4	초4-5	초5-6
	리스닝버디 1	리스닝버디 2	리스닝버디 3	초등영어 리스닝튜터 Intermediate 1
		초등영어 리스닝튜터 Beginner 1	능률 초등영어 듣기모의고사 10회 5-1, 5-2	초등영어 리스닝튜터 Intermediate 2
		초등영어 리스닝튜터 Beginner 2		초등영어 리스닝튜터 Intermediate 3
		초등영어 리스닝튜터 Beginner 3		능률 초등영어 듣기모의고사 10회 6-1, 6-2
		능률 초등영어 듣기모의고사 10회 4-1, 4-2		

초6-예비중	중1	중1-2	중2-3	중3
Writing Builder 1	1316 Listening 1	1316 Listening 2	1316 Listening 3	능률중학영어 듣기모의고사 22회 3
	능률중학영어 듣기모의고사 22회 1	능률중학영어 듣기모의고사 22회 2	Junior Listening Expert 3	Junior Listening Expert 4
	Junior Listening Expert 1	Junior Listening Expert 2	Writing Builder 3	쓰기로 마스터하는 중학서술형 3학년
	Writing Builder 2		쓰기로 마스터하는 중학서술형 2학년	
	쓰기로 마스터하는 중학서술형 1학년			

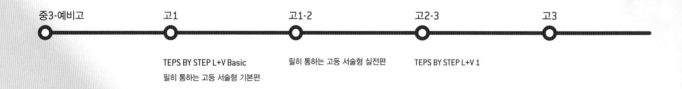

중3-예비고	고1	고1-2	고2-3	고3
	TEPS BY STEP L+V Basic	필히 통하는 고등 서술형 실전편	TEPS BY STEP L+V 1	
	필히 통하는 고등 서술형 기본편			

수능 이상/ 토플 80-89 · 텝스 327-384점	수능 이상/ 토플 90-99 · 텝스 385-451점	수능 이상/ 토플 100 · 텝스 452점 이상		

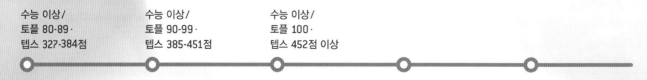

TEPS BY STEP L+V 2	RADIX TOEFL Black Label Listening 1	TEPS BY STEP L+V 3		
RADIX TOEFL Blue Label Listening 1		RADIX TOEFL Black Label Listening 2		
RADIX TOEFL Blue Label Listening 2				

전국 16개 시·도 교육청 주관 **영어듣기평가 실전대비서**

능률 중학영어 듣기 모의고사

22회

정답 및 해설

LEVEL
1

NE 능률

전국 16개 시·도 교육청 주관 **영어듣기평가 실전대비서**

능률 중학영어 듣기 모의고사

22회

정답 및 해설

LEVEL 1

기출문제 01회

01 ②	02 ④	03 ①	04 ④	05 ②
06 ③	07 ①	08 ④	09 ⑤	10 ④
11 ⑤	12 ②	13 ⑤	14 ③	15 ①
16 ①	17 ①	18 ⑤	19 ②	20 ③

01 ②

여: 나는 다리가 네 개입니다. 내 눈은 매우 큽니다. 나는 보통 피부가 젖어 있습니다. 나는 물속과 육지에서 모두 삽니다. 나는 매우 높이 뛸 수 있습니다. 나는 무엇일까요?

해설 피부가 젖어 있고 물속과 육지에 살며 높이 뛸 수 있는 것은 개구리이다.

어휘 usually [júːʒuəli] 보통, 대개 wet [wet] 젖은 skin [skin] 피부 both [bouθ] 둘 다

02 ④

여: 안녕하세요, 선물 상자를 찾고 있는데요.
남: 저희는 네모난 것과 둥근 것이 있습니다.
여: 저는 둥근 것이 더 좋아요.
남: 알겠습니다, 이 줄무늬 상자는 어떠세요?
여: 음… 제게 다른 것을 보여 주실 수 있나요?
남: 별들이 그려진 둥근 것도 있습니다.
여: 전 별이 좋아요. 그걸 살게요.

해설 여자는 별이 그려진 둥근 선물 상자를 사기로 했다.

어휘 gift box 선물 상자 square [skwɛər] 정사각형 모양의 round [raund] 둥근 striped [straipt] 줄무늬가 있는 show [ʃou] 보여 주다

03 ①

여: 좋은 아침입니다. 날씨 소식입니다. 지금은 하늘이 맑고 푸릅니다. 하지만, 오늘 오후에 비가 내리겠습니다. 비는 내일 아침까지 계속될 예정입니다. 오후에 외출할 때, 우산을 가져가세요.

해설 오늘 오후에 비가 내릴 것이라고 했다.

어휘 weather [wéðər] 날씨 continue [kəntínjuː] 계속되다, 계속하다

04 ④

[휴대전화가 울린다.]
여: 얘, 무슨 일이니?
남: 안녕. 같이 테니스 칠래?
여: 나도 그러고 싶지만, 그럴 수가 없어.
남: 왜?
여: 엄마가 편찮으셔. 그래서 내가 엄마를 돌봐 드려야 해.
남: 그것 참 안됐구나. 곧 쾌차하시길 바랄게.

해설 남자는 엄마가 편찮으시다는 여자를 위로하고 있다.

어휘 take care of ~을 돌보다

05 ②

여: 안녕하세요, 여러분. 제가 가장 좋아하는 선생님을 여러분에게 소개하겠습니다. 선생님의 성함은 이유민입니다. 선생님은 역사를 가르칩니다. 저는 선생님의 수업을 매우 좋아합니다. 선생님의 취미는 수영입니다. 선생님은 친절하고 온화하시기 때문에 많은 학생들이 선생님을 좋아합니다.

해설 이름(이유민), 과목(역사), 취미(수영), 성격(친절하고 온화함)에 대해서는 언급하였으나, 경력은 언급하지 않았다.

어휘 introduce [ìntrədjúːs] 소개하다 history [hístəri] 역사 lesson [lésn] 수업 hobby [hábi] 취미 gentle [dʒéntl] 온화한, 순한

06 ③

남: 안녕, Stacy. 오늘 오후에 무료 요리 강좌가 있어.
여: 정말? 우리 같이 가지 않을래?
남: 좋아. 그게 오후 3시에 시작해.
여: 그럼, 내가 2시 30분에 너희 집으로 갈게.
남: 우리 늦을 거야. 2시는 어때?
여: 2시? 알았어. 그때 보자.

해설 두 사람은 요리 강좌에 가기 위해 남자의 집에서 2시에 만나기로 했다.

어휘 free [friː] 자유로운; *무료의 cooking class 요리 강좌 start [staːrt] 시작하다 late [leit] 늦은

07 ①

남: Olivia, 토마토 좀 먹을래?
여: 먹고 싶어. 신선해 보인다.
남: 맞아. 아빠가 재배하셨거든.
여: 정말? 너희 아버지께서 채소 재배를 잘 하시는구나.
남: 응. 농부시거든. 그리고 나는 아빠처럼 농부가 되고 싶어.

2

여: 난 네가 그럴 수 있다고 믿어.
남: 고마워. 나는 언젠가 내 농장을 가질 거야.

[해설] 남자는 아빠처럼 농부가 되고 싶다고 했다.

[어휘] fresh [freʃ] 신선한 grow [grou] 재배하다 (grow-grew-grown) farmer [fáːrmər] 농부 believe [bilíːv] 믿다, 생각하다 one's own 자신의 farm [fɑːrm] 농장

08 ④

남: Anna, 이거 네 휴대전화니?
여: 오, 그거 내 거야! 그것을 여기저기 찾고 있었어.
남: 네 것인 줄 알았어!
여: 네가 그걸 발견해서 정말 기뻐. 그거 어디 있었니?
남: 벤치 옆 놀이터에 있었어.
여: 고마워! 나 지금 정말 행복해.

[해설] 자신이 찾고 있던 휴대전화를 남자가 찾아 주었으므로, 여자는 기쁠 것이다.

[어휘] everywhere [évriwɛ̀ər] 모든 곳, 어디나 glad [glæd] 기쁜 playground [pléigràund] 운동장, 놀이터

09 ⑤

여: Peter, 우리 그룹 과제에 대해 얘기해야 해.
남: 하지만 오늘 Kevin이 여기 없어.
여: 그럼 주제를 어떻게 정하지?
남: 온라인으로 그룹 채팅방을 만들자.
여: 좋은 생각이야! 그러면 Kevin도 우리와 이야기할 수 있어.
남: 맞아. 내가 지금 바로 그룹 채팅방을 만들게.

[해설] 남자는 모두 함께 그룹 과제에 대해 이야기하기 위해 그룹 채팅방을 만들기로 했다.

[어휘] choose [tʃuːz] 정하다, 고르다 topic [tápik] 화제, 주제 chat room (인터넷의) 대화방, 채팅방 right away 곧바로, 즉시

10 ④

남: 와, 네 방을 많은 사진들로 장식했구나.
여: 응, 이것들은 내 가족사진이야.
남: 멋지다! 이분이 네 아버지니?
여: 맞아. 그리고 여기 우리 엄마와 여동생이야.
남: 그렇구나. 그리고 네 강아지는 거의 모든 가족사진에 있어.
여: 강아지도 우리와 함께 사진 찍는 것을 좋아해.

[해설] 두 사람이 보고 있는 사진들에 여자의 아버지, 어머니, 여동생이 있으므로, 가족사진에 대해 이야기하고 있음을 알 수 있다.

[어휘] decorate [dékərèit] 장식하다 family picture 가족사진 almost [ɔ́ːlmoust] 거의

11 ⑤

여: 호준아, 이번 주말에 워터파크에 어떻게 갈 거니?
남: 잘 모르겠어요, 엄마.
여: 무거운 가방을 들고 가야 하잖니. 택시를 타는 게 어때?
남: 비쌀지도 몰라요.
여: 그럼, 셔틀버스를 타는 게 어때? 그게 값이 더 싸단다.
남: 셔틀버스요? 좋아요.

[해설] 남자는 주말에 셔틀버스를 타고 워터파크에 가기로 했다.

[어휘] get to ~에 도착하다 carry [kǽri] (이동 중에) 들고[데리고] 있다 heavy [hévi] 무거운 expensive [ikspénsiv] 비싼 shuttle bus 셔틀버스 cheaper [tʃíːpər] 값이 더 싼 (cheap의 비교급)

12 ②

여: Jake, 너 다음 주에 북한산에 가지, 그렇지?
남: 그러려고 했는데 계획이 바뀌었어.
여: 왜? 너 정말 가고 싶어 했잖아.
남: 하지만 뉴스에서 다음 주에 비가 많이 올 거라고 했어.
여: 그래, 비가 올 때 하이킹은 위험할 수 있어.
남: 맞아. 그래서 나는 국립 박물관에 가기로 결정했어.

[해설] 남자는 다음 주에 북한산에 가려 했으나 비가 많이 올 것이라는 예보 때문에 국립 박물관에 가기로 했다.

[어휘] plan [plæn] 계획 dangerous [déindʒərəs] 위험한 decide [disáid] 결정하다 museum [mjuzíːəm] 박물관

13 ⑤

남: 와! 저기 줄 좀 봐, 지나야.
여: 저거 롤러코스터 대기 줄이니?
남: 응. 한 시간 이상 기다려야 할 것 같아.
여: 오, 이런. 그럼 다른 것을 타 보자.
남: 동의해. 우리 먼저 범퍼카 타는 게 어때?
여: 좋아! 나도 범퍼카를 좋아해.
남: 가자!

[해설] 롤러코스터 대기 줄이 너무 길어서 범퍼카를 먼저 타자고 했으므로, 두 사람이 대화하는 장소로 가장 적절한 곳은 놀이공원이다.

[어휘] over there 저쪽에 roller coaster 롤러코스터 more than ~ 이상 agree [əgríː] 동의하다 bumper cars 범퍼카

14 ③

여: 실례합니다. 이 근처에 우체국이 있나요?
남: 네, 가까이에 하나 있어요.
여: 여기서 그곳에 어떻게 가나요?

남: 음… 한 블록 직진해서 Pine Street에서 오른쪽으로 도세요.

여: Pine Street에서요?

남: 네, 우체국은 왼쪽에 있을 거예요. 빵집 옆에 있어요.

[해설] 우체국은 한 블록 직진해서 오른쪽으로 돌면 왼쪽의 빵집 옆에 있다고 했으므로, 우체국의 위치로 가장 알맞은 곳은 ③이다.

[어휘] post office 우체국 nearby [níərbái] 인근에, 가까운 곳에 bakery [béikəri] 빵집, 제과점

15 ①

여: Alex, 나는 〈작은 아씨들〉이라는 영화를 봤어.

남: 그랬니? 그거 유명한 소설이기도 하잖아.

여: 정말? 그건 몰랐어. 너 그 책 가지고 있니?

남: 물론이지, 내가 제일 좋아하는 거야.

여: 그럼, 네 책을 빌릴 수 있을까?

남: 응, 내일 가져올게.

[해설] 여자는 남자에게 〈작은 아씨들〉 책을 빌려 달라고 부탁했다.

[어휘] famous [féiməs] 유명한 novel [návəl] 소설 borrow [bárou] 빌리다 bring [briŋ] 가져오다

16 ①

남: Emma, 이번 일요일에 뭐 할 거니?

여: 난 집에 있을 거야. 너는?

남: 나는 동물 보호 센터에서 자원봉사를 할 거야.

여: 오, 거기서 무슨 일을 하는데?

남: 나는 보통 개들을 씻겨.

여: 멋지다!

남: 나랑 같이 갈래? 더 많은 자원봉사자들이 필요하거든.

여: 알았어, 같이 갈게.

[해설] 남자는 여자에게 동물 보호 센터에서 같이 자원봉사를 하자고 제안했다.

[어휘] volunteer work 자원봉사 wash [wɑːʃ] 씻다, 씻기다 join [dʒɔin] 연결하다; *함께 하다[합류하다] volunteer [vàləntíər] 자원봉사자

17 ①

여: 좋은 아침이야, 남훈아. 휴일은 어땠니?

남: 정말 좋았어! 나는 내 정원에 꽃들을 심었어.

여: 흥미로운데! 어떤 종류의 꽃들을 심었니?

남: 장미와 해바라기였어. 그것들이 잘 자라길 바라.

여: 와, 너 멋진 휴일을 보냈구나.

[해설] 남자는 휴일에 정원에 장미와 해바라기를 심었다고 했다.

[어휘] holiday [há:lədèi] 휴가, 휴일 plant [plænt] 식물; *(나무·씨앗 등을) 심다 garden [gáːrdən] 뜰, 정원 rose [rouz] 장미 sunflower [sʌ́nflàuər] 해바라기

18 ⑤

여: 제가 도와드릴까요?

남: 네, 저 셔츠를 입어 보고 싶어요.

여: 이거요? 아주 잘 팔리고 있어요.

남: 그거 다른 사이즈 있나요? 저한테는 너무 작아 보여요.

여: 네, 이 셔츠는 라지 사이즈로 있습니다. 여기 있어요.

남: 감사합니다. 탈의실이 어디에 있나요?

여: 저기 있어요.

[해설] 여자는 남자가 입어 보려는 옷을 알맞은 사이즈로 가져다주고 탈의실의 위치를 알려 주었으므로, 여자의 직업으로 가장 적절한 것은 옷가게 점원이다.

[어휘] try on ~을 입어 보다 sell [sel] 팔다, 팔리다 fitting room 탈의실

19 ②

남: Kelly, 요즘 어떻게 지내니?

여: 안녕하세요, 김 선생님. 수업은 괜찮지만, 저는 더 많은 친구들을 사귀고 싶어요.

남: 그럼, 우리 미술 동아리에 가입할래? 거기서 친구들을 사귈 수 있단다.

여: 하지만, 저는 그림을 잘 못 그려요.

남: 걱정하지 마. 내가 도와줄게.

여: 정말요? 그럼 한번 해 볼게요. 도와주셔서 감사합니다.

남: 천만에.

[해설] 여사는 남자에게 도와주셔서 감사하다고 했으므로, 감사의 말에 대한 응답이 가장 적절하다.

① 나는 늦게 일어났어.

③ 믿을 수가 없구나.

④ 너는 수영을 잘하는구나.

⑤ 너 축구를 자주 하는구나.

[어휘] make friends 친구가 되다 paint [peint] 페인트; *그리다

20 ③

[휴대전화가 울린다.]

여: 여보세요.

남: 안녕, Tiffany. 나 Mark야.

여: 얘, 무슨 일이야?

남: 이번 주 일요일에 바쁘니?

여: 아니, 이번 주말에는 한가해.

남: 좋아. 나 일요일에 생일 파티를 할 거야. 올 수 있니?

여: 물론 갈 수 있지. 파티는 몇 시에 시작해?
남: 오후 5시에 시작해.

[해설] 여자는 파티가 몇 시에 시작하는지를 물었으므로, 구체적인 시간을 알려 주는 응답이 가장 적절하다.
① 또 만나자.
② 그건 내 잘못이 아니야.
④ 미안하지만 그럴 수 없어.
⑤ 내 취미는 독서야.

[어휘] free [fri:] 자유로운; *한가한 [문제] fault [fɔːlt] 잘못 begin [bigín] 시작하다 hobby [hábi] 취미

Dictation Test 01
pp. 28~33

01 1) four legs 2) have wet skin 3) jump very high
02 1) like round ones more 2) with stars on it
    3) I'll take it
03 1) will have rain 2) continue until tomorrow morning
    3) take an umbrella
04 1) I'd love to 2) take care of her
    3) feels better soon
05 1) teaches history 2) hobby is swimming
    3) kind and gentle
06 1) Why don't we go 2) come to your house
    3) What about 2
07 1) good at growing vegetables 2) be a farmer
    3) have my own farm
08 1) that's mine 2) you found it
    3) I'm very happy now
09 1) choose a topic 2) talk with us
    3) make a group chat room
10 1) my family pictures 2) this is my mom
    3) likes to take pictures
11 1) get to the water park 2) taking a taxi
    3) take a shuttle bus
12 1) plan changed 2) would rain a lot
    3) decided to go
13 1) for the roller coaster 2) try something else
    3) ride bumper cars
14 1) there is one nearby 2) turn right
    3) next to the bakery
15 1) famous novel 2) borrow your book
    3) I'll bring it

16 1) do volunteer work 2) wash the dogs
    3) Will you join me
17 1) planted flowers 2) they grow well
    3) had a wonderful holiday
18 1) try that shirt on 2) in a different size
    3) Where's the fitting room
19 1) make more friends 2) not good at painting
    3) Thank you for helping
20 1) Are you busy 2) have a birthday party
    3) What time

기출문제 02회
pp. 34~35

01 ⑤	02 ④	03 ②	04 ⑤	05 ③
06 ①	07 ④	08 ④	09 ⑤	10 ②
11 ⑤	12 ⑤	13 ②	14 ③	15 ①
16 ①	17 ④	18 ③	19 ②	20 ③

01 ⑤

남: 여러분은 이것을 부엌에서 볼 수 있습니다. 이것은 하나 이상의 문이 있습니다. 여러분은 음식과 음료를 그 안에 넣습니다. 이것은 음식을 신선하게 유지하고 음료를 시원하게 해 줍니다. 이것은 무엇일까요?

[해설] 부엌에서 볼 수 있고, 음식을 안에 넣어 신선하고 시원하게 해 주는 것은 냉장고이다.

[어휘] kitchen [kítʃin] 부엌 food [fuːd] 식량, 음식 drink [driŋk] 음료 fresh [freʃ] 신선한 cool [kuːl] 시원한

02 ④

남: 제가 도와드릴까요?
여: 네, 어머니께 드릴 꽃병을 찾고 있어요.
남: 큰 별이 하나 그려져 있는 이것은 어떠세요? 제일 인기 있는 거예요.
여: 별이 마음에 들긴 하지만, 너무 큰 것 같아요.
남: 그럼, 이건 마음에 드실 겁니다. 작은 별들이 많이 그려져 있습니다.
여: 좋네요! 그것을 살게요.

[해설] 여자는 작은 별들이 많이 있는 꽃병을 사기로 했다.

어휘 look for ~을 찾다 vase [veis] 꽃병 popular [pápjələr] 인기 있는

03 ②

여: 좋은 아침입니다. 일일 일기 예보입니다. 어제는 구름 한 점 없이 하늘이 맑고 화창했습니다. 하지만 오늘은 흐리고 바람이 불겠습니다. 내일부터 이번 주 나머지 날에는 비가 올 예정입니다. 좋은 하루 보내세요!

해설 내일부터 비가 올 것이라고 했다.

어휘 daily [déili] 나날의 weather report 일기 예보 cloud [klaud] 구름 rest [rest] (어떤 것의) 나머지

04 ⑤

여: Andrew, 이번 주말에 뭐 할 거니?
남: 안녕, Kate. 나는 우리 역사 숙제를 하러 국립 박물관에 갈 거야.
여: 아, 난 그걸 잊고 있었어.
남: 월요일까지 해야 해.
여: 정말? 시간이 별로 없네. 내가 같이 가도 될까?
남: 물론이지. 우리 같이 가서 숙제하자.

해설 남자는 여자에게 같이 박물관에 가서 숙제를 하자고 제안했다.

어휘 homework [hóumwə̀ːrk] 숙제 forget [fərgét] 잊다 (forget-forgot-forgotten)

05 ③

남: 안녕하세요. 저는 Bill Jobs입니다. 여러분에게 새로운 음악 앱에 대해 알려 드리고자 합니다. 그것의 이름은 'Music Album'입니다. 저는 그것을 친구들과 함께 만들었습니다. 여러분은 이 앱으로 클래식 음악을 들을 수 있습니다. 여러분은 지금 앱 마켓에서 무료로 앱을 다운로드할 수 있습니다.

해설 이름(Music Album), 제작자(Bill Jobs와 친구들), 기능(클래식 음악 청취), 가격(무료)에 대해서는 언급하였으나, 평점은 언급하지 않았다.

어휘 app [æp] 앱(= application) classical [klǽsikəl] 클래식의 download [dáunlòud] 다운로드하다 for free 공짜로, 무료로

06 ①

[휴대전화가 울린다.]
남: 얘, 수진아! 무슨 일이니?
여: 태민아! 오늘 우리가 언제 만나야 하는지 알고 싶어서 전화했어.
남: 콘서트는 오후 3시에 시작하니까, 1시 30분 어때?
여: 좀 이르긴 하지만 나는 괜찮아.

남: 그래, 그럼 오후 1시 30분에 매표소 앞에서 만나자.
여: 알겠어. 그때 보자.

해설 두 사람은 콘서트 매표소 앞에서 오후 1시 30분에 만나기로 했다.

어휘 call [kɔːl] 전화하다 see [siː] (눈으로) 보다; *알아보다 concert [káːnsərt] 콘서트 begin [bigín] 시작하다 a bit 조금 in front of ~의 앞에 ticket office 매표소

07 ④

남: Gloria, 왜 이 사진을 책상 위에 두었어?
여: 사진 속의 여자가 내 역할 모델이기 때문이야.
남: 멋지다. 누군데?
여: 그녀는 내가 가장 좋아하는 기타리스트인 Clara Bell이야.
남: 와! 그럼, 너는 장차 그녀처럼 되고 싶니?
여: 응. 난 언젠가 굉장한 기타리스트가 되고 싶어.
남: 훌륭해!

해설 여자는 사진 속의 여자처럼 기타리스트가 되고 싶다고 했다.

어휘 role model 역할 모델 guitarist [gitáːrist] 기타리스트 in the future 장차, 미래에 amazing [əméiziŋ] 놀라운, 굉장한

08 ④

여: Patrick, 봐! 해가 뜨고 있어!
남: 아름다워요! 새해 복 많이 받으세요, 엄마!
여: 새해 복 많이 받으렴! 기분이 어떠니?
남: 기분이 정말 좋아요.
여: 잘됐구나. 소원을 빌었니?
남: 네. 우리 가족이 항상 행복했으면 하는 소원을 빌었어요.

해설 아름다운 새해 일출을 보며 가족을 위해 소원을 빌고 있으므로, 남자는 행복할(happy) 것이다.
① 부끄러워하는 ② 지루한 ③ 화난 ⑤ 불안해하는

어휘 come up (해가) 뜨다 make a wish 소원을 빌다

09 ⑤

여: 아빠, 저 핸드크림을 찾고 있어요.
남: 아! 손이 건조하니?
여: 네. 그런데 욕실에서 찾을 수가 없어요.
남: 아, 맞아. 내가 핸드크림을 차에 두었단다.
여: 정말요? 저 그걸 써야 해요.
남: 지금 차에서 가지고 오마.
여: 고마워요, 아빠!

해설 남자는 차에 가서 핸드크림을 가져 오겠다고 했다.

어휘 hand cream 핸드크림 dry [drai] 마른, 건조한 find [faind] 찾다 bathroom [bǽθrùːm] 욕실

10 ②

여: 재원아, 너 서울 영화제에 가니?
남: 물론이지. 난 영화를 정말 좋아해.
여: 나도 그래. 그곳에는 좋은 영화들이 있을 거야.
남: 우리 같이 거기에 가지 않을래?
여: 좋아! 내일 어때?
남: 괜찮아. Classic 극장 앞에서 만나는 게 어때?
여: 그래, 거기서 보자.

해설 서울 영화제에 좋은 영화들이 많이 상영할 거라며 내일 같이 가기로 했으므로, 영화제 방문에 대해 이야기하고 있음을 알 수 있다.

어휘 festival [féstivəl] 축제 theatre [θíːətər] 극장

11 ⑤

[휴대전화가 울린다.]
남: 얘, 세나야!
여: 지호야! 너 Forest 공원에 가고 싶니?
남: 물론이지. 우리 그곳에 어떻게 가지?
여: 그냥 버스 타면 되잖아.
남: 하지만 지금 버스 안은 매우 붐빌 거야.
여: 그러네. 그렇다면 자전거를 타는 것은 어떨까?
남: 좋아. 우리는 신선한 공기도 마실 수 있으니까.
여: 좋아. 지금 가자!

해설 두 사람은 자전거를 타고 공원에 가기로 했다.

어휘 crowded [kráudid] 붐비는 ride a bike 자전거를 타다 air [eər] 공기

12 ⑤

남: 예린아, 슈퍼마켓에서 뭐 필요한 거 있니?
여: 네, 아빠. 매트가 필요해요.
남: 알겠어. 뭐 하러?
여: 아빠도 아시다시피, 제가 지난주에 집에서 운동을 막 시작했잖아요. 그래서 하나 갖고 싶어요.
남: 그렇구나. 하나 사 줄게.
여: 감사합니다.

해설 여자는 집에서 운동하기 시작해서 매트가 필요하다고 했다.

어휘 supermarket [súːpərmàːrkit] 슈퍼마켓 mat [mæt] 매트 What for? 왜[뭐 하러]? exercise [éksərsàiz] 운동하다

13 ②

남: 여기 앉으세요. [잠시 후] 먼저, 오른쪽 눈을 가리세요. 이것을 읽을 수 있나요?

여: 5, 2, 3.
남: 좋아요. 이건 어때요?
여: 8 그리고… 다음 거는 안 보여요.
남: 알겠습니다. 이제 왼쪽 눈을 가리고 이것을 읽어 보세요.
여: 7, 9, 그리고… [잠시 후] 잘 모르겠어요.
남: 네. 이제 둘러보고 안경테를 고르세요.

해설 남자는 여자의 시력을 검사하고 여자에게 안경테를 고르라고 했으므로, 두 사람이 대화하는 장소로 가장 적절한 곳은 안경점이다.

어휘 have a seat 자리에 앉다 cover [kʌ́vər] (감추거나 보호하기 위해) 씌우다[가리다] right [rait] 옳은; *오른쪽의 left [left] 왼쪽의 look around 둘러보다 glass frame 안경테

14 ③

여: 얘, James. 부엌에서 내 열쇠 좀 가져다줄래?
남: 알겠어요, 엄마. 어디에 두셨어요?
여: 아마 전자레인지 위에?
남: 아니요, 거기 없어요.
여: 그럼, 탁자 위를 보렴.
남: 어디 볼게요. 오, 찾았어요. 탁자 밑에 있어요!

해설 남자는 열쇠를 탁자 밑에서 찾았다고 했으므로, 열쇠의 위치로 가장 알맞은 곳은 ③이다.

어휘 key [kiː] 열쇠 microwave [máikrəwèiv] 전자레인지 under [ʌ́ndər] 아래에

15 ①

[휴대전화가 울린다.]
남: 안녕, Christine.
여: 안녕, Nate. 무슨 일이니?
남: 내 프린터가 작동을 안 해. 내 과학 보고서를 출력해 줄 수 있니?
여: 물론이지. 네 파일을 내게 이메일로 보내만 줘.
남: 응, 잠시만. [타이핑 소리] 네게 그걸 보냈어.
여: 확인해볼게. [잠시 후] 받았어.
남: 도와줘서 고마워.

해설 남자는 프린터가 고장 나서 여자에게 과학 보고서를 출력해 달라고 부탁했다.

어휘 printer [príntər] 프린터 work [wəːrk] 일하다; *(기계·장치 등이) 작동하다 print out 출력하다 science [sáiəns] 과학 report [ripɔ́ːrt] 보도; *보고서 email [íːmeil] 이메일을 보내다 file [fail] 파일 send [send] 보내다 (send-sent-sent) check [tʃek] 살피다; *알아보다[확인하다]

16 ①

여: Sam, 너 괜찮니? 아파 보이는구나.
남: 엄마, 저 배가 아파요.
여: 그런데 너 점심때는 괜찮았잖아.
남: 알아요. 이 통증은 점심 식사 직후부터 시작됐어요.
여: 아마 너무 빨리 먹었나?
남: 아니요, 천천히 먹었어요. 그리고 저 열이 있는 것 같아요.
여: 그럼, 지금 당장 병원에 가 보자.
남: 네.

해설 여자는 남자가 복통과 열이 있다고 하자 당장 병원에 가 보자고 제안했다.

어휘 look [luk] ~해 보이다 stomachache [stʌ́məkèik] 위통, 복통 pain [pein] 아픔, 통증 right after 그 직후, 바로 후 fever [fíːvər] 열 go see a doctor 진찰을 받다, 병원에 가다

17 ④

[휴대전화가 울린다.]
여: 얘, Tony, 너 뭐 하고 있니?
남: 별거 안 해. 너는?
여: 그냥 TV를 보고 있어.
남: 오늘 오후에 배드민턴 치러 갈래?
여: 좋은 생각인데, 비가 막 내리기 시작했어.
남: 정말? 나는 몰랐네. 우리 배드민턴은 못 칠 것 같다.
여: 그럼 우리 집에서 보드게임 하는 거 어때?
남: 좋아.

해설 두 사람은 오늘 오후에 여자의 집에서 보드게임을 하기로 했다.

어휘 badminton [bǽdmintən] 배드민턴 guess [ges] 추측하다; *~일 것 같다 board game 보드게임

18 ③

남: Natalie, 팬들과의 행사는 어땠어요?
여: 굉장했어요. 그들은 저의 새로운 웹툰에 대해 신이 나 있었어요.
남: 정말 멋지네요! 이 시리즈를 정말 열심히 작업하셨잖아요.
여: 맞아요. 팬들이 그것을 읽는 걸 많이 좋아하길 바라고 있어요.
남: 그럴 거예요. 그들은 당신의 새로운 그림 방식을 정말 좋아할 거예요.
여: 그러길 바라요.

해설 여자는 자신의 새로운 웹툰을 팬들이 좋아하길 바란다고 했으므로, 여자의 직업으로 가장 적절한 것은 웹툰 작가이다.

어휘 event [ivént] 사건, 행사 fan [fæn] 팬 fantastic [fæntǽstik] 엄청난, 굉장한 excited [iksáitid] 신이 난 webtoon [wébtuːn] 웹툰 hard [hɑːrd] 열심히 series [síːəriːz] 연속; *시리즈 drawing [drɔ́ːiŋ] 그림 style [stail] 방식

19 ②

남: 진희야, 이번 주말에 뭐 할 거니?
여: 난 아직 계획이 없어. 너는?
남: 난 양로원에서 자원봉사를 할 거야. 매주 일요일마다 하거든.
여: 거기서 뭐 하니?
남: 나는 보통 어르신들께 신문을 읽어 드려.
여: 오, 그거 좋다! 내가 같이 가도 될까?
남: 그럼, 물론이지.

해설 여자는 남자가 하는 봉사 활동에 같이 가도 되냐고 물었으므로, 가능 여부를 말하는 응답이 가장 적절하다.
① 아니야.
③ 그녀는 노래하는 것을 좋아해.
④ 그건 너무 작은 것 같아.
⑤ 너는 재미로 뭘 하니?

어휘 plan [plæn] 계획 volunteer [vɑ̀ləntíər] 자원하다, 자원봉사로 하다 nursing home 양로원 newspaper [njúːzpèipər] 신문 elderly [éldərli] 연세가 드신

20 ③

여: 아, 수학 수업에 필요한 연습 문제지를 잃어버렸어.
남: 내 거 복사해도 돼. 저기 있는 복사기를 사용하자.
여: 어떻게 사용하는지 아니?
남: 쉬워. 덮개를 열고 유리 위에 종이를 올려놔.
여: 알겠어, 그런 다음에는?
남: 덮개를 닫고 시작 버튼을 눌러.
여: 어떤 게 시작 버튼이야?
남: 큰 초록색 버튼이야.

해설 여자는 복사기에서 어떤 것이 시작 버튼인지를 물었으므로, 큰 초록색 버튼이라고 가르쳐 주는 응답이 가장 적절하다.
① 5시 어때?
② 난 그들을 어제 만났어.
④ 그는 영화를 보고 있어.
⑤ 그분은 내 담임 선생님이셨어.

어휘 lose [luːz] 잃어버리다 (lose-lost-lost) worksheet [wə́ːrkʃiːt] (학습용) 연습 문제지[평가지] math [mæθ] 수학 copy [kɑ́ːpi] 복사하다 copy machine 복사기 cover [kʌ́vər] 덮개, 커버 glass [glæs] 유리 button [bʌ́tn] (기계를 작동시키기 위해 누르는) 버튼[단추] [문제] homeroom teacher 담임교사

01 1) in a kitchen 2) one or more doors
3) keeps foods fresh

02 1) looking for a vase 2) our most popular one
3) has many small stars

03 1) were no clouds 2) cloudy and windy
3) it'll be rainy

04 1) do our history homework 2) go with you
3) do the homework together

05 1) I made it 2) listen to classical music 3) for free

06 1) when we should meet 2) a bit early
3) meet at 1:30

07 1) is my role model 2) my favorite guitarist
3) an amazing guitarist

08 1) is coming up 2) feel really good
3) will always be happy

09 1) I'm looking for 2) can't find it 3) I'll go get it

10 1) I love movies 2) Why don't we go
3) How about meeting

11 1) How do we get there 2) take the bus
3) riding bikes

12 1) need a mat 2) started exercising at home
3) I'll buy one

13 1) cover your right eye 2) I can't see
3) choose the glass frames

14 1) on the microwave 2) look on the table
3) under the table

15 1) Can you print out 2) email me your file
3) sent it to you

16 1) have a stomachache 2) ate too fast
3) go see a doctor

17 1) just started raining 2) can't play badminton
3) playing board games

18 1) excited about my new webtoons
2) love reading it 3) new drawing style

19 1) I'm going to volunteer 2) to the elderly people
3) go with you

20 1) can copy mine 2) how to use it 3) Which one is

실전모의고사 01 회

01 ④	02 ⑤	03 ①	04 ③	05 ⑤
06 ③	07 ②	08 ⑤	09 ①	10 ②
11 ④	12 ④	13 ①	14 ③	15 ③
16 ⑤	17 ⑤	18 ⑤	19 ④	20 ⑤

01 ④

남: 이것은 운동 기구의 한 종류입니다. 여러분은 헬스클럽에서 이것을 발견할 수 있습니다. 사람들은 이것 위에서 걷고 뜁니다. 그들은 이것의 속도를 조절할 수 있습니다. 이것에는 디지털 화면 표시 장치가 있습니다. 그 화면은 사람들이 얼마나 오래 운동했고 몇 킬로미터를 뛰거나 걸었는지 보여 줍니다. 이것은 무엇일까요?

해설 그 위에서 걷고 뛸 수 있으며 속도를 조절할 수 있는 운동 기구는 러닝머신이다.

어휘 exercise [éksərsàiz] 운동; 운동하다 machine [məʃíːn] 기계 fitness center 헬스클럽 control [kəntróul] 통제하다, 조절하다 display [dísplei] 전시; *화면 표시 장치 screen [skriːn] 화면

02 ⑤

여: 도와드릴까요?
남: 네, 제 여동생을 위한 동물 인형을 찾고 있어요.
여: 이 곰 인형은 어떠세요?
남: 음, 동생은 이미 곰 인형을 가지고 있어요.
여: 그러면 큰 나비 모양 리본이 달린 이 토끼는 어떠세요?
남: 그거 귀엽네요. 그 큰 파란 나비 모양 리본이 달린 토끼를 살게요.
여: 잘 선택하셨어요.

해설 남자는 큰 파란 나비 모양 리본이 달린 토끼 인형을 사기로 했다.

어휘 look for ~을 찾다 stuffed animal 봉제 동물 인형 bunny [bʌ́ni] 토끼 bow [bou] 나비 모양(매듭 리본) choice [tʃɔis] 선택

03 ①

여: 안녕하세요. 주말 일기 예보입니다. 서울은 비가 오겠습니다. 제주는 토요일에는 흐리지만 일요일에는 비가 오겠습니다. 부산은 주말 내내 맑겠습니다.

해설 부산은 주말 내내 맑을 것이라고 했다.

어휘 weekend [wíːkènd] 주말 weather report 일기 예보 cloudy [kláudi] 흐린, 구름 낀 sunny [sʌ́ni] 맑은

04 ③

남: Kathy, 뭘 하고 있니? 엄청 심각해 보여.
여: 기말고사를 대비해 공부 중이야.
남: 그게 언제 시작하는데?
여: 내일 시작해.
남: 충분히 공부했니?
여: 내 생각에는 그래, 하지만 여전히 걱정돼.
남: 걱정하지 마. 넌 항상 시험을 잘 보잖아.

해설 남자는 기말고사에 대해 걱정하는 여자를 격려하고 있다.

어휘 serious [síːəriəs] 심각한 final exam 기말고사 enough [ináf] 충분히 do well 잘하다

05 ⑤

남: 안녕하세요, 저는 저희 가족에 대해 이야기하고 싶습니다. 저희 가족은 4명입니다. 아버지는 영어 선생님이십니다. 어머니는 바이올린 연주하는 것을 좋아하십니다. 그것이 어머니의 취미입니다. 누나는 고등학생입니다. 누나는 가수가 되고 싶어 합니다. 그들은 정말 좋습니다.

해설 식구 수(4명), 아버지의 직업(영어 선생님), 어머니의 취미(바이올린 연주), 누나의 장래 희망(가수)에 대해서는 언급하였으나, 사는 곳은 언급하지 않았다.

어휘 talk about ~에 대해 이야기하다 hobby [hábi] 취미 older [ouldər] 연상의

06 ③

여: 오 이런!
남: 무슨 일이니?
여: 시간 좀 봐! 벌써 2시 15분이야.
남: 2시 15분이라고? 우리 오후 2시 30분에 회의가 있지 않니?
여: 맞아. 15분밖에 안 남았어.
남: 서두르자.

해설 quarter는 한 시간의 4분의 1인 15분을 가리키므로, 현재 시각은 2시 15분이다.

어휘 quarter [kwɔ́ːrtər] 4분의 1; *15분 past [pæst] (시간이) 지나서 meeting [míːtiŋ] 회의 hurry [hə́ːri] 서두르다

07 ②

여: Peter, 스파게티 좀 먹을래?
남: 응, 먹을래. *[잠시 후]* 와! 이 스파게티 정말 맛있다.
여: 정말? 내가 직접 만들었어.
남: 넌 요리를 정말 잘하는구나.

여: 고마워. 나는 장래에 요리사가 되고 싶어.
남: 난 네가 아주 잘 할 거라고 확신해.

해설 여자는 장래에 요리사가 되고 싶다고 했다.

어휘 spaghetti [spəgéti] 스파게티 delicious [dilíʃəs] 맛있는 cook [kuk] 요리하다; 요리사 in the future 장래에, 미래에 sure [ʃuər] 확신하는

08 ⑤

여: 얘, 네가 영어 말하기 대회에서 1등 상을 받았다고 들었어.
남: 맞아! 지난주에 상을 받았어.
여: 무엇을 받았니?
남: 스마트워치.
여: 와! 너 정말 가지고 싶어 했잖아, 그렇지 않니?
남: 맞아, 그랬지.
여: 너 정말 기쁘겠다.

해설 남자는 영어 말하기 대회에서 1등을 해서 상으로 원하던 스마트워치를 받았으므로 기쁠(pleased) 것이다.
① 슬픈 ② 피곤한 ③ 미안한 ④ 걱정하는

어휘 hear [hiər] 듣다 (hear-heard-heard) win [win] 이기다; *(~을) 타다 (win-won-won) prize [praiz] 상 speech contest 말하기 대회

09 ①

여: 지성아, 이번 토요일에 무슨 계획 있니?
남: 특별한 거 없어. 왜?
여: 이번 토요일에 Wing이 콘서트를 한다고 들었어. 너 갈 수 있니?
남: 물론이지. 그들은 정말 훌륭한 밴드야.
여: 그래, 그럼 내가 지금 당장 표를 예매할게.
남: 좋아.

해설 여자는 이번 토요일에 있을 콘서트의 표를 바로 예매하겠다고 했다.

어휘 Nothing special. 특별한 거 없어. band [bænd] (특히 대중음악) 밴드 reserve [rizə́ːrv] 예약하다 ticket [tíkit] 표, 티켓

10 ②

남: 방콕 여행은 어땠어?
여: 좋았는데 좀 추웠어.
남: 추워? 태국은 항상 덥지 않아?
여: 보통은 그런데, 지난주에는 그렇지 않았어.
남: 우리 누나는 지난달에 캄보디아에 갔는데 거기도 덥지 않았다고 했어.
여: 정말? 몇몇 나라들이 기상 이변을 겪고 있는 것 같아 걱정돼.
남: 나도 그래.

해설 태국과 캄보디아의 기후가 예년과 다르게 덥지 않다고 말하며 몇몇 나라들이 기상 이변을 겪는 것 같아 걱정된다고 했으므로, 이상 기온 현상에 대해 이야기하고 있음을 알 수 있다.

어휘 Thailand [táilænd] 태국 Cambodia [kæmbóudiə] 캄보디아 experience [ikspíːəriəns] 경험하다 unusual [ʌnjúːʒuəl] 이상한, 보통이 아닌 change [tʃeindʒ] 변화

11 ④

남: Katie, 우리 지금 가야 해.
여: 알았어. 경기장이 어디에 있지?
남: 시청 근처에 있어.
여: 그럼 우리 버스를 탈 수 있겠다.
남: 아니야. 차가 많이 막힐 거야. 지하철을 타자.
여: 좋은 생각이야.

해설 두 사람은 차가 많이 막힐 것 같아서 지하철을 타기로 했다.

어휘 stadium [stéidiəm] 경기장 City Hall 시청 a lot of 많은 traffic [træfik] 차량들, 교통(량) subway [sʌ́bwèi] 지하철

12 ④

남: 내 컴퓨터에 문제가 있어. 너무 느려.
여: 내가 한번 볼게.
남: 컴퓨터가 너무 오래되어서 그런가?
여: 아니, 바이러스에 감염된 것 같아.
남: 너 그걸 고칠 수 있니?
여: 확신할 수는 없지만, 한번 해 볼게.

해설 여자는 남자의 컴퓨터가 바이러스에 감염되어서 속도가 느려진 것 같다고 했다.

어휘 take a look ~을 한번 보다 virus [váiərəs] 바이러스; *컴퓨터 바이러스 fix [fiks] 고치다, 수리하다 give it a try 한번 해 보다

13 ①

남: 도와드릴까요?
여: 네. 계좌를 개설하고 싶어요.
남: 그럼 이 양식을 작성해 주세요. 신분증 있으신가요?
여: 네. 제 도장이 필요한가요?
남: 네, 하지만 가지고 계시지 않다면, 그냥 여기에 서명하시면 됩니다.
여: 알겠습니다.

해설 계좌를 개설하며 나누는 대화이므로, 두 사람이 대화하는 장소로 가장 적절한 곳은 은행이다.

어휘 open an account 계좌를 개설하다 fill out ~을 작성[기입]하다 form [fɔːrm] 형태; *서식, 양식 ID card 신분증

(= identification card) seal [siːl] 직인, 도장 sign [sain] 서명하다

14 ③

남: 실례합니다. M&B 서점에 어떻게 가는지 알려 주시겠어요?
여: M&B 서점이요? 한 블록 직진하셔서 오른쪽으로 도세요.
남: 오른쪽으로 돌라고요?
여: 네. Dundas Street를 따라 걸어가세요. 왼쪽에 있을 거예요. Joe's 꽃가게 옆이에요.
남: 알겠습니다. 감사합니다.
여: 천만에요.

해설 서점은 한 블록 직진해서 오른쪽으로 돌아 Dundas Street를 따라 걸어가면 왼쪽에 있다고 했으므로, 서점의 위치로 가장 알맞은 곳은 ③이다.

어휘 bookstore [búkstɔ̀ːr] 서점 go straight 직진하다, 똑바로 가다 block [blak] (도로로 나뉘는) 블록 turn [təːrn] 돌다 next to ~ 옆에

15 ③

여: 너 숙제 끝냈니?
남: 응, 바로 몇 분 전에.
여: 그럼 엄마가 집에 오시기 전에 엄마의 생신 파티 준비를 하자.
남: 그래, 내가 스파게티를 만들게. 너는 케이크를 사 올래?
여: 그럴게.
남: 고마워. 엄마가 무척 좋아하실 거야.

해설 남자는 여자에게 엄마의 생신 파티를 위해 케이크를 사다 달라고 부탁했다.

어휘 finish [fíniʃ] 끝내다 get ready 준비하다 pick up (어디에서) ~을 찾아오다, ~을 사 오다

16 ⑤

여: 얘, Sam. 넌 어느 동아리에 가입할 거니?
남: 아직 모르겠어. 동아리가 너무 많아.
여: 넌 배우가 되고 싶잖아, 그렇지? 우리 연극 동아리에 가입하는 게 어때?
남: 동아리에 대해 좀 더 말해 줄 수 있니?
여: 물론이지. 우리는 매주 금요일에 만나고 겨울에는 연극을 공연해.
남: 오, 멋지다.

해설 여자는 남자에게 자신이 속해 있는 연극 동아리에 가입할 것을 제안했다.

어휘 join [dʒɔin] 가입하다 actor [æktər] 배우 theater club 연극 동아리 perform a play 연극을 공연하다

17 ⑤

남: 안녕, Alice. 지난 주말에 뭐 했니?
여: 나는 삼촌 댁에 갔었어.
남: 거기서 즐거운 시간 보냈니?
여: 응. 나는 조카아이를 만났어. 너는?
남: 나는 아빠와 캠핑을 갔어.
여: 재미있었겠다.

해설 여자는 주말에 삼촌 댁에 가서 조카아이를 만났다고 했다.

어휘 have a great time 즐거운 시간을 보내다 nephew [néfju:] 조카 (아들)

18 ⑤

남: 여기 파리에서 지금까지 어떠셨어요?
여: 너무 좋아요. 파리는 정말 놀라운 도시입니다.
남: 정말 그래요. 자, 이제 저희는 에펠 탑을 방문할 예정입니다.
여: 좋아요. 그 후에 센강에서 유람선을 타는 건가요?
남: 네, 그렇습니다. 유람선에서 파리의 아름다운 경치를 보시게 될 겁니다.
여: 와, 빨리 보고 싶어요!

해설 남자는 여자에게 관광 일정을 알려 주고 있으므로, 남자의 직업으로 가장 적절한 것은 여행 가이드이다.

어휘 so far 지금까지 amazing [əméiziŋ] 놀라운 city [síti] 도시 visit [vízit] 방문하다 the Eiffel Tower 에펠 탑 cruise [kru:z] 유람선 여행 view [vju:] 경치, 조망

19 ④

여: 너 반려동물 있니?
남: 응, 귀여운 고양이가 있어.
여: 이름이 뭔데?
남: 이름은 미미야.
여: 좋겠다.
남: 너는 반려동물 없니?
여: 응, 어떤 반려동물도 없어.

해설 남자는 여자에게 반려동물이 없느냐고 물었으므로, 반려동물이 있는지 여부를 말하는 응답이 가장 적절하다.
① 좋은 선택이야.
② 나는 가고 싶어.
③ 아니, 나는 여동생이 있어.
⑤ 아니, 나는 개를 키우고 싶어.

어휘 pet [pet] 반려동물 cute [kju:t] 귀여운 lucky [lʌ́ki] 행운의, 운이 좋은

20 ⑤

여: 지금 바쁘니?
남: 그렇진 않아. 무슨 일이야?
여: 새 셔츠를 하나 사고 싶어. 쇼핑하러 가자.
남: 좋아. 하지만 쇼핑몰이 오늘 8시에 문을 닫아.
여: 아, 지금 몇 시지?
남: 거의 7시야.
여: 아, 그럼 우리 지금 당장 가는 게 좋겠다.

해설 쇼핑하러 가자는 여자에게 남자는 쇼핑몰이 8시에 문을 닫는데 지금 거의 7시라고 했으므로, 당장 가자고 말하는 응답이 가장 적절하다.
① 너 또 늦었어.
② 나는 오늘 너무 피곤해.
③ 나는 새 셔츠가 필요 없어.
④ 내가 산 걸 보여 줄게.

어휘 shirt [ʃəːrt] 셔츠 close [klouz] 닫다 almost [ɔ́ːlmoust] 거의
[문제] had better ~하는 것이 좋을 것이다

Dictation Test 01

pp. 46~51

01 1) exercise machine 2) control its speed
    3) how long people have exercised

02 1) has a teddy bear 2) how about this bunny
    3) big blue bow

03 1) will rain 2) be cloudy 3) have sunny skies

04 1) what are you doing 2) When do they start
    3) do well on

05 1) There are four people 2) play the violin
    3) wants to be

06 1) a quarter past two 2) have a meeting
    3) only have 15 minutes

07 1) cooked it myself 2) good cook
    3) to be a cook

08 1) won first prize 2) What did you get
    3) must be very happy

09 1) Nothing special 2) have a concert
    3) reserve the tickets

10 1) a little cold 2) it wasn't hot there
    3) unusual weather changes

11 1) Where is the stadium 2) take a bus
    3) take the subway

12	1) have a problem with 2) has a virus
	3) give it a try
13	1) open an account 2) fill out this form
	3) just sign here
14	1) how to get to 2) turn right 3) next to
15	1) finish your homework 2) get ready for
	3) pick up a cake
16	1) so many 2) join our theater club
	3) perform a play
17	1) What did you do 2) went to my uncle's house
	3) went camping
18	1) How do you like 2) we're going to visit
	3) see beautiful views
19	1) have a pet 2) What's it called 3) You're lucky
20	1) go shopping 2) mall closes
	3) It's almost seven o'clock

실전모의고사 02 회

01 ③	02 ⑤	03 ②	04 ③	05 ④
06 ②	07 ②	08 ⑤	09 ④	10 ②
11 ④	12 ①	13 ③	14 ⑤	15 ①
16 ③	17 ②	18 ③	19 ③	20 ④

01 ③

남: 여러분은 이것을 맑은 날 밤하늘에서 볼 수 있습니다. 그것은 크고 밝기 때문에 쉽게 찾을 수 있습니다. 그것은 또한 한 달 동안 모양을 바꾸는 것처럼 보입니다. 사람들은 그것이 완전히 둥글 때 그것에 소원을 빕니다. 이것은 무엇일까요?

해설 밤하늘에서 볼 수 있고 한 달 동안 모양을 바꾸는 것처럼 보이며, 둥근 모양일 때 사람들이 소원을 비는 것은 달이다.

어휘 clear [kliər] 분명한; *(날씨가) 맑은 find [faind] 찾다 bright [brait] 밝은 change [tʃeindʒ] 바꾸다 shape [ʃeip] 모양 month [mʌnθ] 달 make a wish 소원을 빌다 fully [fúli] 완전히

02 ⑤

여: 이제 우리는 머그잔에 그림을 그려야 해.
남: 넌 뭘 그릴 거야?
여: 난 네 잎 클로버를 그릴 거야.
남: 오, 그것이 너에게 행운을 가져다줄 거야.
여: 맞아. 너는?
남: 난 하트를 그릴 거야. 내 여자 친구에게 머그잔을 주려고.
여: 오, 그 애가 좋아하겠다.

해설 여자는 머그잔에 네 잎 클로버를 그리겠다고 했다.

어휘 draw [drɔː] 그리다 picture [píktʃər] 그림 mug [mʌg] 머그잔 four-leaf clover 네 잎 클로버 bring [briŋ] 가져오다 luck [lʌk] 행운 heart [hɑːrt] 하트

03 ②

여: 좋은 아침입니다. 주간 일기 예보입니다. 오늘 화창하고 맑은 날을 즐길 수 있습니다. 하지만 내일은 날씨가 흐리겠습니다. 토요일과 일요일에는 종일 바람이 많이 불고 비가 오겠습니다.

해설 내일은 날씨가 흐릴 것이라고 했다.

어휘 weekly [wíːkli] 매주의, 주간의 weather forecast 일기 예보 beautiful [bjúːtifəl] 아름다운; *(날씨가) 화창한 however [hauévər] 하지만 windy [wíndi] 바람이 많이 부는

04 ③

남: 안녕, Nancy. 어디 가니?
여: 도서관에 가는 중이야. 3번 버스가 도서관에 가니?
남: 응, 그런데 왜 그렇게 서두르니?
여: 우리 공부 모임 사람들을 만나러 가는데, 내가 늦은 것 같아.
남: 그럼 택시를 타는 게 어때? 버스로 가면 시간이 너무 오래 걸려.

해설 남자는 약속 시간에 늦어 서두르는 여자에게 버스 대신 택시를 탈 것을 제안하고 있다.

어휘 in a hurry 서둘러, 바쁜 such [sətʃ] 그렇게, 매우

05 ④

남: MV 미술관에 오신 것을 환영합니다. 여러분은 이곳에서 300점이 넘는 그림들을 감상하실 수 있습니다. 저희는 월요일을 제외하고 매일 오전 10시에 개관해서 오후 8시에 폐관합니다. 입장료는 성인은 10달러이고, 어린이는 6달러입니다. 실내에서는 음식과 음료를 드실 수 없습니다.

해설 전시품 수(300점 이상), 개방 시간(월요일 제외하고 오전 10시부터 오후 8시까지), 입장료(성인 10달러, 어린이 6달러), 음식물 반입 가능 여부(실내에서는 음식과 음료를 먹을 수 없음)에 대해서는 언급하

정답 및 해설 13

였으나, 위치는 언급하지 않았다.

어휘 art gallery 미술관 painting [péintiŋ] 그림 open [óupən]
문을 열다 except [iksépt] 제외하고는 adult [ədʌ́lt] 성인
allow [əláu] 허용하다

06 ②

남: 영화가 몇 시에 시작하니?
여: 저녁 7시에.
남: 벌써 7시 10분 전이야. 우리는 극장에 7시 15분까지 도착하지 못할
거야.
여: 맞아. 다음 상영 시간은 8시 50분이야. 대신 그걸 보는 게 어때?
남: 그게 낫겠다. 그럼 먼저 저녁을 먹자.
여: 좋아.

해설 ten to seven은 7시의 10분 전인 6시 50분을 의미한다.

어휘 already [ɔ:lrédi] 이미, 벌써 arrive [əráiv] 도착하다 show
time 상영 시간 instead [instéd] 대신에

07 ②

남: Amanda, 네가 노래 대회에서 1등을 했다고 들었어. 축하해!
여: 고마워. 난 그 대회를 위해 연습을 많이 했어.
남: 네 목소리는 항상 멋져.
여: 고마워. 난 가수가 되고 싶어.
남: 난 네가 훌륭한 가수가 될 거라고 확신해.
여: 그러면 좋겠다.

해설 여자는 가수가 되고 싶다고 했다.

어휘 hear [hiər] 듣다 (hear-heard-heard) win first prize 1등을
하다 contest [kántest] 대회 Congratulations! 축하해!
practice [prǽktis] 연습하다 voice [vɔis] 목소리 wonderful
[wʌ́ndərfəl] 멋진

08 ⑤

여: 민호야, 너 내일 파티에 올 거니?
남: 난 가지 못할 것 같아.
여: 왜? 무슨 문제 있니?
남: 내가 기말고사 중 하나에 낙제했거든.
여: 아 이런. 네가 얼마나 열심히 공부했는지 아는데. 네가 통과하지 못
했다니 믿어지지가 않네.
남: 나도 그래.

해설 남자는 기말고사 공부를 열심히 했는데 그 중 하나에서 낙제했으므
로 실망스러울 것이다.

어휘 fail [feil] 실패하다; *낙제하다 either [í:ðər] (부정문에서) ~도
또한

09 ④

남: 너 오늘 뭐 할 거니?
여: 난 진희랑 드라이브할 거야.
남: 좋겠다. 날씨가 화창해.
여: 응, 하늘에 구름 한 점 없어.
남: 선글라스 가져가는 것 잊지 마. 오늘은 정말 햇볕이 강해.
여: 아! 깜박할 뻔했어. 지금 바로 가지러 가야겠어.

해설 햇볕이 강하니 선글라스를 챙기라는 남자의 말에 여자는 지금 바로
가지러 가야겠다고 했다.

어휘 take a drive 드라이브하다 forget [fərgét] 잊다, 깜박하다
(forget-forgot-forgotten)

10 ②

남: 어젯밤에 정말 재미있었어.
여: 네가 재미있었다니 기뻐. Kate의 친구들이 모두 그 자리에 있어서
난 아주 행복했어.
남: 그 애가 선물을 다 맘에 들어 했니?
여: 응, 전부 다 정말 좋아했던 것 같아. 그리고 생일 케이크도 멋졌어.
남: 그래서 그 애가 그렇게 행복해 보였던 거구나.
여: 나도 그렇게 생각해!

해설 Kate가 선물을 좋아했고 생일 케이크도 멋졌다고 했으므로, 생일 파
티에 관해 이야기하고 있음을 알 수 있다.

어휘 have fun 재미있다, 즐거운 시간을 보내다 glad [glæd] 기쁜
gift [gift] 선물 birthday [bə́:rθdèi] 생일

11 ④

여: 아빠, 저를 영화관까지 태워 주실 수 있으세요?
남: 미안하지만, 안 되겠다. 엄마가 차를 이용 중이시거든. 택시를 타지
그러니?
여: 그건 비싸요.
남: 그럼 버스를 타는 건 어때?
여: 버스는 이 시간에 너무 붐벼요. 그러면 그냥 제 자전거를 타고 갈게
요.
남: 그거 좋은 생각 같구나.

해설 여자는 영화관에 자전거를 타고 가겠다고 했다.

어휘 give ~ a ride ~을 태워 주다 cinema [sínəmə] 영화관
expensive [ikspénsiv] 비싼 crowded [kráudid] 붐비는

12 ①

여: 너 때문에 우리 지금 콘서트를 못 보게 됐어.
남: 정말 미안해.

여: 넌 항상 늦어. 그래서 또 알람 시계가 안 울린 거니?

남: 아니. 그건 아니야.

여: 그럼 오늘은 왜 늦은 거야?

남: 교통 체증이 심했어. 제발 봐줘. 다음에는 늦지 않을게.

여: 알았어, 하지만 이게 마지막이야.

해설 남자는 교통 체증이 심해서 약속 시간에 늦었다고 했다.

어휘 miss [mis] 놓치다 ring [riŋ] 울리다 traffic [træfik] 교통(량) heavy [hévi] 무거운; *(교통이) 막히는 forgive [fərgív] 용서하다, 관대히 봐주다

13 ③

여: 실례합니다. 이 책을 대출하고 싶은데요.

남: 네. 학생증을 제게 보여 주세요.

여: 여기 있습니다.

남: Sharon Paterson. [타이핑 소리] 됐습니다.

여: 언제 책을 반납해야 하나요?

남: 일주일 이내에 가져오셔야 합니다.

여: 알겠습니다. 감사합니다.

해설 여자는 책을 대출하고 남자가 대출 기한을 알려 주었으므로, 두 사람이 대화하는 장소로 가장 적절한 곳은 도서관이다.

어휘 borrow [bárou] 빌리다 student card 학생증 bring ~ back ~을 돌려주다

14 ⑤

남: 엄마, 제 휴대전화 보셨어요?

여: 넌 항상 책상 위에 올려놓잖아, 그렇지 않니?

남: 네, 하지만 거긴 없어요.

여: 피아노 위에 살펴봤니?

남: 네, 심지어 그 아래까지 살펴봤어요. 그런데 못 찾겠어요.

여: 음… [잠시 후] 네 베개 위에 있는 저건 뭐니?

남: 오, 그거 제 전화기예요! 고마워요, 엄마.

해설 여자가 베개 위에 있는 것이 무엇이냐고 묻자 남자는 자신의 전화기라고 말했으므로, 휴대전화의 위치로 가장 알맞은 곳은 ⑤이다.

어휘 cellphone 휴대전화 desk [desk] 책상 pillow [pílou] 베개

15 ①

남: 얘, 나 배고파.

여: 나도 그래. 배고파 죽겠어.

남: 그런데 난 근처에 괜찮은 식당을 몰라.

여: 나도 그래. 음… 그냥 가장 가까운 식당에서 먹자.

남: 난 그렇게 하고 싶지 않아. 네가 인터넷에서 장소를 찾아봐 줄래? 내 전화기는 꺼졌거든.

여: 알았어, 잠깐만.

해설 남자는 여자에게 인터넷으로 식당을 찾아 달라고 부탁했다.

어휘 hungry [hʌ́ŋgri] 배고픈 be starving 배가 고파 죽을 지경이다 nearby [nìərbái] 근처에 dead [ded] 죽은; *(기계 등이) 작동을 안 하는

16 ③

남: 아, 내 오른쪽 눈이 정말 아파.

여: 무슨 일이야?

남: 콘택트렌즈를 끼고 있었는데, 지금 내 눈에 뭔가 문제가 있는 것 같아.

여: 오, 네 눈이 정말 빨개. 너 병원에 가 봐야 해.

남: 그래야 할까?

여: 응. 의사 선생님이 문제의 원인을 찾아서 약을 주실 거야.

해설 여자는 눈이 아픈 남자에게 병원에 갈 것을 제안하고 있다.

어휘 contact lens 콘택트렌즈 go see a doctor 병원에 가다 cause [kɔːz] 원인 medicine [médisn] 약

17 ②

여: 너 피곤해 보여.

남: 어젯밤에 늦게까지 안 잤거든.

여: 왜? 너 컴퓨터 게임을 하고 있었어?

남: 아니, 숙제를 해야 했어.

여: 과학 프로젝트 말하는 거니?

남: 응. 그것을 끝내는 데 4시간이 걸렸어.

여: 아. 그래서 네가 지금 그렇게 피곤해 보이는구나.

해설 남자는 어젯밤 늦게까지 숙제를 했다고 했다.

어휘 stay up late 늦게까지 자지 않고 있다 do one's homework 숙제를 하다 science [sáiəns] 과학 project [prɑ́dʒekt] 과제, 연구 프로젝트

18 ③

남: Alice! 네 새 게임이 대성공이야! 축하해!

여: 정말 고마워.

남: 지하철에 있는 사람들 모두 그걸 하고 있었어!

여: 오, 정말?

남: 응. 어떻게 그렇게 재미있는 게임을 만들었니?

여: 힘들었지만, 난 누구나 즐길 수 있는 것을 만들기 위해 노력했어.

해설 여자가 만든 게임을 많은 사람들이 즐기고 있다고 했으므로, 여자의 직업으로 가장 적절한 것은 게임 개발자이다.

어휘 huge [hjuːdʒ] 엄청난 success [səksés] 성공 interesting

[íntərəstiŋ] 재미있는 hard [ha:rd] 힘든, 어려운 anyone
[éniwʌ̀n] 누구나

19 ③

남: 이번 토요일에 뭐 할 거니?
여: 난 기타 수업이 있어.
남: 와, 너 기타 치니? 난 몰랐네.
여: 나 그거 엄청 좋아해.
남: 내가 네 연주를 들어 볼 수 있을까?
여: 물론이지. 내가 다음번에 널 위해 기타를 쳐 줄게.
남: <u>오, 빨리 듣고 싶어.</u>

[해설] 여자가 다음에 남자를 위해 기타를 쳐 준다고 했으므로, 그에 대한
기대감을 나타내는 응답이 가장 적절하다.
① 왜 안 돼?
② 그렇게 하고 싶지 않아.
④ 그는 내가 가장 좋아하는 기타리스트야.
⑤ 나는 어제 새 기타를 샀어.

[어휘] guitar [gitá:r] 기타 lesson [lésən] 수업 guitarist [gitá:rist]
기타리스트, 기타 연주자

20 ④

여: Robert, 넌 여자 친구를 어떻게 만났어?
남: 우린 친구 결혼식에서 만났어.
여: 정말 낭만적이다!
남: 맞아.
여: 그녀와 첫눈에 사랑에 빠진 거니?
남: 응, 그랬어.
여: 무엇이 그녀와 사랑에 빠지도록 만들었니?
남: <u>그녀는 미소가 정말 아름다워.</u>

[해설] 여자는 남자에게 여자 친구와 사랑에 빠진 이유를 물었으므로, 그 이
유를 답하는 응답이 가장 적절하다.
① 그게 우리의 첫 번째 데이트였어.
② 그녀는 내 타입이 아니었어.
③ 응, 우리는 좋은 시간을 보냈어.
⑤ 아니, 난 그녀를 그렇게 좋아하진 않았어.

[어휘] wedding [wédiŋ] 결혼식 romantic [roumǽntik] 낭만적인
fall in love with ~와 사랑에 빠지다 at first sight 첫눈에
[문제] type [taip] 유형, 종류; *~ 타입의 사람 smile [smail]
미소

Dictation Test 02

pp. 54~59

01 1) big and bright 2) change its shape
3) make wishes on it

02 1) four-leaf clover 2) bring you luck
3) draw a heart

03 1) beautiful sunny day 2) be cloudy
3) windy and rainy

04 1) Where are you going 2) in such a hurry
3) take a taxi

05 1) open at 2) $10 for adults 3) are not allowed

06 1) ten to seven 2) next show time
3) eat dinner first

07 1) won first prize 2) sounds wonderful
3) be a singer

08 1) coming to the party 2) my final exams
3) didn't pass

09 1) take a drive 2) bring your sunglasses
3) go get them

10 1) had fun 2) like all her gifts
3) birthday cake was great

11 1) give me a ride 2) That's expensive
3) ride my bike

12 1) missed the concert 2) didn't ring
3) Traffic was heavy

13 1) borrow this book 2) bring the book back
3) in a week

14 1) on your desk 2) Did you look on
3) on your pillow

15 1) I'm starving 2) any good restaurants nearby
3) look for a place

16 1) something wrong with 2) go see a doctor
3) find the cause

17 1) playing computer games 2) do my homework
3) to finish it

18 1) a huge success 2) was playing it
3) tried to make one

19 1) going to do 2) play the guitar
3) listen to you play

20 1) how did you meet 2) fall in love with
3) What made you

16

실전모의고사 03회

pp. 60~61

01 ③	02 ⑤	03 ⑤	04 ③	05 ③
06 ④	07 ②	08 ④	09 ④	10 ⑤
11 ③	12 ⑤	13 ①	14 ②	15 ②
16 ④	17 ③	18 ③	19 ⑤	20 ⑤

01 ③

남: 우리는 이것을 음식과 음료수에 넣습니다. 그것은 흰색, 황색, 또는 갈색입니다. 그것은 단맛이 납니다. 사탕, 케이크, 아이스크림 속에는 이것이 많이 들어 있습니다. 여러분이 이것을 너무 많이 먹으면 살이 찔 겁니다. 이것은 무엇일까요?

해설 음식에 넣고 단맛이 나며, 많이 먹으면 살이 찌는 것은 설탕이다.

어휘 add [æd] 더하다, 첨가하다 drink [driŋk] 마실 것, 음료 taste [teist] ~한 맛이 나다 gain weight 체중이 늘다

02 ⑤

남: 도와드릴까요?
여: 네. 저희 할머니를 위한 예쁜 모자를 사고 싶어요.
남: 별무늬가 있는 이건 어떠세요?
여: 음. 저희 할머니는 꽃무늬를 더 좋아하세요.
남: 아, 그럼 할머니께서 파란 꽃들이 있는 이것을 좋아하실 것 같아요.
여: 네. 저도 그럴 것 같아요.

해설 여자는 남자가 마지막에 제안한 파란 꽃들이 있는 모자를 할머니께서 좋아하실 것 같다고 했다.

어휘 pretty [príti] 예쁜 pattern [pǽtərn] 무늬, 패턴

03 ⑤

여: 내일 일기 예보입니다. 휴스턴은 온종일 흐리겠습니다. 덴버에는 오후에 비가 오기 시작하겠습니다. 시카고는 맑고 따뜻하겠습니다. 소풍 가기 좋은 날이 될 것입니다. 보스턴에는 바람이 강하게 불고 많은 비가 내리겠습니다.

해설 보스턴에는 바람이 불고 비가 내릴 것이라고 했다.

어휘 weather forecast 일기 예보 picnic [píknik] 소풍 strong [strɔːŋ] 힘센; *(바람이) 강한 heavy [hévi] 무거운; *(비·바람 등이) 심한

04 ③

남: 너는 오늘 뭘 할 거니?
여: 엄마를 위해 케이크와 쿠키를 만들 거야.
남: 오늘이 특별한 날이니?
여: 응, 엄마 생신이야.
남: 도움이 필요하니?
여: 물어봐 줘서 고맙지만, 혼자서 할 수 있을 것 같아.

해설 여자는 도와주겠다는 남자의 제안에 고맙지만 혼자서 할 수 있다며 거절했다.

어휘 special [spéʃəl] 특별한 offer [ɔ́ːfər] 제공하다; *제안하다

05 ③

남: 금문교는 캘리포니아의 샌프란시스코에 있는 아름다운 다리입니다. 그것은 길이가 2,737미터입니다. 그리고 건설하는 데 4년이 걸렸습니다. 그 다리는 사실 전혀 황금빛이 아닙니다. 밝은 빨간색입니다. 많은 관광객들은 이 다리에서 사진 찍는 것을 좋아합니다.

해설 위치(캘리포니아의 샌프란시스코), 길이(2,737미터), 건설 기간(4년), 색깔(밝은 빨간색)에 대해서는 언급하였으나, 높이는 언급하지 않았다.

어휘 golden [góuldən] 황금빛의 bridge [bridʒ] 다리 build [bild] 짓다, 건설하다 actually [ǽktʃuəli] 실제로, 사실은 bright [brait] 밝은 tourist [túərist] 관광객 take a photo 사진을 찍다

06 ④

여: 안녕, Paul. 이번 주 토요일에 시간 있니?
남: 응. 무슨 일이야?
여: 우리 과제를 위해서 역사 박물관에 가야 해.
남: 아, 맞다. 박물관 앞에서 오전 10시 30분에 만나는 게 어때?
여: 음, 난 10시에 수영 강습이 있어. 11시 30분에 만나는 게 어때?
남: 좋아.

해설 11시 30분에 만나자는 여자의 말에 남자가 동의했다.

어휘 history [hístəri] 역사 museum [mjuːzíːəm] 박물관 project [prádʒekt] 과제, 프로젝트 in front of ~의 앞에

07 ②

여: 고등학교를 마친 후에 너는 뭘 할 거니?
남: 잘 모르겠어. 너는?
여: 나는 뉴욕으로 갈 거야.
남: 왜 뉴욕이야?
여: 나는 배우가 되고 싶기 때문에, 그곳에서 공부할 거야.

남: 뉴욕에는 연기 학교가 많이 있다고 들었어. 행운을 빌어!

해설 여자는 배우가 되고 싶다고 했다.

어휘 actress [ǽktris] 여배우 hear [hiər] 듣다 (hear-heard-heard) acting [ǽktiŋ] (연극·영화에서의) 연기 Good luck! 행운을 빌어!

08 ④

남: 안녕, Anna.
여: 안녕, Patrick. 너 야구 시합 준비됐니?
남: 그런 것 같긴 한데, 내가 실수할까 봐 걱정돼.
여: 왜? 너는 훌륭한 선수잖아.
남: 음, 이번이 시즌 첫 경기거든.
여: 걱정하지 마. 넌 잘할 거야.

해설 남자는 시즌 첫 야구 경기를 앞두고 실수할까 봐 걱정하고(worried) 있다.
① 슬픈 ② 자랑스러운 ③ 화난 ⑤ 기쁜

어휘 guess [ges] 짐작하다, 추측하다 make a mistake 실수하다 player [pléiər] 선수 season [síːzən] 계절; *(운동 경기의) 시즌

09 ④

남: Jenny, 여기 네 아침 식사란다. 널 위해서 팬케이크를 좀 만들었어.
여: 고마워요, 아빠, 하지만 먹을 수 없어요.
남: 왜?
여: 학교에 늦을 것 같아요. 벌써 8시예요.
남: 아, 저 시계는 빠르단다. 지금 겨우 7시 40분이야.
여: 잘됐네요! 그러면 몇 분 정도 먹을 시간이 있어요.

해설 여자는 학교에 늦을 것 같아 아침을 거르려다가, 시계가 빠르다는 남자의 말에 팬케이크를 먹을 시간이 있다고 했다.

어휘 pancake [pǽnkèik] 팬케이크 be late for ~에 지각하다

10 ⑤

여: 얘, Andrew. 너 뭐 하니?
남: 밴드 멤버들과 함께 노래 연습을 할 거야.
여: 오, 너희들 밴드 경연 대회에 참가하니?
남: 응. 우리는 지난 학기부터 매일 연습했어.
여: 와. 힘들지 않아?
남: 약간. 하지만 나는 경연 대회에서 정말 잘하고 싶어.
여: 난 네가 잘할 거라고 확신해.

해설 남자가 밴드 경연 대회를 위해 열심히 연습해 왔다고 하자 여자가 잘할 거라며 격려하고 있으므로, 밴드 경연 대회 준비에 대해 이야기하고 있음을 알 수 있다.

어휘 practice [prǽktis] 연습하다 participate in ~에 참가하다 contest [kántest] 대회 semester [siméstər] 학기 hard [haːrd] 어려운, 힘든

11 ③

남: 난 이번 토요일에 할아버지 댁에 방문할 거야. 버스를 타야 할 것 같아.
여: 하지만 너무 오래 걸리지 않니?
남: 응, 그게 문제야.
여: 이번엔 기차를 타는 게 어때?
남: 음… 더 비쌀 거야.
여: 알아, 하지만 훨씬 빠를 거야.
남: 알았어. 기차를 탈게.

해설 남자는 시간이 오래 걸리는 버스 대신 기차를 타기로 했다.

어휘 expensive [ikspénsiv] 비싼 faster [fǽstər] 더 빠른 (fast의 비교급)

12 ⑤

남: Rachel, 너 아주 행복해 보여. 너희 아버지께서 드디어 새 컴퓨터를 사 주셨니?
여: 아니.
남: 자, 네가 왜 그렇게 기분이 좋은지 말해 줘. 정말 궁금해.
여: 나 수학 시험에서 A를 받았어.
남: 오, 그랬어?
여: 응. 처음 있는 일이야.
남: 축하해!

해설 남자가 여자에게 행복해 보이는 이유를 묻자, 여자는 수학 시험에서 처음으로 A를 받았다고 했다.

어휘 finally [fáinəli] 마침내, 드디어 curious [kjúːəriəs] 궁금한 happen [hǽpən] (일·사건 등이) 있다, 발생하다

13 ①

남: 콘서트 표가 얼마예요?
여: 2층에 있는 좌석들만 아직도 구매하실 수 있어요. 그것들은 30달러씩입니다.
남: 알겠습니다. 2장 주세요.
여: 네, 60달러 되겠습니다.
남: 여기 제 신용 카드입니다.
여: 고맙습니다. 여기 표 있습니다. 좌석은 C10과 C11입니다.

해설 콘서트 표를 구입하는 사람과 매표소 직원의 대화이므로, 두 사람이 대화하는 장소로 가장 적절한 곳은 공연장이다.

어휘 seat [siːt] 좌석, 자리 second [sékənd] 둘째의 floor [flɔːr]

바닥; *(건물의) 층 still [stil] 아직(도) available [əvéiləbl] 이
용할 수 있는 credit card 신용 카드

14 ②

[휴대전화가 울린다.]
남: 안녕, Rebecca. 무슨 일이니?
여: 안녕. 나 길 좀 물어보려고. 너 Joe's Pizza가 어디 있는지 아니?
남: 응. 너 지금 어딘데?
여: 난 지금 교회와 약국 사이에 있어.
남: 그렇다면 두 블록 직진한 후 모퉁이에서 오른쪽으로 돌아.
여: 오른쪽으로 돌라고?
남: 응. 네 왼편에서 Joe's Pizza를 볼 수 있을 거야.

해설 두 블록 직진해서 오른쪽으로 돌면 왼편에 있다고 했으므로, Joe's
Pizza의 위치로 가장 알맞은 곳은 ②이다.

어휘 direction [dirékʃən] 방향, 위치 church [tʃə:rtʃ] 교회
pharmacy [fáːrməsi] 약국 in that case 그런 경우에는, 그렇
다면 corner [kɔ́ːrnər] 모퉁이

15 ②

남: 사과 파이 맛이 어때요, Amy?
여: 맛있네요.
남: 좀 더 먹을래요?
여: 아니요, 괜찮아요. 그런데 우유를 좀 더 마셔도 될까요?
남: 물론이죠. 바로 가져다줄게요.
여: 고마워요.

해설 여자는 우유를 좀 더 마실 수 있냐고 물었다.

어휘 apple pie 사과 파이 delicious [dilíʃəs] 맛있는 right away 곧,
바로

16 ④

남: 민아야, 뭐가 잘못됐니?
여: 중간고사를 대비해 공부하고 있는데, 수학이 너무 어려워.
남: 우리 공부 모임에 들어오는 게 어때?
여: 너희 공부 모임?
남: 수민, 재진이와 나는 일주일에 한 번 같이 공부해. 우리는 서로 수학
공부를 도와줘.
여: 그거 좋은 생각이다!

해설 남자는 여자에게 수학 공부를 함께 하는 공부 모임에 들어올 것을 제
안했다.

어휘 midterm [mídtəːrm] 중간고사 difficult [dífikʌlt] 어려운
once [wʌns] 한 번 each other 서로

17 ③

여: 지난 주말에 뭐 했니?
남: 나는 부모님과 함께 등산을 갔어. 너는?
여: 음, 난 주말 내내 집에 있었어.
남: 정말? 그냥 쉬었니?
여: 아니, 내 방을 다시 정리하느라 바빴어.
남: 멋지다! 네 방은 지금 느낌이 다르겠구나.

해설 여자는 주말에 방을 정리하느라 바빴다고 했다.

어휘 parent [péərənt] 부모 relax [ríláks] 휴식을 취하다
rearrange [rìːəréindʒ] 재배열[배치]하다, 다시 정리하다

18 ③

여: 어디서 일하세요, Drake 씨?
남: 저는 병원에서 일합니다.
여: 아, 의사이신가요?
남: 아닙니다. 저는 의사를 돕고 환자들을 돌봐요.
여: 직업이 마음에 드세요?
남: 정말 좋아요. 저는 아픈 사람들을 도울 수 있어서 기쁩니다.

해설 병원에서 의사를 돕고 환자들을 돌본다고 했으므로, 남자의 직업으
로 가장 적절한 것은 간호사이다.

어휘 hospital [háspitəl] 병원 take care of ~을 돌보다 patient
[péiʃənt] 환자

19 ⑤

[전화벨이 울린다.]
여: 여보세요?
남: Hailey Stewart 씨와 통화할 수 있을까요?
여: 마케팅 팀의 Harry Stevens 씨 말씀이신가요?
남: 아니요, Hailey Stewart 씨요.
여: 음, 죄송하지만, 여기 그런 이름을 가진 분은 안 계십니다.
남: 이상하네요. 2014-7114 아닌가요?
여: 아니요. 전화를 잘못 거신 것 같습니다.

해설 남자는 자신이 찾는 사람이 없다는 여자의 말에 전화번호가 맞는지
물었으므로, 전화를 잘못 걸었다고 말하는 응답이 가장 적절하다.
① 그녀는 나가고 없습니다.
② 제가 나중에 전화할게요.
③ 메시지를 남기시겠어요?
④ 네. 그녀는 전화번호를 바꿨어요.

어휘 marketing [máːrkitiŋ] 마케팅 strange [streindʒ] 이상한
[문제] leave a message 메시지를 남기다 dial [dáiəl] 번호를
누르다, 전화를 걸다 wrong [rɔːŋ] 틀린

20 ⑤

여: 얘, Jason. 너 Carl 본 적 있니?
남: 최근에는 없어. 왜?
여: 내가 이번 주에 그 애에게 여러 번 전화를 했는데, 전화를 받지 않네.
남: 정말? 그 애한테 무슨 일이 생겼나?
여: 모르겠어. 어제 우리 첼로 수업에도 안 왔어.
남: 음. 이상한 일이네. 너 그 애를 언제 마지막으로 봤니?
여: 우리는 지난 수요일에 같이 저녁을 먹었어.

해설 남자는 여자가 Carl을 언제 마지막으로 봤는지 물었으므로, 마지막으로 만난 때를 말하는 응답이 가장 적절하다.
① 그 애를 보면 네게 전화할게.
② 네가 경찰서에 전화해야 할 것 같아.
③ 응, 우리는 첼로 콘서트에서 처음 만났어.
④ 나는 7시에 그를 만날 거야.

어휘 recently [ríːsəntli] 최근에 several [sévərəl] 몇 번의
show up 나타나다 lesson [lésən] 레슨, 수업 unusual
[ʌnjúːʒuəl] 이상한, 보통이 아닌 last [læst] 마지막으로

Dictation Test 03
pp. 62~67

01 1) add this to 2) It tastes sweet 3) gain weight
02 1) buy a pretty hat 2) with the star pattern
    3) likes flower patterns better
03 1) begin to rain 2) be sunny and warm
    3) be strong winds
04 1) I'm going to make 2) need any help
    3) do it myself
05 1) 2,737 meters long 2) took four years
    3) It's bright red
06 1) for our project 2) in front of 3) meeting at 11:30
07 1) after high school 2) I want to be
    3) many acting schools
08 1) Are you ready for 2) I'm afraid 3) You'll do great
09 1) I can't eat them 2) late for school
    3) a few minutes to eat
10 1) are you guys participating 2) practiced every day
    3) in the contest
11 1) take too long 2) taking the train 3) much faster
12 1) buy you a new computer 2) why you're so happy
    3) got an A

13 1) How much are 2) I'd like two tickets
    3) Your seats are
14 1) need some directions 2) turn right
    3) on your left
15 1) like some more 2) can I have
    3) bring it right away
16 1) math is too difficult 2) join our study group
    3) help each other
17 1) went hiking 2) Were you just relaxing
    3) was busy rearranging
18 1) work at the hospital 2) take care of patients
    3) help sick people
19 1) May I speak to 2) no one here 3) That's strange
20 1) Have you seen 2) didn't show up
    3) When did you see

Word Test 01~03
pp. 68~69

A

01 상   02 병원
03 선물   04 붐비는
05 기계   06 제외하고는
07 직인, 도장   08 이상한
09 마침내, 드디어   10 대회
11 서명하다   12 짐작하다, 추측하다
13 틀린   14 똑바로
15 예약하다   16 최근에
17 휴식을 취하다   18 밝은
19 약국   20 이상한, 보통이 아닌
21 허용하다   22 성공
23 놀라운   24 가져오다
25 방향, 위치   26 근처에
27 학기   28 거의
29 관광객   30 이용할 수 있는
31 많은   32 서둘러, 바쁜
33 곧, 바로   34 체중이 늘다
35 준비하다   36 ~에 참가하다
37 ~을 작성[기입]하다 38 ~을 한번 보다
39 소원을 빌다   40 한번 해 보다

B

01 weekend   02 serious
03 shape   04 arrive
05 draw   06 actor
07 cook   08 stadium

09 science	10 hurry
11 change	12 forgive
13 medicine	14 fix
15 history	16 curious
17 adult	18 seat
19 exercise	20 experience
21 visit	22 already
23 practice	24 build
25 traffic	26 forget
27 cause	28 expensive
29 borrow	30 close
31 actually	32 several
33 taste	34 patient
35 instead	36 museum
37 take care of	38 be late for
39 make a mistake	40 in front of

실전모의고사 04회

pp. 70~71

01 ②	02 ⑤	03 ①	04 ③	05 ④
06 ②	07 ④	08 ①	09 ⑤	10 ⑤
11 ②	12 ②	13 ③	14 ④	15 ⑤
16 ⑤	17 ③	18 ④	19 ⑤	20 ④

01 ②

남: 나는 바닷속 깊이 살아요. 나는 팔이 여덟 개입니다. 포식 동물을 만나면, 나는 물속에서 검은 잉크를 쏘아요. 그런 다음 나는 헤엄쳐 떠납니다. 나는 무엇일까요?

해설 바닷속 깊이 살며 팔이 여덟 개이고 검은 잉크를 쏘는 동물은 문어다.

어휘 deep [di:p] 깊이 ocean [óuʃən] 대양, 바다 arm [ɑ:rm] 팔 predator [prédətər] 포식자, 포식 동물 shoot [ʃu:t] 쏘다

02 ⑤

여: 안녕하세요. 케이크를 주문하고 싶은데요.
남: 네. 어떤 종류의 케이크를 원하세요?
여: 가운데 큰 빨간 꽃 한 송이가 있는 초콜릿 케이크를 만들어 주실 수 있나요?

남: 물론입니다. 원하시면 하트 모양 케이크도 만들 수 있습니다.
여: 괜찮아요. 그냥 둥근 것으로요.
남: 알겠습니다.

해설 여자는 가운데 빨간 꽃이 있는 둥근 모양의 초콜릿 케이크를 주문했다.

어휘 order [ɔ́:rdər] 주문하다 flower [fláuər] 꽃 center [séntər] 가운데, 중앙 heart-shaped [hɑ́:rtʃèipt] 하트 모양의 round [raund] 둥근

03 ①

여: 일기 예보의 Janet Smith입니다. 금요일까지는 흐리겠고, 그러고 나서 토요일에는 비가 오겠습니다. 하지만 걱정하지 마세요. 일요일 아침에는 비가 그치고 오후에는 맑겠습니다.

해설 일요일 아침에 비가 그치고 오후에는 맑을 것이라고 했다.

어휘 weather report 일기 예보 worry [wə́:ri] 걱정하다

04 ③

남: 아야!
여: Derek, 무슨 일이니?
남: 이가 너무 아파! 아무것도 먹을 수가 없어.
여: 언제 아프기 시작했어?
남: 그저께.
여: 치과에 가야 해. 안 가면 통증이 더 심해질 거야.

해설 여자는 치통이 심한 남자에게 치과에 가 볼 것을 조언하고 있다.

어휘 tooth [tu:θ] 이, 치아 hurt [hə:rt] 아프다 dentist [déntist] 치과 의사, 치과 pain [pein] 아픔, 통증 get worse 더 나빠지다

05 ④

남: 안녕하세요, 여러분. 제가 가장 좋아하는 가수인 Jim Reed를 소개하고 싶습니다. 그는 29세이고 록 밴드의 리드 보컬입니다. 여러분이 록 음악을 좋아한다면, 그의 노래를 들어야 합니다. 저는 여러분이 그 노래들을 정말 좋아할 거라고 확신합니다.

해설 직업(가수), 이름(Jim Reed), 나이(29세), 소속(록 밴드)에 대해서는 언급하였으나, 취미는 언급하지 않았다.

어휘 introduce [ìntrədjú:s] 소개하다 favorite [féivərit] 가장 좋아하는 lead singer (록 그룹 등의) 리드 보컬

06 ②

[전화벨이 울린다.]
여: 여보세요?

남: 안녕하세요. 전 Tommy인데요. Lewis와 통화할 수 있을까요?
여: 그 애는 여기 없는데.
남: 언제 집에 돌아오나요?
여: 지금이 오후 6시니까, 그 애는 1시간 후에 집에 올 거야.
남: 네, 그럼 7시 이후에 다시 전화할게요.

[해설] 지금은 오후 6시이고, Lewis는 1시간 후에 올 것이라고 했다.

[어휘] again [əgén] 다시, 또 after [ǽftər] ~ 후에

07 ④

남: 여가 시간에 뭐 하는 것을 좋아하니?
여: 나는 춤추는 것을 좋아해.
남: 오, 너는 무용수가 되고 싶니?
여: 응. 나는 발레리나가 되고 싶어. 너는?
남: 음, 난 요리하는 걸 좋아해. 장래에 요리사가 되고 싶어.
여: 멋있겠다.

[해설] 여자는 춤추는 것을 좋아한다며 발레리나가 되고 싶다고 했다.

[어휘] free time 여가 시간 ballerina [bæ̀lərí:nə] 발레리나 chef [ʃef] 요리사 future [fjú:tʃər] 미래 sound [saund] ~하게 들리다

08 ①

여: Ian, 너 괜찮아?
남: 아니.
여: 무슨 일 있었니?
남: 내 강아지 Bravo가 아파. 어떻게 해야 할지 모르겠어.
여: 음, 수의사에게 데려갔니?
남: 응, 이틀 전에. 하지만 여전히 아파.
여: 그것 참 안됐다.

[해설] 남자는 강아지가 며칠째 아파서 슬플 것이다.

[어휘] vet [vet] 수의사 still [stil] 여전히, 아직

09 ⑤

여: 무슨 일이니, Tim?
남: 내 새 스마트폰을 물에 빠뜨렸어.
여: 뭐? 네 스마트폰을?
남: 응, 그리고 나서 작동이 안 돼.
여: 지금 바로 그것을 수리해야 해. 수리점에 가지고 가.
남: 알았어. 그럴게.

[해설] 남자가 스마트폰을 물에 빠뜨려서 작동이 안 된다고 하자, 여자는 당장 수리점에 가서 고치라고 했다.

[어휘] drop [drap] 떨어뜨리다; *빠뜨리다 work [wəːrk] 일하다; *작동하다 fix [fiks] 수리하다 repair shop 수리점

10 ⑤

남: 나 어제 호주 문화에 관한 책을 읽었어.
여: 오, 재미있었겠다.
남: 너 호주에서는 보디랭귀지가 약간 다른 거 알고 있니?
여: 아니. 어떻게 다른데?
남: 예를 들면, 네가 손으로 'okay' 표시를 할 때, 그것은 호주에서 '0'을 의미해.
여: 난 몰랐어. 호주에 가면 보디랭귀지를 사용할 때 조심해야겠다.

[해설] 호주에서는 보디랭귀지의 의미가 약간 다르다며 'okay' 표시를 예로 들어 설명하고 있으므로, 보디랭귀지의 차이에 대해 이야기하고 있음을 알 수 있다.

[어휘] Australian [ɔːstréiljən] 호주의 culture [kʌ́ltʃər] 문화 body language 보디랭귀지 a little 약간, 조금 for example 예를 들어 sign [sain] 표시 mean [miːn] 의미하다 careful [kéərfəl] 조심스러운, 신중한

11 ②

여: 너 내일 박물관에 어떻게 갈 거니?
남: 난 차가 있어. 너는?
여: 난 버스나 지하철을 탈 거야.
남: 아, 난 네가 운전할 거라 생각했는데.
여: 음, 내 차가 정비소에 있거든.
남: 아, 그렇구나. 그러면 내가 널 태우러 갈게.
여: 그럴래? 잘됐다! 넌 정말 친절해.

[해설] 여자는 박물관에 가기 위해 버스나 지하철을 이용하려고 했는데, 남자가 차로 태워 주겠다고 했다.

[어휘] drive [draiv] 운전하다 pick up ~을 도중에 태우다, ~을 마중 나가다

12 ②

[휴대전화가 울린다.]
여: 여보세요, Jake. 무슨 일이야?
남: 안녕, Hanna. 미안하지만, 우리 영화를 3시 15분이 아니라 5시 30분에 볼 수 있을까?
여: 괜찮아, 근데 왜?
남: 엄마가 4시는 되어야 집에 오셔서, 그때까지 내가 여동생을 돌봐야 해.
여: 알았어. 그럼 극장에서 5시에 만나자.
남: 이해해 줘서 고마워.

[해설] 남자는 엄마가 집에 오실 때까지 동생을 돌봐야 한다고 했다.

[어휘] instead of ~ 대신에, ~이 아니라 until [əntíl] ~까지 theater [θíːətər] 극장

13 ③

남: 안녕하세요. 얼마나 원하세요?
여: 안녕하세요. 그냥 가득 채워 주세요.
남: 네. 잠시면 될 거예요. [잠시 후] 자, 연료 탱크가 가득 찼습니다.
여: 고맙습니다.
남: 어떻게 지불하시겠어요?
여: 여기 제 신용 카드요.
남: 고맙습니다. [잠시 후] 여기 있습니다. 안전하게 운전하시고 좋은 하루 보내세요!

[해설] 연료 탱크를 채우고 값을 지불하고 있으므로, 두 사람이 대화하는 장소로 가장 적절한 곳은 주유소이다.

[어휘] fill up ~을 가득 채우다 tank [tæŋk] (연료 등의) 탱크 full [ful] 가득 찬 pay [pei] 지불하다 credit card 신용 카드 safely [séifli] 안전하게

14 ④

여: 오 이런. 내 머리띠 어디 있지? 내가 떨어뜨렸나 봐.
남: 내가 찾는 걸 도와줄게.
여: 고마워. 미끄럼틀 위에 좀 봐 줄래?
남: 응. [잠시 후] 음, 여긴 없어.
여: 음… 그건 벤치 위에도 없어.
남: 아, 찾았다. 모래 놀이통 옆에 있었어.
여: 정말 고마워!

[해설] 남자는 머리띠를 찾았다며 모래 놀이통 옆에 있었다고 했으므로, 머리띠의 위치로 가장 알맞은 곳은 ④이다.

[어휘] hairband 머리띠 slide [slaid] 미끄럼틀 bench [bentʃ] 벤치 sandbox [sǽndbàks] (어린이가 안에서 노는) 모래 놀이통

15 ⑤

남: 여보, 당신 서둘러야 해요. 결혼식이 한 시간 후에 시작해요.
여: 알았어요. 내 녹색 원피스 봤어요? 그걸 찾을 수가 없어요.
남: 당신이 지난 주말에 세탁소에 가져갔잖아요!
여: 아 이런! 잊어버렸어요!
남: 오늘 그게 필요해요?
여: 네. 미안하지만, 나 대신 지금 그것 좀 찾아와 줄래요?
남: 알겠어요.

[해설] 여자는 남자에게 세탁소에서 녹색 원피스를 찾아와 달라고 부탁했다.

[어휘] hurry [hə́:ri] 서두르다 wedding [wédiŋ] 결혼식 the cleaner's 세탁소 weekend [wí:kènd] 주말 forget [fərgét] 잊어버리다 (forget-forgot-forgotten) pick up ~을 찾아오다

16 ⑤

남: Kate, 너 괜찮니?
여: 아니, 나 추워.
남: 음… 너 병이 난 것 같아.
여: 나도 그런 것 같아. 난 가서 누워야겠어.
남: 자러 가기 전에 뜨거운 차 좀 마시는 게 어때?
여: 그거 정말 좋은 생각이다.

[해설] 남자는 아파서 누워야겠다는 여자에게 자러 가기 전에 뜨거운 차를 마실 것을 제안했다.

[어휘] get sick 병에 걸리다 lie down 눕다 tea [ti:] 차 go to bed 자다, 잠자리에 들다 actually [ǽktʃuəli] 실제로, 정말로

17 ③

여: 음식은 어떠셨나요, 손님?
남: 훌륭했어요. 후식 메뉴를 볼 수 있을까요?
여: 물론입니다. 여기 있습니다.
남: 음… 그냥 블랙커피 주세요. 그리고 주차료는 어디에 지불하면 되죠?
여: 아, 그냥 주차장에서 영수증을 보여 주시면 됩니다.
남: 알겠습니다. 감사합니다.

[해설] 여자는 남자에게 음식이 어땠는지 물어보고 후식 주문을 받았으므로, 식당 종업원과 손님의 관계임을 알 수 있다.

[어휘] dessert [dizə́:rt] 후식, 디저트 receipt [risí:t] 영수증 parking lot 주차장

18 ④

남: Kelly, 여기서 당신을 보게 될 줄은 예상 못했어요.
여: 제가 오늘 당신을 인터뷰할 거예요. 저는 현재 JK 잡지사에서 일하고 있어요.
남: 놀랍네요! 전에는 은행에서 일했었잖아요.
여: 맞아요. 이직했어요.
남: 잘됐네요! 자, 오늘 저희는 무엇에 대해 이야기하나요?
여: 작가로서 당신의 성공에 대해 질문할 거예요.

[해설] 여자는 현재 잡지사에서 일하며 남자를 인터뷰할 것이라고 했으므로, 여자의 직업으로 가장 적절한 것은 잡지 기자이다.

[어휘] expect [ikspékt] 예상하다, 기대하다 interview [íntərvjù:] 인터뷰하다 magazine [mæ̀gəzí:n] 잡지(사) surprising [sərpráiziŋ] 놀라운 success [səksés] 성공 writer [ráitər] 작가

19 ⑤

남: 뭘 듣고 있니?
여: Jack Rich가 부른 신곡.
남: 너 팝 음악을 좋아하니?
여: 나는 모든 종류의 음악을 즐기지만, 팝 음악을 가장 좋아해. 너는?
남: 나도 팝 음악을 좋아해.
여: 그러면 Jack Rich가 부른 〈Love〉라는 노래 아니?
남: <u>응, 내가 제일 좋아하는 노래 중 하나야.</u>

[해설] Jack Rich가 부른 〈Love〉라는 노래를 아느냐고 물었으므로, 그 여부를 말하는 응답이 가장 적절하다.
① 응, 나 그거 봤어.
② 나는 스마트폰을 가지고 있어.
③ 아니, 나는 음악을 좋아하지 않아.
④ 아니, Brett Jackson이 그 노래를 불렀어.

[어휘] pop music 팝 음악

20 ④

남: 너 뭐 하고 있니?
여: 수학 숙제를 하고 있어.
남: 그거 내일까지니?
여: 응. 그런데 그걸 오늘 끝낼 수 있을지 모르겠어.
남: 왜? 5시밖에 안 됐어. 시간은 충분해.
여: 너무 어려워. 문제를 어떻게 풀어야 할지 모르겠어.
남: <u>걱정하지 마. 내가 도와줄 수 있을 것 같아.</u>

[해설] 여자는 수학 문제가 너무 어려워서 어떻게 풀어야 할지 모르겠다고 했으므로, 도움을 제안하는 응답이 가장 적절하다.
① 난 수학 시험 준비가 됐어.
② 나도 수학을 꽤 잘해.
③ 전혀. 난 전에는 몰랐어.
⑤ 너는 숙제를 7시까지 마쳐야 해.

[어휘] math [mæθ] 수학 due [djuː] (언제) ~하기로 되어 있는 enough [inʌf] 충분한 solve [sɑlv] 풀다 problem [prάbləm] 문제

03 1) be cloudy until Friday 2) will rain
   3) it will be sunny
04 1) My tooth hurts 2) start to hurt
   3) go to the dentist
05 1) introduce my favorite singer 2) 29 years old
   3) like rock music
06 1) May I speak to 2) be back home 3) in an hour
07 1) like to dance 2) be a ballerina 3) in the future
08 1) Not really 2) is sick 3) to the vet
09 1) dropped my new smartphone 2) it's not working
   3) to the repair shop
10 1) about Australian culture 2) How is it different
   3) with my body language
11 1) How will you get to 2) take the bus
   3) pick you up
12 1) watch the movie 2) take care of
   3) let's meet at 5:00
13 1) fill it up 2) tank is full 3) Drive safely
14 1) must have dropped it 2) look on the slide
   3) next to the sandbox
15 1) need to hurry 2) to the cleaner's 3) pick it up
16 1) getting sick 2) go lie down
   3) having some hot tea
17 1) How was the food 2) dessert menu
   3) I'll just have
18 1) I'm interviewing you 2) worked at a bank
   3) as a writer
19 1) listening to 2) all kinds of music 3) know a song
20 1) doing my math homework 2) if I can finish
   3) solve the problems

Dictation Test 04
pp. 72~77

01 1) have eight arms 2) shoot black ink
   3) swim away
02 1) What kind of cake 2) a big red flower
   3) a round one

실전모의고사 05회

01 ②	02 ⑤	03 ④	04 ③	05 ③
06 ⑤	07 ⑤	08 ①	09 ②	10 ④
11 ①	12 ③	13 ②	14 ③	15 ②
16 ④	17 ③	18 ②	19 ③	20 ②

01 ②

남: 이것은 의자의 한 종류입니다. 사람들이 다리를 다쳤거나 걸을 수 없을 때, 이것을 사용합니다. 이것은 두 개의 커다란 바퀴가 있습니다. 사람들은 손으로 바퀴를 조정해서 이것을 멈추거나 움직일 수 있습니다. 이것은 무엇일까요?

해설 다리를 다쳤거나 걸을 수 없을 때 사용하고 손으로 바퀴를 조정하는 것은 휠체어이다.

어휘 kind [kaind] 친절한; *종류 hurt [həːrt] 다치게 하다, 아프게 하다 wheel [wiːl] 바퀴 move [muːv] 움직이다 control [kəntróul] 조정하다, 조절하다

02 ⑤

여: 이 파란색 운동화 마음에 드니?
남: 모양은 좋은데, 색상이 마음에 안 들어.
여: 그럼 저 운동화들 좀 봐. 저 보라색 운동화가 좋아 보인다.
남: 나는 회색 운동화가 더 좋아 보이는데.
여: 아, 그것도 좋네.
남: 그럼 그것을 사야겠다.

해설 남자는 여자가 추천한 보라색 운동화가 아닌 회색 운동화를 사야겠다고 했다.

어휘 sneakers [sníːkərz] 운동화 violet [váiəlit] 보라색의 pair [pɛər] 한 쌍, 한 켤레 gray [grei] 회색의

03 ④

여: 안녕하세요. 이번 주 일기 예보입니다. 지난 며칠간 이곳 런던은 화창하고 맑은 날씨였지만, 내일부터 시작해서 토요일까지 비가 계속 오겠습니다. 일요일에는 다시 해를 즐기실 수 있을 것입니다.

해설 런던에는 내일부터 비가 올 것이라고 했다.

어휘 beautiful [bjúːtifəl] 아름다운; *화창한 past [pæst] 지난 few [fjuː] 조금의, 몇몇의

04 ③

남: 옆집의 음악 소리가 너무 커.
여: 맞아. 시험공부를 할 수가 없어.
남: 나도 못하겠어.
여: 네가 가서 소리를 줄이라고 말해 줄 수 있어?
남: 얘기했지만, 그들이 내 말을 들으려고 하지 않아.
여: 그럼 우리 도서관에 가는 게 어때? 거기는 조용할 거야.

해설 옆집의 음악 소리가 너무 커서 공부를 할 수가 없자, 여자는 남자에게 도서관에 갈 것을 제안하고 있다.

어휘 next door 옆집에, 옆 건물에 loud [laud] 소리가 큰, 시끄러운 turn down (소리·온도 등을) 낮추다, 줄이다 quiet [kwáiət] 조용한

05 ③

남: 새로 문을 연 카페 Starry Night는 Maple 가에 위치해 있습니다. 평일 오전 8시부터 저녁 9시까지 문을 엽니다. 그곳은 다양한 종류의 커피와 차를 제공합니다. 여러분은 또한 브라우니와 쿠키를 먹어볼 수 있습니다. 카페 근처에 작은 주차장이 있습니다.

해설 위치(Maple 가), 영업시간(평일 오전 8시부터 저녁 9시까지), 판매 음식(커피, 차, 브라우니, 쿠키), 주차장 위치(근처에 작은 주차장 있음)에 대해서는 언급하였으나, 테이블 수는 언급하지 않았다.

어휘 newly [njúːli] 최근에, 새로 be located on ~에 위치하다 weekday [wíːkdèi] 평일 serve [səːrv] 제공하다 various [vέːəriəs] 여러 가지의, 다양한 brownie [bráuni] 브라우니

06 ⑤

남: 왜 뛰어가니? 늦었어?
여: 응. 테니스 코치님과 10분 후에 약속이 있어.
남: 오후 4시 30분에 약속이 있는 거니?
여: 아니, 4시 45분에.
남: 지금 4시 20분인 거 알고 있지, 그렇지?
여: 정말? 나는 그보다 늦다고 생각했어.

해설 여자는 코치와의 약속이 4시 45분에 있다고 했다.

어휘 coach [koutʃ] 코치 later [léitər] 더 늦은 (late의 비교급)

07 ⑤

남: 너는 장래에 뭐가 되고 싶니?
여: 부모님은 내가 교사가 되길 원하시지만, 나는 수의사가 되고 싶어.
남: 아, 맞다. 너 동물을 좋아하지.
여: 응. 너는 어때?
남: 나는 유명한 사진작가가 되고 싶어. 사진 찍는 것이 정말 좋아.

정답 및 해설   25

여: 멋지다!

해설 남자는 사진 찍는 것이 정말 좋다며 유명한 사진작가가 되고 싶다고 했다.

어휘 photographer [fətágrəfər] 사진작가 take a picture 사진을 찍다 cool [ku:l] 시원한; *멋진

08 ①

여: 내 책 가져왔니?

남: 오 이런! 잊어버렸어. 정말 미안해.

여: 또? 오늘 가져오기로 약속했잖아.

남: 알아. 정말 미안해. 내일 가져올게.

여: 네가 그렇게 말한 게 세 번째야. 난 그게 오늘 필요해!

남: 다시는 잊지 않을게.

해설 남자는 여자의 책을 가져오는 것을 계속 잊어버리고, 여자는 오늘 그 책이 필요하므로 화가 날(angry) 것이다.
② 지루한 ③ 미안한 ④ 자랑스러운 ⑤ 초조한

어휘 bring [briŋ] 가져오다 promise [prámis] 약속하다 third [θə:rd] 셋째의

09 ②

남: 저녁으로 스파게티 먹는 게 어때?

여: 만드는 데 1시간은 걸릴 거야. 나 지금 배고파.

남: 내가 30분 안에 볶음밥을 만들 수 있어. 어떻게 생각해?

여: 나는 그렇게 오래 못 기다려.

남: 그럼 그냥 샌드위치를 만들게.

여: 그래. 그게 좋겠다.

해설 여자가 배가 고파서 저녁으로 빨리 만들 수 있는 것을 먹길 원하자, 남자가 샌드위치를 만들겠다고 했다.

어휘 spaghetti [spəɡéti] 스파게티 fried rice 볶음밥 within [wiðín] ~ 이내에 half an hour 30분

10 ④

여: 목이 아파.

남: 네 방이 너무 건조해서 그런 것 같아.

여: 내가 어떻게 해야 할까?

남: 네 방에 젖은 수건을 두거나 옷을 거기서 말리는 게 어때?

여: 그게 도움이 될까?

남: 물론이지. 아니면 난방을 약하게 하도록 해.

여: 그거 좋은 생각이네.

해설 방이 건조한 것 같다며 방에 젖은 수건이나 말릴 옷을 두거나 난방을 약하게 하라고 했으므로, 습도 조절에 대해 이야기하고 있음을 알 수 있다.

어휘 have a sore throat 목이 아프다 dry [drai] 건조한; 말리다 wet [wet] 젖은 towel [táuəl] 수건 helpful [hélpfəl] 도움이 되는 heat [hi:t] 열; *(오븐·난방 기구 등의) 온도

11 ①

남: 여보, 필요한 것 다 샀어요?

여: 네, 집에 가요.

남: 좋아요. 발이 너무 아프네요. 택시를 타요.

여: 택시요? 근데 이 시간에는 교통 정체가 심할 거예요. 우리 지하철을 타면 안 될까요?

남: 하지만 다리가 너무 피로해요.

여: 알았어요. 어쨌든 우린 짐도 너무 많으니까요.

해설 남자의 발이 아프고 짐도 많아서 두 사람은 택시를 타기로 했다.

어휘 foot [fut] 발 (복수형 feet) lots of 많은 traffic [trǽfik] 교통 (량) leg [leg] 다리 tired [taiərd] 피곤한, 피로한 anyway [éniwèi] 어쨌든

12 ③

남: Jessica, 네 다리 어떻게 된 거니?

여: 음, 사고가 있었어.

남: 어떤 사고였는데? 자동차 사고 같은 거?

여: 아니. 내 친구가 상자 몇 개 옮기는 것을 내가 도와주려 하고 있었는데, 계단에서 넘어졌어.

남: 오 이런! 금방 좋아지길 바랄게.

해설 여자는 친구가 상자 옮기는 것을 도와주려다 계단에서 넘어졌다고 했다.

어휘 happen [hǽpən] 발생하다 accident [ǽksidənt] 사고 try to-v ~하려고 노력하다 fall down 넘어지다 stair [stɛər] 계단 get better 좋아지다

13 ②

남: 와, 저 조각상 좀 봐. 정말 아름다워.

여: 정말 그래. 누가 그것을 만들었는지 아니?

남: 이 표지판에 따르면, 파블로 피카소에 의해 만들어졌어.

여: 정말 인상적이다. 오, 그에 대한 짧은 다큐멘터리가 옆방에서 상영되고 있어.

남: 그거 보자.

여: 알았어. 그리고 떠나기 전에 기념품 가게에 가자.

남: 좋아.

해설 조각상을 감상하며 화가에 대한 다큐멘터리를 보고 기념품 가게에 가자고 했으므로, 두 사람이 대화하는 장소로 가장 적절한 곳은 박물관이다.

어휘 statue [stǽtʃu:] 조각상 according to (진술·기록 등에) 따르면
sign [sain] 표지판, 간판 impressive [imprésiv] 인상적인
documentary [dàkjəméntəri] 다큐멘터리 play 놀다; *상영되
다 souvenir [sùːvəníər] 기념품 leave [liːv] 떠나다

14 ③

여: 실례합니다만, 우체국이 어디에 있나요?
남: 한 블록을 직진한 다음 오른쪽으로 도세요.
여: 첫 번째 모퉁이에서 오른쪽으로 돌라는 말씀이신가요?
남: 맞아요. 그러면 왼편에 높은 회색 건물이 보이실 거예요. 우체국은
  그 옆에 있어요.
여: 정말 감사합니다.
남: 천만에요.

해설 한 블록 직진해서 오른쪽으로 돌면 왼편의 높은 회색 건물 옆에 있다
고 했으므로, 우체국의 위치로 가장 알맞은 곳은 ③이다.

어휘 post office 우체국 straight [streit] 똑바로 corner [kɔ́ːrnər]
모퉁이 next to ~ 옆에

15 ②

여: Jason, 왜 이렇게 늦었니? 거의 11시잖아.
남: 죄송해요, 엄마. 친구 집에 있었어요. 저희는 컴퓨터 게임을 하고 있
  었어요.
여: 음, 내일 숙제는 끝냈니?
남: 네.
여: 그래, 하지만 다음에는 9시까지 집에 와야 한다.
남: 그럴게요.

해설 여자는 밤늦게 귀가한 남자에게 다음에는 9시까지 집에 올 것을 요
청했다.

어휘 almost [ɔ́ːlmoust] 거의

16 ④

여: Steve, 너 케이크를 어떻게 굽는지 아니?
남: 아니. 왜 물어보는 거야?
여: 곧 어머니 생신이어서, 케이크를 구워 드리고 싶어.
남: 와, 너희 어머니께서 정말 기뻐하시겠다.
여: 그런데 전에 케이크를 구워 본 적이 한 번도 없어.
남: 인터넷에서 요리법을 찾아보는 건 어때?
여: 오, 그거 좋은 생각이야. 고마워.

해설 남자는 케이크 굽는 법을 알고 싶어 하는 여자에게 인터넷에서 요리
법을 찾아볼 것을 제안했다.

어휘 bake [beik] 굽다 recipe [résəpìː] 요리법, 레시피

17 ③

남: 미안해, 어제 네게 다시 전화를 안 했네.
여: 괜찮아. 바빴니?
남: 응, 남동생이랑 쇼핑하러 갔어. 그런데 왜 전화했었어?
여: 아, 영어 숙제 좀 도와줄 수 있는지 물어보려고 전화했었어.
남: 음, 나 지금 시간 있어.
여: 그럼 나 좀 도와줄래?
남: 물론이지.

해설 남자는 어제 남동생과 쇼핑하러 갔다고 했다.

어휘 call back 다시 전화하다 go shopping 쇼핑하러 가다 free
[friː] 한가한, 시간이 있는

18 ②

남: 실례합니다.
여: 도와드릴까요?
남: 이 비행기 안이 좀 춥네요. 담요가 있나요?
여: 지금 바로 하나 가져다 드릴게요.
남: 감사합니다. 그리고 물 한 병 주시겠어요?
여: 물론이죠. 아, 난기류에 대비하여 안전벨트를 매 주세요.
남: 네, 그렇게 하겠습니다.

해설 여자는 비행기 안에서 남자에게 담요와 물을 가져다주겠다고 하고
안전벨트 착용을 권했으므로, 여자의 직업으로 가장 적절한 것은 승
무원이다.

어휘 a bit 조금 chilly [tʃíli] 추운, 쌀쌀한 flight [flait] 비행; *항공
기 blanket [blǽŋkit] 담요 bottle [bátl] 병; *한 병(의 양)
fasten [fǽsən] 매다 seat belt 안전벨트 in case of ~의 경우
에는, ~에 대비하여 turbulence [tə́ːrbjələns] 난기류

19 ③

남: 지난 주말에 뭐 했니?
여: 가족과 함께 낚시하러 갔어.
남: 오, 어땠어?
여: 정말 재미있었어. 넌 뭐 했니?
남: 음, 난 아무것도 하지 않았어.
여: 그게 무슨 말이니?
남: 난 심한 감기에 걸려서, 집에 있어야 했거든.
여: 오, 정말 안됐다.

해설 남자는 주말에 심한 감기에 걸려 집에 있었다고 했으므로, 유감을 나
타내는 응답이 가장 적절하다.
① 아주 추웠어.
② 너는 더 잘할 수 있어.
④ 멋지다!
⑤ 왜 외출하지 않았니?

20 ②

[휴대전화가 울린다.]

여: 여보세요.

남: 안녕, Ann. 너 집에 있니?

여: 응.

남: 비가 많이 오는데, 나 우산이 없어.

여: 지금 어디에 있는데?

남: Washington 가 지하철역에. 날 태우러 올 수 있니?

여: <u>물론이지. 바로 그리로 갈게.</u>

해설 남자가 비가 많이 와서 지하철역에 자신을 데리러 올 수 있는지 물었으므로, 가능 여부를 말하는 응답이 가장 적절하다.
① 나는 비 오는 날이 싫어.
③ 내일은 날이 갤 거야.
④ 그 말을 들으니 정말 기뻐.
⑤ 좋아. 난 네가 우산을 사서 기뻐.

어휘 heavily [hévili] 많이, 심하게 pick up ~을 (차에) 태우러 가다
[문제] clear up (날씨가) 개다

Dictation Test 05

pp. 80~85

01 1) kind of chair 2) can't walk
    3) by controlling the wheels
02 1) like the style 2) gray pair looks better
    3) I'll buy them
03 1) had beautiful sunny weather 2) will be rainy
    3) enjoy the sun again
04 1) is too loud 2) turn it down 3) go to the library
05 1) is located on 2) It serves 3) small parking lot
06 1) have a meeting 2) it's at 4:45 3) later than that
07 1) in the future 2) be an animal doctor
    3) love taking pictures
08 1) I forgot 2) promised to bring it 3) the third time
09 1) take an hour 2) make fried rice 3) I'll just make
10 1) is too dry 2) put wet towels
    3) keep the heat turned down
11 1) My feet really hurt 2) take the subway
    3) have too many bags

12 1) what happened to 2) What kind of accident
    3) fell down the stairs
13 1) look at that statue 2) it was made by
    3) go to the souvenir shop
14 1) Go straight 2) at the first corner 3) next to it
15 1) are you so late 2) finish tomorrow's homework
    3) should be home by
16 1) how to bake 2) bake her a cake
    3) look on the Internet
17 1) went shopping 2) with my English homework
    3) can you help me
18 1) on this flight 2) I'll get you one
    3) fasten your seat belt
19 1) went fishing 2) didn't do anything
    3) had a bad cold
20 1) Are you at home 2) raining heavily
    3) pick me up

실전모의고사 06회

pp. 86~87

01 ②	02 ④	03 ③	04 ③	05 ⑤
06 ⑤	07 ④	08 ③	09 ①	10 ②
11 ①	12 ⑤	13 ②	14 ④	15 ②
16 ⑤	17 ⑤	18 ⑤	19 ⑤	20 ③

01 ②

여: 나는 매우 큽니다. 나는 긴 목과 큰 눈을 가지고 있습니다. 나는 날개가 있지만 날 수 없습니다. 나는 두 개의 길고 튼튼한 다리를 가지고 있어서, 매우 빨리 달릴 수 있습니다. 나는 무엇일까요?

해설 날개는 있지만 날 수 없고, 긴 다리로 빨리 달릴 수 있는 동물은 타조다.

어휘 large [lɑ:rdʒ] 큰 neck [nek] 목 wing [wiŋ] 날개 strong [strɔ:ŋ] 튼튼한, 강한

02 ④

남: 우리 파티에 큰 접시가 필요해.

여: 이 둥근 접시는 어때?
남: 좋아. 윗면에 빨간 꽃이 있는 것이 마음에 들어.
여: 음… 난 장미를 별로 좋아하지 않아.
남: 그러면 위에 노란 꽃들이 있는 접시는 어때?
여: 오, 그거 마음에 든다. 그것을 사자.

해설 두 사람은 노란 꽃들이 있는 둥근 접시를 사기로 했다.

어휘 plate [pleit] 접시 round [raund] 둥근

03 ③

남: 안녕하세요. 일기 예보입니다. 로마엔 오늘 아침 일찍 많은 비가 내렸지만, 지금은 그쳤습니다. 하지만 온종일 흐릴 예정이므로 오늘 오후에 해가 나오지는 않겠습니다. 하지만 베니스와 플로렌스는 오후 내내 맑겠습니다. 감사합니다.

해설 로마는 현재 비가 그치고 흐리다고 했다.

어휘 weather report 일기 예보 Rome [roum] 로마 cloudy [kláudi] 흐린, 구름 낀

04 ③

남: 네 생일은 11월 18일이지, 그렇지?
여: 아니, 17일이야.
남: 아, 미안해.
여: 괜찮아.
남: 음, 너 그날 파티를 열 거니?
여: 응. 너 내 생일 파티에 올 수 있니?
남: 물론이지. 갈게.

해설 남자는 생일 파티에 오라는 여자의 제안을 수락하고 있다.

어휘 November [nouvémbər] 11월 have a party 파티를 열다

05 ⑤

여: 제 친구 Edward를 소개하겠습니다. 그는 뉴질랜드에서 왔고, 매우 친절합니다. 여름 방학 동안 한국어를 배우려고 이곳에 왔습니다. 그는 한국 영화 보는 것을 좋아합니다. 그는 많은 한국 배우들에 대해 알고 있습니다.

해설 국적(뉴질랜드), 성격(친절함), 한국에 온 이유(한국어를 배우려고), 취미(한국 영화 보기)에 대해서는 언급하였으나, 장래 희망은 언급하지 않았다.

어휘 introduce [ìntrədjúːs] 소개하다 be from ~에서 오다, ~ 출신이다 New Zealand 뉴질랜드 friendly [fréndli] 다정한, 친절한 actor [æktər] 배우

06 ⑤

여: 너 오후 5시에 하는 축구 경기 볼 거니?
남: 보고 싶은데, 그럴 수 없어.
여: 왜?
남: 5시 30분에 플루트 수업이 있거든.
여: 그게 몇 시에 끝나는데? 경기는 7시쯤에 끝날 거야.
남: 문제는 수업이 동시에 끝난다는 거야.
여: 정말 안됐다.

해설 축구 경기가 7시쯤에 끝나는데, 남자의 플루트 수업도 동시에 끝난다고 했다.

어휘 flute [fluːt] 플루트 lesson [lésən] 수업 finish [fíniʃ] 끝나다 be over 끝나다 at the same time 동시에

07 ④

여: Andy, 이 케이크 좀 먹어.
남: 와, 맛있어 보여. 흠…
여: 음, 맛이 어떠니?
남: 이거 굉장하다! 이거 네가 만들었니?
여: 응! 나 혼자서 만들었어. 난 제빵사가 되고 싶어.
남: 그래야 할 것 같아! 넌 이미 훌륭한 제빵사야.

해설 여자는 케이크를 혼자서 만들었다며 제빵사가 되고 싶다고 했다.

어휘 delicious [dilíʃəs] 맛있는 amazing [əméiziŋ] 굉장한, 놀라운 all by oneself 혼자서 baker [béikər] 제빵사 already [ɔːlrédi] 이미, 벌써

08 ③

여: Kevin, 별일 없니? 어제 너 아주 서두르던데.
남: 아, 그래. 병원에 가던 길이었거든.
여: 병원에? 왜?
남: 우리 할머니께서 거기 계셨어.
여: 아, 괜찮으시니?
남: 응, 욕실에서 넘어지셨어. 다행히 그다지 심하게 다치진 않으셨어.
여: 다행이다!

해설 남자는 할머니가 욕실에서 넘어지셨지만 크게 다치지 않으셨다고 했으므로 안도했을 것이다.

어휘 in a hurry 서둘러, 급히 on one's way to ~로 가는 길에 fall [fɔːl] 넘어지다 (fall-fell-fallen) luckily [lʌ́kili] 다행히, 운 좋게 get hurt 다치다 relief [rilíːf] 안도, 안심

09 ①

여: 너 인터넷을 검색하고 있니?

남: 아니, 그냥 내 이메일을 확인하는 중이야. 거의 다 했어.

여: 너 다 하면 내가 컴퓨터를 사용해도 될까?

남: 물론이지. 컴퓨터 게임을 할 거니?

여: 아니, 나 과학 숙제를 해야 해.

남: 알았어, 네가 지금 써도 돼. 난 곧 체육관에 갈 거야.

여: 고마워.

해설 여자는 과학 숙제를 해야 해서 컴퓨터를 사용해도 되는지 물었고, 남자가 지금 써도 된다고 했다.

어휘 surf the net 인터넷을 검색하다 check [tʃek] 확인하다
science [sáiəns] 과학 gym [dʒim] 체육관 soon [suːn] 곧,
이내

10 ②

여: 네가 가장 좋아하는 운동은 뭐니?

남: 나는 테니스 치는 걸 정말 좋아해. 넌 테니스 치니?

여: 아니, 그렇지만 나는 거의 매일 스쿼시를 해.

남: 네가 배드민턴을 잘 쳤다고 들었어. 배드민턴은 더 이상 치지 않니?

여: 별로. 요즘은 스쿼시 하는 것을 정말 좋아해.

남: 그렇구나.

해설 남자는 테니스 치는 것을 가장 좋아하고 여자는 스쿼시를 즐겨 한다고 했으므로, 좋아하는 운동에 대해 이야기하고 있음을 알 수 있다.

어휘 favorite [féivərit] 가장 좋아하는 squash [skwɑʃ] 스쿼시
anymore [ènimɔ́ːr] 더 이상, 이제는 nowadays [náuədèiz]
요즘에는

11 ①

남: 우리 오늘 내 차를 탈 수 없겠어요.

여: 차에 무슨 문제가 있나요?

남: 어제 고장 났어요. 지금 시동이 걸리지 않아요.

여: 그럼 우리는 어떻게 출근하죠?

남: 버스를 탑시다.

여: 알았어요.

해설 두 사람은 차가 고장 나서 버스를 타기로 했다.

어휘 break down 고장 나다 engine [éndʒin] 엔진 start [staːrt]
시작하다; *(기계가) 시동이 걸리다

12 ⑤

[휴대전화가 울린다.]

남: 여보세요?

여: 안녕, 여보. 지금 집에 있어요?

남: 네. 설거지를 하고 있었어요. 무슨 일이에요?

여: 내가 사장님과 회의가 있어서, 6시에 당신을 만나서 쇼핑하러 갈 수

없겠어요.

남: 아, 괜찮아요.

여: 7시에 만나도 될까요?

남: 물론이죠.

해설 여자는 사장님과 회의가 있다며 남자와 만날 시간을 6시에서 7시로
늦춰도 될지 물어보았다.

어휘 wash dishes 설거지를 하다 have a meeting 회의를 하다
boss [bɔːs] 상사, 사장

13 ②

남: 저기 있는 사자들을 봐!

여: 와. 저 큰 사자는 정말 밀림의 왕 같아 보여.

남: 근데 왜 안 돌아다니지? 아픈가?

여: 아니야, 사자들은 보통 낮에 잠을 자기 때문에 그래.

남: 아, 나는 몰랐네. 그럼 가서 다른 동물들을 보자.

여: 좋아.

해설 사자를 본 후 다른 동물들을 보러 가자고 했으므로, 두 사람이 대화
하는 장소로 가장 적절한 곳은 동물원이다.

어휘 jungle [dʒʌ́ŋgl] 밀림, 정글 move around 돌아다니다

14 ④

여: Darren, 너 주려고 요구르트를 좀 샀단다.

남: 고마워요, 엄마. 냉장고 안에 있어요?

여: 응.

남: 음… 냉장고에 요구르트가 하나도 안 보여요.

여: 아, 정말? 그럼 테이블 위를 보렴.

남: 여기에도 없어요. 아, 찾았어요. 개수대 옆의 접시들 옆에 있어요.

해설 남자는 요구르트가 개수대 옆의 접시들 옆에 있다고 말했으므로, 요
구르트의 위치로 가장 알맞은 곳은 ④이다.

어휘 yogurt [jóugərt] 요구르트 fridge [fridʒ] 냉장고 sink [siŋk]
(부엌의) 싱크대, 개수대

15 ②

여: 아 이런!

남: 무슨 일 있어?

여: 내 컴퓨터 때문이야. 그게 갑자기 꺼져서, 내가 작업하고 있던 파일
이 없어진 것 같아.

남: 안됐네.

여: 얘, 너 컴퓨터에 대해 잘 알잖아. 파일 복구하는 것을 도와줄 수 있
니?

남: 그래. 해 볼게.

해설 여자는 컴퓨터가 갑자기 꺼져서 작업하던 파일이 없어졌다며, 남자

에게 파일 복구하는 것을 도와달라고 부탁했다.

어휘 shut down 꺼지다, 종료되다 suddenly [sʌ́dnli] 갑자기
lose [luːz] 잃어버리다 (lose-lost-lost) work on ~을 작업하
다 get back (잃었던 것을) 되찾다

16 ⑤

남: 인도네시아에서 지진이 있었어. 많은 사람들이 다치거나 죽었어.
여: 정말 끔찍해!
남: 맞아! 그들을 돕는 걸 어떻게 생각하니?
여: 우리가 어떻게 할 수 있을까?
남: 모금을 해서 그들에게 보내자.
여: 좋은 생각이야!

해설 남자는 여자에게 모금을 해서 지진으로 피해를 입은 사람들에게 보
내자고 제안했다.

어휘 earthquake [ə́ːrθkwèik] 지진 Indonesia [ìndəníːʒə] 인도네
시아 terrible [térəbl] 끔찍한 help out (지원·후원 등으로)
~을 돕다 raise [reiz] 모으다 send [send] 보내다

17 ⑤

여: 즐거운 월요일!
남: 즐거운 월요일! 주말 잘 보냈니?
여: 응. 나는 부산으로 여행을 갔었어.
남: 재미있었겠다!
여: 너는 주말에 뭐 했니? 평소처럼 캠핑을 갔었니?
남: 아니, 나는 그냥 집에 있었어. 어제 개를 몇 시간 동안 산책시켰어.

해설 남자는 주말에 집에 머무르며 일요일에는 개를 산책시켰다고 했다.

어휘 go on a trip 여행을 가다 as usual 늘 그렇듯이, 평상시처럼
walk [wɔːk] 걷다; *(동물을) 걷게 하다[산책시키다] a couple
of 두서너 개의, 몇 개의

18 ⑤

여: 도와드릴까요?
남: 네. 제가 이 다섯 권의 책을 빌릴 수 있나요?
여: 죄송하지만, 한 번에 세 권까지만 대출하실 수 있습니다.
남: 알겠습니다. 그러면 이 세 권을 빌릴게요.
여: 제게 학생증을 보여 주세요.
남: 여기 있습니다.

해설 여자는 책을 빌리려는 남자에게 대출 가능한 책의 권수를 알려 주고
학생증을 보여 달라고 요구했으므로, 여자의 직업으로 가장 적절한
것은 도서관 사서이다.

어휘 borrow [bárou] 빌리다 check out (도서관 등에서) 대출받다
at a time 한 번에 student ID card 학생증

19 ⑤

여: 너 휴가 때 어디에 갔었니?
남: 가족들과 제주도에 갔었어.
여: 좋았겠다. 거기서 즐거운 시간 보냈니?
남: 응.
여: 거기에 어떻게 갔어?
남: 우린 비행기로 갔어.
여: 시간은 얼마나 걸렸어?
남: 거기에 도착하는 데 1시간 정도 걸렸어.

해설 여자는 남자가 제주도에 비행기로 가는 데 얼마나 걸렸는지 물었으
므로, 구체적인 시간을 알려 주는 응답이 가장 적절하다.
① 비용이 많이 들었어.
② 우리는 호텔에서 머물렀어.
③ 그건 2미터였어.
④ 우리는 그곳에 5일 동안 있었어.

어휘 vacation [veikéiʃən] 방학, 휴가 fly [flai] 날다; *비행기로 가다
(fly-flew-flown) [문제] cost [kɔːst] 비용이 들다 (cost-cost-
cost)

20 ③

남: 안녕, 미나. 어떻게 지내고 있니?
여: 아주 좋아.
남: 올해 네가 듣는 수업들은 어때?
여: 좋아. 선생님들께서 도움이 되어 주시고 좋아서.
남: 나도 같은 생각이야. 모든 수업들이 즐거워.
여: 네가 제일 좋아하는 과목은 뭐니?
남: 나는 수학이 제일 좋아.

해설 제일 좋아하는 과목을 물었으므로, 그 과목이 무엇인지 말하는 응답
이 가장 적절하다.
① 나는 매일 공부해.
② 그분은 영어를 가르치셔.
④ 나는 반 친구들이 좋아.
⑤ 그분은 내가 가장 좋아하는 선생님이셔.

어휘 subject [sʌ́bdʒikt] 과목

Dictation Test 06

pp. 88~93

01 1) long neck and big eyes 2) can't fly
    3) run very fast

02 1) this round plate 2) on the top
    3) yellow flowers on it

03 1) rained heavily 2) won't come out
3) will be sunny

04 1) on the 17th 2) having a party 3) I'll be there

05 1) he is very friendly 2) to learn Korean
3) watching Korean movies

06 1) have a flute lesson 2) will be over
3) at the same time

07 1) how does it taste 2) all by myself
3) great baker

08 1) in such a hurry 2) To the hospital
3) didn't get hurt too badly

09 1) checking my email 2) use the coumpter
3) do my science homework

10 1) your favorite sport 2) love to play tennis
3) don't play badminton anymore

11 1) can't take my car 2) broke down 3) take the bus

12 1) washing dishes 2) meeting with my boss
3) Can we meet

13 1) moving around 2) sleep in the afternoon
3) see the other animals

14 1) in the fridge 2) look on the table
3) next to the dishes

15 1) shut down suddenly 2) I was working on
3) get my file back

16 1) were hurt or killed 2) helping them out
3) raise some money

17 1) went on a trip 2) go camping 3) walked my dog

18 1) borrow these five books 2) at a time
3) your student ID card

19 1) go on vacation 2) have a good time
3) How long did it take

20 1) How are you doing 2) helpful and nice
3) enjoy all my classes

11 다행히, 운 좋게   12 수학
13 모으다   14 요리사
15 더 이상, 이제는   16 매다
17 대양, 바다   18 냉장고
19 아프다   20 많이, 심하게
21 예상하다, 기대하다   22 소리가 큰, 시끄러운
23 소개하다   24 ~ 이내에
25 풀다   26 요즘에는
27 인상적인   28 밖에, 바깥에
29 어쨌든   30 안도, 안심
31 혼자서   32 늘 그렇듯이, 평상시처럼
33 더 나빠지다   34 두서너 개의, 몇 개의
35 넘어지다   36 예를 들어
37 ~에 위치하다   38 여행을 가다
39 눕다   40 목이 아프다

B

01 tired   02 dry
03 drop   04 future
05 arm   06 helpful
07 round   08 bake
09 again   10 wet
11 drive   12 photographer
13 vacation   14 strong
15 tooth   16 gym
17 lose   18 dentist
19 predator   20 careful
21 receipt   22 various
23 subject   24 order
25 suddenly   26 delicious
27 promise   28 culture
29 accident   30 earthquake
31 friendly   32 stair
33 post office   34 next to
35 have a meeting   36 instead of
37 take a picture   38 wash dishes
39 at the same time   40 have a party

Word Test 04~06

pp. 94~95

A

01 머무르다   02 가득 찬
03 움직이다   04 보내다
05 아픔, 통증   06 끝나다
07 요리법, 레시피   08 안전하게
09 조정하다, 조절하다   10 가장 좋아하는

실전모의고사 07회

pp. 96~97

01 ③	02 ⑤	03 ②	04 ③	05 ④
06 ③	07 ④	08 ⑤	09 ③	10 ①
11 ③	12 ④	13 ④	14 ②	15 ②
16 ③	17 ④	18 ③	19 ②	20 ⑤

01 ③

남: 이것은 운동 경기입니다. 이것은 두 팀으로 진행됩니다. 각 팀에는 열한 명의 선수가 있습니다. 여러분은 공을 움직이기 위해 발이나 머리를 사용할 수 있습니다. 상대 팀의 네트에 공을 넣으면 득점하게 됩니다. 이것은 무엇일까요?

해설 한 팀이 열한 명의 선수로 구성되고, 발이나 머리를 사용해 상대 팀의 네트에 공을 넣는 운동 경기는 축구이다.

어휘 each [iːtʃ] 각각의 score a point 득점하다 net [net] 그물, 네트

02 ⑤

여: 찾으시는 게 있나요?
남: 네, 셔츠를 찾고 있어요. 흰색이나 파란색 셔츠를 사고 싶어요.
여: 이 흰색 셔츠는 어떠세요?
남: 음… 저는 별이 있는 것이 마음에 들지 않아요. 하지만 저 파란색 셔츠가 좋아 보이네요.
여: 좋은 선택이에요. 저 줄무늬 파란색 셔츠는 인기 품목이랍니다.
남: 그걸로 할게요.

해설 남자는 줄무늬가 있는 파란색 셔츠를 사기로 했다.

어휘 look for ~을 찾다 choice [tʃɔis] 선택 striped [straipt] 줄무늬가 있는 popular [pápjələr] 인기 있는 item [áitəm] 품목

03 ②

여: 일기 예보입니다. 오늘 서울은 하늘이 맑고 화창하겠습니다. 부산은 흐리고 저녁 늦게 비가 조금 내리겠습니다. 그리고 대구는 오전에 하늘이 흐리고 바람이 심하게 불겠으며, 오후에는 소나기가 내리겠습니다.

해설 대구는 오전에 바람이 불고 흐리다가 오후에는 소나기가 내릴 것이라고 했다.

어휘 weather forecast 일기 예보 clear [kliər] 맑은 shower [ʃáuər] 소나기

04 ③

[전화벨이 울린다.]
남: 여보세요?
여: 안녕, Tom. 나 Jessica야.
남: 안녕. 무슨 일이니?
여: 내일 네 자전거를 빌릴 수 있을까? 내 것이 고장 났거든.
남: 물론이지. 그리고 이번 주 금요일 저녁 식사에 너를 우리집으로 초대하고 싶은데. 올 수 있니?
여: 아, 난 이미 계획이 있어. 아무래도 다음번에 어때?

해설 여자는 남자의 저녁 식사 초대에 이미 다른 계획이 있다며 거절하고 있다.

어휘 broken [bróukən] 깨진; *고장 난 invite ~ over ~을 자기 집으로 초대하다 plan [plæn] 계획 maybe [méibiː] 아마

05 ④

남: 저희는 이번 토요일에 벼룩시장을 열 예정입니다. Lion Square에서 오전 9시부터 오후 6시까지 열릴 예정입니다. 저희는 수제 보석류를 판매할 것입니다. 모든 수익은 자선 단체에 보내질 것이니, 오셔서 동참해 주세요. 감사합니다.

해설 개최 장소(Lion Square), 개최 일시(토요일 오전 9시부터 오후 6시까지), 판매 물품(수제 보석류), 개최 목적(자선 단체 기부)에 대해서는 언급하였으나, 참가 자격은 언급하지 않았다.

어휘 flea market 벼룩시장 hold [hould] 열다, 개최하다 (hold-held-held) sell [sel] 팔다 homemade [hóummèid] 손으로 만든, 집에서 만든 jewelry [dʒúːəlri] 보석류 profit [práfit] 이익, 수익 charity [tʃǽrəti] 자선 단체

06 ③

남: 엄마, Mike는 어디 있어요?
여: 축구 연습하러 갔어.
남: 정말요? 저희 오후 6시에 영화 보러 가기로 했잖아요.
여: 그 애가 5시 15분에 돌아올 거라고 했어.
남: 지금이 5시예요. 그러면 15분 후에 돌아오겠네요.
여: 맞아.

해설 여자는 Mike가 5시 15분에 집에 돌아올 것이라고 했다.

어휘 practice [prǽktis] 연습 be supposed to-v ~하기로 되어 있다 go to a movie 영화를 보러 가다 be back 돌아오다 quarter [kwɔ́ːrtər] 4분의 1; *15분 past [pæst] (시간이) 지나서

07 ④

남: 너 뉴스 봤어? 드디어 경찰관들이 은행을 턴 사람들을 잡았대.

여: 오, 와! 체포하는 동안 아무도 다치지 않았다면 좋겠다.
남: 모두 괜찮다고 들었어.
여: 정말 다행이다! 경찰관이 되는 건 아주 힘든 일임이 틀림없어.
남: 응. 확실히 어렵긴 하지만, 아주 중요한 일이지. 난 언젠가 경찰관이 되고 싶어.
여: 그래? 대단하다.

해설 남자는 경찰이 힘들지만 중요한 일이라고 생각한다며 언젠가 경찰관이 되고 싶다고 했다.

어휘 news [njuːz] 뉴스, 소식 police officer 경찰관 rob [rɑːb] 털다, 도둑질하다 arrest [ərést] 체포 relief [rilíːf] 안도, 안심

08 ⑤

남: 얘, 그거 새 신발이니?
여: 응. 3일 전에 주문해서, 오늘 받았어.
남: 좋네. 한번 신어 봐.
여: 아니, 그럴 수 없어.
남: 무슨 말이야?
여: 그쪽에서 신발을 잘못 보냈거든. 이제 며칠을 더 기다려야 해.
남: 그거 정말 안됐다.

해설 여자는 주문한 신발이 잘못 와서 며칠을 더 기다려야 하므로 실망했을(disappointed) 것이다.
① 수줍은 ② 신이 난 ③ 행복한 ④ 느긋한, 편안한

어휘 order [ɔ́ːrdər] 주문하다 try on ~을 입어[신어] 보다 wrong [rɔːŋ] 잘못된 a few 어느 정도, 조금

09 ③

여: 너 어디 가는 중이니?
남: 도서관에. 오늘 이 책을 반납해야 하거든. 너는?
여: 난 Amy를 보러 시립 병원에 가는 중이야. 그 애가 많이 아프거든.
남: 오 이런! 나도 너와 병원에 가고 싶어.
여: 그럼 책을 반납하고 빨리 돌아와. 내가 바로 여기에 있을게.
남: 알았어.

해설 남자는 여자와 병원에 가기 전에 먼저 도서관에 책을 반납하기로 했다.

어휘 library [láibrèri] 도서관 return [ritə́ːrn] 반납하다 quickly [kwíkli] 빨리

10 ①

여: 너 일기 예보 봤니?
남: 응, 엄청난 태풍이 곧 올 거야.
여: 우리 외출하면 안 될 것 같아.
남: 맞아. 그리고 우리는 모든 창문을 꽉 닫아야 해.

여: 또 다른 무엇을 해야 하지?
남: 손전등을 마련해 두는 게 좋은 생각일 거야. 전기가 나갈 수도 있어.
여: 좋은 생각이야.

해설 엄청난 태풍이 오고 있다며 창문을 꽉 닫고 손전등을 마련해 두는 것이 좋겠다고 했으므로, 태풍 대비에 대해 이야기하고 있음을 알 수 있다.

어휘 huge [hjuːʤ] (크기·양·정도가) 막대한[엄청난] typhoon [taifúːn] 태풍 go out 외출하다; (불·전깃불이) 꺼지다[나가다] tight [tait] 단단히, 꽉 flashlight [flǽʃlàit] 손전등 power [páuər] 힘; *전기

11 ③

남: Sophie, 서둘러!
여: 아 이런! 저 방금 통학 버스를 놓쳤어요. 이제 학교에 늦겠어요!
남: 또? 그럼 지하철을 타.
여: 역이 너무 멀어요. 저 좀 태워 주실 수 있어요?
남: 그래, 그럴게. 하지만 이번이 마지막이야. 알겠니?
여: 알겠어요. 고마워요, 아빠.

해설 여자는 통학 버스를 놓치고 지하철역이 너무 멀어서, 아빠가 차로 데려다주기로 했다.

어휘 miss [mis] 놓치다 station [stéiʃən] 역, 정거장 give ~ a ride ~을 태워 주다

12 ④

남: 나 아르바이트를 구해야 해.
여: 왜? 새 컴퓨터에 돈을 다 썼니?
남: 아니, 그게 아니야.
여: 여자 친구와 데이트하기 위해서 돈이 더 필요한 거야?
남: 아니. 어머니 생신이 6월이야. 어머니께 좋은 선물을 사 드리고 싶어.
여: 와. 너 정말 다정하구나.

해설 남자는 어머니의 생신 선물을 사기 위해 아르바이트를 할 것이라고 했다.

어휘 part-time job 아르바이트 spend [spend] 소비하다, 쓰다 go on a date with ~와 데이트하다 June [ʤuːn] 6월 present [prézənt] 선물 sweet [swiːt] 달콤한; *상냥한, 다정한

13 ④

남: 여기 사람이 정말 많다.
여: 정말 그렇네. 너는 뭘 먼저 타고 싶니?
남: 모노레일 어때?
여: 저 조그만 열차? 그건 너무 지루해. 바이킹을 타자.

남: 솔직히 말해서 나는 그걸 타는 게 무서워.

여: 한번 타 봐! 분명히 너는 그걸 좋아할 거야.

남: 알았어.

해설 모노레일과 바이킹 같은 놀이 기구를 타는 것에 대해 이야기하고 있으므로, 두 사람이 대화하는 장소로 가장 적절한 곳은 놀이공원이다.

어휘 ride [raid] (탈것을) 타다 monorail [mάnərèil] 모노레일 boring [bɔ́ːriŋ] 지루한 to be honest 솔직히 말하자면 scared [skɛərd] 두려운, 무서운

14 ②

남: 실례합니다. 미술관에 어떻게 가나요?

여: 한 블록 직진하셔서 왼쪽으로 도세요.

남: 네, 그다음에는요?

여: 15미터 정도 걸어가면, 오른편에 공원이 보이실 거예요. 공원을 지나 오른쪽으로 돌면, 미술관은 오른편에 있는 첫 번째 건물이에요.

남: 고맙습니다!

해설 한 블록 직진해서 왼쪽으로 돌아 15미터 정도쯤 가면 나오는 공원을 지나 오른쪽으로 돌면 오른편에 있는 첫 번째 건물이라고 했으므로, 미술관의 위치로 가장 알맞은 곳은 ②이다.

어휘 art gallery 미술관 meter [míːtər] 미터 building [bíldiŋ] 건물

15 ②

여: 네 다리 어떻게 된 거니?

남: 축구를 하다가 다리가 부러졌어. 그래서 깁스해야 해.

여: 정말 안됐다. 내가 널 위해 해 줄 수 있는 게 있을까?

남: 음, 내 사물함에 있는 교과서들을 내게 가져다줄래?

여: 물론이지. 내가 네 책가방도 들어 줄까?

남: 고맙지만 괜찮아. 그건 내가 직접 할 수 있어.

해설 남자는 여자에게 사물함에 있는 교과서들을 가져다 달라고 부탁했다.

어휘 break one's leg 다리가 부러지다 wear a cast 깁스하다 textbook [tékstbùk] 교과서 locker [lάkər] 사물함 carry [kǽri] 나르다, 들고 가다 backpack [bǽkpæ̀k] 배낭, 책가방

16 ③

여: 얘, Chris, 무슨 신경 쓰이는 일이 있니?

남: 음… 내가 실수로 여동생의 미술 작품을 버렸어.

여: 아 이런. 그 애에게 무슨 일이 있었는지 말했니?

남: 아니, 안 했어.

여: 그 애에게 사실을 말하고 사과하는 게 어때? 그럼 이해해 줄 거야.

남: 그래야 할 것 같아.

해설 여자는 실수로 여동생의 미술 작품을 버렸다는 남자의 말을 듣고, 여동생에게 사실을 말하고 사과할 것을 제안했다.

어휘 bother [bάðər] 신경 쓰이게 하다, 괴롭히다 throw away ~을 버리다 artwork [άːrtwəːrk] 미술 작품 truth [truːθ] 사실 apologize [əpάlədʒàiz] 사과하다 understand [ʌ̀ndərstǽnd] 이해하다

17 ④

남: Irene, 너 졸려 보여.

여: 응. 나 어젯밤에 엄청 늦게 잤거든.

남: 왜? 시험공부를 하고 있었니?

여: 아니야. 사촌들이 와서, 보드게임을 했어.

남: 와, 너 어젯밤에 재미있었겠다.

여: 응, 그랬지.

해설 여자는 어젯밤에 사촌들과 함께 보드게임을 하느라 늦게 잤다고 했다.

어휘 go to bed 자다 cousin [kʌ́zən] 사촌 come over (누구의 집에) 들르다 board game 보드게임 have fun 재미있다, 즐거운 시간을 보내다

18 ③

남: 좀 나아 보이시네요. 정말 기쁩니다.

여: 어떻게 감사를 드려야 할지 모르겠네요. 너무 무서웠는데, 당신이 제 생명을 구해 주셨어요.

남: 천만에요. 그저 제 일을 했을 뿐입니다.

여: 앞으로 전기난로를 사용할 때 정말 조심할게요.

남: 좋습니다. 그리고 소화기 사용하는 방법을 배우셔야 할 것 같아요.

여: 그렇고말고요.

해설 남자는 여자의 생명을 구했으며 소화기 사용법을 배울 것을 여자에게 조언하고 있으므로, 남자의 직업으로 가장 적절한 것은 소방관이다.

어휘 save [seiv] 구하다 electric heater 전기난로 from now on 앞으로, 이제부터 fire extinguisher 소화기

19 ②

여: 무슨 문제가 있니? 너 피곤해 보여.

남: 난 학교 축제를 준비하느라 정말 바빠.

여: 오, 도움이 좀 필요하니?

남: 음, 교실 꾸미는 걸 도와줄 수 있니?

여: 물론이지.

남: 정말 고마워.

여: 친구 좋다는 게 뭐니?

[해설] 남자는 교실 꾸미는 것을 도와주겠다는 여자에게 고맙다고 했으므로, 그에 대한 겸양의 뜻을 나타내는 응답이 가장 적절하다.
① 괜찮아.
③ 너는 다시는 그러면 안 돼.
④ 학교 축제는 다음 주 금요일이야.
⑤ 네가 장식을 잘한다는 것을 알아.

[어휘] be busy v-ing ~하느라 바쁘다 prepare for ~을 준비하다
festival [féstivəl] 축제 decorate [dékərèit] 장식하다
classroom [klǽsrùːm] 교실

20 ⑤

[전화벨이 울린다.]
남: 여보세요?
여: 여보세요. Brown 씨와 통화할 수 있을까요?
남: 잠시만 기다려 주세요.
여: 알겠습니다.
남: 죄송하지만, 지금 회의 중이세요.
여: 언제 회의가 끝날지 아세요?
남: 아마 한 시간 후에요. 메시지를 받아드릴까요?
여: 네. Nora Smith가 전화했다고 그분께 전해 주세요.

[해설] 남자는 여자에게 메시지를 남길지 물었으므로, 그에 대한 여부를 말하는 응답이 가장 적절하다.
① 저는 당신에게 두 번 전화했어요.
② 아니요, 그는 사무실에 없어요.
③ 전화번호가 어떻게 되세요?
④ 제가 그의 전화에 메시지를 남겼어요.

[어휘] hold on (전화 통화할 때) 끊지 않고 기다리다 take a message
메시지를 받다 [문제] office [ɔ́ːfis] 사무실 leave a message
메시지를 남기다

---

06 1) went to soccer practice 2) a quarter past five
3) in 15 minutes
07 1) robbed that bank 2) Being a police officer
3) very important job
08 1) are those new shoes 2) Try them on
3) have to wait
09 1) return this book 2) go to the hospital
3) I'll be right here
10 1) typhoon is coming 2) close all the windows
3) may go out
11 1) missed my school bus 2) take the subway
3) give me a ride
12 1) spend all your money 2) go on dates with
3) buy her a good present
13 1) like to ride first 2) It's too boring
3) I'm scared to ride
14 1) How can I get to 2) turn left 3) on your right
15 1) broke my leg 2) bring me the textbooks
3) carry your backpack
16 1) something bothering you 2) by mistake
3) tell her the truth
17 1) studying for the test 2) played board games
3) must have had fun
18 1) cannot thank you enough 2) I'll be very careful
3) how to use
19 1) busy preparing for 2) help me decorate
3) Thanks a lot
20 1) Hold on 2) is in a meeting 3) take a message

Dictation Test 07
pp. 98~103

01 1) played by two teams 2) use your feet
3) get the ball
02 1) looking for a shirt 2) one with stars
3) striped blue shirt
03 1) sunny skies 2) late in the evening
3) will be showers
04 1) borrow your bike 2) invite you over
3) already have plans
05 1) be held at 2) will be selling 3) be sent to charity

실전모의고사 08회
pp. 104~105

01 ④	02 ⑤	03 ④	04 ①	05 ④
06 ③	07 ①	08 ⑤	09 ⑤	10 ②
11 ⑤	12 ③	13 ④	14 ⑤	15 ⑤
16 ②	17 ③	18 ①	19 ③	20 ⑤

01 ④

여: 이것은 긴 천 조각으로 만들어집니다. 창문에 걸며 햇빛을 막아 줍

니다. 겨울에는 차가운 공기도 들어오지 않도록 해줍니다. 또한 여러분의 집을 더 아름답게 만들어 줄 수 있습니다. 이것은 무엇일까요?

[해설] 천 조각으로 만들어지며, 창문에 걸어 햇빛과 찬 공기를 막는 것은 커튼이다.

[어휘] piece [piːs] 한 부분, 조각 cloth [klɔːθ] 천 hang [hæŋ] 걸다, 달다 (hang-hung-hung) keep ~ out ~이 들어가지 않게 하다

02 ⑤

남: 내 친구한테 줄 우산을 하나 사고 싶어.
여: 빨간색 하트가 있는 저 분홍색 우산은 어때?
남: 음… 색깔은 마음에 드는데, 무늬는 아니야.
여: 검은 줄무늬가 있는 저건 어때?
남: 오, 저거 예쁘다. 나 저걸로 할래. 도와줘서 고마워.
여: 천만에.

[해설] 남자는 검은 줄무늬가 있는 우산을 사기로 했다.

[어휘] pattern [pǽtərn] 무늬, 문양

03 ④

남: 내일 날씨입니다. 밴쿠버는 종일 흐리고 바람이 많이 불겠습니다. 토론토는 오전에 비가 내리겠지만, 오후에는 비가 눈으로 바뀌겠습니다. 몬트리올은 오전에 흐리다가, 오후에는 해가 나겠습니다.

[해설] 토론토는 내일 오전에 비가 내리다가 오후에 눈으로 바뀔 것이라고 했다.

[어휘] windy [wíndi] 바람이 많이 부는 all day 온종일 turn into ~로 변하다 come out 나오다

04 ①

남: 너 지금 바쁘니?
여: 아니 별로. 난 그냥 온라인 쇼핑을 하고 있어.
남: 아, 뭘 사려고 하는데?
여: 신발을 보고 있어. 이게 멋져 보이네.
남: 온라인으로 신발을 사는 것은 좋은 생각이 아닌 것 같아.
여: 왜?
남: 신발 사이즈들이 다를 수 있거든. 그래서 나는 네가 그것들을 먼저 신어 봐야 한다고 생각해.

[해설] 남자는 온라인으로 신발을 사려는 여자에게 신발을 신어 보고 사야 한다고 충고하고 있다.

[어휘] online [ɑ́ːnlàin] 온라인으로, 인터넷으로 different [dífərənt] 다른

05 ④

여: 저는 〈Wonder〉라는 아동 소설을 추천하고 싶습니다. R. J. Palacio가 집필했고, 2012년에 출판되었습니다. 그것은 August 라는 이름의 소년에 관한 이야기입니다. 그는 얼굴 생김새에 영향을 끼치는 병을 앓고 있습니다. 그것은 매우 아름다운 이야기입니다.

[해설] 제목(Wonder), 저자(R. J. Palacio), 출판 연도(2012년), 등장인물(August라는 소년)에 대해서는 언급하였으나, 출판사는 언급하지 않았다.

[어휘] recommend [rèkəménd] 추천하다 novel [nɑ́vəl] 소설 write [rait] 쓰다, 집필하다 (write-wrote-written) publish [pʌ́bliʃ] 출판하다 name [neim] 이름; *이름을 짓다 condition [kəndíʃn] 상태; *병, 질환 affect [əfékt] 영향을 미치다 appearance [əpírəns] (겉)모습, 외모 face [feis] 얼굴

06 ③

[전화벨이 울린다.]
남: 여보세요?
여: 안녕, 나 Kelly야. 너 Diana와 통화했니?
남: 응. 그 애가 저녁 8시 30분은 되어야 우릴 만날 수 있다고 했어. 오늘 바쁘대.
여: 알겠어. 그러면 그 애를 만나기 전에 그 애의 결혼 선물을 사러 가는 게 어때?
남: 아주 좋은 생각이야! 난 5시 30분에 퇴근할 수 있어.
여: 15분만 나를 기다려 줄래?
남: 물론이야. 그때 보자.

[해설] 5시 30분에 퇴근한다는 남자의 말에 여자가 15분을 기다려 달라고 했으므로, 두 사람이 만날 시각은 5시 45분이다.

[어휘] until [əntíl] ~까지 leave the office 퇴근하다

07 ①

여: 이 그림 멋지다. 어디에서 샀니?
남: 사실, 그건 내가 직접 그렸어.
여: 와! 놀라워! 난 네가 그림 그리는 줄 몰랐어.
남: 음, 난 보통 주말을 그림 그리면서 보내.
여: 전에 미술 수업을 받은 적이 있니?
남: 아니, 하지만 난 아빠한테서 배워. 아빠께서 화가시거든. 나는 아빠처럼 훌륭한 화가가 되고 싶어.
여: 네가 아빠의 재능을 가진 것 같아. 넌 훌륭한 화가가 될 거야.
남: 그렇게 말해 줘서 고마워.

[해설] 남자는 아빠한테서 그림 그리는 것을 배우며 아빠처럼 훌륭한 화가가 되고 싶다고 했다.

[어휘] actually [ǽktʃuəli] 사실은, 실제로 paint [peint] 그리다 amazing [əméiziŋ] 놀라운 talent [tǽlənt] 재능

08 ⑤

여: 훌륭한 저녁 식사였어! 고마워.
남: 천만에. 이제 집에 가자. 음… 이상하네.
여: 뭐가 잘못됐어?
남: 내 차 열쇠를 못 찾겠어. 어디 있지?
여: 차에서 내릴 때 가지고 나왔니?
남: 확실하지 않아. 내 생각엔 그랬던 것 같아.

해설 남자는 차 열쇠를 어디에 두었는지 확실히 기억하지 못해서 못 찾고 있으므로 당황스러울 것이다.

어휘 wonderful [wʌ́ndərfəl] 훌륭한 strange [streindʒ] 이상한 get out of ~에서 내리다

09 ⑤

여: Pete, 너 도서관에 가는 중이니?
남: 아니, 난 교실에 가고 있어.
여: 아, 영어책들이 무거워 보여. 내가 도와줄까?
남: 도와줄 수 있어?
여: 물론이지. 나한테 책 일부를 줘.
남: 정말 고마워.

해설 여자는 남자가 교실로 가져가고 있는 영어책들이 무거워 보인다며 도와주겠다고 했다.

어휘 heavy [hévi] 무거운

10 ②

여: 너 무엇을 보고 있니?
남: 홈쇼핑 채널. 저 갈색 재킷을 살 거야.
여: 나도 가끔 TV에서 물건을 사. 정말 편리한 것 같아.
남: 맞아. 네가 해야 할 일은 프로그램을 보고, 주문하고, 기다리는 게 다니까.
여: 맞아! 가격도 괜찮고.

해설 TV 홈쇼핑으로 물건을 구입하면 편리하고 가격도 괜찮다고 했으므로, 홈쇼핑의 장점에 대해 이야기하고 있음을 알 수 있다.

어휘 channel [tʃǽnəl] 채널 thing [θiŋ] 물건 convenient [kənvíːnjənt] 편리한 show [ʃou] (텔레비전 등의) 프로그램 price [prais] 가격

11 ⑤

남: 엄마, 저 Charles네 집에 가요!
여: 아, 여기서 멀지 않니?
남: 그렇게 멀지는 않아요.
여: 내가 태워 줄까?

남: 아니에요, 엄마. 날씨가 정말 좋아서, 자전거를 탈 거예요.
여: 오, 그거 좋은 생각이다. 조심만 해.
남: 알겠어요. 걱정하지 마세요!

해설 남자는 차를 태워 주겠다는 엄마의 말에 날씨가 좋아 자전거를 타고 갈 것이라고 했다.

어휘 far [fɑːr] 먼 drive [draiv] 운전하다; *태워다 주다 worry [wə́ːri] 걱정하다

12 ③

여: Jack, 뮤지컬이 10분 전에 시작했어.
남: 정말 미안해.
여: 왜 늦었니? 교통량이 많았어?
남: 아니, 내 차에 문제가 있었어. 미안해, Tina.
여: 괜찮아. 서두르자.
남: 알겠어.

해설 남자는 자신의 차에 문제가 생겨서 약속 시간에 늦었다고 했다.

어휘 musical [mjúːzikəl] 뮤지컬 traffic [trǽfik] 교통(량) hurry [hə́ːri] 서두르다

13 ④

남: 도와드릴까요?
여: 네. 제가 오늘 아침에 지하철에 가방을 두고 내렸어요.
남: 그게 어떻게 생겼죠?
여: 빨간 손잡이가 있고 갈색이에요. 그리고 앞에 큰 주머니가 두 개 있어요.
남: 가서 확인해 보겠습니다. [잠시 후] 이것이 당신의 것인가요?
여: 네, 맞아요. 정말 감사합니다.

해설 여자는 지하철에 두고 내린 가방을 묘사하고 남자가 가방을 찾아 주었으므로, 두 사람이 대화하는 장소로 가장 적절한 곳은 분실물 보관소이다.

어휘 leave [liːv] 떠나다; *두고 가다 (leave-left-left) handle [hǽndl] 손잡이 pocket [pɑ́kit] 주머니 front [frʌnt] 앞면 check [tʃek] 확인하다

14 ⑤

여: 우리 야구하자.
남: 좋아. 그런데 야구공이 어디 있지?
여: 배트 옆에 있지 않아?
남: 아니, 없어. 내가 텐트 안을 볼게.
여: 찾았어?
남: 아니.
여: 오, Steve. 이리 와 봐. 나무 뒤에 있네.

[해설] 여자는 야구공이 나무 뒤에 있다고 했으므로, 야구공의 위치로 가장 알맞은 곳은 ⑤이다.

[어휘] baseball [béisbɔ̀:l] 야구; 야구공 bat [bæt] 방망이, 배트 tent [tent] 텐트 behind [biháind] ~의 뒤에

15 ⑤

여: 나 너무 지루해. 우리 영화 보러 갈까?
남: 미안하지만 난 너무 피곤해. 집에 있으면서 쉬고 싶어. 그냥 조용히 책 읽고 음식을 주문해 먹으면 안 될까?
여: 하지만 지난 주말에도 집에 있었잖아. 난 정말 영화를 보고 싶어.
남: 여기서 영화를 보는 게 어때?
여: 괜찮을 것 같아. 그러면 네가 좋은 영화를 찾아봐 줄래?
남: 그래. 지금 바로 할게.

[해설] 남자가 집에서 영화를 보자고 하자, 여자는 남자에게 좋은 영화를 찾아봐 달라고 부탁했다.

[어휘] bored [bɔːrd] 지루해하는 rest [rest] 쉬다

16 ②

남: 안녕, Laura. 너 몹시 피곤해 보여.
여: 응. 어젯밤에 늦게까지 자지 않고 있었거든. 할 일이 많았어.
남: 그래서 이제 일을 끝냈니?
여: 거의. 근데 나 지금 정말 졸려.
남: 그럼 잠깐 낮잠을 자는 게 어때?
여: 그래야 할 것 같아.

[해설] 남자는 어젯밤에 일하느라 늦게 자서 졸려 하는 여자에게 잠깐 낮잠을 잘 것을 제안했다.

[어휘] stay up late 늦게까지 자지 않고 있다 a lot of 많은 finish [fíniʃ] 끝내다 almost [ɔ́:lmoust] 거의 take a nap 낮잠을 자다 for a while 잠시 동안, 잠깐

17 ③

여: Henry, 방학은 어땠어?
남: 환상적이었어!
여: 좋네! 너 햇볕에 탔구나. 해변에 갔었니?
남: 아니, 매일 운동했어.
여: 어떤 운동을 했는데? 수영?
남: 아니, 축구를 했어.

[해설] 남자는 방학 때 매일 축구를 해서 햇볕에 탔다고 했다.

[어휘] vacation [veikéiʃən] 휴가, 방학 fantastic [fæntǽstik] 환상적인 get a tan 햇볕에 태우다 beach [biːtʃ] 해변 exercise [éksərsàiz] 운동하다; 운동

18 ①

여: 새 스마트폰을 사고 싶은데요.
남: 이게 저희 최신 모델이고, 아주 인기가 많습니다.
여: 좋아 보이네요. 다른 색으로 있나요?
남: 흰색, 검은색, 보라색, 그리고 은색이 있습니다.
여: 음… 보라색으로 할게요.
남: 잘 선택하셨어요.

[해설] 스마트폰을 사려는 여자에게 최신 모델을 보여 주며 설명해 주고 있으므로, 남자의 직업으로 가장 적절한 것은 판매원이다.

[어휘] latest [léitist] 최신의 model [mádəl] (상품의) 모델 purple [pə́:rpl] 보라색 silver [sílvər] 은색

19 ③

여: 어떻게 도와드릴까요?
남: 어린이 표 2장이랑 성인 표 1장 주세요.
여: 그러니까 총 3장이요?
남: 네. 얼마인가요?
여: 총 50달러입니다. 할인받을 수 있는 쿠폰을 가지고 계신가요?
남: 아니요.
여: 알겠습니다. 그러면 어떻게 지불하시겠습니까?
남: 현금으로요. 여기 있습니다.

[해설] 푯값을 어떻게 지불할지 물었으므로, 지불 수단에 대해 말하는 응답이 가장 적절하다.
① 여기 제 표가 있습니다.
② 네. 고맙습니다.
④ 전 그것을 지불할 필요가 없어요.
⑤ 제게 표를 주시면 됩니다.

[어휘] adult [ədʌ́lt] 성인 in all 총, 모두 합쳐 in total 전체로서, 통틀어 discount [diskáunt] 할인 pay [pei] 지불하다 [문제] cash [kæʃ] 현금

20 ⑤

[휴대전화가 울린다.]
남: 여보세요?
여: Mike, 괜찮아? 네 목소리가 안 좋은 것 같아.
남: 몸이 안 좋아. 감기에 걸린 것 같아.
여: 오 이런. 내가 약을 좀 사다 줄게. 점심은 먹었니?
남: 아니.
여: 그럼 내가 너에게 음식을 좀 사다 줄까?
남: 고맙지만 괜찮아. 아무것도 먹고 싶지 않아.

[해설] 몸이 아픈데 점심을 먹지 않았다는 남자의 말에 여자는 음식을 사다 줄지 물었으므로, 이 제안을 수락하거나 거절하는 응답이 가장 적절하다.

① 나는 이탈리아 음식을 좋아하지 않아.
② 3시에 날 태우러 와 줘.
③ 나는 약을 먹어야 해.
④ 나는 오늘 밤에 외식하고 싶지 않아.

[어휘] voice [vɔis] 목소리 feel well 건강 상태가 좋다 catch a cold 감기에 걸리다 medicine [médisn] 약 pick up ~을 사다; ~을 (차에) 태우러 가다 [문제] eat out 외식하다 feel like v-ing ~하고 싶다

18 1) our latest model 2) in a different color
    3) take the purple one
19 1) three tickets in all 2) for a discount
    3) how do you want
20 1) doesn't sound good 2) buy you some medicine
    3) pick up some food

Dictation Test 08

pp. 106~111

01 1) hung over a window 2) keeps cold air out
    3) more beautiful
02 1) buy an umbrella 2) like the color
    3) with the black stripes
03 1) cloudy and windy 2) turn into snow
    3) sun will come out
04 1) shopping online 2) to buy shoes
    3) try them on first
05 1) was written by 2) was published in
    3) about a boy named
06 1) can't meet us 2) leave the office at 5:30
    3) for 15 minutes
07 1) painted it myself 2) spend my weekends painting
    3) great painter like him
08 1) That's strange 2) I can't find
    3) got out of the car
09 1) going to the library 2) look heavy
    3) some of them
10 1) buy things on TV 2) very convenient
    3) prices are good
11 1) far from here 2) to drive you 3) ride my bike
12 1) started 10 minutes ago 2) a lot of traffic
    3) with my car
13 1) left my bag 2) look like 3) I'll go check
14 1) next to the bat 2) look in the tent
    3) behind the tree
15 1) go to the movies 2) stayed home
    3) find a good movie
16 1) stayed up late 2) have you finished 3) take a nap
17 1) go to the beach 2) exercised every day
    3) played soccer

실전모의고사 09회

pp. 112~113

01 ④	02 ④	03 ①	04 ④	05 ④
06 ②	07 ⑤	08 ②	09 ③	10 ④
11 ①	12 ⑤	13 ③	14 ⑤	15 ④
16 ③	17 ③	18 ③	19 ①	20 ②

01 ④

여: 우리는 이것을 부엌에서 볼 수 있습니다. 우리는 이것을 음식을 요리하는 데 사용합니다. 우리는 이것을 음식을 데우는 데도 사용할 수 있습니다. 우리는 이것으로 케이크를 구울 수도 있고, 피자를 만들 수도 있습니다. 이것은 무엇일까요?

[해설] 음식을 데우고, 케이크나 피자를 만들 때 사용하는 주방 기구는 오븐이다.

[어휘] find [faind] 찾다; *보다, 발견하다 cook [kuk] 요리하다 heat [hi:t] 가열하다, 뜨겁게 하다 bake [beik] 굽다

02 ④

여: 아빠, 저 새 스웨터가 필요해요.
남: 그렇구나. 저 녹색 스웨터는 어떠니?
여: 토끼가 있는 거 말씀하시는 거예요?
남: 응, 귀엽지 않니?
여: 모르겠어요. 저는 사슴이 있는 것이 더 마음에 들어요.
남: 아, 그래. 사슴이 있는 베이지색 스웨터도 귀엽구나.
여: 동의해요. 그걸 살게요.

[해설] 여자는 사슴이 있는 베이지색 스웨터를 사기로 했다.

[어휘] sweater [swétər] 스웨터 deer [diər] 사슴 beige [beiʒ] 베이지색의

03 ①

남: 안녕하세요. 이곳 뉴욕은 어제까지 맑았지만, 지금은 눈이 아주 많이 내립니다. 눈은 이번 주말에 그칠 것으로 예상되므로, 다음 주에는 활짝 갠 화창한 날씨를 즐길 수 있겠습니다. 감사합니다.

해설 지금 내리는 눈이 주말에 그치고, 다음 주에는 화창한 날씨를 즐길 수 있을 것이라고 했다.

어휘 up until ~까지 be expected to-v ~할 것으로 예상되다 be able to-v ~할 수 있다 beautiful [bjúːtifəl] 아름다운; *활짝 갠, 화창한

04 ④

여: 나 어젯밤에 잠을 잘 못 잤어.
남: 왜 못 잤는데?
여: 경기가 걱정되거든.
남: 왜?
여: 내가 경기를 잘하지 못할까 봐 걱정돼.
남: 걱정하지 마. 지난번에 잘했잖아. 그리고 너는 항상 최선을 다하잖아.

해설 남자는 경기를 잘하지 못할까 봐 걱정하는 여자를 격려하고 있다.

어휘 worry about ~에 대해 걱정하다 do one's best 최선을 다하다

05 ④

여: 다음 주 금요일과 토요일 저녁 6시부터 8시까지 클래식 음악회가 있을 예정입니다. 그것은 심포니 홀에서 열릴 것입니다. 연주자들은 모두 유럽에서 오며, 표는 30달러밖에 하지 않습니다. 여러분이 올 수 있기를 바랍니다.

해설 음악 장르(클래식), 시간(저녁 6시부터 8시까지), 장소(심포니 홀), 표 가격(30달러)에 대해서는 언급하였으나, 연주곡은 언급하지 않았다.

어휘 classical [klǽsikəl] 클래식의 musician [mjuːzíʃən] 음악가, 연주자 Europe [júːərəp] 유럽

06 ②

여: 네가 탈 기차는 몇 시에 떠나니?
남: 저녁 6시.
여: 그럼 내가 5시에 너를 데리러 갈게.
남: 그런데 역이 붐빌 거야. 그보다 20분 더 일찍 올 수 있어?
여: 물론이지. 4시 40분에 거기로 갈게.
남: 알겠어. 그때 보자.

해설 5시에 데리러 가겠다는 여자의 말에 남자는 20분 더 일찍 와 달라고 했다.

어휘 leave [liːv] 떠나다 crowded [kráudid] 붐비는, 복잡한 earlier [ə́ːrliər] 더 일찍 (early의 비교급)

07 ⑤

여: 너는 아직도 가수가 되고 싶니?
남: 아니, 생각이 바뀌었어. 내가 지금 뭐가 되고 싶어 하는지 맞혀 봐.
여: 음… 넌 여행하고 새로운 사람들을 만나는 것을 좋아하잖아. 그러니까 아마 여행 가이드가 되고 싶을 것 같아.
남: 와, 맞아. 너는 어때, Kate? 장래에 뭐가 되고 싶어?
여: 나는 우리 아빠처럼 경찰관이 되고 싶어.
남: 멋지다.

해설 남자는 여행 가이드가, 여자는 경찰관이 되고 싶다고 했다.

어휘 change one's mind 생각을 바꾸다 guess [ges] 추측하다 travel [trǽvəl] 여행하다 maybe [méibiː] 아마도 tour guide 여행 가이드 police officer 경찰관

08 ②

남: 새 학교에서의 첫날은 어땠니?
여: 좋았어요. 저는 벌써 몇몇 친구들을 사귀었어요.
남: 와, 그랬니? 잘됐구나!
여: 혼자 앉아 있었는데, Megan이라는 이름의 여자아이가 제게 와서 말을 걸었어요.
남: 그래서 너희는 친구가 됐니?
여: 네. 그 애는 저한테 자신의 친구들도 소개해 줬어요. 그 애는 정말 착해요.
남: 그 말을 들으니 기쁘구나.

해설 여자는 새 학교에 간 첫날 Megan이라는 친구가 다가와 말을 걸어 주고 다른 친구들도 소개해 주었으므로 기쁠(glad) 것이다.
① 부끄러운 ③ 외로운 ④ 질투하는 ⑤ 화난

어휘 make friends 친구가 되다 alone [əlóun] 혼자 become [bikʌ́m] ~해지다, ~이 되다 (become-became-become) introduce [intrədjúːs] 소개하다

09 ③

남: Andrea! 너 어디 가는 거니?
여: 오, 안녕! 쇼핑몰에 가고 있어.
남: 난 Matt랑 영화 보러 가는 중이야. 우리와 함께 갈래? 쇼핑몰에 지금 가야 해?
여: 음, 오늘 꼭 사야 할 것들이 좀 있어.
남: 그럼 영화 끝나고 내가 쇼핑몰에 데려다줄게.
여: 그럼 알았어. 가자.

해설 남자는 여자와 영화를 본 후에 쇼핑몰에 데려다주기로 했다.

어휘 mall [mɔːl] 쇼핑몰 join [dʒɔin] 가입하다; *함께 하다

10 ④

여: 네 방에는 책이 많구나.
남: 응, 난 책 읽는 게 정말 좋아.
여: 어떤 종류의 책을 가장 좋아하니?
남: 난 공상 과학 소설을 좋아해.
여: 나도 그래! 나 이거 빌려도 돼? 재미있어 보여.
남: 물론이야.

[해설] 어떤 종류의 책을 가장 좋아하냐는 여자의 질문에 남자가 공상 과학 소설을 좋아한다고 했으므로, 좋아하는 책 종류에 대해 이야기하고 있음을 알 수 있다.

[어휘] science fiction 공상 과학 소설 borrow [bɑ́rou] 빌리다

11 ①

여: 실례지만, 월드컵 경기장에 어떻게 가나요?
남: 지하철이나 버스를 타시면 돼요.
여: 어느 게 더 빠를까요?
남: 271번 버스를 타세요. 10분 정도 걸릴 거예요.
여: 알겠습니다. 버스 정거장은 어디에 있나요?
남: 저쪽에 저 택시 승차장 옆에 있어요.
여: 정말 감사합니다.

[해설] 남자가 지하철보다 버스를 타고 경기장에 가는 게 더 빠르다고 하자, 여자는 버스 정거장의 위치를 물었다.

[어휘] stadium [stéidiəm] 경기장 next to ~ 옆에 taxi stand 택시 승차장

12 ⑤

여: 내가 지난주에 네게 이메일 두 개를 보냈는데, 읽었니?
남: 정말? 나는 받지 못했는데. 그걸 어느 주소로 보냈니?
여: Jack5@allmail.com으로 보냈어.
남: 그건 내 예전 주소야. 난 더 이상 그것을 사용하지 않아.
여: 이런. 그러면 현재 주소를 알려 줘. 내가 다시 보낼게.
남: 알았어.

[해설] 남자는 여자가 보낸 이메일 주소를 더 이상 사용하지 않는다고 했다.

[어휘] send [send] 보내다 (send-sent-sent) address [ǽdres, ədrés] 주소 old [ould] 늙은; *예전의 current [kə́:rənt] 현재의

13 ③

남: 안녕하세요. 무엇을 도와드릴까요?
여: 저는 803호에 묵고 있는데요. 룸서비스를 주문하고 싶어요.
남: 무엇을 드시겠어요?
여: 볶음밥과 탄산음료를 주문하고 싶어요.
남: 그 밖에 다른 필요하신 것이 있나요?

여: 음, 수건을 더 주실 수 있나요?
남: 물론입니다.

[해설] 여자는 묵고 있는 방 번호를 말하며 룸서비스를 주문하고 추가 수건을 요청하였으므로, 두 사람이 대화하는 장소로 가장 적절한 곳은 호텔이다.

[어휘] room service 룸서비스 fried rice 볶음밥 soda [sóudə] 탄산 음료 towel [táuəl] 수건

14 ⑤

남: 얘, Martha. 너 박물관이 어디에 있는지 아니?
여: 응. 체육관이 보일 때까지 한 블록 직진해.
남: 체육관 옆에 있어?
여: 아니. 체육관이 보이면 오른쪽으로 돌아. 그 옆에 수영장이 보일 거야. 박물관은 수영장 바로 맞은편에 있어.
남: 고마워.
여: 천만에.

[해설] 체육관까지 직진해서 오른쪽으로 돈 다음 수영장 바로 맞은편에 있다고 했으므로, 박물관의 위치로 가장 알맞은 곳은 ⑤이다.

[어휘] museum [mjuːzíːəm] 박물관 gym [ʤim] 체육관 pool [puːl] 수영장 directly [diréktli] 바로, 곧장 across from ~의 맞은편에

15 ④

[노크 소리]
남: 실례합니다.
여: 아, 안녕하세요?
남: 당신이 틀어 놓은 음악인가요?
여: 네 맞아요.
남: 음, 제가 기말고사 공부를 하고 있거든요. 볼륨을 좀 낮춰 주시겠어요?
여: 아, 죄송해요. 전 그렇게 시끄러운지 몰랐어요. 지금 당장 볼륨을 낮출게요.

[해설] 남자는 여자에게 듣고 있는 음악의 볼륨을 낮춰 달라고 부탁했다.

[어휘] final exam 기말고사 turn down (소리·온도 등을) 낮추다, 줄이다 volume [váljuːm] (텔레비전·라디오 등의) 음량[볼륨] loud [laud] 소리가 큰, 시끄러운

16 ③

여: 너 속상해 보여. 무슨 일이야?
남: 내가 방금 도서관에 있었는데, 지금 내 가방이 없어졌어. 누군가가 가져간 것 같아.
여: 정말 안됐다. 그 안에 지갑이 있었니?
남: 응. 그리고 내 휴대전화랑 시계도 있었어.
여: 경찰에 신고해야 해.

남: 응, 그럴 거야.

해설 여자는 가방을 도둑맞은 것 같다는 남자에게 경찰에 신고할 것을 제안했다.

어휘 upset [ʌpsét] 속상한 matter [mǽtər] 일, 문제 missing [mísiŋ] 없어진 wallet [wάlit] 지갑 report [ripɔ́ːrt] 알리다; *신고하다

17 ③

여: 지난 주말에 뭐 했니?
남: 나는 자원봉사를 했어.
여: 정말? 뭘 했는데?
남: 나는 자선 단체에서 일했어. 우리는 어려움에 처한 가족을 위해 집을 수리했어.
여: 네 일은 뭐였어?
남: 나는 벽에 페인트를 칠했어.

해설 남자는 지난 주말에 어려운 가족을 위해 자선 단체의 집을 수리하는 자원봉사에 참여해서 벽에 페인트칠을 했다고 했다.

어휘 volunteer work 자원봉사 fix up ~을 수리하다 in need 어려움에 처한, 궁핍한 paint [peint] 페인트를 칠하다 wall [wɔːl] 담, 벽

18 ③

남: 안녕하세요, Jansen 씨. 국제 우주 정거장에서 이제 막 돌아오셨다고 들었습니다.
여: 맞아요.
남: 우주에 몇 번이나 가 보셨나요?
여: 우주 왕복선 임무를 세 번 했어요.
남: 굉장해요. 우주에서 본 지구는 어떻게 생겼나요?
여: 정말 아름다워요.
남: 저도 언젠가 직접 보고 싶네요.

해설 여자는 국제 우주 정거장에서 이제 막 돌아왔고 지금까지 우주 왕복선 임무를 세 번 했다고 했으므로, 여자의 직업으로 가장 적절한 것은 우주 비행사이다.

어휘 International Space Station 국제 우주 정거장 space shuttle 우주 왕복선 mission [míʃən] 임무 awesome [ɔ́ːsəm] 기막히게 좋은, 굉장한 someday [sʌ́mdèi] 언젠가

19 ①

여: 너 벌써 영어 시험공부했니?
남: 아직 안 했어. 너는 했니?
여: 나도 안 했어.
남: 그러면 우리 같이 공부하는 게 어때?
여: 좋아. 학교 도서관에서 공부하는 게 어떨까?

남: 좋아. 몇 시에 만나면 좋겠니?
여: 3시에 만나자.

해설 남자는 여자에게 몇 시에 만나면 좋을지 물었으므로, 만날 시각을 말하는 응답이 가장 적절하다.
② 저녁 식사는 오후 6시야.
③ 약 5시간이 걸릴 거야.
④ 우리는 학교 도서관에서 만날 거야.
⑤ 알겠어, 나는 그를 내일 저녁에 만날 거야.

어휘 either [íːðər] (부정문에서) ~도 또한

20 ②

여: Alex, 오랜만이야. 요즘 어떻게 지내?
남: 잘 지내. 너는 어때?
여: 나는 요즘 정말 바빠. 하지만 잘 지내고 있어.
남: 잘됐네.
여: 네 여동생은 잘 있니? 보고 싶네.
남: 그 애는 지금 집에 있어. 심한 감기에 걸렸거든.
여: 안됐네.

해설 남자의 여동생이 심한 감기에 걸렸다고 했으므로, 위로나 유감을 나타내는 응답이 가장 적절하다.
① 그거 이상하네.
③ 너 진찰을 받는 게 낫겠어.
④ 맞아. 그녀는 많이 아파.
⑤ 응, 그녀는 병원에서 일해.

어휘 these days 요즘 miss [mis] 놓치다; *그리워하다 catch a bad cold 심한 감기에 걸리다 [문제] see a doctor 진찰을 받다 work for ~에서 일하다

Dictation Test 09

pp. 114~119

01 1) in the kitchen 2) to cook food 3) bake a cake
02 1) rabbits on it 2) with the deer 3) I'll get that one
03 1) was sunny 2) it's snowing heavily
    3) enjoy beautiful sunny weather
04 1) I'm worried about 2) I won't play well
    3) always do your best
05 1) classical music concert 2) will be held at
    3) are only $30
06 1) pick you up 2) 20 minutes earlier 3) at 4:40
07 1) changed my mind 2) be a tour guide
    3) like my father

08	1) made some friends 2) came over and talked		27 자원봉사	28 ~할 수 있다
	3) introduced her friends		29 건강 상태가 좋다	30 어려움에 처한, 궁핍한
09	1) going to the movies 2) need to buy		31 ~을 입어[신어] 보다	32 최선을 다하다

08	1) made some friends 2) came over and talked 3) introduced her friends
09	1) going to the movies 2) need to buy 3) take you to the mall
10	1) a lot of books 2) What kind of books 3) Can I borrow
11	1) how can I get to 2) would be faster 3) next to that taxi stand
12	1) sent you two emails 2) didn't get them 3) don't use it anymore
13	1) order room service 2) Is there anything else 3) get me more towels
14	1) where the museum is 2) next to the gym 3) directly across from the pool
15	1) Is that your music 2) turn down the volume 3) it was so loud
16	1) What's the matter 2) someone took it 3) report that to the police
17	1) did volunteer work 2) fixed up a house 3) painted a wall
18	1) have you been to space 2) Earth look like 3) see it for myself
19	1) studied for the English test 2) study together 3) What time
20	1) long time no see 2) How is your sister 3) caught a bad cold

27	자원봉사	28	~할 수 있다
29	건강 상태가 좋다	30	어려움에 처한, 궁핍한
31	~을 입어[신어] 보다	32	최선을 다하다
33	~을 줄이다	34	~을 (차로) 태워 주다
35	생각을 바꾸다	36	~을 버리다
37	앞으로, 이제부터	38	득점하다
39	감기에 걸리다	40	메시지를 남기다

B

01	novel	02	spend
03	rob	04	heavy
05	popular	06	hang
07	travel	08	festival
09	leave	10	different
11	shower	12	address
13	scared	14	miss
15	talent	16	wall
17	face	18	broken
19	maybe	20	report
21	sell	22	jewelry
23	boring	24	cousin
25	wallet	26	missing
27	profit	28	save
29	adult	30	office
31	discount	32	typhoon
33	be busy v-ing	34	across from
35	for a while	36	eat out
37	leave the office	38	make friends
39	take a nap	40	to be honest

Word Test 07~09

pp. 120~121

A

01	가격	02	나르다, 들고 가다
03	~의 뒤에	04	현금
05	빨리	06	확인하다
07	최신의	08	선물
09	걱정하다	10	혼자
11	자선 단체	12	은색
13	편리한	14	사실
15	반납하다	16	상태; 병, 질환
17	추천하다	18	임무
19	일, 문제	20	단단히, 꽉
21	선택	22	속상한
23	현재의	24	출판하다
25	역, 정거장	26	겉(모습), 외모

실전모의고사 10 회

pp. 122~123

01 ①	02 ⑤	03 ③	04 ②	05 ②
06 ⑤	07 ②	08 ③	09 ①	10 ④
11 ③	12 ⑤	13 ②	14 ⑤	15 ③
16 ⑤	17 ④	18 ②	19 ⑤	20 ④

01 ①

남: 이것은 탈것의 한 종류입니다. 사람들은 멀리 이동할 때 이것을 탑니다. 이것은 날기 때문에 가장 빠른 운송 수단입니다. 여러분이 이것으로 이동하면, 서울에서 제주까지 가는 데 한 시간이 안 걸립니

다. 이것은 무엇일까요?

[해설] 날아가며 가장 빠른 탈것은 비행기이다.

[어휘] a kind of 일종의 vehicle [víːikl] 탈것, 운송 수단 travel [trǽvəl] 여행하다; *이동하다 far away 멀리 fly [flai] 날다 fastest [fǽstist] 가장 빠른 (fast의 최상급) less than ~보다 적은

02 ⑤

남: 우리 새 꽃병을 사자.
여: 그래. 저 갈색 꽃병은 어때?
남: 꽃이 그려져 있는 거?
여: 아니, 웃는 얼굴 그림이 있는 거.
남: 웃는 얼굴 그림이 좋긴 한데, 나는 흰색 꽃병이 더 나은 것 같아.
여: 알았어. 저걸로 사자.

[해설] 남자가 웃는 얼굴 그림이 있는 흰색 꽃병이 더 나은 것 같다고 하자, 여자가 그것을 사자고 했다.

[어휘] brown [braun] 갈색의 smiley face (주로 노란 바탕에 검은색의) 웃는 얼굴 그림

03 ③

여: 안녕하세요. 이번 주 일기 예보입니다. 내일은 종일 흐리다가 수요일에는 비가 오겠습니다. 비는 금요일까지 그치지 않을 예정입니다. 하지만 주말에는 햇살과 맑은 하늘을 즐기실 수 있겠습니다.

[해설] 수요일에 비가 오기 시작해서 금요일까지 그치지 않을 것이라고 했다.

[어휘] weather report 일기 예보 sunshine [sʌ́nʃain] 햇빛, 햇살 clear [kliər] (날씨가) 맑은

04 ②

남: 정말 냄새 고약하네!
여: 저 키 큰 남자가 담배를 피우고 있어.
남: 나는 담배 냄새가 싫어.
여: 나도 싫어. 그는 다른 사람들을 불편하게 하고 있어.
남: 맞아. 사람들이 거리에서 담배를 피우게 해서는 안 돼.
여: 전적으로 동의해.

[해설] 여자는 사람들이 거리에서 담배를 피우면 안 된다는 남자의 의견에 동의하고 있다.

[어휘] smell [smel] 냄새 smoke [smouk] 담배를 피우다; (담배) 연기 bother [bάðər] 괴롭히다, 불편하게 하다 allow [əláu] 허락하다, 허가하다 I couldn't agree more. 전적으로 동의해. (= I agree completely.)

05 ②

남: Lambert's 과일 농장은 과일을 딸 수 있는 최적의 장소들 중 하나입니다. Pine Street에 있으며, 월요일을 제외하고 매일 문을 엽니다. 가족들은 블루베리와 산딸기 따기 뿐만 아니라 딸기 따기도 즐길 수 있습니다. 여러분은 킬로그램당 15달러를 지불해야 합니다. 신선한 과일을 따서 드세요!

[해설] 위치(Pine Street), 개방 요일(월요일을 제외하고 매일), 재배 과일 종류(블루베리, 산딸기, 딸기), 가격(킬로그램당 15달러)에 대해서는 언급하였으나, 면적은 언급하지 않았다.

[어휘] pick [pik] 고르다; *(과일 등을) 따다 except [iksépt] ~을 제외하고는 raspberry [rǽzbèri] 산딸기

06 ⑤

여: 몇 시니?
남: 벌써 6시 15분이야.
여: 첫 번째 공연은 15분 전에 시작했어. 우리 어떻게 하지?
남: 대신 우리는 두 번째 공연에 갈 수 있어.
여: 좋아. 그건 언제 시작해?
남: 저녁 8시에 시작해.
여: 알았어.

[해설] 첫 번째 공연이 이미 시작해서, 두 사람은 저녁 8시에 시작하는 두 번째 공연을 보기로 했다.

[어휘] already [ɔːlrédi] 이미 quarter [kwɔ́ːrtər] 4분의 1; *15분 past [pæst] (시간이) 지나서 ago [əɡóu] ~ 전에 second [sékənd] 두 번째의

07 ②

여: 올해 우리 학교에는 새로 오신 선생님이 세 분 계셔.
남: 알아. 나는 Taylor 선생님의 수학을 들어.
여: 오, 정말? 그분에 대해 어떻게 생각하니?
남: 정말 친절하셔. 난 딱 그분과 같은 선생님이 되고 싶어.
여: 나는 네가 훌륭한 선생님이 될 거라 확신해.
남: 그렇게 말해 줘서 고마워.

[해설] 남자는 새로 오신 Taylor 선생님과 같은 교사가 되고 싶다고 했다.

[어휘] math [mæθ] 수학 like [laik] ~와 같은

08 ③

남: 안녕, Julie. 오늘은 네 생일이지, 그렇지 않니?
여: 응, 맞아.
남: 그럼 너 왜 여기 혼자 있어?
여: 우리 가족과 남자 친구가 내 생일을 잊어서.

남: 어떻게 그런 일이 일어났지?

여: 모르겠어. 그들이 깜짝 파티를 계획하고 있길 기대했지만, 그러지 않았어.

남: 정말 안됐구나.

해설 여자는 가족과 남자 친구가 자신의 생일을 잊었다고 했으므로 속상할 것이다.

어휘 forget [fərgét] 잊어버리다 (forget-forgot-forgotten) plan [plæn] 계획하다 surprise party 깜짝 파티

09 ①

여: 너 배고프니?

남: 응, 배고파. 중국 음식 좀 주문하려고 했는데. 같이 뭐 좀 먹을래?

여: 음… 난 중국 음식을 먹고 싶지 않아. 너는 여기 집에서 먹고 싶니?

남: 글쎄, 네가 원한다면 나갈 수 있어.

여: 그래. 외식하자. 이탈리아 음식 어때?

남: 좋아.

해설 남자는 중국 음식을 주문하려고 했다가, 외식하자는 여자의 제안에 동의했다.

어휘 order [ɔ́ːrdər] 주문하다 Chinese [tʃàiníːz] 중국의 eat out 외식하다 Italian [itǽljən] 이탈리아의

10 ④

남: 태국으로 여행 갈 준비됐니?

여: 응. 난 심지어 수영복과 선글라스도 잊지 않고 챙겼어.

남: 네 여권은?

여: 걱정하지 마. 내 가방에 넣어 두었어.

남: 우리 돈을 태국 돈으로 바꿨니?

여: 물론 했지. 아, 자외선 차단제 가져가는 거 잊지 마. 거긴 덥고 햇살이 내리쬘 거야.

남: 오, 상기시켜 줘서 고마워!

해설 여권, 환전, 자외선 차단제 등 여행을 위해 챙길 것들에 대해 말했으므로, 여행 준비물에 대해 이야기하고 있음을 알 수 있다.

어휘 be ready for ~할 준비가 되다 Thailand [táilænd] 태국 remember [rimémbər] 기억하다; *(어떤 일을 하는 것을) 잊지 않다[잊지 않고 하다] passport [pǽspɔːrt] 여권 change money 환전하다 Thai [tai] 태국의 sunscreen [sʌ́nskriːn] 자외선 차단제 remind [rimáind] 상기시키다

11 ③

남: 어제 학교에 태워다 주지 못해서 미안해, Abby.

여: 괜찮아.

남: 거기에 어떻게 갔니? 택시를 탔니?

여: 아니. 지하철을 탔어.

남: 늦었니?

여: 아니, 안 늦었어.

해설 여자는 어제 지하철을 타고 학교에 갔다고 했다.

어휘 drive [draiv] 운전하다; *태워다 주다

12 ⑤

[휴대전화가 울린다.]

남: 안녕, Gina. 무슨 일이야?

여: 안녕, Bob. 미안하지만, 나 오늘 너와 쇼핑하러 못 가.

남: 왜?

여: Laura와 약속이 있는 걸 깜박했어. 그 애가 숙제하는 걸 도와주기로 약속했거든.

남: 그 애를 도와준 후에 가는 거 어때?

여: 좋아. 내가 나중에 전화할게.

해설 여자는 다른 친구의 숙제를 도와주기로 한 약속을 잊었다고 했다.

어휘 promise [prάmis] 약속하다 later [léitər] 나중에

13 ②

[전화벨이 울린다.]

남: 안녕하세요, Best Eastern입니다. 어떻게 도와드릴까요?

여: 방이 하나 필요한데요.

남: 며칠로 원하십니까?

여: 5월 15일이요. 그리고 2인실로 필요합니다.

남: 확인해 보겠습니다. [잠시 후] 네, 그날 이용하실 수 있는 방이 하나 있습니다.

여: 잘됐네요. Judy Whitman 이름으로 예약해 주세요. 감사합니다.

해설 방 예약에 대해 대화하고 있으므로, 호텔 직원과 손님의 관계임을 알 수 있다.

어휘 May [mei] 5월 double room 2인실 available [əvéiləbl] 이용할 수 있는

14 ⑤

남: Mindy, 파티 초대장 다 만들었니?

여: 응.

남: 내가 좀 볼게. 어디에 있니?

여: 책상에 있는 책 위에 뒀어.

남: 네 책 위에는 아무것도 없는데.

여: 아, 정말? 책상 밑에 봐. 떨어졌을지도 몰라.

남: 아, 잠깐만. 찾았다. 지구본 옆에 있네.

해설 남자는 초대장이 여자가 말한 책상의 위나 아래가 아닌 지구본 옆에 있다고 했으므로, 초대장의 위치로 가장 알맞은 곳은 ⑤이다.

[어휘] invitation [ìnvitéiʃən] 초대; *초대장 take a look 보다
fall [fɔːl] 떨어지다 (fall-fell-fallen) globe [gloub] 지구본

15 ③

여: 이 컴퓨터와 저 프린터가 마음에 드네요.
남: 둘 다 신상품입니다.
여: 좋아요. 저것들로 할게요.
남: 잘 고르셨습니다. 지금 가져가시겠어요?
여: 실은, 집으로 배달해 주실 수 있나요?
남: 물론입니다만, 배송비가 있을 겁니다.
여: 괜찮아요.

[해설] 여자는 컴퓨터와 프린터를 집으로 배달해 줄 것을 요청했다.

[어휘] choice [tʃɔis] 선택 actually [ǽktʃuəli] 실제로, 정말로; *저, 실은 deliver [dilívər] 배달하다 delivery fee 배송비

16 ⑤

남: 안녕, Elena. 뭐 하려던 중이니?
여: 이 책을 반품해야 해.
남: 왜? 무슨 문제라도 있니?
여: 아니. 그런데 내 친구가 똑같은 걸 내게 선물로 줬거든.
남: 아, 그렇구나. 그것을 다른 책으로 교환하는 건 어때?
여: 그거 정말 좋은 생각이네!

[해설] 남자는 같은 책을 이미 가지고 있어서 반품하려는 여자에게 다른 책으로 교환할 것을 제안했다.

[어휘] return [ritə́ːrn] 반납하다, 돌려주다 same [seim] 똑같은 exchange [ikstʃéindʒ] 교환하다

17 ④

여: 네가 어제 Tina와 영화를 보러 갔다고 들었어.
남: 음, 우리는 영화관에 갔지만, 영화를 보지는 못했어.
여: 왜?
남: 남은 표가 없었어.
여: 오, 정말 안됐다. 대신 뭘 했니?
남: 수족관에 갔어. 재미있었어.

[해설] 남자는 어제 영화관에 갔지만 남은 표가 없어서 영화를 보지 못하고 대신 수족관에 갔다고 했다.

[어휘] go to a movie 영화를 보러 가다 cinema [sínəmə] 영화관 aquarium [əkwɛ́əriəm] 수족관

18 ②

여: 안녕하세요. 무엇을 도와드릴까요?
남: 안녕하세요. 감기약이 필요해요.
여: 네. 증상이 뭔가요?
남: 두통이 있고, 열도 있고, 콧물도 나요.
여: 알겠습니다. 이것을 드릴게요. 식후마다 두 알씩 드세요.
남: 고맙습니다. 여기 제 신용 카드입니다.

[해설] 여자는 남자의 감기 증상을 듣고 약을 주고 남자가 값을 지불했으므로, 여자의 직업으로 가장 적절한 것은 약사이다.

[어휘] cold medicine 감기약 symptom [símptəm] 증상 headache [hédèik] 두통 fever [fíːvər] 열 runny nose 콧물 take [teik] (약을) 복용하다 pill [pil] 알약 meal [miːl] 식사 credit card 신용 카드

19 ⑤

여: 기분이 어때?
남: 바이올린 연주를 끝마쳤는데도 아직 긴장돼.
여: 너 연주 아주 잘했어. 이제 긴장을 풀어도 돼.
남: 넌 내가 연주를 잘했다고 생각해?
여: 응, 완벽했어. 나는 네가 일등상을 탈 거라고 확신해.
남: 그렇게 말해 줘서 정말 고마워.

[해설] 여자는 남자가 연주를 잘해서 일등상을 탈 것이라며 격려하고 있으므로, 그에 대한 감사를 표현하는 응답이 가장 적절하다.
① 더 주의할게.
② 누가 일등상을 탔어?
③ 네가 괜찮으면 좋겠어.
④ 동의해. 내가 큰 실수를 했어.

[어휘] even though 비록 ~일지라도 performance [pərfɔ́ːrməns] 공연, (개인의) 연기[연주] nervous [nə́ːrvəs] 긴장한, 불안한 relax [rilǽks] 긴장을 풀다 perfect [pə́ːrfikt] 완벽한 [문제] careful [kɛ́ərfəl] 조심성 있는, 주의 깊은 make a mistake 실수를 하다

20 ④

여: 우리가 마침내 영국에 왔다니 정말 기뻐.
남: 나도 그래. 이곳에 와서 행복해. 런던이 아름답다.
여: 자, 이제 우리 뭘 해야 할까?
남: 도시 관광을 하자.
여: 좋아. 너는 무엇을 먼저 보고 싶니?
남: 런던 브리지는 어때?

[해설] 여자는 남자에게 런던에서 무엇을 먼저 보고 싶은지 물었으므로, 가보고 싶은 곳에 대해 말하는 응답이 가장 적절하다.
① 그거 좋은 생각이야.

② 우리 거기에 어떻게 가지?

③ 응, 나는 화창한 날이 좋아.

⑤ 난 이번이 영국에 처음 방문하는 거야.

어휘 finally [fáinəli] 마침내 tour [tuər] 관광, 여행 [문제] bridge [bridʒ] 다리

Dictation Test ⑩
pp. 124~129

01 1) a kind of vehicle 2) travel far away
3) takes less than one hour

02 1) that brown one 2) with a smiley face
3) white one is better

03 1) will be cloudy 2) won't stop until Friday
3) sunshine and clear skies

04 1) is smoking 2) bothering other people
3) I couldn't agree more

05 1) picking fruit 2) open every day except
3) have to pay

06 1) a quarter past six 2) 15 minutes ago
3) starts at 8:00

07 1) three new teachers 2) What do you think of
3) be a great teacher

08 1) are you here alone 2) forgot my birthday
3) I'm so sorry

09 1) was going to order 2) don't feel like
3) Let's eat out

10 1) ready for our trip 2) change our money to
3) don't forget to bring

11 1) drive you to school 2) did you get there
3) took the subway

12 1) can't go shopping 2) had plans with
3) I'll call you later

13 1) For what day 2) have a room available
3) reserve it under the name

14 1) take a look 2) on your books 3) next to the globe

15 1) both new models 2) Would you like them
3) deliver them to my house

16 1) return this book 2) gave me the same one
3) exchanging it

17 1) didn't see a movie 2) weren't any tickets left
3) went to the aquarium

18 1) need some cold medicine 2) have a headache
3) Take two pills

19 1) How do you feel 2) played very well
3) win first prize

20 1) came to England 2) take a tour of
3) like to see first

실전모의고사 ⑪회
pp. 130~131

01 ④	02 ④	03 ②	04 ①	05 ④
06 ③	07 ④	08 ⑤	09 ⑤	10 ②
11 ⑤	12 ⑤	13 ②	14 ③	15 ⑤
16 ①	17 ⑤	18 ②	19 ③	20 ④

01 ④

여: 이것은 달콤하고 특별한 음식입니다. 사람들은 흔히 생일에 이것을 받습니다. 이것은 때때로 생크림으로 덮여 있습니다. 이것은 또한 초콜릿, 과일, 사탕으로 장식될 수도 있습니다. 그리고 주로 그 사람의 나이를 보여 주기 위해 그 위에 초를 꽂습니다. 이것은 무엇일까요?

해설 생크림이 덮여 있고 초콜릿, 과일 및 사탕으로 장식되며 나이를 보여 주는 초를 꽂는 것은 케이크이다.

어휘 treat [triːt] (특히 남을 대접하여 주는) 특별한 것 be covered with ~로 덮이다 fresh cream 생크림 be decorated with ~로 장식되다 age [eidʒ] 나이

02 ④

여: 저기, 집에 오는 길에 세탁소에서 내 원피스를 찾아올 수 있어요?

남: 물론이죠. 어떤 원피스요?

여: 내 검은색 원피스요.

남: 어떤 걸 말하는지 잘 모르겠어요. 당신은 그런 걸 두 개 이상 가지고 있잖아요. 회색 줄무늬가 있는 긴소매 원피스인가요?

여: 아니요. 긴소매인데, 줄무늬는 없어요.

남: 아, 네. 당신이 어떤 걸 말하는지 알겠어요.

해설 여자는 남자에게 소매가 길고 줄무늬는 없는 검은색 원피스를 세탁소에서 찾아와 달라고 했다.

어휘 pick up ~을 찾아오다 dry cleaner's 세탁소 on the way

home 집에 오는 길에 more than ~ 이상의 long-sleeved [lɔ́ŋslìːvd] 긴소매의 gray [grei] 회색의 stripe [straip] 줄무늬

03 ②

남: 며칠 동안 비가 내리고 있습니다. 하지만 내일 아침 마침내 해가 나오겠습니다. 하지만 여전히 하늘에 구름도 조금 있겠습니다. 오후에는 구름이 모두 물러나 화창하고 아름다운 날씨를 즐기실 수 있겠습니다.

[해설] 내일 아침에는 해가 나오지만 구름도 조금 있겠다고 했다.

[어휘] for a few days 며칠 동안 however [hauévər] 하지만 go away (떠나)가다, 없어지다

04 ①

남: 현장 학습이 기대되니?
여: 무슨 현장 학습이요?
남: 너희 반이 내일 현장 학습 가지 않니?
여: 아뇨, 안 가요.
남: 그게 무슨 말이니?
여: 현장 학습이 취소되었어요.
남: 아, 그래? 정말 안됐구나.

[해설] 남자는 현장 학습이 취소되었다는 여자의 말을 듣고 위로하고 있다.

[어휘] excited [iksáitid] 신이 난, 들뜬 field trip 견학, 현장 학습 cancel [kǽnsəl] 취소하다

05 ④

여: 안녕하세요. 제 이름은 Wendy Clinton입니다. 저는 이번 학기에 여러분에게 중국의 역사에 대해 가르칠 예정입니다. 여러분도 알다시피, 우리는 매주 수요일 오후 2시에서 5시에 만날 겁니다. 우리 교재는 Thomas Hu가 쓴 〈고대 중국〉입니다. 여러분이 제 수업을 즐기길 바랍니다. 감사합니다.

[해설] 강사 이름(Wendy Clinton), 과목(중국의 역사), 시간(오후 2시에서 5시), 교재(고대 중국)에 대해서는 언급하였으나, 강의실은 언급하지 않았다.

[어휘] history [hístəri] 역사 semester [siméstər] 학기 textbook [tékstbùk] 교재 ancient [éinʃənt] 고대의

06 ③

여: 영화가 몇 시에 시작하니?
남: 오후 4시 30분에 시작해. 우리 4시에 만나자.
여: 내 영어 수업이 4시에 끝나서, 그렇게 일찍은 널 만날 수 없어.

남: 영화 시작하기 10분 전에는 그곳에 올 수 있니?
여: 응, 가능해.
남: 좋아. 그때 보자.

[해설] 영화가 오후 4시 30분에 시작하는데 그 10분 전에 만나기로 했으므로, 두 사람이 만날 시각은 오후 4시 20분이다.

[어휘] start [staːrt] 시작하다 finish [fíniʃ] 끝나다 before [bifɔ́ːr] ~ 전에

07 ④

남: 얘, Julie. 내 이야기를 어떻게 생각해?
여: 정말 재미있었어!
남: 그랬어? 고마워.
여: 응. 넌 사람들을 웃게 만드는 걸 잘해. 넌 코미디언이 되어야 해.
남: 그렇게 말해 줘서 고마워. 난 사실 정말 코미디언이 되고 싶거든.
여: 너에게 딱 맞는 직업일 것 같아.

[해설] 여자가 사람들을 웃게 만드는 남자의 재능을 칭찬하며 코미디언이 되어야 한다고 하자, 남자는 정말 그것이 장래 희망이라고 했다.

[어휘] laugh [læf] 웃다 comedian [kəmíːdiən] 코미디언 perfect [pə́ːrfikt] (결함·흠 등이 없는) 완벽한; *~에 꼭 알맞은, 최적의

08 ⑤

[전화벨이 울린다.]
남: Tony's Chicken에 전화 주셔서 감사합니다.
여: 제가 프라이드치킨과 콜라 하나를 1시간 전에 시켰는데 아직도 안 왔어요.
남: 죄송합니다. 주소를 말씀해 주시겠어요?
여: Forest Road 1339번지예요.
남: 죄송합니다… 실수가 있었던 것 같아요. 주문하신 건 30분 안에 배달될 거예요.
여: 30분 후에요? 아니요, 더는 필요 없어요. 주문을 취소할래요.

[해설] 여자는 주문한 음식의 배달이 너무 늦어져서 주문을 취소했으므로 짜증이 날(annoyed) 것이다.
① 지루한 ② 긴장한 ③ 걱정하는 ④ 질투하는

[어휘] fried chicken 프라이드치킨, 닭튀김 address [ǽdres, ədrés] 주소 anymore [ènimɔ́ːr] 이제는, 더 이상

09 ⑤

여: 얘, Tommy. 오늘 농구 할 거니?
남: 아니, 어제 했어. 난 다른 계획이 있고.
여: 무엇을 하려고 하는데?
남: 서점에 갈 거야.
여: 아! 나도 책을 좀 사야 해. 내가 함께 가도 될까?

남: 물론이지.

[해설] 서점에 갈 거라는 남자의 말에 여자도 함께 가기로 했다.

[어휘] basketball [bǽskitbɔ̀:l] 농구 bookstore [búkstɔ̀:r] 서점

10 ②

남: 네가 외출할 때 전등과 TV를 끄지 않았더라.
여: 아, 내가 안 껐어? 깜박했나 봐.
남: 좀 더 주의해야 해.
여: 미안해. 다시는 그러지 않을게.
남: 좋아. 에너지 절약은 아주 중요하거든.
여: 맞아. 그게 내가 최근에 에어컨을 사용하지 않은 이유야.
남: 잘했네.

[해설] 남자는 외출할 때 전등과 TV를 꺼야 한다며 에너지 절약의 중요성을 말했고 여자가 동의하며 자신도 그 때문에 최근에 에어컨을 쓰지 않았다고 했으므로, 에너지 절약에 대해 이야기하고 있음을 알 수 있다.

[어휘] turn off (전기 등을) 끄다 guess [ges] 추측하다 save energy 에너지를 절약하다 air conditioner 에어컨

11 ⑤

여: 난 이번 추석 때 부산 가는 기차표를 구하지 못했어. 모두 매진됐어.
남: 오, 이런. 비행기로 가는 건 어때? 버스보다 나을 거야.
여: 알아. 하지만 비행기 표도 매진이야.
남: 정말? 그럼 어떻게 할 거니?
여: 내가 운전할 거야.

[해설] 여자는 추석 때 부산행 기차와 비행기 표를 구하지 못해서 운전해서 갈 것이라고 했다.

[어휘] fly [flai] 날다; *비행기로 가다

12 ⑤

[휴대전화가 울린다.]
남: 안녕, Kate. 무슨 일이니?
여: 안녕, Jackson! 너 오늘 우리 계획 기억해?
남: 물론이지. 우리 백화점에 가기로 했잖아.
여: 응, 그런데 대신 전통 시장에 가는 게 어때? 거기가 더 저렴하잖아.
남: 좋아. 어디서 만날까? 학교 앞에서?
여: 아니, 전통 시장에서 만나자.
남: 알았어.

[해설] 두 사람은 원래 백화점에 가기로 했었는데, 여자가 더 저렴한 전통 시장에 가자고 했다.

[어휘] department store 백화점 traditional market 전통 시장 cheaper [tʃíːpər] 더 싼 (cheap의 비교급) in front of ~ 앞에

13 ②

여: 안녕하세요. 예약하셨습니까?
남: 네. 제 이름은 Chris Johnson입니다.
여: 이번이 여기에 처음 방문하시는 건가요?
남: 아니요. 3개월 전에 이곳에서 사랑니를 뽑았어요.
여: 알겠습니다. 오늘은 무슨 일로 오셨나요?
남: 치통이 있어서 치아 검진을 받고 싶습니다.
여: 알겠습니다.

[해설] 전에 이곳에서 사랑니를 뽑았고 오늘은 치통이 있어서 치아 검진을 받고 싶다고 했으므로, 두 사람이 대화하는 장소로 가장 적절한 곳은 치과이다.

[어휘] have an appointment 예약하다 visit [vízit] 방문하다; *방문 wisdom tooth 사랑니 pull [pul] 잡아당기다; *(이를) 뽑다 toothache [túːθèik] 치통 check [tʃek] 검사하다, 점검하다

14 ③

[휴대전화가 울린다.]
남: 안녕, Jane. 오고 있는 중이니?
여: 응, 그런데 나 여기에서 너희 아파트에 어떻게 가는지 기억이 안 나.
남: 지금 어디에 있는데?
여: 월드 은행 앞이야.
남: 두 블록을 직진해서 왼쪽으로 돌면 돼.
여: Victoria Street까지 직진해서 거기서 왼쪽으로 돌란 말이지?
남: 응. 교회가 보일 거야. 우리 아파트는 그 옆에 있어.

[해설] 은행 앞에서 두 블록을 직진한 후 왼쪽으로 돌면 보이는 교회 옆에 있다고 했으므로, 아파트의 위치로 가장 알맞은 곳은 ③이다.

[어휘] on one's way 오늘 길[도중]에 get to ~에 도착하다 church [tʃəːrtʃ] 교회

15 ⑤

남: 뭐 하고 있니?
여: 숙제하고 있어. 그런데 거의 다 끝났어. 왜?
남: 내 친구들이 30분 후에 올 거야. 그리고 난 친구들을 위해 점심을 만드느라 너무 바빠.
여: 아, 내가 점심 만드는 거 도와줄까?
남: 아니, 그건 내가 할 수 있어. 그런데 거실을 청소할 시간이 없네. 나 대신 네가 해 줄래?
여: 그래. 지금 바로 할게.
남: 고마워.

[해설] 남자는 점심을 만드느라 바쁘다며 여자에게 거실 청소를 부탁했다.

[어휘] almost [ɔ́ːlmoust] 거의 be busy v-ing ~하느라 바쁘다 living room 거실

16 ①

남: 여기 안은 정말 춥다.

여: 그래? 내가 몇 분 전에 난방을 켰어.

남: 고마워. 근데 난 아직 추워.

여: 담요를 쓰는 게 어때? 내가 하나 가져다줄게.

남: 오, 너 정말 친절하구나. 그리고 따뜻한 물 한 잔도 얻을 수 있을까?

여: 물론이지.

[해설] 여자는 난방을 해도 남자가 추워하자 담요를 사용할 것을 제안했다.

[어휘] cold [kould] 추운 turn on (전기 등을) 켜다 heat [hi:t] 난방
장치 still [stil] 여전히, 아직도 blanket [blǽŋkit] 담요

17 ⑤

남: 안녕, Megan. 나 새 가족 구성원이 생겼어.

여: 오, 너 새로 태어난 남동생이나 여동생이 있니?

남: 아니, 난 새 고양이를 키워. 고양이 이름은 코코야.

여: 잘됐네! 고양이는 너와 함께 네 침대에서 자니?

남: 아니, 실은 어제 아버지와 같이 코코에게 줄 집을 만들었어.

여: 멋지다. 코코가 정말 좋아하겠다.

[해설] 남자는 어제 아버지와 함께 고양이에게 줄 집을 만들었다고 했다.

[어휘] member [mémbər] 구성원, 회원

18 ②

여: 오늘은 어떻게 할 생각이세요?

남: 음… 잘 모르겠어요. 어떤 걸 추천하시나요?

여: 글쎄요, 머리를 더 짧게 하시면 멋져 보일 것 같아요.

남: 좋아요. 하지만 너무 짧게 자르진 말아 주세요.

여: 알겠습니다.

[해설] 여자는 남자의 헤어스타일로 어떤 게 좋을지 추천해 주며 머리카락
을 잘라 주려 하고 있으므로, 여자의 직업으로 가장 적절한 것은 미
용사이다.

[어휘] have in mind ~을 염두에 두다, ~을 생각하다 recommend
[rèkəménd] 추천하다 hair [hɛər] 머리, 머리카락

19 ③

여: 실례합니다만, 이 신발을 신어 봐도 될까요?

남: 물론이죠. 요즘 아주 인기 있는 거예요.

여: 네. 정말 멋있어 보여요.

남: 어떤 사이즈가 필요하세요?

여: 이게 괜찮을 것 같아요. 맞는지 볼게요.

남: 네. [잠시 후] 느낌이 어떠세요?

여: <u>너무 작네요.</u>

[해설] 남자는 여자에게 신발의 착용감이 어떤지 물었으므로, 신발이 잘 맞
고 편한지에 대해 말하는 응답이 가장 적절하다.

① 목이 말라요.

② 전 9 사이즈를 신어요.

④ 전 운동화를 좋아하지 않아요.

⑤ 너무 비싸네요.

[어휘] try on ~을 입어[신어] 보다 popular [pάpjələr] 인기 있는
[문제] thirsty [θə́ːrsti] 목마른 sneaker [sníːkər] 운동화
expensive [ikspénsiv] 비싼

20 ④

남: 얘, Sophie! 너를 여기 공항에서 보다니 정말 뜻밖이다!

여: 정말 그러네. 너는 어디 가니?

남: 난 삼촌을 뵈러 시카고에 갈 거야. 너는?

여: 나는 친구들을 보러 이곳에 왔어. 너 몇 번 게이트로 가니?

남: 4번 게이트. 그런데 그게 어디 있는지 모르겠네.

여: <u>이쪽으로 가야 해.</u>

[해설] 남자는 가야 하는 게이트가 어디 있는지 모르겠다고 했으므로, 위치
나 가는 방법을 알려 주는 응답이 가장 적절하다.

① 여행 잘 다녀와.

② 4번 게이트에서 만나자.

③ 넌 거기에 주차할 수 없어.

⑤ 너는 10분 후에 비행기에 탑승해야 해.

[어휘] surprise [sərpráiz] 뜻밖의 일 airport [έərpɔ̀ːrt] 공항 gate
[geit] (공항의) 탑승구, 게이트 [문제] park [pɑːrk] 주차하다
get on (탈것에) 타다, 승차하다

Dictation Test ⑪

pp. 132~137

01 1) on their birthday 2) be decorated with
    3) candles are often put

02 1) pick up my dress 2) long-sleeved one
    3) doesn't have stripes

03 1) has been raining 2) some clouds in the sky
    3) sunny and beautiful weather

04 1) have a field trip 2) was canceled
    3) That's too bad

05 1) teach you about Chinese history
    2) meet every Wednesday 3) written by

06 1) starts at 4:30 2) meet you that early
    3) 10 minutes before

07 1) think of my story 2) making people laugh
    3) want to be a comedian

08 1) an hour ago 2) have been a mistake
    3) cancel my order

09 1) have other plans 2) going to the bookstore
    3) Can I join you

10 1) turn off the lights 2) be more careful
    3) Saving energy

11 1) get a train ticket 2) better than the bus
    3) I'll drive

12 1) remember our plans
    2) going to a department store 3) It's cheaper

13 1) have an appointment
    2) had my wisdom teeth pulled 3) have a toothache

14 1) how to get to 2) in front of 3) turn left there

15 1) doing my homework 2) making lunch
    3) clean the living room

16 1) turned on the heat 2) using a blanket
    3) a cup of warm water

17 1) have a new cat 2) sleep in your bed
    3) made a house

18 1) have in mind 2) had shorter hair
    3) cut it too short

19 1) try on these shoes 2) if they fit
    3) How do they feel

20 1) What a surprise 2) to visit my uncle
    3) don't know where it is

실전모의고사 ⑫ 회

pp. 138~139

01 ⑤	02 ①	03 ④	04 ②	05 ④
06 ①	07 ⑤	08 ⑤	09 ②	10 ④
11 ②	12 ③	13 ③	14 ④	15 ④
16 ②	17 ⑤	18 ⑤	19 ⑤	20 ①

01 ⑤

여: 이것은 곤충의 한 종류입니다. 머리에는 긴 더듬이가 있고 6개의 튼튼한 다리가 있습니다. 이것의 긴 뒷다리는 이것이 높이 뛰게 해 줍니다. 이것의 몸은 녹색이나 갈색입니다. 이것은 다양한 식물을 먹습니다. 이것은 농작물을 먹기 때문에 농부들은 이것을 싫어합니다. 이것은 무엇일까요?

해설 긴 뒷다리를 이용해 높이 뛸 수 있고 농작물을 먹는 녹색 곤충은 메뚜기이다.

어휘 type [taip] 타입, 종류 insect [ínsekt] 곤충 antennae [ænténə] (곤충의) 더듬이 back [bæk] 뒤의 a variety of 다양한 plant [plænt] 식물 crop [krɑp] 농작물 hate [heit] 미워하다, (몹시) 싫어하다

02 ①

남: 나 새 일기장을 사야 해.
여: 오, 너 일기 쓰니?
남: 응. 꽃이 있는 거 어떻게 생각해?
여: 너무 화려해. 물방울무늬가 있는 것은 어때?
남: 괜찮아. 하지만 나는 검은색은 좋아하지 않아.
여: 아, 저 줄무늬 있는 거 예쁘네.
남: 나도 마음에 들어. 하트가 있는 줄무늬 일기장으로 해야겠다.

해설 남자는 하트가 있는 줄무늬 일기장을 사기로 했다.

어휘 keep a diary 일기를 쓰다 fancy [fǽnsi] 장식이 많은, 화려한 polka dot 물방울무늬 striped [straipt] 줄무늬가 있는

03 ④

남: 안녕하세요, 여러분. 오늘은 매우 춥겠습니다. 그리고 오늘 오후에는 눈이 많이 오겠으니, 따뜻한 외투를 입으세요. 내일은 눈이 그치고 오후에는 흐리겠습니다.

해설 오늘은 매우 춥고 오후에 눈이 많이 올 것이라고 했다.

어휘 cloudy [kláudi] 흐린, 구름 낀

04 ②

여: 아 이런! 저 방금 셔츠에 커피를 쏟았어요.
남: 여기 화장지 있어요.
여: 고맙습니다. 발표가 10분 후에 시작하잖아요. 저 어떻게 해야 하죠?
남: 재킷이나 뭐 그런 거 있어요?
여: 네. 제 차에 있어요. 하지만 그것을 가져올 시간이 없어요.
남: 제가 갖다 드릴게요. 차 키 주세요.
여: 정말 고맙습니다.

해설 여자는 발표를 앞두고 시간이 없는 자신을 대신해 남자가 차에서 옷을 가져다준다고 하자 고마워하고 있다.

어휘 spill [spil] 흘리다, 쏟다 tissue [tíʃuː] 화장지 presentation [prìːzəntéiʃən] 발표 jacket [dʒǽkit] 재킷 appreciate [əpríːʃièit] 진가를 알아보다; *고마워하다

05 ④

여: Simpson 선생님을 만나 보십시오. 그분은 새로 오신 영어 선생님이십니다. 캐나다 분이시고 3년 전에 한국에 오셨습니다. 우리 학교에 오시기 전에 부산에 있는 보람 중학교에서 가르치셨습니다. 그분은 유머 감각이 있으시고 친절하십니다. 여러분은 선생님을 좋아하게 될 것입니다.

해설 국적(캐나다), 한국에 온 시기(3년 전), 전 근무지(부산의 보람 중학교), 성격(유머 감각이 있고 친절함)에 대해서는 언급하였으나, 사는 곳은 언급하지 않았다.

어휘 Canadian [kənéidiən] 캐나다 사람 teach [tiːtʃ] 가르치다 (teach-taught-taught) humorous [hjúːmərəs] 유머러스한, 재미있는

06 ①

여: 우리 내일 아침에 영화 〈Express Train〉을 보자.
남: 좋아.
여: 첫 번째 영화는 오전 10시, 그다음은 오전 11시 30분이야. 우리 오전 11시 30분 영화 볼까?
남: 아니. 나는 정오에 수진이를 만날 거야. 그러니 오전 10시 영화가 어때?
여: 알았어, 좋아.

해설 남자가 12시에 다른 약속이 있어서, 두 사람은 오전 10시 영화를 보기로 했다.

어휘 at noon 정오에

07 ⑤

남: 너 저 드라마의 열렬한 팬이니?
여: 응. 이번이 다섯 번째 보는 거야.
남: 너 그 주연 배우를 좋아하는 게 틀림없구나.
여: 그렇게 좋아하진 않아. 사실 내가 정말 좋아하는 건 줄거리야.
남: 아, 네가 감독인가 무엇인가가 되고 싶다고 말했던 게 기억이 나.
여: 응, 난 시나리오 작가가 되고 싶어.

해설 여자는 보고 있는 드라마의 줄거리가 정말 좋다며 시나리오 작가가 되고 싶다고 했다.

어휘 must [mʌst] ~해야 한다; *~임에 틀림없다 main actor 주연 배우 storyline [stɔ́ːrilàin] 줄거리 director [diréktər] 연출가, 감독 or something ~인가 무엇인가 scriptwriter [skríptraitər] 시나리오 작가

08 ⑤

남: 기분이 안 좋아. 나 때문에 우리가 경기에서 졌어.

여: 네가 최선을 다했다는 거 알아. 상심하지 마.
남: 고마워, 하지만 내가 큰 실수를 했어.
여: 누구나 실수를 해. 나는 네가 다음에 훨씬 더 잘할 거라고 생각해.
남: 노력할게.

해설 남자는 자신의 실수 때문에 팀이 경기에서 졌다고 했으므로 미안할 것이다.

어휘 feel bad 기분이 상하다, 상심하다 lose [luːz] 잃다; *지다 (lose-lost-lost) do one's best 최선을 다하다

09 ②

남: 너 무엇을 보고 있니?
여: 비프스튜 요리법이야.
남: 점심으로 그거 만들려고?
여: 응. 맛있을 거야.
남: 그걸 만드는 데 필요한 것들은 다 있니?
여: 응. 재료가 다 있어. 지금 만들기 시작할 거니까, 우린 한 시간 후에 먹을 수 있어.
남: 좋아! 빨리 먹고 싶어.

해설 여자는 점심으로 먹을 비프스튜를 지금 만들기 시작할 것이라고 했다.

어휘 look at ~을 보다 recipe [résəpì] 요리법 beef stew 비프스튜 ingredient [ingríːdiənt] 재료

10 ④

여: 방학은 어땠니?
남: 즐거운 시간을 보냈어. 수영하러 가고, 수상 스키를 타러 몇 번 가기도 했어.
여: 재미있었겠다. 그 밖에 또 무엇을 했니?
남: 우주 박물관과 AC 미술관에 갔었어. 너는?
여: 난 거의 매일 해변에 갔어. 커다란 모래성도 만들었어.
남: 너도 즐거운 시간을 보낸 것 같구나.

해설 남자는 방학 동안 수영, 수상 스키 타기, 박물관과 미술관 방문을 했고 여자는 거의 매일 해변에 갔다고 했으므로, 방학 동안 한 일에 대해 이야기하고 있음을 알 수 있다.

어휘 go water skiing 수상 스키를 타러 가다 else [els] 그 밖에 space [speis] 공간; *우주 art gallery 미술관

11 ②

남: 나 강남역 앞에서 저녁 약속으로 진아를 만날 거야. 지하철을 타야겠지, 그렇지?
여: 아니, 버스를 타. 그게 나을 거야.
남: 왜?

여: 지하철을 타면 두 번 갈아타야 해.
남: 아, 그건 몰랐네. 그럼 버스는 거기로 바로 가니?
여: 응. 그래서 그게 더 편할 거야.
남: 오, 그래. 고마워.

해설 지하철은 두 번 갈아타야 하기 때문에 버스를 타기로 했다.

어휘 station [stéiʃən] 역, 정거장 transfer [trǽnsfə́r] 갈아타다
twice [twais] 두 번 directly [diréktli] 바로, 곧장 convenient
[kənvíːnjənt] 편리한

12 ③

남: 도와드릴까요?
여: 네. 어제 여기서 이 치마를 샀는데요.
남: 치마에 문제가 있습니까?
여: 이게 좀 작아서요. 그래서 이걸 7 사이즈로 교환하고 싶습니다.
남: 확인해 보겠습니다. 오, 운이 좋으시네요. 하나 남았습니다.
여: 잘됐네요!

해설 여자는 전날 매장에서 구입한 치마의 사이즈가 작아서 교환하고 싶
다고 했다.

어휘 in luck 운이 좋은

13 ③

남: 전에 여기 와 본 적 있나요?
여: 아니요, 처음이에요. 밤하늘을 보게 되다니 너무 신나요.
남: 오늘 밤 금성과 많은 아름다운 별들을 볼 수 있을 거예요.
여: 와, 멋질 것 같아요! 하지만 어느 것이 금성인지 제가 어떻게 아나
요?
남: 걱정하지 마세요. 망원경으로 금성을 찾을 수 있도록 도와드릴게요.
여: 빨리 보고 싶어요!

해설 남자는 여자가 망원경으로 금성을 찾을 수 있도록 도와준다고 했으
므로, 두 사람이 대화하는 장소로 가장 적절한 곳은 천문대이다.

어휘 Venus [víːnəs] 금성 telescope [téləskòup] 망원경

14 ④

남: 엄마, 제 이어폰 보셨어요?
여: 네가 소파 위에 놓지 않았니?
남: 그런 줄 알았어요. 하지만 거기에 없어요.
여: 그럼 테이블 위를 보렴.
남: 테이블 위에는 아무것도 없어요.
여: 음… 테이블 아래도 확인했니?
남: 아! 여기에 있네요. 감사합니다.

해설 남자가 이어폰이 테이블 아래에 있다고 했으므로, 이어폰의 위치로
가장 알맞은 곳은 ④이다.

어휘 earphone [íərfòun] 이어폰 sofa [sóufə] 소파

15 ④

[전화벨이 울린다.]
남: 안녕하세요, 관리 사무소입니다. 무엇을 도와드릴까요?
여: 안녕하세요. 아파트 난방 장치가 작동을 안 해요.
남: 언제 작동을 멈췄나요?
여: 어젯밤이요. 오셔서 수리해 주실 수 있나요? 305호입니다.
남: 음… 오늘 2시에 갈 수 있습니다.
여: 알겠습니다. 제발 늦지 마세요. 여기 안이 너무 추워요.

해설 여자는 아파트 난방 장치가 작동을 안 한다며 수리해 달라고 요청했
다.

어휘 heater [híːtər] 난방 장치, 히터 work [wəːrk] 일하다; *작동하
다 fix [fiks] 고치다, 수리하다

16 ②

여: 난 너무 지루해.
남: 난 네가 그 책을 즐기고 있는 줄 알았어.
여: 그랬지만, 세 시간째 읽고 있거든.
남: 아, 정말?
여: 응. 이제 다른 것을 하고 싶어.
남: 산책하는 게 어때? 오늘 날씨가 정말 좋아.
여: 좋은 생각이야.

해설 남자는 책을 오래 읽어서 지루해하는 여자에게 산책할 것을 제안했
다.

어휘 bored [bɔːrd] 지루해하는 take a walk 산책하다

17 ⑤

여: 주말 어땠어?
남: 좋았어. 가족과 함께 할머니를 뵈러 갔어.
여: 거기서 무엇을 했니?
남: 할머니 댁 뒤에 작은 산이 있어. 그래서 우리는 하이킹을 했어. 너
는?
여: 난 토요일에 친구들과 번지 점프를 하러 갔어. 나는 낚시하러 가고
싶었는데 친구들이 원하지 않아서.
남: 와, 너와 네 친구들은 정말 용감하구나!

해설 여자는 토요일에 친구들과 번지 점프를 하러 갔다고 했다.

어휘 behind [biháind] ~의 뒤에 go bungee jumping 번지 점프 하
러 가다 brave [breiv] 용감한

18 ⑤

남: 얼굴을 왼쪽으로 돌려주세요.
여: 네. 손은 어디에 둘까요?
남: 무릎 위에 놓으세요. 그리고 웃으세요!
여: 다 끝났나요?
남: 네, 이번 주 목요일에 사진을 찾으러 오세요. 가격은 40달러 되겠습니다.

[해설] 남자는 여자에게 얼굴의 방향과 손의 위치에 대해 이야기하고 사진을 찾으러 오라고 했으므로, 남자의 직업으로 가장 적절한 것은 사진사이다.

[어휘] lap [læp] 무릎 pick up ~을 찾다, ~을 손에 넣다 photo [fóutou] 사진

19 ⑤

여: 너와 네 남동생은 키가 꽤 크구나. 너는 180cm 넘지, 그렇지 않니?
남: 응, 넘어.
여: 너 정확히 키가 얼마야?
남: 186cm야.
여: 그리고 네 남동생은?
남: 그 애는 나보다 3cm 작아.

[해설] 여자는 남자에게 남동생의 키가 얼마인지 물었으므로, 신장에 대해 말하는 응답이 가장 적절하다.
① 아니, 그는 아니야.
② 그는 오늘 좀 나아졌어.
③ 고맙지만, 그는 거절했어.
④ 그는 올해 학교에서 잘하지 못하고 있어.

[어휘] quite [kwait] 꽤 more than ~ 이상으로 exactly [igzǽktli] 정확하게 [문제] do well 잘하다

20 ①

남: 오늘 저녁으로 무엇을 만들까?
여: 햄버거를 굽는 게 어때?
남: 좋아!
여: 우리는 빵과 고기를 좀 사야 해.
남: 상추와 토마토도 필요해.
여: 알아. 햄버거에 치즈를 넣고 싶니?
남: 응, 그러고 싶어.

[해설] 여자는 남자에게 햄버거에 치즈를 넣고 싶은지 물었으므로, 넣을지 여부를 말하는 응답이 가장 적절하다.
② 냄새가 좋아.
③ 응, 나는 수프를 먹고 싶어.
④ 응. 너를 위해 만들었어.
⑤ 나는 친구들과 저녁을 먹었어.

[어휘] grill [gril] 불에 굽다 bun [bʌn] (작고 둥글납작한) 빵 meat [mi:t] 고기 lettuce [létis] 상추 [문제] smell [smel] (특정한) 냄새가 나다

Dictation Test 12   pp. 140~145

01 1) a type of insect 2) help it jump high
   3) eats crops

02 1) keep a diary 2) with polka dots
   3) striped one is pretty

03 1) will snow a lot 2) wear a warm coat
   3) will be cloudy

04 1) spilled coffee 2) get it for you
   3) I really appreciate it

05 1) came to Korea 2) taught at
   3) humorous and kind

06 1) Let's watch the movie 2) first movie is
   3) at noon

07 1) big fan of 2) must like the main actor
   3) be a scriptwriter

08 1) lost the game 2) made a big mistake
   3) do much better

09 1) make it for lunch 2) have everything you need
   3) start making it now

10 1) How was your vacation 2) sounds like fun
   3) went to the beach

11 1) take the bus 2) need to transfer twice
   3) it'll be more convenient

12 1) Is there a problem 2) exchange it for
   3) have one left

13 1) see the night sky 2) many beautiful stars
   3) with the telescope

14 1) have you seen 2) look on the table
   3) checked under the table

15 1) isn't working 2) come and fix it
   3) It's very cold in here

16 1) for three hours 2) do something else
   3) taking a walk

17 1) How was your weekend 2) we went hiking
   3) are really brave

18 1) Turn your face 2) on your lap 3) pick up your photos	29 blanket 30 brave

18   1) Turn your face   2) on your lap
     3) pick up your photos

19   1) are quite tall   2) How tall are you
     3) what about your brother

20   1) grill some hamburgers   2) We need to buy
     3) Would you like cheese

29	blanket	30	brave
31	start	32	meat
33	except	34	credit card
35	living room	36	turn off
37	turn on	38	at noon
39	take a walk	40	keep a diary

Word Test 10~12   pp. 146~147

Ⓐ
01	지루해하는	02	열
03	나중에	04	취소하다
05	자외선 차단제	06	바로, 곧장
07	다리	08	괴롭히다, 불편하게 하다
09	무릎	10	긴장한, 불안한
11	알약	12	정확하게
13	상기시키다	14	교재
15	사진	16	영화관
17	공연, (개인의) 연기[연주]	18	난방 장치, 히터
19	초대; 초대장	20	망원경
21	관광, 여행	22	꽤
23	발표	24	줄무늬
25	괴롭히다, 불편하게 하다	26	약속하다
27	사랑니	28	콧물
29	잘하다	30	다양한
31	~에 도착하다	32	멀리
33	~ 이상의	34	~할 준비가 되다
35	~로 덮이다	36	~을 염두에 두다, ~을 생각하다
37	~로 장식되다	38	(탈것에) 타다, 승차하다
39	집에 오는 길에	40	예약하다

Ⓑ
01	plant	02	age
03	thirsty	04	same
05	bookstore	06	park
07	vehicle	08	insect
09	fly	10	toothache
11	lettuce	12	crop
13	symptom	14	spill
15	passport	16	raspberry
17	space	18	exchange
19	ancient	20	twice
21	airport	22	deliver
23	headache	24	teach
25	director	26	still
27	ingredient	28	transfer

실전모의고사 ⓭ 회   pp. 148~149

01 ③	02 ⑤	03 ③	04 ④	05 ③
06 ②	07 ③	08 ②	09 ⑤	10 ②
11 ⑤	12 ④	13 ③	14 ③	15 ①
16 ③	17 ⑤	18 ①	19 ②	20 ③

01 ③

남: 이것은 위에 1에서 12까지의 숫자가 있습니다. 이것은 하루 중 몇 시인지를 우리에게 알려 줍니다. 이것은 아침에 벨을 울리거나 멜로디가 나와서 사람들을 깨웁니다. 이것은 무엇일까요?

[해설] 시간을 알려 주며 벨이나 멜로디로 사람들을 깨우는 것은 알람 시계이다.

[어휘] wake [weik] 깨우다   ring [riŋ] (방울·벨 등이) 울리다   melody [mélədi] 멜로디, 선율

02 ⑤

남: Eddie네 집들이를 위해 저 과일 바구니 중 하나를 사자.
여: 그거 좋은 생각이야! 사과와 오렌지가 있는 저거 어때?
남: 바나나가 있는 게 더 좋을 것 같아.
여: 하지만 Eddie는 바나나를 안 먹어.
남: 정말? 난 몰랐어. 그러면 파인애플이 있는 거 어때?
여: 사과와 오렌지와 파인애플 말하는 거지? 좋아.

[해설] 남자는 사과, 오렌지, 파인애플이 있는 과일 바구니를 사면 어떻겠냐고 물었고 여자가 좋다고 했다.

[어휘] basket [bǽskit] 바구니   housewarming party 집들이

03 ③

여: 안녕하세요. 날씨를 전해 드릴 Lynn Williams입니다. 내일이 크리스마스이브여서 많은 분들이 아마도 눈이 오기를 바라고 계시겠지만, 대신에 종일 비가 오겠습니다. 비는 크리스마스 오전에 그치겠고, 그러고 나서 매우 추워지겠습니다. 오후에는 날씨가 흐리고 바람이 불겠습니다. 그러니 화이트 크리스마스를 기대하지 마세요.

해설 크리스마스 오후에는 흐리고 바람이 불 것이라고 했다.

어휘 Christmas Eve 크리스마스이브 hope for ~을 바라다 instead [instéd] 대신에 become [bikʌ́m] ~해지다, ~이 되다 expect [ikspékt] 기대하다

04 ④

남: 나한테 좋은 소식이 있어.
여: 응? 뭔데?
남: 내가 참가했던 에세이 대회 알지? 내 에세이를 그 대회의 최우수작으로 뽑았대.
여: 정말이야?
남: 응. 그래서 나 트로피랑 상금을 받았어!
여: 와! 정말 잘됐다.

해설 여자는 남자의 에세이가 대회의 최우수작으로 뽑혀 트로피와 상금을 받은 것을 축하하고 있다.

어휘 news [njuːz] 소식 essay [ései] 에세이, 글 participate in ~에 참가하다 pick [pik] 뽑다, 고르다 best [best] 가장 좋은; *가장 좋은 것 (good의 최상급) serious [síːəriəs] 진심인, 농담이 아닌 trophy [tróufi] 트로피 prize money 상금

05 ③

남: 〈Outfoxed〉는 재미있는 보드게임입니다. 2명에서 4명의 참가자들이 함께 할 수 있습니다. 게임을 끝내는 데는 약 20분이 걸립니다. 게임에서 이기려면, 참가자들은 누가 도둑인지 알아내야 합니다. 참가자들이 한 팀으로서 협력하는 것이 중요합니다.

해설 이름(Outfoxed), 참가 인원(2명~4명), 소요 시간(약 20분), 승리 방법(도둑 알아내기)에 대해서는 언급하였으나, 이용 가능 연령은 언급하지 않았다.

어휘 board game 보드게임 player [pléiər] 참가자 win [win] 이기다 figure out ~을 알아내다 thief [θiːf] 도둑 important [impɔ́ːrtənt] 중요한

06 ②

남: 호주로 가는 우리 비행기가 저녁 8시에 출발하지, 그렇지?
여: 응. 우린 두 시간 더 일찍 공항에 있어야 할까?

남: 아니, 최소한 비행 세 시간 전에 거기에 있어야 해. 긴 연휴 직전이라 붐빌 거야.
여: 와, 세 시간? 알았어. 그때 봐.
남: 늦지 마!

해설 두 사람은 비행기 출발 시각인 저녁 8시보다 3시간 전에 만나기로 했다.

어휘 flight [flait] 비행, 항공편[항공기] Australia [ɔːstréiljə] 호주 airport [ɛ́ərpɔ̀ːrt] 공항 earlier [ə́ːrliər] 더 일찍 (early의 비교급) at least 최소한 holiday [hálədèi] 공휴일, 휴일 crowded [kráudid] 붐비는, 복잡한

07 ③

여: 얘, Tony!
남: 안녕, Liz. 내가 여기 있는 거 어떻게 알았어?
여: 넌 항상 방과 후에 음악실에서 피아노 연습을 하잖아.
남: 맞아. 난 피아노 치는 것이 정말 좋아.
여: 너 정말 잘 치는 것 같아.
남: 고마워. 나는 크면 꼭 피아니스트가 되고 싶어.

해설 남자는 피아노 치는 것이 정말 좋다며, 크면 꼭 피아니스트가 되고 싶다고 했다.

어휘 practice [préktis] 연습하다 grow up 성장하다

08 ②

여: Mark, 너 지루해 보여. 영화를 보고 있는 거니?
남: 응, 그렇지만 영화를 즐기고 있지 않을 뿐이야.
여: 왜?
남: 전에 본 적이 있어. 재미가 없어.
여: 그럼 다른 영화를 보자.
남: 좋아.

해설 남자는 지금 보고 있는 영화를 전에 본 적이 있고 재미가 없어 지루해하고 있다.

어휘 another [ənʌ́ðər] 다른, 또 하나의

09 ⑤

남: 오후 4시쯤에 쇼핑하러 가자.
여: 난 갈 수 없어. 컴퓨터 수업이 5시에 끝나.
남: 그러면 그 후에 가자.
여: 정말 미안하지만, 그래도 못 가.
남: 왜 안 되는데?
여: 여동생이 영어 보고서 쓰는 것을 도와줘야 해.

해설 여자는 컴퓨터 수업이 끝난 후에 여동생이 보고서 쓰는 것을 도와주어야 한다고 했다.

어휘 around [əráund] ~쯤 finish [fíniʃ] 끝나다

10 ②

여: 여보, 우리 옷장이 너무 지저분한 것 같아요.
남: 나도 그렇게 생각해요. 같이 치워요.
여: 좋아요. 내 재킷은 여기에 걸게요.
남: 알았어요. 내 티셔츠는 서랍에 넣을게요.
여: 좋아요. 그리고 이 코트들은 더 이상 필요 없을 것 같아요. 밖이 점점 더워지고 있어요.
남: 당신 말이 맞아요. 내가 그것들을 맨 아래 서랍에 넣을게요.
여: 고마워요.

해설 지저분한 옷장을 치우고 입지 않는 옷은 잘 보관했으므로, 옷장 정리에 대해 이야기하고 있음을 알 수 있다.

어휘 closet [klázit] 옷장, 벽장 messy [mési] 지저분한 clean up ~을 치우다[청소하다] hang [hæŋ] 걸다 drawer [drɔːr] 서랍 bottom [bá:təm] 맨 아래의

11 ⑤

여: 안녕, Robert. 경기를 보러 와 줘서 고마워.
남: 천만에. 너 오늘 정말 잘했어.
여: 고마워. 너 여기에 어떻게 왔니? 여기에 차를 몰고 오지 않았으면 내가 집에 태워다 줄게.
남: 그럴 필요 없어. 나 자전거를 타고 왔어. 여기 오는 데 10분 정도 걸렸어.
여: 가까운 곳에 사는구나.
남: 응.

해설 집에 태워다 주겠다는 여자의 제안에 남자는 자전거를 타고 왔다며 거절했다.

어휘 ride [raid] (탈것을) 타다 (ride-rode-ridden) must [mʌst] ~해야만 한다; *~임에 틀림없다 nearby [nìərbái] 가까이에

12 ④

여: 나 오늘 정말 피곤해.
남: 왜?
여: 어젯밤에 잠을 많이 못 잤거든.
남: 왜 못 잤는데? 또 추리 소설 읽느라 늦게까지 안 자고 있었던 거야?
여: 아니. 이웃이 밤새 기타를 쳤어.
남: 끔찍하다.

해설 여자는 이웃이 밤새 기타를 쳐서 잠을 많이 못 잤다고 했다.

어휘 stay up late 늦게까지 자지 않고 있다 mystery novel 추리 소설 neighbor [néibər] 이웃 all night 밤새도록 awful [ɔ́:fəl] 끔찍한, 지독한

13 ③

남: 안녕하세요, 도와드릴까요?
여: 네, 이 소포를 도쿄로 보내고 싶은데요. 거기 도착하는 데 얼마나 걸릴까요?
남: 보통 우편으로 5일이 걸릴 거예요.
여: 그건 너무 느린데요.
남: 빠른우편으로 보내실 수도 있습니다. 이틀 정도 걸릴 거예요.
여: 그게 낫겠네요. 빠른우편으로 보낼게요.
남: 알겠습니다.

해설 남자는 소포가 도쿄에 도착하는 데 걸리는 시간을 알려 주고 여자가 빠른우편으로 보내겠다고 했으므로, 우체국 직원과 고객의 관계임을 알 수 있다.

어휘 package [pǽkidʒ] 소포, 꾸러미 regular mail 보통 우편 express mail 빠른우편, 속달

14 ③

남: 실례지만, 시내 지도를 어디에서 얻을 수 있죠?
여: 안내소에서 얻을 수 있어요.
남: 그게 어디에 있나요?
여: 한 블록 직진하셔서 오른쪽으로 도세요. Central Park가 보일 거예요.
남: 공원 옆에 있나요?
여: 아니요, 공원 맞은편에 있어요.
남: 알겠습니다. 감사합니다.

해설 한 블록 직진해서 오른쪽으로 돌면 보이는 Central Park 맞은편에 있다고 했으므로, 안내소의 위치로 가장 알맞은 곳은 ③이다.

어휘 map [mæp] 지도 information center 안내소 across from ~의 맞은편에

15 ①

여: 안녕하세요. 도움이 필요하신가요?
남: 네, 그래요. 립스틱을 사려고 하는데요. 색상이 너무 많네요. 어떤 걸 골라야 할지 모르겠어요.
여: 누구에게 드리려고 사시는 건가요?
남: 저희 어머니요.
여: 음, 이 빨간색이 어머니들께 가장 인기가 있어요.
남: 좋아요. 그걸로 할게요.

해설 남자는 여자에게 자신의 어머니께 사 드릴 립스틱의 색상을 골라 달라고 요청했다.

어휘 lipstick [lípstìk] 립스틱 popular [pápjələr] 인기 있는

16 ③

여: 다 괜찮은 거니, Martin? 걱정스러워 보여.
남: 걱정이 돼. 오늘 오후에 비가 올 것 같이 보이거든.
여: 계획이라도 있어?
남: 응. Amy와 나는 공원에서 배드민턴을 칠 거거든.
여: 아마 넌 그 애에게 전화해서 계획을 바꿔야겠다.
남: 응, 그래야 할 것 같아.

해설 Amy와 공원에서 배드민턴을 치기로 했는데 비가 올 것 같아 걱정하는 남자에게 여자는 약속을 바꿀 것을 제안했다.

어휘 worried [wə́:rid] 걱정스러운 plan [plæn] 계획 change [tʃeindʒ] 바꾸다

17 ⑤

여: Noah, 미술 과제는 벌써 끝냈니?
남: 응, 어제 끝냈어. 봐.
여: 그게 뭐야?
남: 어제 재활용품을 좀 사용해서 우리 동네 모형을 만들었어.
여: 와, 굉장해! 이게 우리 학교니?
남: 응. 과자 상자와 공병들로 만들었어.

해설 남자는 어제 재활용품을 사용해서 동네 모형을 만들었다고 했다.

어휘 project [prɑ́dʒekt] 과제, 프로젝트 take a look 보다 model [mɑ́:dl] 모형 neighborhood [néibərhùd] 근처, 동네 recycle [ri:sáikl] 재활용하다 item [áitem] 항목, 물품 empty [émpti] 비어 있는 bottle [bɑ́tl] 병

18 ①

남: 어깨가 아파요.
여: 한번 볼게요. 제가 여기를 만지면 아픈가요?
남: 네, 아파요.
여: 최근에 운동을 많이 했나요?
남: 네, 그저께 농구를 했어요.
여: 진통제를 드시고 휴식을 취하세요. 그러면 좋아질 거예요.

해설 여자는 어깨가 아픈 남자를 진찰하고 처방을 내리고 있으므로, 여자의 직업으로 가장 적절한 것은 의사이다.

어휘 shoulder [ʃóuldər] 어깨 hurt [hə:rt] 아프다 touch [tʌtʃ] 만지다 exercise [éksərsàiz] 운동하다 take medicine 약을 복용하다 get rest 쉬다, 휴식하다

19 ②

여: 너 그거 알아? 나 야구 경기 표를 얻었어. Ellie와 함께 갈 거야.
남: 좋겠다! 경기가 오늘 밤에 있니?

여: 아니, 이번 주 토요일에 있어.
남: 이번 주 토요일? 우리 이번 주말에 Jeremy와 동해에 가기로 계획했잖아. 기억 안 나?
여: 아, 완전히 잊고 있었네.

해설 남자는 여자에게 주말에 함께 동해에 가기로 한 것이 기억나지 않냐고 물었으므로, 기억 여부를 말하는 응답이 가장 적절하다.
① 그거 정말 좋은 계획이야.
③ 왜 나한테 전화 안 했어?
④ 기차를 타는 게 어때?
⑤ 나도 동해에 가고 싶어.

어휘 win [win] 이기다; *얻다[획득하다] East Sea 동해 remember [rimémbər] 기억하다 [문제] totally [tóutəli] 완전히

20 ③

여: 안녕, Lucas.
남: Stella? 너니?
여: 응. 다시 만나서 정말 반가워.
남: 네가 3년 전에 텍사스로 이사 갔다고 들었어.
여: 응. 그런데 이제 막 여기로 돌아왔어.
남: 언제 돌아왔니?
여: 지난 화요일에 돌아왔어.

해설 남자는 여자에게 텍사스에서 언제 돌아왔는지 물었으므로, 구체적으로 언제인지를 말하는 응답이 가장 적절하다.
① 나는 이따 집에 올 거야.
② 그는 오전 10시에 왔어.
④ 나는 이곳에 오고 싶지 않았어.
⑤ 나는 다음 달에 텍사스에 가고 싶어.

어휘 move [mu:v] 움직이다; *이사하다

Dictation Test ⑬ pp. 150~155

01 1) has the numbers 2) what time of day
   3) by ringing
02 1) with apples and oranges
   2) doesn't eat bananas 3) one with a pineapple
03 1) hoping for snow 2) rain will stop
   3) be cloudy and windy
04 1) as the best 2) got a trophy 3) happy for you
05 1) Two to four players 2) take about 20 minutes
   3) who is the thief

06 1) leaves at 8:00 2) three hours before the flight
   3) will be crowded

07 1) always practice piano 2) you're very good
   3) when I grow up

08 1) not enjoying it 2) I've seen it before
   3) watch another movie

09 1) go shopping 2) let's go after that
   3) write an English report

10 1) our closet is too messy 2) hang my jackets
   3) put them in the bottom drawer

11 1) played very well 2) drive you home
   3) rode my bike

12 1) didn't get much sleep 2) reading mystery novels
   3) playing the guitar

13 1) send this package 2) by regular mail
   3) take about two days

14 1) get a city map 2) Go straight one block
   3) across from the park

15 1) which to choose 2) the most popular
   3) I'll take it

16 1) it will rain 2) going to play badminton
   3) change your plans

17 1) finished your art project
   2) using some recycled items 3) made it out of

18 1) Does it hurt 2) exercising a lot
   3) Take some pain medicine

19 1) I won tickets 2) Is the game tonight
   3) Don't you remember

20 1) good to see you 2) moved to
   3) When did you come back

실전모의고사 14회

pp. 156~157

01 ④	02 ⑤	03 ③	04 ①	05 ⑤
06 ③	07 ③	08 ①	09 ⑤	10 ④
11 ⑤	12 ③	13 ⑤	14 ⑤	15 ①
16 ④	17 ①	18 ②	19 ⑤	20 ②

01 ④

남: 여러분은 여름에 거의 모든 가정에서 이것을 볼 수 있습니다. 이것은 공기를 움직여 바람을 만듭니다. 여러분은 바람을 더 약하거나 더 강하게 하기 위해 속도를 설정할 수 있습니다. 사람들은 덥다고 느낄 때 이것을 사용합니다. 이것은 에어컨보다 훨씬 저렴합니다. 이것은 무엇일까요?

해설 공기를 움직여서 바람을 만들고 더울 때 사용하며, 에어컨보다 저렴한 것은 선풍기이다.

어휘 set [set] 맞추다, 설정하다 weak [wiːk] 약한 air conditioner 에어컨

02 ⑤

여: 나 부츠 사는 것을 도와줄래?
남: 그래. 나비 모양 매듭 리본이 달린 이 밝은 갈색 부츠는 어때?
여: 귀엽다. 하지만 그건 너무 낮아.
남: 그러면 리본이 달린 이 어두운 갈색 부츠는 어때? 더 높아.
여: 좋아. 한번 신어 볼게.
남: [잠시 후] 와, 너한테 잘 어울려!
여: 고마워. 그걸 살래.

해설 여자는 나비 모양 매듭 리본이 달려 있고 높이가 높은 어두운 갈색 부츠를 사겠다고 했다.

어휘 shop [ʃɑp] 사다, 쇼핑하다 light [lait] (색상이) 밝은 bow [bou] 활; *나비 모양(매듭 리본) look good on ~에게 잘 어울리다

03 ③

여: 안녕하세요. Julie Cruise입니다. 오늘은 종일 맑고 매우 덥겠습니다. 내일 오전에는 흐리고 안개가 끼겠으며, 오후에는 소나기가 내리겠습니다. 외출하실 때 우산을 가져가세요.

해설 내일 오후에는 소나기가 내릴 것이라고 했다.

어휘 foggy [fɔ́ːgi] 안개가 낀 shower [ʃáuər] 소나기 go out 외출하다

04 ①

[초인종이 울린다.]
여: 안녕하세요, 저는 이웃인데요.
남: 아, 안녕하세요.
여: 죄송하지만, 당신의 개들이 너무 시끄럽네요. 개들 소리가 벽을 통해서 들려요.
남: 죄송합니다. 개들이 그만 짖도록 최선을 다할게요.
여: 개들을 통제하기 어렵다는 건 이해하지만, 저는 그 소리 때문에 잠을 잘 수가 없네요.

해설 여자는 남자의 개들이 짖는 소리 때문에 잠을 잘 수 없다고 불평하고 있다.

어휘 loud [láud] 시끄러운 through [θru:] ~을 통과하여 wall [wɔːl] 벽 bark [baːrk] 짖다 control [kəntróul] 통제하다, 제어하다 noise [nɔiz] 소음

05 ⑤

남: 나는 하와이에 갈 예정이어서, 새 여권을 발급받았습니다. 나는 이미 항공권도 샀습니다. 그리고 그곳은 매우 햇살이 내리쬘 것이니 어제 선글라스를 샀습니다. 나는 새 수영복도 샀습니다. 이제 떠날 준비가 되었습니다!

해설 여행 준비물로 달러 현금은 언급하지 않았다.

어휘 passport [pǽspɔːrt] 여권 airplane ticket 항공권 swimsuit [swímsuːt] 수영복

06 ③

여: 두통은 어때? 좀 나아졌니?
남: 아니. 그래서 병원에 예약을 했어.
여: 언제로?
남: 내일 오후 4시야.
여: 알았어, 내가 같이 갈게.
남: 고마워. 예약 시간 10분 전에 병원 앞에서 만나자.

해설 병원 예약 시간이 오후 4시인데 10분 전에 만나기로 했으므로, 두 사람이 만날 시각은 3시 50분이다.

어휘 headache [hédèik] 두통 appointment [əpɔ́intmənt] 약속, 예약 clinic [klínik] (전문 분야) 병원, 진료소

07 ③

여: 너 피곤해 보여, Max.
남: 피곤해. 체육관에서 훈련하고 있었어.
여: 뭐 때문에 훈련하는데?
남: 지역 선수권 대회 때문이야.

여: 정말? 너 정말 잘하겠구나.
남: 좋은 권투 선수가 되기 위해 열심히 하고 있어. 난 프로 권투 선수가 되고 싶어.

해설 남자는 프로 권투 선수가 되고 싶어서 열심히 훈련하고 있다고 했다.

어휘 train [trein] 기차; *훈련하다 local championship 지역 선수권 대회 boxer [báksər] 권투 선수 professional [prəféʃənəl] (스포츠에서) 프로의 fighter [fáitər] 전사; *프로 권투 선수

08 ①

여: 오 이런! 이 기계가 작동하지 않아.
남: 무슨 일이야?
여: 기계가 내 돈을 가져갔는데, 음료는 나오지 않았어. 이런 일이 일어나는 게 싫어!
남: 진정해. 다른 기계를 찾으면 되잖아.
여: 하지만 여기 주변에는 다른 기계가 없어.
남: 난 우리가 근처에서 가게를 찾을 수 있을 거라고 확신해.

해설 여자는 기계에 돈을 넣었지만 음료가 나오지 않았으므로 화가 날 것이다.

어휘 machine [məʃíːn] 기계 work [wəːrk] 일하다; *작동하다 drink [driŋk] 음료 happen [hǽpən] 일어나다 calm down (마음을) 가라앉히다, 진정하다

09 ⑤

여: 뭐 하고 있니, Alex?
남: 영어 숙제하고 있어. 꽤 어려워.
여: 너 아직 그거 못 끝냈니? 그거 어제까지였던 거 알지, 그렇지?
남: 뭐라고? 난 내일까지인 줄 알았어. 아 이런! 나 어떻게 하지?
여: Young 선생님께 이메일을 보내서 상황을 설명해야 해.
남: 알았어. 지금 당장 해야겠어.

해설 여자가 선생님께 이메일을 보내서 숙제를 안 낸 상황을 설명해야 한다고 하자, 남자는 지금 당장 하겠다고 했다.

어휘 due [dju:] ~하기로 되어 있는, 예정된 explain [ikspléin] 설명하다 situation [sìtʃuéiʃən] 상황

10 ④

여: 무엇을 읽고 있니?
남: 벌에 관한 기사를 읽고 있어. 벌들이 사라지고 있대.
여: 왜 사라지고 있는데?
남: 과학자들이 확실히 알지는 못해. 하지만 그들은 기후 변화와 오염 때문에 그렇다고 생각해.
여: 벌들이 걱정돼.
남: 나도 그래.

벌들이 사라지고 있는데 과학자들은 기후 변화와 오염이 원인일 것이라고 생각한다고 했으므로, 벌의 개체 수 감소에 대해 이야기하고 있음을 알 수 있다.

article [á:rtikl] (신문·잡지의) 글, 기사 disappear [dìsəpíər] 사라지다 for sure 확실히 climate [kláimət] 기후 pollution [pəlú:ʃən] 오염

11 ⑤

남: 우리 내일 인천 공항에 어떻게 가지?
여: 리무진 버스를 탈 수 있어.
남: 너무 비싸. 지하철을 타는 게 어때?
여: 그게 더 싸지만 지하철역이 멀잖아. 우리 큰 여행 가방들을 들고 가야 해.
남: 내가 그걸 생각 못 했네. 그럼 너의 제안대로 하자.
여: 좋아.

지하철역이 멀고 큰 여행 가방들을 가져가야 해서, 두 사람은 리무진 버스를 타기로 했다.

expensive [ikspénsiv] 비싼 carry [kǽri] 들고 가다, 운반하다 suitcase [sú:tkeis] 여행 가방 follow [fálou] 따르다 suggestion [səcʒéstʃən] 제안

12 ③

[휴대전화가 울린다.]
남: 여보세요?
여: 안녕, Paul. 내일 오후 2시로 예정되어 있는 회의 기억하니?
남: 응. 난 그걸 위해 보고서를 준비하고 있어.
여: 음, 그거 취소되었어.
남: 정말? 왜?
여: 사장님께서 내일 업무차 캐나다에 가셔서.
남: 아, 알려 줘서 고마워.

여자는 사장님의 출장으로 내일 회의가 취소되었다고 했다.

schedule [skédʒu:l] 일정을 잡다, 예정하다 prepare [pripέər] 준비하다 report [ripɔ́:rt] 보고서 cancel [kǽnsəl] 취소하다 boss [bɔːs] 상사, 사장 on business 업무로

13 ⑤

남: 실례합니다. 조카에게 줄 선물을 사고 싶어요. 뭘 추천하시나요?
여: 이 블록들이 요즘 인기 있어요.
남: 음… 그 애가 블록을 가지고 놀기에는 너무 어린 것 같아요. 겨우 두 살이거든요.
여: 아, 그러면 봉제완구는 어떠세요?
남: 좋아요. 귀여운 동물이 있나요?
여: 물론이죠. 이 분홍색 토끼를 추천합니다.

남: 정말 귀엽네요! 이걸 살게요.

조카에게 줄 선물을 사려고 하는 남자에게 여자가 블록과 토끼 인형을 보여 주었으므로, 두 사람이 대화하는 장소로 가장 적절한 곳은 장난감 가게이다.

present [prézənt] 선물 niece [niːs] 조카딸 recommend [rèkəménd] 추천하다 young [jʌŋ] 어린 stuffed toy 봉제완구 bunny [bʌ́ni] 토끼

14 ⑤

여: 오 이런! 내 붓이 어디 있지?
남: 네 이젤 위에서 봤어.
여: 하지만 여기 없어.
남: 아, 정말? 내가 여기 좀 둘러볼게.
여: 그게 조각상 옆에 있니?
남: 아니. 네 테이블 위를 보는 게 어때?
여: 아, 여기 있네. 고마워!

남자의 말대로 테이블 위를 보고 거기 있다고 했으므로, 붓의 위치로 가장 알맞은 곳은 ⑤이다.

brush [brʌʃ] 붓 easel [íːzəl] 이젤 look around 둘러보다 statue [stǽtʃuː] 조각상

15 ①

여: Jake, 나 좀 도와줄 수 있니?
남: 무슨 일이에요, 엄마?
여: 등이 아프구나.
남: 등을 쭉 펴시는 게 어때요?
여: 아니, 지금은 전혀 움직일 수가 없어. 약국에 가서 내 약을 좀 사다 줄 수 있겠니?
남: 물론이에요. 금방 올게요.

여자는 등이 아파서 움직일 수가 없다며 남자에게 약을 사다 달라고 부탁했다.

stretch [stretʃ] 쭉 펴다 pharmacy [fá:rməsi] 약국 medicine [médisn] 약

16 ④

남: 저녁으로 무엇을 먹고 싶니?
여: 쌀국수 어때?
남: 싫어, 나 그거 지난주에 먹었거든.
여: 그럼 인도 음식은 어때? 치킨 카레?
남: 우리 치킨 카레는 많이 먹으니까, 이번엔 소고기 카레 먹는 게 어때?
여: 그래.

[해설] 남자는 오늘 저녁으로 소고기 카레를 먹자고 제안했다.

[어휘] rice noodle 쌀국수 Indian [índiən] 인도의 curry [kə́:ri] 카레 (요리) beef [bi:f] 소고기

17 ①

여: 여름 방학 동안 뭐 했니?
남: 나는 거의 매일 수영하러 갔어.
여: 바닷가에 갔었니?
남: 아니, 그냥 수영장에 갔었어. 너는?
여: 나는 사촌들과 캠핑을 갔었어.
남: 재미있었겠다.

[해설] 남자는 여름 방학 동안 거의 매일 수영장에 갔다고 했다.

[어휘] during [djúːəriŋ] ~ 동안 most [moust] 가장 많은; *대부분의 swimming pool 수영장 cousin [kʌ́zən] 사촌

18 ②

여: 도와드릴까요?
남: 네. 제 좌석 번호가 78K인데 어디인지 모르겠어요.
여: 발코니 좌석이네요. 위층으로 가세요. 홀에 들어가자마자 왼쪽으로 가세요.
남: 제 왼쪽으로요?
여: 네. 좌석을 쉽게 찾으실 거예요. 그리고 극장 안에서는 어떤 음식도 드실 수 없다는 것을 유념해 주세요.
남: 알겠습니다. 감사합니다.

[해설] 여자는 남자에게 좌석과 장내 수칙을 안내하고 있으므로, 여자의 직업으로 가장 적절한 것은 안내원이다.

[어휘] seat [si:t] 좌석, 자리 balcony seat 발코니 좌석 upstairs [ʌ̀pstéərz] 위층으로 as soon as ~하자마자 enter [éntər] 들어가다 inside [insáid] ~의 안에서

19 ⑤

여: 너 어제 뭐 했니?
남: 여동생과 〈폭우〉라는 영화를 봤어.
여: 그거 신작이니?
남: 응.
여: 재미있었니?
남: 난 좋았어. 그런데 내 여동생은 지루하다고 했어.
여: 무엇에 관한 거였는데?
남: 두 남자 사이의 우정에 관한 거였어.

[해설] 무엇에 관한 영화였는지 물었으므로, 영화의 주제에 대해 말하는 응답이 가장 적절하다.
① 그건 코미디였어.

② 함께 가자.
③ 흥미진진하고 웃겼어.
④ Felix Mallard가 주연을 맡았어.

[어휘] boring [bɔ́:riŋ] 지루한 [문제] exciting [iksáitiŋ] 흥미진진한 funny [fʌ́ni] 웃기는 main role 주연, 주인공 friendship [fréndʃip] 우정

20 ②

[전화벨이 울린다.]
남: 안녕하세요, Jimmy's Supermarket입니다. 무엇을 도와드릴까요?
여: 안녕하세요. 내일 몇 시에 문을 여는지 알고 싶어요.
남: 저희는 오전 10시에 엽니다.
여: 그리고 몇 시에 닫나요?
남: 밤 9시에 닫습니다.
여: 저 질문이 하나 더 있어요. 내일모레 가게를 여시나요? 설날에 말이에요.
남: 네, 평상시처럼 열 겁니다.

[해설] 내일모레 설날에 가게를 여는지 물었으므로, 개점 여부를 말하는 응답이 가장 적절하다.
① 그럼요, 당신은 하루 쉴 거예요.
③ 아니요, 손님들이 많아요.
④ 저는 그날에 아무 계획도 없어요.
⑤ 아니요, 저는 그 슈퍼마켓에 가지 않아요.

[어휘] close [klouz] 닫다 the day after tomorrow 내일모레 [문제] take off 쉬다, 일하지 않다 as usual 평상시처럼 customer [kʌ́stəmər] 손님

Dictation Test 14

pp. 158~163

01 1) moves the air 2) weaker or stronger
    3) much cheaper than

02 1) with a bow 2) they're too short
    3) look good on you

03 1) cloudy and foggy 2) will be showers
    3) Take your umbrella

04 1) are too loud 2) make them stop barking
    3) can't sleep well

05 1) got a new passport 2) bought sunglasses
    3) a new swimsuit

06 1) made an appointment 2) It's at 4:00
    3) 10 minutes before

07 1) training at the gym 2) for the local championship
3) become a good boxer

08 1) is not working 2) didn't give me my drink
3) find a store nearby

09 1) doing my English homework
2) it was due yesterday 3) explain the situation

10 1) reading an article 2) Why are they disappearing
3) because of climate change

11 1) take the limousine bus 2) carrying big suitcases
3) follow your suggestion

12 1) remember the meeting 2) was canceled
3) on business

13 1) buy a present 2) play with the blocks
3) have any cute animals

14 1) I saw it 2) next to the statue
3) look on your table

15 1) My back hurts 2) try stretching it
3) get some medicine

16 1) want for dinner 2) had that last week
3) how about getting beef curry

17 1) went swimming 2) go to the beach
3) went camping with my cousins

18 1) My seat number is 2) Go upstairs
3) can't eat any food

19 1) watched a movie 2) I liked it
3) What was it about

20 1) I'd like to know 2) do you close
3) Will you be open

실전모의고사 15 회

01 ②	02 ②	03 ②	04 ③	05 ③
06 ④	07 ③	08 ④	09 ①	10 ⑤
11 ②	12 ③	13 ③	14 ③	15 ⑤
16 ②	17 ②	18 ⑤	19 ①	20 ③

01 ②

여: 이것은 유리 조각입니다. 이것은 보통 벽에 걸립니다. 이것을 들여

다보면 우리 자신을 볼 수 있습니다. 많은 여성들이 가방에 작은 이것을 넣어 가지고 다닙니다. 이것은 무엇일까요?

[해설] 벽에 걸고 우리 자신을 비춰 볼 수 있는 유리 조각은 거울이다.

[어휘] glass [ɡlæs] 유리 ourselves [auərsélvz] 우리 자신 look into ~을 들여다보다

02 ②

남: 너 오늘 Jim 봤니?
여: 응, 오늘 아침에 봤어.
남: 그 애가 멋진 모자를 쓰고 있더라. 난 그 모자가 정말 맘에 들어.
여: 너 그거 알아? 내가 그것을 그 애에게 생일 선물로 주었어!
남: 정말? 파란색이 그 애에게 정말 잘 어울리는 것 같아.
여: 그리고 그 애는 동물을 좋아해서, 내가 그것을 고른 거야.
남: 응, 모자에 있는 개가 귀엽더라.

[해설] 남자는 여자가 Jim에게 선물한 모자를 보고, 파란색이 잘 어울리고 개 그림이 귀엽다고 했다.

[어휘] gift [ɡift] 선물 suit [suːt] (옷·색깔 등이) 어울리다 choose [tʃuːz] 선택하다 (choose-chose-chosen)

03 ②

남: Samuel Jones입니다. 다음 주 날씨를 전해 드리겠습니다. 월요일과 화요일은 맑지만 매우 춥겠습니다. 수요일에는 종일 비가 오겠습니다. 목요일은 눈이 오고 바람이 부는 날이 되겠습니다. 금요일부터 일요일까지는 흐리지만 비는 오지 않겠습니다.

[해설] 금요일부터 일요일까지는 흐리지만 비는 오지 않을 것이라고 했다.

[어휘] clear [kliər] 맑게 갠 snowy [snóui] 눈이 오는 windy [wíndi] 바람이 부는

04 ③

남: 너 엄청 속상해 보여. 네 남동생이 여전히 아프니?
여: 아니, 그게 아니야.
남: 그러면 왜 그렇게 심각해 보이는 거야?
여: 내가 지난주에 수학 시험공부를 정말 열심히 했거든. 그런데 시험에서 C를 받았어.
남: 아, 너무 실망하지 마. 다음번에는 더 잘할 거야.

[해설] 여자가 공부를 열심히 했지만 시험 성적이 나빠 속상해하자, 남자는 다음번에는 더 잘할 거라며 격려하고 있다.

[어휘] upset [ʌpsét] 속상한 sick [sik] 아픈 serious [síəriəs] 심각한 hard [hɑːrd] 열심히 math [mæθ] 수학 disappointed [dìsəpɔ́intid] 실망한

05 ③

여: 5월 3일부터 저희 새 태블릿이 구매 가능합니다. 화면 너비는 10인치 이상이지만, 태블릿의 무게는 500g에 불과합니다. 이전 버전과 달리, 검은색, 흰색, 회색, 분홍빛 금색 4가지 색상이 가능합니다. 가격은 650달러입니다.

해설 출시 날짜(5월 3일), 무게(500g), 색상(검은색, 흰색, 회색, 분홍빛 금색), 가격(650달러)에 대해서는 언급하였으나, 메모리 용량은 언급하지 않았다.

어휘 screen [skri:n] 화면 wide [waid] 폭이 ~인 weigh [wei] 무게가 ~이다 previous [príːviəs] 이전의 price [prais] 값, 가격

06 ④

여: John, 오늘 밤에 계획이 있니?
남: 아니, 없어. 왜?
여: 나는 인수랑 보드게임을 할 거야. 너도 올래?
남: 좋아. 몇 시에?
여: 지금이 오후 5시니까 한 시간 후에 인수네 집에서 봐.
남: 알았어, 그때 보자.

해설 지금이 오후 5시인데 한 시간 후에 만나 보드게임을 하기로 했으므로, 두 사람이 만날 시각은 6시이다.

어휘 play a board game 보드게임을 하다

07 ③

여: 와! 너 스키를 잘 타는구나!
남: 고마워. 난 어렸을 때 스키 타는 법을 배웠어.
여: 넌 프로 스키 선수가 되고 싶니?
남: 내가 프로 스키 선수가 될 정도로 잘한다고는 생각하지 않아.
여: 아, 그래?
남: 하지만 난 가르치는 것을 좋아해서 스키 강사가 되고 싶어.

해설 남자는 스키를 잘 타고 가르치는 것을 좋아해서 스키 강사가 되고 싶다고 했다.

어휘 instructor [instrʌ́ktər] 강사

08 ④

남: 무슨 일이니?
여: 취업 면접이 걱정돼.
남: 언제인데? 내일이니?
여: 아니. 내일모레야.
남: 아, 그렇구나. 준비는 다 됐니?
여: 응, 준비는 됐는데, 잘 못 할까 봐 걱정돼.

해설 여자는 내일모레 취업 면접이 있는데 잘 못 할까 봐 걱정된다고 했으므로, 초조할(nervous) 것이다.
① 행복한 ② 지루한 ③ 화난 ⑤ 실망한

어휘 job interview 취업 면접 ready for ~에 대해 준비된

09 ①

여: 얘, Mike. 너 바빠 보인다.
남: 내 수학 숙제를 마무리하는 중이야. 오늘 오후 4시 전에 제출해야 하거든!
여: 뭐라고? 겨우 15분 남았잖아! 잠깐만. 너 4시에 치과 예약이 있다고 하지 않았어?
남: 그게 오늘이야? 오 이런!
여: 지금 바로 치과에 전화해서 취소해.
남: 알았어, 그럴게.

해설 여자는 치과 예약을 잊은 남자에게 지금 바로 치과에 전화해서 취소하라고 했다.

어휘 finish [fíniʃ] 끝내다 turn in ~을 제출하다 dentist [déntist] 치과 의사, 치과

10 ⑤

여: 네가 가장 좋아하는 영화 종류는 뭐니?
남: 나는 코미디를 가장 좋아해. 코미디를 보면 기분이 좋아지거든.
여: 아. 흥미롭네.
남: 넌 어때?
여: 나는 공포 영화를 가장 좋아해.
남: 와, 그건 전혀 예상하지 못했네.

해설 남자는 코미디 영화를 가장 좋아하고 여자는 공포 영화를 가장 좋아한다고 했으므로, 좋아하는 영화 장르에 대해 이야기하고 있음을 알 수 있다.

어휘 comedy [kámidi] 코미디, 희극 feel better 기분이 나아지다 horror film 공포 영화 expect [ikspékt] 예상[기대]하다

11 ②

남: 이번 토요일에 뭐 할 거니?
여: 사촌들을 보러 샌디에이고에 갈 거야.
남: 거기 어떻게 갈 거야?
여: 차를 빌릴까 생각 중이야.
남: 음, 기차를 타는 게 어때? 가는 길에 아름다운 해안선을 볼 수 있거든.
여: 오, 좋은 생각이야. 기차를 타야겠다.

해설 여자는 아름다운 해안선을 볼 수 있다는 남자의 말을 듣고 기차를 타기로 했다.

12 ③

여: 안녕하세요, 무엇을 도와드릴까요?
남: 제 카메라에 이상이 생겼어요.
여: 아, 어떤 문제인가요?
남: 사진을 찍을 수는 있는데, 카메라 화면에서 그것들을 볼 수가 없어요.
여: 제가 좀 볼게요. 음, 고치는 데 시간이 좀 걸릴 것 같습니다. 내일 오후에 다시 오시겠어요?
남: 네.

해설 남자가 카메라로 찍은 사진을 화면에서 볼 수 없다고 하자, 여자는 고치는 데 시간이 좀 걸릴 것이라고 했다.

어휘 take a picture 사진을 찍다 fix [fiks] 고치다

13 ③

남: Cindy, 준비 운동은 했나요?
여: 네, 했어요.
남: 그럼 물에 들어갑시다.
여: 네. 그런데 오늘 제게 자유형을 가르쳐 주실 건가요?
남: 네. 분명 빨리 배울 거예요.
여: 좋네요. 배우게 되어 신나요.

해설 준비 운동, 자유형, 물에 대한 언급으로 보아, 두 사람이 대화하는 장소로 가장 적절한 곳은 수영장이다.

어휘 warm up 준비 운동을 하다 freestyle [frí:stàil] 자유형 quickly [kwíkli] 빨리

14 ③

남: 실례합니다만, 역사 박물관이 어디에 있나요? 이 안내서에는 우체국 건너편이라고 나와 있어서요.
여: 그게 6개월 전쯤에 이전했어요. 저쪽에 높은 붉은색 건물이 보이세요?
남: 경찰서 옆에 있는 거요?
여: 아니요. 회색 건물 옆에 있는 거요.
남: 아, 보여요.
여: 그게 역사 박물관이에요.

해설 회색 건물 옆에 있는 붉은색 건물이라고 했으므로, 역사 박물관의 위치로 가장 알맞은 곳은 ③이다.

어휘 guidebook [gáidbùk] (여행) 안내서 move [mu:v] 움직이다; *위치를 옮기다 gray [grei] 회색의

15 ⑤

남: 금요일은 수미의 생일이야.
여: 그래? 무슨 특별한 계획이라도 있니?
남: 난 그 애를 위해 파티를 열 거야. 어떻게 생각해?
여: 정말 좋은 생각이야.
남: 그 애에게 아무 말도 하지 말아 줘. 깜짝 파티가 될 테니까.
여: 오, 재미있겠다.

해설 남자는 수미의 생일에 깜짝 파티를 열 계획이므로 수미에게 아무 말도 하지 말라고 부탁했다.

어휘 have a party 파티를 열다 anything [éniθìŋ] (부정문에서) 아무것도 surprise [sərpráiz] 놀람; *뜻밖의 일

16 ②

여: 이 근처에 공원이 있는 거 알았어? 거기 정말 좋다고 들었어.
남: 그건 몰랐네. 얼마나 멀어?
여: 10분 거리밖에 안 돼. 우리 산책하러 갈까?
남: 좋아. 언제 갈까?
여: 오늘 오후가 좋을 것 같아.
남: 알겠어.

해설 여자는 근처의 공원이 정말 좋다고 들었다며 남자에게 산책하러 갈 것을 제안했다.

어휘 away [əwéi] 떨어져 go for a walk 산책하러 가다

17 ②

여: 안녕, Andy. 학교 축제 때 뭐 할 거니?
남: 바이올린을 연주할 거야. 너는?
여: 난 동아리의 다른 회원들과 춤을 출 거야.
남: 멋지다. 연습 많이 했니?
여: 응. 우리 오늘 하루 종일 연습했어.
남: 네 공연을 빨리 보고 싶어.

해설 여자는 학교 축제 때 동아리 회원들과 춤 공연을 하기 위해 오늘 하루 종일 연습을 했다고 했다.

어휘 festival [féstivəl] 축제 performance [pərfɔ́:rməns] 공연, 연주회

18 ⑤

여: 직업이 어떻게 되세요?
남: 저는 사람들이 건강을 유지하도록 도와줍니다.
여: 의사이신가요?
남: 아니요. 저는 고객들에게 체육관의 기구들을 어떻게 사용해야 하는지를 가르쳐 줍니다.

여: 그거 흥미롭네요. 또 다른 어떤 일을 하시나요?

남: 저는 또한 그들이 알맞은 운동 프로그램을 선택하도록 도와줍니다.

해설 남자는 체육관에서 고객들에게 기구 사용법을 가르쳐 주고 운동 프로그램 선택을 도와준다고 했으므로, 남자의 직업으로 가장 적절한 것은 헬스 트레이너이다.

어휘 living [líviŋ] 생계, 생활비 stay healthy 건강을 유지하다
client [kláiənt] 고객

19 ①

남: 안녕, Lucy. 이번 주말에 뭐 할 거야?

여: 안녕, Lucas. 난 이번 토요일에 캠핑을 갈 거야.

남: 좋겠다.

여: 너는 이번 주말에 뭐 할 거니?

남: 난 토요일 밤에 첼로 음악회에 갈 거야.

여: 음, 그거 별로 재미있을 것 같지 않은데.

남: 넌 첼로 음악에 관심이 없구나?

여: 별로 없어.

해설 여자는 첼로 음악회가 재미있을 것 같지 않다고 했으므로, 첼로 음악에 관심이 없다고 말하는 응답이 가장 적절하다.
② 나는 지금 한가해.
③ 응, 나는 재즈에 관심이 있어.
④ 그는 내가 가장 좋아하는 음악가야.
⑤ 응, 첼로 연주하는 법을 배우고 싶어.

어휘 cello [tʃélou] 첼로 be interested in ~에 관심이 있다

20 ③

남: 음… 뭔가 좋은 냄새가 난다. 그거 뭐니?

여: 치킨 오믈렛을 만들고 있어. 먹을래?

남: 응. 지금 먹어도 되니?

여: 아직 만들고 있어. 20분 정도만 기다려.

남: 알겠어. 그런데 나 정말 배고파. 기다리는 동안 가벼운 걸 뭔가 먹어야겠어.

여: 과일을 좀 먹어.

남: 난 어제 먹었던 딸기 케이크를 좀 먹고 싶어. 한 조각이 남았거든.

여: 미안해. 내가 오늘 아침에 그것을 먹었어.

해설 어제 먹고 남은 딸기 케이크를 먹겠다는 남자의 말에 여자가 이미 그것을 먹었다고 말하는 응답이 가장 적절하다.
① 기꺼이 그렇게 할게.
② 그걸 어디서 샀니?
④ 음, 나는 딸기 케이크를 좋아하지 않아.
⑤ 나는 케이크 만드는 법을 몰라.

어휘 omelet [áməlit] 오믈렛 light [lait] 가벼운; *소화가 잘 되는
would rather 차라리 ~하고 싶다 leave [liːv] 떠나다; *남기다
(leave-left-left)

Dictation Test ⑮
pp. 166~171

01 1) a piece of glass 2) We can see ourselves
    3) carry a small one

02 1) wearing a nice cap 2) blue really suits him
    3) dog on the cap

03 1) clear but very cold 2) rain all day
    3) will be cloudy

04 1) look very upset 2) studied really hard
    3) do better next time

05 1) starting May 3 2) tablet weighs only
    3) available in four colors

06 1) have plans tonight 2) Would you like to come
    3) in an hour

07 1) learned how to ski 2) I'm good enough to
    3) be a ski instructor

08 1) worried about my job interview
    2) the day after tomorrow
    3) won't do well

09 1) turn it in 2) have a dentist appointment
    3) Call the dentist

10 1) favorite kind of movie 2) feel better
    3) like horror films best

11 1) to see my cousins 2) renting a car
    3) take a train

12 1) something wrong with 2) can't see them
    3) to fix it

13 1) warm up 2) get in the water
    3) teach me freestyle

14 1) across from the post office 2) over there
    3) next to the gray building

15 1) have any special plans 2) have a party
    3) don't say anything

16 1) How far away 2) go for a walk
    3) When should we go

17 1) play the violin 2) I'm going to dance
    3) practiced all day today

18 1) stay healthy 2) how to use the machines
    3) right exercise program

19 1) going camping 2) doesn't sound like much fun
    3) not interested in cello music

20 1) Do you want one 2) I'm still cooking mine
    3) one piece left

Word Test 13~15

pp. 172~173

A

01 따르다	02 지저분한
03 어린	04 걸다
05 깨우다	06 맨 아래의
07 비행, 항공편[항공기]	08 비어 있는
09 (옷·색깔 등이) 어울리다	10 뽑다, 고르다
11 약한	12 재활용하다
13 들어가다	14 다른, 또 하나의
15 사라지다	16 이전의
17 아프다	18 (여행) 안내서
19 제안	20 끔찍한, 지독한
21 ~해지다, ~이 되다	22 (신문·잡지의) 글, 기사
23 선택하다	24 폭이 ~인
25 강사	26 고객
27 시끄러운	28 ~을 알아내다
29 쉬다, 휴식하다	30 ~을 제출하다
31 ~을 치우다[청소하다]	32 ~에게 잘 어울리다
33 도중에	34 성장하다
35 차라리 ~하고 싶다	36 쉬다, 일하지 않다
37 ~을 들여다보다	38 늦게까지 자지 않고 있다
39 산책하러 가다	40 업무로

B

01 explain	02 map
03 festival	04 plan
05 important	06 pollution
07 closet	08 gray
09 inside	10 cello
11 package	12 bark
13 neighbor	14 glass
15 situation	16 thief
17 beef	18 statue
19 drawer	20 swimsuit
21 holiday	22 worried
23 noise	24 customer
25 friendship	26 upstairs
27 disappointed	28 weigh
29 win	30 surprise
31 appointment	32 most
33 ride	34 at least
35 as soon as	36 go out
37 warm up	38 take medicine
39 stay healthy	40 be interested in

실전모의고사 **16** 회

pp. 174~175

01 ③	02 ④	03 ③	04 ②	05 ④
06 ②	07 ②	08 ③	09 ③	10 ③
11 ①	12 ⑤	13 ③	14 ⑤	15 ③
16 ④	17 ⑤	18 ①	19 ①	20 ⑤

01 ③

여: 우리는 음악을 연주하기 위해 이것을 이용합니다. 이것은 크고, 검은색과 흰색 건반을 가지고 있습니다. 우리는 손가락으로 건반을 눌러 소리를 냅니다. 많은 사람들이 이것을 연주하는 법을 배우기 위해 수업을 받습니다. 이것은 무엇일까요?

해설 손가락으로 검은색과 흰색 건반을 눌러 소리를 내는 악기는 피아노이다.

어휘 key [ki:] 열쇠; *건반 sound [saund] 소리 take a lesson 수업을 받다

02 ④

여: 안녕하세요. 도와드릴까요?

남: 안녕하세요. 엄마께 꽃바구니를 사 드리고 싶어요.

여: 네. 빨간 장미는 어떠세요? 오늘 정말 싱싱하거든요.

남: 음… 엄마는 하얀 꽃을 많이 좋아하시긴 하지만, 색깔이 섞인 것을 사야 할 것 같아요.

여: 아, 그럼 이것이 딱 좋을 거예요. 빨간 장미와 하얀 백합이 있는 바구니거든요.

남: 좋아요. 그걸로 할게요.

해설 남자는 빨간 장미와 하얀 백합이 있는 꽃바구니를 사기로 했다.

어휘 fresh [freʃ] 싱싱한, 신선한 mix [miks] 혼합 perfect [pə́ːrfikt] 완벽한 lily [líli] 백합

03 ③

남: 안녕하세요. 내일의 일기 예보입니다. 내일은 황사 때문에 대기 질이 나쁠 예정이니 집에 계시는 것이 좋겠습니다. 바람도 매우 강하게 불고 저녁에는 기온이 내려가겠습니다. 외출해야 한다면, 마스크를 착용하십시오. 감사합니다.

해설 내일은 황사가 오고 바람이 강하게 불 것이라고 했다.

어휘 recommend [rèkəménd] 추천하다; *권고[권장]하다 stay [stei] 머무르다 air quality 공기의 질, 대기 질 due to ~ 때문에 yellow dust 황사 temperature [témpərətʃər] 기온 drop [drɑp] 떨어지다

04 ②

여: 안녕, Peter.
남: 안녕, Emma. 너 국어 시험 잘 봤니?
여: 응, 잘 봤어. 내가 점수를 말해 주면 넌 놀랄 거야.
남: 정말? 뭔데?
여: A를 받았어.
남: 그거 기쁜 소식이구나. 잘됐다.

[해설] 남자는 여자가 국어 시험에서 A를 받았다는 말에 기뻐하며 축하하고 있다.

[어휘] do well 잘하다 surprised [sərpráizd] 놀란 grade [greid] 성적, 점수

05 ④

여: 서울 마라톤은 4월 15일에 개최될 것입니다. 풀코스, 하프코스, 10km 코스의 세 가지 코스가 있을 것입니다. 모든 주자는 같은 시각, 같은 장소, 오전 10시에 월드컵 공원 주차장에서 시작할 것입니다. 참가비는 40달러입니다. 4월 14일까지 온라인으로 등록할 수 있습니다.

[해설] 개최 날짜(4월 15일), 코스 종류(풀코스, 하프코스, 10km 코스), 출발 장소(월드컵 공원 주차장), 신청 방법(온라인으로 등록)에 대해서는 언급하였으나, 상금은 언급하지 않았다.

[어휘] runner [ránər] 주자 parking lot 주차장 entry fee 입장료, 참가비 register [rédʒistər] 등록하다

06 ②

여: Edward, 우리 내일 몇 시에 만나야 할까?
남: 오후 12시에 만나는 게 어때?
여: 연극이 3시 30분에 시작하잖아. 3시간 넘게 뭘 할 거야?
남: 그 극장 근처에 좋은 식당이 있어. 거기서 점심 먹고 여기저기 다니자.
여: 좋은 생각이지만, 1시에 만나자. 12시는 너무 일러.
남: 그래.

[해설] 연극이 3시 30분에 시작하는데 남자가 12시에 만나자고 제안하자, 여자는 너무 이르다며 1시에 만나자고 했다.

[어휘] play [plei] 연극 theater [θíːətər] 극장 around [əráund] 여기저기 early [ə́ːrli] (시간이) 이른

07 ②

여: 네 발표 좋았어. 넌 사람들 앞에서 말하는 걸 즐기는 것 같아.
남: 응, 난 사람들 앞에서 말하는 걸 좋아해.
여: 너는 똑똑하기도 하잖아. 뉴스 진행자가 네게 딱 맞는 직업인 것 같

아.
남: 고맙지만 나는 오히려 기자가 되고 싶어. 우리 주위에 무슨 일이 일어나고 있는지 사람들에게 알려 주고 싶거든.
여: 멋지다.

[해설] 남자는 주위에서 일어나는 일을 사람들에게 알려 주는 기자가 되고 싶다고 했다.

[어휘] presentation [prìːzəntéiʃən] 발표 seem to-v ~인 것 같다 in public 대중 앞에서 smart [smɑːrt] 똑똑한 news anchor 뉴스 진행자 reporter [ripɔ́ːrtər] 기자

08 ③

여: 안녕, Andrew.
남: 안녕, Crystal. 여기, 이걸 받아.
여: 이게 뭐야?
남: 스카프야. 네가 새것이 필요하다고 했었어서, 내가 너 주려고 샀어.
여: 와! 너 매우 친절하구나. 정말 맘에 들어!
남: 네 맘에 든다니 기뻐.

[해설] 여자는 필요로 했던 스카프를 남자에게서 선물 받았으므로 고마울 것이다.

[어휘] scarf [skɑːrf] 스카프 glad [glæd] 기쁜

09 ③

여: 내일이 핼러윈이야! 너무 신나.
남: 나도 그래. 사탕 받으러 "과자를 안 주면 장난칠 거예요"라고 말하며 돌아다닐 거니?
여: 아니. 난 더 이상 어린애가 아니야.
남: 의상을 입을 거야?
여: 오, 난 의상을 꼭 입을 거야. 마녀로 변장할 거야. 너는?
남: 사실 난 의상을 사러 가는 길이야.
여: 변장을 하는 것은 핼러윈에서 최고의 부분이지. 멋진 걸 사길 바라.

[해설] 남자는 내일 핼러윈에 입을 의상을 사러 가는 길이라고 했다.

[어휘] Halloween [hæ̀ləwíːn] 핼러윈(10월 31일 밤) trick or treat 과자를 안 주면 장난칠 거예요(핼러윈에 아이들이 집집마다 다니며 하는 말) costume [kástjuːm] 의상, 분장[변장] definitely [définətli] 분명히, 확실히 dress up 옷을 갖춰 입다; *변장을 하다 witch [witʃ] 마녀 on one's way to ~로 가는 길[도중]에

10 ③

남: 난 요즘 몸이 좋지 않아.
여: 음, 너는 네 자신을 돌보지 않잖아.
남: 알아. 난 보통 점심으로 패스트푸드를 먹지.
여: 그리고 잠도 충분히 자지 않고.

남: 네 말이 맞아. 난 항상 TV를 보느라 늦게까지 깨어 있어.

여: 앞으로 너는 건강에 좋은 음식을 먹고 잠을 더 자야 해.

남: 네 말이 맞는 것 같아.

해설 남자가 요즘 몸이 안 좋다고 하자 여자는 앞으로 건강에 좋은 음식을 먹고 충분한 수면을 취하라고 했으므로, 건강 관리에 대해 이야기하고 있음을 알 수 있다.

어휘 take care of ~을 돌보다 stay up late 늦게까지 자지 않고 있다 from now on 앞으로, 이제부터 healthy [hélθi] 건강에 좋은

11 ①

남: Oak Street에 새로운 베트남 식당이 문을 열었어. 저녁 먹으러 거기 가자.

여: 좋아. 거기에 지하철로 갈 수 있니?

남: 응, 가능해. 하지만 두 번 갈아타야 해.

여: 두 번? 그럼 버스를 타는 건 어때?

남: 그 식당은 버스 정류장에서 너무 멀어. 그냥 택시 타자.

여: 알겠어.

해설 지하철은 갈아타야 하고 버스는 정류장이 멀어서, 두 사람은 택시를 타고 식당에 가기로 했다.

어휘 Vietnamese [vìɛtnəmíːz] 베트남의 transfer [trænsfɚr] 갈아타다 bus stop 버스 정류장

12 ⑤

남: Tom은 왜 여기에 없어?

여: 모르겠어. 내가 전화해 볼게. [잠시 후] 음… 전화를 안 받네.

남: 또 아픈가? 지난번에 배가 아파서 병원에 갔었잖아.

여: 아 이런! 내가 그 애한테 우리가 5시가 아니라 3시에 만날 거라고 말하는 걸 잊어버린 것 같아.

남: 이런. 되도록 빨리 연락해야겠어.

해설 여자는 Tom에게 약속 시간이 5시에서 3시로 변경된 사실을 말하는 것을 잊어버렸다고 했다.

어휘 answer [ǽnsər] 대답하다; *(전화를) 받다 have a stomachache 배가 아프다 clinic [klínik] 병원, 진료소 forget to-v ~할 것을 잊다 get in touch with ~와 연락하다 as soon as possible 되도록 빨리

13 ③

남: 안녕하세요, 도와드릴까요?

여: 저는 건강에 관한 정보를 찾고 있어요.

남: 건강 관련 서적이요? 그 책들은 2층에 있습니다.

여: 알겠습니다, 감사합니다.

남: 소설책 옆에서 그 책들을 찾으실 수 있습니다.

여: 알겠습니다. 정말 감사합니다.

해설 남자는 여자가 찾는 책의 위치를 안내하고 있으므로, 두 사람이 대화하는 장소로 가장 적절한 곳은 서점이다.

어휘 information [ìnfərméiʃən] 정보 floor [flɔːr] 바닥; *(건물의) 층 fiction [fíkʃən] 소설

14 ⑤

남: 엄마, 제가 가장 좋아하는 장난감 차를 못 찾겠어요.

여: 장난감 상자 안에 있단다.

남: 아니에요, 없어요.

여: 책상 위에 있나?

남: 제가 볼게요. [잠시 후] 안 보여요. 책꽂이 위에도 없어요.

여: 어디 보자. 음… 난 보이는데. 네 의자 위에 있구나.

해설 여자는 장난감 차가 의자 위에 있다고 했으므로, 장난감 차의 위치로 가장 알맞은 곳은 ⑤이다.

어휘 toy [tɔi] 장난감 bookshelf [búkʃèlf] 책꽂이

15 ③

여: 밖을 봐. 비가 많이 내리고 있어.

남: 이런. Jenny, 내 부탁 좀 들어줄 수 있니?

여: 응. 무엇을 해 주면 되니?

남: 내가 우산을 안 가져왔거든. 네 것을 빌릴 수 있을까? 30분 후에 돌려줄게.

여: 물론이지. 여기 있어.

남: 고마워.

해설 남자는 우산을 안 가져왔다며 여자의 우산을 잠시만 빌려 달라고 부탁했다.

어휘 do ~ a favor ~의 부탁을 들어주다 borrow [bárou] 빌리다 give back ~을 돌려주다

16 ④

여: 얘, Patrick. 밖에 나갈래? 날씨가 정말 좋아.

남: 그러고 싶지만, 안 돼!

여: 왜?

남: 난 할 일이 너무 많거든! 그리고 무엇을 먼저 해야 할지 모르겠어.

여: 무언가 시작하기 전에 '할 일' 목록을 적어 봐. 도움이 될 거야.

남: 그걸 해야겠어. 고마워!

해설 남자가 할 일이 많은데 무엇을 먼저 할지 모르겠다고 하자, 여자는 '할 일' 목록을 적어 보라고 제안했다.

어휘 outside [àutsáid] 밖에

17 ⑤

남: 무엇을 도와드릴까요?
여: 저는 유럽에 가려고 생각 중이에요.
남: 언제 갈 계획이세요?
여: 7월에 가고 싶어요.
남: 지금 여름 특별 상품이 있어요. 2주에 5개국을 경험하실 수 있답니다.
여: 그건 얼마죠?
남: 2,500달러입니다.
여: 좋네요.

해설 남자는 유럽에 가고 싶다는 여자에게 여행 상품을 추천해 주었으므로, 여행사 직원과 손님의 관계임을 알 수 있다.

어휘 July [dʒulái] 7월 special [spéʃəl] 특별한; *특매품, 특별 할인품 experience [ikspíːəriəns] 경험하다

18 ①

여: 실례합니다. Peter Stevens이시죠, 그렇지 않나요?
남: 네, 그렇습니다.
여: 와! 저는 당신의 열렬한 팬이에요. 목소리가 정말 아름다우세요.
남: 그렇게 말씀해 주셔서 감사합니다.
여: 지난주에 당신의 새 앨범을 샀어요. 모든 곡을 직접 쓰셨나요?
남: 그것들 전부는 아니에요. 하지만 대부분은 제가 썼어요.
여: 새 노래들이 너무 좋아요. 직접 뵙게 되어 정말 기쁩니다.

해설 여자가 남자의 열렬한 팬이라며 이번에 새로 발매된 앨범의 노래들이 너무 좋다고 했으므로, 남자의 직업으로 가장 적절한 것은 가수이다.

어휘 voice [vɔis] 목소리 most [moust] 대부분 pleased [pliːzd] 기쁜 in person 직접

19 ①

[전화벨이 울린다.]
여: 여보세요?
남: 안녕, Judy. 나 Noah야.
여: 어, 안녕. 무슨 일이니?
남: 이번 주 토요일에 시간 있니?
여: 응. 너 뭔가 하고 싶니?
남: 사실, 저녁 식사 파티를 열 거야. 올 수 있니?
여: 물론이지. 얼마나 많은 사람들이 오는 거야?
남: 10명 정도.

해설 파티에 몇 명의 사람들이 오는지 물었으므로, 구체적인 사람 수를 말하는 응답이 가장 적절하다.
② 나는 훌륭한 요리사야.
③ 나는 친구 2명과 같이 살아.
④ 10분밖에 안 걸려.

⑤ 홀에는 20명의 학생들이 있었어.

어휘 [문제] cook [kuk] 요리사 hall [hɔːl] 넓은 방, 홀

20 ⑤

여: Steve, 우리 집에 가기 전에 뭘 좀 먹는 게 어때?
남: 미안하지만 난 지금 집에 가야 해. Nina에게 밥을 줘야 하거든.
여: Nina? Nina가 누군데?
남: 우리 개야. 집에 혼자 있거든.
여: 오, 너 개 키우니? 난 몰랐네.
남: 응. 일주일 전에 우리 가족이 되었어.
여: 어디서 난 거야?
남: 아빠가 유기견 보호소에서 집으로 데려오셨어.

해설 여자는 남자에게 개가 어디서 생겼는지 물었으므로, 아빠가 유기견 보호소에서 집으로 데려오셨다고 말하는 응답이 가장 적절하다.
① 나는 하얀 개를 키우고 싶어.
② 나는 네가 왜 애완동물을 싫어하는지 모르겠어.
③ 내 개는 나랑 같이 침대에서 자.
④ 나는 애완동물 가게에서 귀여운 개들을 많이 봤어.

어휘 feed [fiːd] 밥을 먹이다, 먹이를 주다 alone [əlóun] 홀로
[문제] hate [heit] 싫어하다 pet shop 애완동물 가게 shelter [ʃéltər] (노숙자 등을 위한) 쉼터; *(학대받는 동물들의) 보호소

Dictation Test ⑯

pp. 176~181

01 1) to make music 2) press the keys
    3) how to play this
02 1) How about red roses 2) likes white flowers
    3) mix of colors
03 1) due to yellow dust 2) temperature will drop
    3) wear a mask
04 1) do well on 2) got an A 3) Good for you
05 1) will be held 2) entry fee is 3) register online
06 1) more than three hours 2) have lunch there
    3) let's meet at 1:00
07 1) speaking in front of people
    2) being a news anchor 3) I'd rather be a reporter
08 1) take this 2) bought it for you 3) very kind of you
09 1) to go trick or treating 2) wear a costume
    3) on my way to buy
10 1) take care of yourself 2) get enough sleep
    3) should eat healthy food

11	1) have to transfer 2) taking a bus
	3) is too far from
12	1) He's not answering 2) had a stomachache
	3) forgot to tell him
13	1) I'm looking for 2) on the second floor
	3) next to the fiction books
14	1) in the toy box 2) on the desk 3) on your chair
15	1) raining hard 2) do me a favor
	3) Can I borrow yours
16	1) want to go outside 2) many things to do
	3) write a "to-do" list
17	1) going to Europe 2) You can experience
	3) How much is that
18	1) big fan of yours 2) write all your songs
	3) meet you in person
19	1) Are you free 2) having a dinner party
	3) How many people
20	1) have to feed 2) is home alone
	3) Where did you get her

실전모의고사 17 회

01 ④	02 ⑤	03 ④	04 ⑤	05 ③
06 ③	07 ②	08 ④	09 ⑤	10 ②
11 ⑤	12 ④	13 ⑤	14 ④	15 ③
16 ⑤	17 ①	18 ②	19 ①	20 ③

01 ④

여: 이것에는 숫자들이 많이 있습니다. 우리는 날짜를 찾기 위해 이것을 봅니다. 우리는 무슨 요일인지, 그리고 몇 월인지도 알 수 있습니다. 이것은 보통 종이로 만들어집니다. 우리는 이것을 벽에 걸거나 책상 위에 놓습니다. 이것은 무엇일까요?

해설 날짜를 알려 주며, 보통 종이로 만들어지고, 벽에 걸거나 책상에 놓는 것은 달력이다.

어휘 date [deit] 날짜 be made of ~로 만들어지다 hang [hæŋ] 걸다

02 ⑤

남: 도와드릴까요?
여: 네. 제 딸에게 줄 베개를 찾고 있어요.
남: 알겠습니다. 이 분홍색은 어떠세요?
여: 그 애가 분홍색을 정말 좋아하긴 하지만, 그건 너무 단순하네요.
남: 그럼 토끼 무늬가 있는 파란색 베개는 어떠세요?
여: 맘에 들어요. 더 큰 걸로 살게요.

해설 여자는 토끼 무늬가 있는 파란색 큰 베개를 사기로 했다.

어휘 pillow [pílou] 베개 daughter [dɔ́ːtər] 딸 simple [símpl] 간단한, 단순한

03 ④

남: 다음 주 일기 예보입니다. 월요일과 화요일에는 아침에 짙은 안개가 끼겠지만, 오후에는 걷히겠습니다. 수요일과 목요일에는 날씨가 화창하겠습니다. 금요일에 장마가 시작되니 좋은 날씨를 즐기시길 바랍니다.

해설 다음 주 금요일에는 장마가 시작된다고 했다.

어휘 fog [fɔːg] 안개 clear up (비·구름이 걷히고) 개다 rainy season 장마철, 우기

04 ⑤

남: Jenny에게 사과했니?
여: 아니, 아직 안 했어.
남: 해야 해. 네가 한 일은 잘못됐어.
여: 알아. 나도 하고 싶은데, 미안하다고 말하는 게 힘들어.
남: 꼭 말로 할 필요는 없어. 사과하는 방법은 많아. 편지를 쓰는 것은 어때?

해설 여자가 Jenny에게 잘못했지만 미안하다고 말하기 힘들다고 하자 남자는 사과하는 다른 방법에 대해 조언하고 있다.

어휘 apologize [əpálədʒàiz] 사과하다 wrong [rɔːŋ] 잘못된

05 ③

여: Rainbow 텀블러는 독특합니다. 그것은 온도가 변하면 색이 변합니다. 보통은 파란색입니다. 하지만 뜨거운 음료를 넣으면, 그것은 빨갛게 변합니다. 텀블러 한 개에 300ml를 담을 수 있습니다. 보통 30달러에 판매되는데, 이번 주 금요일까지 단돈 20달러에 구매할 수 있습니다. CBA 쇼핑몰이나 www.rainbowtumbler.com에서 구매할 수 있습니다.

해설 색상(보통 파란색인데 뜨거운 음료를 넣으면 빨갛게 변함), 용량(300ml), 가격(30달러지만 이번 주 금요일까지는 20달러에 구매 가능), 판매처(CBA 쇼핑몰이나 www.rainbowtumbler.com)에

대해서는 언급하였으나, 보온 지속 시간은 언급하지 않았다.

어휘 unique [juːníːk] 독특한, 특별한 normally [nɔ́ːrməli] 보통
turn [təːrn] 돌다; *(~한 상태로) 변하다 hold [hould] 잡고 있
다; *수용할[담을] 수 있다 mall [mɔːl] 쇼핑몰

06 ③

남: 나 Tim과 12시에 점심 약속이 있어.
여: 어디서 만나는데?
남: Venice라는 이탈리아 음식점에서.
여: 거기까지 가는 데 30분 정도 걸릴 거야. 그런데 벌써 11시 45분이
야.
남: 정말? 서두르는 게 좋겠네.

해설 현재 시각이 11시 45분이고 음식점까지 30분 정도 걸린다고 했으므
로, 남자가 도착할 시각은 12시 15분이다.

어휘 appointment [əpɔ́intmənt] 약속 already [ɔːlrédi] 이미, 벌
써 had better ~하는 게 낫다 hurry [hə́ːri] 서두르다

07 ②

남: Lisa! 축하해! 시 쓰기 대회에서 네가 1등상을 탔다고 들었어.
여: 오, 안녕, Mark! 고마워. 우승해서 정말 신나.
남: 네 시를 읽었어. 너 정말 시를 잘 쓰더라.
여: 고마워. 난 시 쓰는 것을 정말 좋아해.
남: 넌 장래에 시인이 되어야 할 것 같아.
여: 사실, 그게 내 꿈이야.

해설 여자가 장래에 시인이 되어야 할 것 같다는 남자의 말에 여자는 사실
그것이 자신의 꿈이라며 동의했다.

어휘 win first prize 1등상을 타다 poem [póuəm] 시 contest
[kántest] 대회 be good at ~을 잘하다 poet [póuit] 시인
in the future 장래에, 미래에

08 ④

남: 안녕, Sally.
여: 안녕, Paul. 우리 다음 달에 경주로 수학여행을 간다는 거 들었니?
남: 응, 어제 그것에 대해 들었어.
여: 난 빨리 유적지를 방문하고 싶어.
남: 나도. 난 모든 사람들과 사진을 많이 찍고 싶어.
여: 재미있겠다!

해설 다음 달에 경주로 수학여행을 가서 하고 싶은 일들에 대해 이야기하
고 있으므로, 두 사람은 신이 날(excited) 것이다.
① 지루한 ② 자랑스러운 ③ 화난 ⑤ 걱정하는

어휘 school trip 수학여행 historical site 유적지 take a photo
사진을 찍다 fun [fʌn] 재미있는

09 ⑤

남: 내 방을 다시 꾸미고 싶은데, 뭘 해야 할지 모르겠어.
여: 새 가구를 좀 사는 게 어때?
남: 그건 돈이 많이 들 거야.
여: 그러면 벽을 더 밝은색으로 페인트칠해. 그게 네 방을 다시 꾸미는
더 저렴한 방법이야.
남: 좋은 생각이야.
여: 지금 페인트 가게에 가 볼래?
남: 응. 색 고르는 걸 네가 도와줘.

해설 남자는 방을 더 밝은색으로 페인트칠하기 위해 여자와 함께 페인트
를 사러 가기로 했다.

어휘 redecorate [riːdékərèit] 다시 장식하다 furniture [fə́ːrnitʃər]
가구 paint [peint] 페인트칠하다; 페인트 wall [wɔːl] 벽
brighter [bráitər] 더 밝은 (bright의 비교급) pick out ~을 선
택하다, ~을 고르다

10 ②

여: 그래, 시드니에서 첫날에 넌 어디를 가고 싶니?
남: 난 오페라 하우스를 보고 싶어!
여: 나도 그래!
남: 그리고 난 코알라를 보러 가고 싶어.
여: 좋아. 다음 날에는 동물원에 가자.
남: 난 정말 신이 나. 우리 거기서 정말 재미있을 거야.

해설 시드니에서 첫날 오페라 하우스를 보고 그다음 날 동물원에 가자고
했으므로, 해외여행 계획에 대해 이야기하고 있음을 알 수 있다.

어휘 Sydney [sídni] 시드니 have fun 재미있게 보내다

11 ⑤

남: 우리 쇼핑몰에 어떻게 가야 해?
여: 택시를 타자.
남: 이 근처에는 택시가 많지 않아. 버스를 타자.
여: 하지만 버스 정류장이 여기서 너무 멀어.
남: 그럼 우리 지하철을 타는 게 어때? 지하철역은 바로 저쪽에 있어.
여: 좋은 생각이야.

해설 여자가 버스 정류장이 너무 멀다고 하자, 남자는 역이 가까이에 있으
니 지하철을 타자고 했다.

어휘 subway station 지하철역 right [rait] 맞는; *바로, 정확히

12 ④

남: 너는 이번 여름 방학에 무엇을 할 거니?
여: 나는 일본에 갈 거야.

남: 오, 정말? 관광하러 가는 거야?
여: 아니, 일본어를 배우고 싶어. 그래서 일본어 수업을 들을 거야.
남: 재미있을 것 같다.
여: 응, 그러면 좋겠어.

해설 여자는 일본어를 배우고 싶어서 여름 방학 때 일본에 갈 것이라고 했다.

어휘 go sightseeing 관광하러 가다 take a class 수업을 받다

13 ⑤

남: Nancy, 우리 어떤 종류의 운동을 먼저 할까?
여: 러닝 머신에서 시작하는 게 어때?
남: 좋아. 근데 지금은 러닝 머신이 모두 사용 중이야.
여: 그럼, 먼저 실내 자전거를 타자.
남: 알았어. 그리고 사용 가능해지면 러닝 머신에서 뛰면 되지.
여: 좋아.

해설 러닝 머신과 실내 자전거를 사용하여 운동한다고 했으므로, 두 사람이 대화하는 장소로 가장 적절한 곳은 스포츠 센터이다.

어휘 treadmill [trédmil] 러닝 머신 exercise bike 실내 운동용 자전거 jog [ʤɑg] 가볍게 뛰다, 조깅하다 available [əvéiləbl] 이용할[구할] 수 있는

14 ④

남: 실례합니다. Dream 극장에 어떻게 가는지 아세요?
여: 네. 이쪽으로 한 블록을 직진하셔서 모퉁이에서 오른쪽으로 도세요.
남: 한 블록 직진하다가 오른쪽으로 돌라고요?
여: 맞아요. 그러면 왼편에 건물 세 개가 보이실 거예요. 극장은 그 중간에 있는 거예요.
남: 알겠습니다. 정말 감사합니다.

해설 한 블록 직진한 후 오른쪽으로 돌면 왼편에 보이는 세 개의 건물 중 가운데에 있다고 했으므로, 극장의 위치로 가장 알맞은 곳은 ④이다.

어휘 in the middle 중간에

15 ③

여: Ben, 너 왜 거기 서 있는 거니?
남: 우리 아빠를 기다리고 있어. 30분 전에 여기에 올 거라고 하셨는데, 늦으시네.
여: 아빠께 전화를 드리지 그래?
남: 내 전화기 배터리가 다 됐어. 네 전화기 좀 써도 될까?
여: 물론이야. 여기 있어.

해설 남자는 아빠에게 전화를 해야 하는데 자신의 전화기 배터리가 다 돼서, 여자에게 전화기를 빌려 달라고 부탁했다.

어휘 stand [stænd] 서 있다 wait for ~을 기다리다 dead [ded] (기계 등이) 작동을 안 하는, (배터리가) 다 된

16 ⑤

남: 나쁜 소식이 있어. 난 금요일에 너와 저녁을 먹을 수가 없어.
여: 왜 안 되는데?
남: 우리 부모님이 여행을 가셨어. 그래서 내가 여동생을 돌봐야 해. 정말 미안해.
여: 그 애를 같이 돌보는 게 어때? 우리 모두 함께 저녁을 먹을 수 있을 거야. 재미있겠다.
남: 좋아! 그게 좋겠어!

해설 여자는 저녁을 같이 먹기 위해 남자의 여동생을 함께 돌보는 것을 제안했다.

어휘 go on a trip 여행을 가다 look after ~을 돌보다 together [təgéðər] 함께

17 ①

남: 크리스마스가 다가오고 있어!
여: 응. 나도 알아. 난 어제 정말 바빴어.
남: 뭘 했는데? 크리스마스 선물을 사러 쇼핑몰에 갔었니?
여: 아니, 선물은 지난주에 이미 샀어.
남: 그럼 뭘 했는데?
여: 가족과 친구들에게 크리스마스 카드를 썼어.

해설 여자는 어제 가족과 친구들에게 크리스마스 카드를 썼다고 했다.

어휘 present [prézənt] 선물

18 ②

남: 어디로 가시나요, 손님?
여: 시내로요. Central 역으로 가 주세요.
남: 알겠습니다.
여: 오늘 아침에 차량들이 많네요, 그렇지 않나요?
남: 네, 많네요. 40분쯤 후에 그곳에 도착할 겁니다.
여: 알겠습니다.

해설 남자는 여자의 목적지를 묻고 도착하는 데 걸릴 시간을 알려 주고 있으므로, 남자의 직업으로 가장 적절한 것은 택시 운전사이다.

어휘 downtown [dàuntáun] 시내에 traffic [trǽfik] 차량들, 교통(량)

19 ①

여: 네가 다음 주에 제주도에 간다고 들었어.
남: 맞아.

여: 너 기분이 좋아 보이지 않네. 뭐가 잘못됐니?

남: 응. 3일 동안 내가 집에 없을 거거든. 그런데 내 고양이를 돌봐 줄 사람을 찾을 수가 없어.

여: 내가 할 수 있어. 나 고양이를 정말 좋아해.

남: 진짜? 정말 고마워.

여: 천만에.

해설 남자는 고양이를 대신 돌봐주겠다는 여자에게 고맙다고 했으므로, 감사에 대한 겸양의 뜻을 나타내는 응답이 가장 적절하다.

② 난 네가 정말 자랑스러워.

③ 네가 베푼 친절을 잊지 않을게.

④ 네 남동생에게 부탁하지 그래?

⑤ 너는 개와 고양이 중에 어떤 걸 더 좋아해?

어휘 take care of ~을 돌보다 [문제] be proud of ~을 자랑스러워하다 kindness [káindnis] 친절 prefer [prifə́ːr] 더 좋아하다

20 ③

남: 얘, Mia!

여: 안녕, Hunter. 여기서 뭘 하고 있니?

남: 그냥 둘러보는 중이야. 너는? 쇼핑하고 있니?

여: 응. 새 태블릿을 사려고 해.

남: 정말? 너 지난여름에 사지 않았니?

여: 그랬지. 하지만 지난달에 잃어버렸어.

해설 남자는 태블릿을 사려는 여자에게 지난여름에 사지 않았냐고 물었으므로, 사긴 했지만 분실했다는 응답이 가장 적절하다.

① 정말 안됐네.

② 생일 축하해.

④ 내가 인기 있는 태블릿을 추천해 줄게.

⑤ 나는 새 스마트폰을 사야 해.

어휘 look around 둘러보다 shop [ʃap] 물건을 사다, 쇼핑하다 [문제] recommend [rèkəménd] 추천하다 popular [pápjələr] 인기 있는

Dictation Test 17
pp. 184~189

01 1) find the date 2) what month it is
    3) hang it on the wall

02 1) it's too simple 2) rabbit pattern on it
    3) I'll take the bigger one

03 1) will be heavy fog 2) will be sunny
    3) rainy season will start

04 1) apologized to 2) What you did
    3) How about writing a letter

05 1) change color 2) sell for $30
    3) You can buy them

06 1) at noon 2) a quarter to twelve
    3) I'd better hurry

07 1) won first prize 2) good at writing poems
    3) should be a poet

08 1) go on a school trip 2) can't wait to visit
    3) take a lot of photos

09 1) getting some new furniture 2) paint the walls
    3) go to the paint shop

10 1) on your first day 2) go to the zoo
    3) have so much fun

11 1) There aren't many taxis 2) too far from here
    3) take the subway

12 1) this summer vacation
    2) Are you going sightseeing
    3) take Japanese classes

13 1) What kind of exercise
    2) use the exercise bikes 3) we can jog

14 1) how to get to 2) turn right at the corner
    3) in the middle

15 1) waiting for my father 2) Why don't you call him
    3) Can I use yours

16 1) can't have dinner with you 2) went on a trip
    3) looking after her together

17 1) go to the mall 2) already bought presents
    3) writing Christmas cards

18 1) Take me to 2) a lot of traffic 3) We'll be there

19 1) Is something wrong 2) can't find someone
    3) I can do it

20 1) just looking around 2) Are you shopping
    3) Didn't you buy

실전모의고사 18회

pp. 190~191

01 ④	02 ⑤	03 ④	04 ④	05 ③
06 ④	07 ⑤	08 ④	09 ④	10 ④
11 ②	12 ⑤	13 ②	14 ⑤	15 ⑤
16 ①	17 ①	18 ④	19 ③	20 ④

01 ④

여: 이것은 매우 화려한 색깔의 동물입니다. 이것은 깃털이 있고 날 수 있습니다. 어떤 사람들은 이 새를 집에서 반려동물로 기릅니다. 이것은 매우 똑똑하고 사람들이 말하는 것을 따라 할 수 있습니다. 이것은 무엇일까요?

해설 화려한 색깔의 동물로, 날 수 있고 사람들의 말을 따라 할 수 있는 것은 앵무새이다.

어휘 colorful [kʌ́lərfəl] 형형색색의, 화려한 feather [féðər] 깃털 repeat [ripíːt] 반복하다; *따라 말하다

02 ⑤

여: 인터넷 쇼핑을 하고 있니?
남: 응. 시계를 사고 싶은데, 어떤 걸 골라야 할지 모르겠어.
여: 이 둥근 빨간색 시계 정말 귀엽다.
남: 어, 그러네. 근데 난 더 큰 걸 원해.
여: 그럼 이 검은색이나 저 노란색 시계는 어때?
남: 난 그 네모난 노란색 시계가 마음에 들어. 그걸 사야겠어.

해설 남자는 둥근 것보다 좀 더 크고 네모난 노란색 시계를 사겠다고 했다.

어휘 choose [tʃuːz] 고르다 round [raund] 둥근 square [skwɛər] (정)사각형의

03 ④

남: 안녕하세요. 지역 일기 예보입니다. 오늘 아침 비가 많이 내리고 있지만, 비는 곧 그칠 것입니다. 오후에는 잠시 해가 나오겠습니다. 하지만 저녁에 다시 비가 내리기 시작할 것입니다. 오늘 밤 기온이 떨어지고, 비가 눈으로 변하겠습니다. 내일 종일 눈이 계속 내리겠습니다.

해설 오늘 저녁에 내리는 비가 밤사이 눈으로 바뀌어 내일 종일 눈이 내릴 것이라고 했다.

어휘 local [lóukl] 지역의 heavily [hévili] (양·정도가) 심하게 for a while 잠시 동안 turn into ~로 변하다 continue [kəntínjuː] 계속되다

04 ④

여: 나 부탁이 있어. 너 오늘 바쁘니?
남: 아니, 하루 휴가를 냈어. 무슨 일이야?
여: 이 택배를 미국에 있는 Roberts 씨에게 보내야 하는데, 오늘 우체국에 갈 시간이 없어.
남: 그래서 너 대신 그것을 부쳐 달라는 거지?
여: 응. 해 줄 수 있니?
남: 기꺼이 해 줄게.

해설 자기 대신 우체국에 가서 택배를 부쳐 달라는 여자의 부탁을 남자가 흔쾌히 승낙하고 있다.

어휘 take a[the] day off 하루 휴가를 얻다 package [pǽkidʒ] 소포 mail [meil] 우편으로 보내다

05 ③

여: 주목해 주시겠습니까? 모든 도보 여행객들을 위한 공지입니다. 오늘 밤 비가 내린 후, 내일은 무척 춥겠습니다. 그러므로 하이킹을 계획하고 있다면, 따뜻한 재킷을 입고 알맞은 등산화를 신는 것을 기억하세요. 또한 물과 간식을 가져가는 것을 잊지 마세요. 궁금한 것이 있으면 안내소로 연락하세요. 감사합니다.

해설 하이킹 준비물로 모자는 언급하지 않았다.

어휘 attention [əténʃn] 주의, 주목 announcement [ənáunsmənt] 공지, 발표 hiker [háikər] 도보 여행을 하는 사람 hike [haik] 도보 여행하다, 하이킹하다 remember [rimémbər] 기억하다 proper [prápər] 적절한, 알맞은 contact [kántækt] 연락하다

06 ④

남: 이 브이넥 티셔츠가 마음에 드네요. 얼마예요?
여: 12달러입니다.
남: 그거 다른 색도 있나요?
여: 네, 파란색, 녹색, 노란색도 있어요.
남: 그렇군요. 저는 파란색 한 장과 녹색 한 장을 살게요. 두 장을 사면 할인을 받을 수 있나요?
여: 음… 총액에서 2달러 깎아 드릴게요.

해설 12달러인 티셔츠를 두 장 사면 24달러인데 여자가 2달러를 깎아 준다고 했으므로, 남자가 지불해야 할 금액은 22달러이다.

어휘 V-neck [víːnek] 브이넥(의 옷) discount [diskáunt] 할인 take off (가격을) 깎다

07 ⑤

남: 패션 잡지를 읽고 있니? 난 네가 패션에 관심이 있는지 몰랐어.
여: 실은, 패션에 아주 관심이 많아.

남: 나도. 난 특히 머리 모양에 관심이 있어. 너는?

여: 난 주로 메이크업에 관심이 있어. 난 사람들을 더 아름답게 보이도록 하는 게 즐거워.

남: 멋지다.

해설 여자는 메이크업에 관심이 있고 사람들을 더 아름답게 보이도록 해 주는게 즐겁다고 했다.

어휘 especially [ispéʃəli] 특히 mostly [móustli] 주로 makeup [méikʌp] 화장, 메이크업

08 ④

여: 시험 잘 봤니?

남: 아니요, 엄마. C를 받았어요.

여: 공부 열심히 했니?

남: 했어요! 왜 그렇게 못했는지 모르겠어요.

여: 너무 많이 걱정하지 마. 다음번엔 더 잘할 거야.

남: 감사해요. 더 열심히 공부할게요.

해설 남자는 열심히 공부했지만 성적이 잘 나오지 않았으므로 실망스러울 것이다.

어휘 do well 잘하다, 성공하다 do badly 잘 못하다 harder [háːrdər] 더 열심히 (hard의 비교급)

09 ④

여: 도와드릴까요?

남: 네. 바지를 어디에서 찾을 수 있나요?

여: 바로 이쪽에 있어요. [잠시 후] 그 바지를 입어 보시겠어요?

남: 네.

여: 손님께 잘 어울릴 것 같아요. 다른 사이즈를 입어 보고 싶으시면, 말씀해 주세요.

남: 고맙습니다. 이거 세일 중이죠, 그렇죠?

여: 네, 그렇습니다.

해설 여자는 남자에게 바지의 위치를 안내하고 다른 사이즈를 원하면 말해 달라고 했으므로, 옷 가게 점원과 손님의 관계임을 알 수 있다.

어휘 jeans [dʒiːnz] (데님) 바지 try on ~을 입어 보다 on sale 할인 [세일] 중인

10 ④

남: 너는 항상 이어폰을 끼고 있네, Jan. 음악 듣는 것을 좋아하니?

여: 응, 좋아해.

남: 어떤 종류의 음악을 좋아해?

여: 나는 힙합만 들어. 클래식이나 록 같은 다른 종류의 음악은 좋아하지 않아.

남: 그거 유감인데. 록 음악은 내가 제일 좋아하는 거야.

여: 우리는 음악 취향이 다른 것 같아.

해설 여자가 힙합만 듣는 데 반해 남자는 록 음악을 가장 좋아한다고 했으므로, 각자 좋아하는 음악 장르에 대해 이야기하고 있음을 알 수 있다.

어휘 earphone [íərfòun] 이어폰 other kinds of 다른 종류의 classical [klǽsikəl] (음악이) 클래식의 taste [teist] 맛; *취향

11 ②

남: 아 이런!

여: 무슨 일이야?

남: 내 자전거가 고장 났어.

여: 넌 자전거를 타고 학교에 가잖아, 그렇지 않니? 내일은 어떻게 할 거야?

남: 모르겠어. 버스를 타야 할 것 같아.

여: 버스 정류장이 너희 집에서 멀지 않니? 너 내일 아침에 일찍 일어나 야겠다.

남: 그럴 것 같아.

해설 남자는 자전거가 고장 나서 내일 버스를 타고 학교에 가야 한다고 했다.

어휘 broken [bróukən] 고장 난 get up 일어나다

12 ⑤

[휴대전화가 울린다.]

여: 여보세요?

남: 안녕, Olivia. 뭘 하고 있니?

여: 설거지를 하고 있어.

남: 뭐라고? 너 그거 절대 안 하잖아. 부모님께서 편찮으시니?

여: 아니. 부모님께서 부산에 가셨는데 오늘 저녁에 돌아오시거든. 부모 님께서 도착하셨을 때 집이 깨끗하면 좋겠어. 부모님께서 기뻐하실 거야.

남: 착하네.

해설 여자는 귀가하는 부모님을 기쁘게 해 드리기 위해 설거지를 하고 있다고 했다.

어휘 wash the dishes 설거지하다 pleased [pliːzd] 기쁜

13 ②

여: 네 차는 어디에 있어?

남: 음… 여기에 주차했다고 생각했는데.

여: 안 보여.

남: 여기는 너무 넓어. 정확히 기억이 안 나네.

여: 걱정하지 마, 우린 찾을 거야. 저쪽으로 가 보자.

남: 알겠어.

해설 주차해 둔 차를 찾고 있으므로, 두 사람이 대화하는 장소로 가장 적절한 곳은 주차장이다.

어휘 park [pɑːrk] 주차하다 exactly [igzǽktli] 정확하게

14 ⑤

남: 아 이런! 지갑을 잃어버렸어!
여: 정말? 내가 찾는 걸 도와줄게.
남: 고마워. 잔디밭을 봐 줄래?
여: 그래. [잠시 후] 음, 여기에는 지갑이 없어.
남: 벤치에도 안 보여.
여: 오, 저기 좀 봐! 자전거 옆에 있는 게 네 지갑이니?
남: 응, 맞아. 고마워.

해설 자전거 옆에 있는 것이 남자의 지갑이라고 했으므로, 지갑의 위치로 가장 알맞은 곳은 ⑤이다.

어휘 lose [luːz] 잃어버리다 (lose-lost-lost) wallet [wɑ́lit] 지갑 grass [græs] 풀, 잔디(밭)

15 ⑤

여: Henry에게 무언가 문제가 있는 것 같아.
남: 왜?
여: 온종일 잠을 자고 아무것도 먹지 않아.
남: 좋지 않네.
여: 걔를 동물병원에 데려갈 수 있니?
남: 물론이지, 내가 내일 데려갈게.

해설 여자는 반려동물이 온종일 잠만 자고 아무것도 먹지 않는다며 남자에게 동물병원에 데려가 달라고 부탁했다.

어휘 take [teik] 가져가다, 데려가다

16 ①

여: 나 다음 달에 일주일 휴가를 낼 거야.
남: 와, 일주일 내내? 정말 부럽다.
여: 응. 그런데 무엇을 할지 결정하지 못했어.
남: 해외여행 가는 것은 어때? 일주일이면 어딘가로 가기에 충분한 시간이잖아.
여: 그거 좋은 생각이야! 갈 곳을 찾아보기 시작해야겠어.

해설 여자가 다음 달에 일주일 휴가 동안 무엇을 할지 결정 못했다고 하자, 남자는 해외여행 가는 것을 제안했다.

어휘 whole [houl] 전체의 jealous [ʤéləs] 질투하는, 시샘하는 decide [disáid] 결정하다 travel abroad 해외여행을 하다 somewhere [sʌ́mwɛər] 어딘가에 search for ~을 찾다

17 ①

남: 주말 잘 보냈니?
여: 응. 난 도봉산에 올라갔어.
남: 와, 멋지다.
여: 너는?
남: 나는 집에 있고 싶었는데, 남동생이 같이 축구 하기를 원했어.
여: 그래서 함께 축구를 했니?
남: 응.

해설 여자는 주말에 도봉산에 올라갔다고 했다.

어휘 climb [klaim] 오르다, 등반하다 stay [stei] 머무르다

18 ④

여: Jerry! 축하합니다! 당신이 오늘 경기의 최우수 선수입니다!
남: 엄청나네요. 감사합니다!
여: 마지막 회에 홈런을 치셨어요. 기분이 어떠셨나요?
남: 기분이 무척 좋았습니다. 경기에서 이겨서 정말 기쁩니다.
여: 내일 또 홈런을 칠 수 있기를 바라겠습니다.
남: 감사합니다. 최선을 다하겠습니다.

해설 남자는 마지막 회에 홈런을 쳤고 경기의 최우수 선수로 뽑혔다고 했으므로, 남자의 직업으로 가장 적절한 것은 야구 선수이다.

어휘 MVP [émvíːpíː] 최우수 선수(Most Valuable Player) awesome [ɔ́ːsəm] 어마어마한, 엄청난 hit a home run 홈런을 치다 inning [íniŋ] (9회 중의 한) 회 do one's best 최선을 다하다

19 ③

여: 미국에 오신 것을 환영합니다. 여권 좀 보여 주시겠어요?
남: 여기 있습니다.
여: 방문 목적이 무엇입니까? 일인가요 아니면 관광인가요?
남: 일 때문에 왔습니다.
여: 여기에 얼마나 오래 머무르실 건가요?
남: 3일 동안 이곳에 있을 예정입니다.

해설 미국에서 얼마나 오래 머무를 예정인지를 물었으므로, 구체적인 기간을 말하는 응답이 가장 적절하다.
① 저는 이틀 동안 머물렀습니다.
② 저는 호텔에 묵을 예정입니다.
④ 여기 오는 데 세 시간이 걸렸습니다.
⑤ 저는 더 이상 이곳에 있고 싶지 않습니다.

어휘 passport [pǽspɔːrt] 여권 purpose [pə́ːrpəs] 목적 visit [vízit] 방문 business [bíznis] 업무, 일 sightseeing [sáitsìːiŋ] 관광 [문제] any longer 더 이상, 이제는

20 ④

남: 너 오늘 우산 가져갔었니? 오늘 아침에 비가 많이 내렸잖아.

여: 아뇨, 아빠. 비가 올지 몰랐어요. 제가 버스에서 내린 후에 비가 오기 시작했어요.

남: 그래서 어떻게 했니?

여: 다행히 버스 정류장에서 Emily를 우연히 만났어요. 그 애랑 우산을 함께 썼어요.

남: 친절하네. 그 애는 좋은 친구구나.

[해설] 우산이 없는 여자가 Emily와 우산을 함께 썼다고 했으므로, Emily의 호의에 대해 말하는 응답이 가장 적절하다.
① 정말 안됐구나.
② 추운 날인 게 틀림없어.
③ 비를 맞아 젖었네.
⑤ 새 우산을 사는 게 어때?

[어휘] get off (차에서) 내리다 luckily [lʌ́kili] 다행히, 운 좋게

---

13 1) parked it over here 2) is too big
3) Let's go that way

14 1) help you find it 2) on the bench
3) next to the bikes

15 1) there's something wrong with
2) sleeping all day 3) take him to

16 1) taking a week off 2) what to do
3) traveling abroad

17 1) have a nice weekend 2) wanted to stay home
3) did you play soccer

18 1) hit a home run 2) won the game
3) I'll do my best

19 1) see your passport 2) purpose of your visit
3) will you be staying

20 1) take your umbrella 2) was going to rain
3) shared her umbrella

Dictation Test 18

pp. 192~197

01 1) has feathers 2) keep this bird at home
3) repeat what people say

02 1) which one to choose 2) want a bigger one
3) like the square, yellow clock

03 1) will stop soon 2) start to rain
3) turn into snow

04 1) took the day off 2) have no time
3) I'd be glad to

05 1) for all hikers 2) wear a warm jacket
3) take water and some snacks

06 1) It's $12 2) get a discount 3) take two dollars off

07 1) reading a fashion magazine
2) very interested in fashion
3) making people look more beautiful

08 1) do well on your test 2) I did so badly
3) do better next time

09 1) try those on 2) try a different size
3) on sale

10 1) always wear earphones 2) What kind of music
3) different tastes in music

11 1) My bike is broken 2) take the bus 3) get up early

12 1) washing the dishes 2) Are your parents sick
3) They'll be pleased

Word Test 16~18

pp. 198~199

A

01 극장　　　　　　　　02 싫어하다
03 건강에 좋은　　　　04 사과하다
05 놀란　　　　　　　　06 연락하다
07 (정)사각형의　　　　08 바닥; (건물의) 층
09 적절한, 알맞은　　10 소설
11 기쁜　　　　　　　　12 보통
13 이용할[구할] 수 있는　14 잘못된
15 반복하다; 따라 말하다　16 특히
17 시내에　　　　　　18 밥을 먹이다, 먹이를 주다
19 계속되다　　　　　20 친절
21 등록하다　　　　　22 독특한, 특별한
23 전체의　　　　　　24 목적
25 어딘가에　　　　　26 분명히, 확실히
27 관광　　　　　　　28 대중 앞에서
29 재미있게 보내다　30 ~을 돌려주다
31 ~을 선택하다, ~을 고르다　32 ~을 돌보다
33 ~로 만들어지다　34 직접
35 ~의 부탁을 들어주다　36 ~을 자랑스러워하다
37 1등상을 타다　　　38 ~로 변하다
39 ~ 때문에　　　　　40 더 이상, 이제는

B

01 grade　　　　　　02 smart
03 wall　　　　　　　04 voice
05 stand　　　　　　06 fresh

07 pillow	08 local
09 attention	10 early
11 together	12 feather
13 temperature	14 grass
15 taste	16 costume
17 colorful	18 announcement
19 reporter	20 furniture
21 hurry	22 play
23 simple	24 bookshelf
25 mail	26 information
27 decide	28 jealous
29 prefer	30 daughter
31 climb	32 business
33 date	34 rainy season
35 on sale	36 take a[the] day off
37 get off	38 travel abroad
39 take a class	40 have a stomachache

고난도 실전모의고사 01회 pp. 200~201

01 ④	02 ⑤	03 ②	04 ③	05 ④
06 ③	07 ②	08 ④	09 ③	10 ③
11 ⑤	12 ③	13 ⑤	14 ④	15 ①
16 ②	17 ④	18 ③	19 ②	20 ⑤

01 ④

남: 이것은 기계입니다. 사람들은 이것에 은행 카드를 넣습니다. 돈을 인출하고 싶으면, 메뉴에서 '인출'을 선택합니다. 그리고 나서 개인 식별 번호를 입력하고 돈을 얼마나 원하는지 결정합니다. 이것은 무엇일까요?

해설 은행 카드를 넣고 개인 식별 번호를 입력해서 돈을 인출하는 것은 현금 인출기이다.

어휘 take out (돈을) 인출하다 select [silékt] 선택하다 withdrawal [wiðdrɔ́ːəl] 인출 enter [éntər] ~에 들어가다; *입력하다 personal identification number 개인 식별 번호

02 ⑤

여: 올해의 크리스마스카드 디자인을 끝내자.

남: 그래. 난 산타클로스 그림을 넣고 싶어.

여: 그거 좋은 생각이다. "즐거운 크리스마스 보내세요"를 가운데에 넣고, 산타를 맨 아래에 넣자.

남: 대신 산타를 가운데에 넣는 건 어때? 그렇게 하면, 사람들이 산타를 더 잘 볼 수 있어.

여: 아, 그게 보기 좋겠다. 그럼 "즐거운 크리스마스 보내세요"는 맨 위로 옮기자.

남: 완벽해.

해설 카드에 산타클로스 그림이 잘 보이게 가운데 넣고, 크리스마스 인사는 맨 위에 넣기로 했다.

어휘 finish [fíniʃ] 끝내다 design [dizáin] 디자인하다 picture [píktʃər] 그림 season's greetings (인사말로 쓰여) 즐거운 크리스마스 보내세요. middle [mídl] 가운데 bottom [bátəm] 맨 아래 (부분) top [tɑːp] 맨 위 (부분)

03 ②

여: 좋은 아침입니다. 오늘의 일기 예보입니다. 지금은 따뜻하고 쾌적한 날씨입니다. 하지만 오늘 오후에는 먹구름이 밀려오겠습니다. 기온은 떨어지고 바람이 더 강해질 것입니다. 무척 추운 밤이 되겠습니다.

해설 오늘 오후에는 먹구름이 밀려올 것이라고 했다.

어휘 warm [wɔːrm] 따뜻한 pleasant [plézənt] (날씨가) 쾌적한, 좋은 dark cloud 먹구름 roll in 밀려들어오다

04 ③

여: 안녕하세요, 도와드릴까요?

남: 네. 여기 가게에서 이 셔츠를 샀는데, 잘 안 맞아서요.

여: 그걸 다른 것으로 교환하시겠어요?

남: 아니요, 돈을 돌려받고 싶어요. 그럴 수 있을까요?

여: 음… 그 셔츠가 할인 품목이었나요?

남: 네, 30% 할인을 받았어요.

여: 죄송하지만, 할인 품목은 환불을 해 드리지 않습니다.

해설 여자는 할인 품목은 환불해 주지 않는다며 남자의 셔츠 환불 요청을 거절하고 있다.

어휘 fit [fit] (크기·모양 등이) 맞다 exchange [ikstʃéindʒ] 교환하다 get back ~을 돌려받다 sale item 할인 품목 discount [diskáunt] 할인 give a refund 환불하다

05 ④

남: 안녕하세요, 여러분! 내일의 일정을 말씀드리겠습니다. 아침 식사 후, 우리는 남산에 갈 것입니다. 그곳에서 아름다운 경치를 즐기실 수 있습니다. 정오에는 점심으로 전통 한국 음식을 먹겠습니다. 그 다음에는 경복궁에 갈 것입니다. 마지막으로, 명동에서 쇼핑을 할

것입니다. 바쁜 하루가 될 예정이니 오늘 밤은 휴식을 좀 취하세요.

[해설] 내일 일정으로 인사동 방문은 언급하지 않았다.

[어휘] schedule [skédʒuːl] 일정, 스케줄 scenery [síːnəri] 경치, 풍경 noon [nuːn] 정오 traditional [trədíʃənəl] 전통적인 afterward [ǽftərwərd] 후에, 그 후에 go shopping 쇼핑하러 가다 rest [rest] 휴식

06 ③

[휴대전화가 울린다.]

여: 여보세요?
남: 안녕, Kate. 나 Jim이야. 너 곧 역에 도착하니?
여: 미안하지만, 15분 늦을 것 같아.
남: 그럼 오후 3시 20분에 도착하는 거야?
여: 아니, 3시 15분에 도착할 거야. 지금 3시잖아.
남: 아, 내 시계가 5분 빠르지.

[해설] 여자는 3시 15분에 도착할 것이라고 했다.

[어휘] arrive [əráiv] 도착하다 fast [fæst] 빠른

07 ②

남: 너는 대학에서 무엇을 공부하고 있니?
여: 패션 디자인을 공부하고 있어.
남: 너는 패션 디자이너가 되고 싶니?
여: 음, 내가 고등학교에 다닐 때는 패션 디자이너가 되고 싶었어. 하지만 더 이상은 아니야.
남: 그러면 장래에 무엇이 되고 싶니?
여: 나는 패션 회사를 경영하고 싶어.

[해설] 여자는 고등학생이었을 때 패션 디자이너가 되고 싶었지만, 지금은 장래에 패션 회사를 경영하고 싶다고 했다.

[어휘] university [jùːnəvə́ːrsəti] 대학교 fashion design 패션 디자인 anymore [ènimɔ́ːr] 더 이상, 이제는 run [rʌn] 달리다; *경영하다 business [bíznis] 사업; *회사

08 ④

남: 실례합니다. 뭐가 잘못되었나요?
여: 네. 저는 음식을 한 시간 이상 기다렸어요.
남: 아, 정말 죄송합니다.
여: 그게 다가 아니에요. 계산서를 받느라 20분을 기다렸어요!
남: 다시 한번 죄송합니다. 오늘 정말 바빠서요.
여: 글쎄요, 저도 바쁘거든요. 관리자와 이야기하고 싶어요.

[해설] 여자는 음식이 나오고 계산서를 받는 데 매우 긴 시간을 기다렸으므로 짜증이 날(annoyed) 것이다.
① 지루한 ② 궁금한 ③ 걱정되는 ⑤ 만족하는

[어휘] more than ~ 이상 apologize [əpάlədʒàiz] 사과하다 bill [bil] 계산서 manager [mǽnidʒər] 경영자, 관리자

09 ③

여: 내일모레가 우리 부모님 결혼기념일인 거 기억하고 있니?
남: 물론이지. 그래서 나한테 좋은 생각이 있어. 부모님을 위해 낭만적인 저녁 식사를 준비하는 게 어때?
여: 좋아! 두 분이 아주 좋아하실 거야.
남: 호박 수프, 파스타, 치킨 샐러드를 만드는 게 어때?
여: 그걸로는 충분하지 않아. 스테이크도 만들자. 그리고 디저트가 필요해.
남: 내가 지금 제과점에 가서 특별 치즈 케이크를 주문할게.
여: 좋아!

[해설] 여자가 저녁 식사 준비를 위해 디저트도 필요하다고 하자, 남자는 지금 제과점에 가서 케이크를 주문하겠다고 했다.

[어휘] wedding anniversary 결혼기념일 prepare [pripέər] 준비하다 romantic [rouméntik] 낭만적인 pumpkin [pʌ́mpkin] 호박 enough [inʌ́f] 충분한 as well 역시, ~도

10 ③

남: 너 Jake가 병원에 있는 거 들었니?
여: 응. 그 애네 가족이 병원비를 내는 데 어려움을 겪고 있다고 들었어.
남: 그거 너무 안됐네. 돈을 모아서 그 애를 돕자.
여: 정말 좋은 생각이야! 우리 학교의 다른 학생들도 아마 돕고 싶어 할 거야.
남: 내일 반 친구들과 우리가 뭘 해야 하는지 상의해 보는 게 어때?
여: 좋은 생각 같아.

[해설] 병원비 내는 데 어려움을 겪고 있는 친구를 돕기 위해 돈을 모으자며 내일 반 친구들과 상의해 보자고 했으므로, 병원비 모금에 대해 이야기하고 있음을 알 수 있다.

[어휘] have trouble (in) v-ing ~에 곤란을 겪다 pay [pei] 지불하다 medical bills 병원비, 치료비 raise [reiz] 들어 올리다; *(돈을) 모으다 probably [prάbəbli] 아마 help out (어려운 일이 있을 때) 도와주다 discuss [diskʌ́s] 토론하다, 상의하다 classmate [klǽsmèit] 반 친구

11 ⑤

여: 와, 프라하는 정말 아름다운 도시야!
남: 전적으로 동의해. 자, 우리 다음 목적지는 밀라노지, 그렇지?
여: 응. 우린 기차 타고 거기에 갈 수 있어.
남: 기차로? 너무 오래 걸려.
여: 알아. 하지만 밤에 기차 안에서 잘 수 있어. 호텔이 필요하지 않으니 돈이 절약될 거야.

남: 나는 기차에서 자고 싶지 않아. 불편해.
여: 그곳에 비행기 타고 가는 게 더 좋니?
남: 응. 그게 훨씬 나을 거야.

[해설] 남자가 기차를 타면 오래 걸리고 거기서 자는 것은 불편하다고 해서, 두 사람은 비행기를 타고 다음 목적지에 가기로 했다.

[어휘] Prague [prɑːg] 프라하(체코의 수도) destination [dèstinéiʃən] 목적지 Milan [milǽn] 밀라노 save [seiv] 구하다; *절약하다, 아끼다 uncomfortable [ʌnkʌ́mfərtəbl] 불편한

12 ③

여: Andrew, 우리 점심 먹으러 갈까?
남: 난 오늘 점심 먹으러 안 갈 거야.
여: 왜 안 가? 아직도 다이어트 중이야?
남: 아니. 치통이 너무 심해. 아무것도 먹을 수가 없어.
여: 안됐네. 치과에 갔니?
남: 아니, 갈 시간이 충분하지 않았어.
여: 최소한 약이라도 먹어야 해.
남: 그럴게.

[해설] 남자는 치통이 심해서 아무것도 먹을 수가 없다고 했다.

[어휘] be on a diet 다이어트를 하고 있다 toothache [túːθèik] 치통 go to the dentist 치과에 가다

13 ⑤

남: Christine, 재킷 샀니?
여: 아직 못 샀어. 점원이 오기를 아직 기다리고 있거든.
남: 하지만 시간이 별로 없어. 난 가구 코너를 살펴보고 싶어.
여: 그럼 위층으로 올라가. 내가 곧 그리로 갈게.
남: 재킷 외에 다른 걸 사야 하니?
여: 응. 새 향수도 좀 사고 싶어.
남: 그럼 30분 후에 1층에서 만나자. 나는 가구를 둘러본 후에 거기로 갈게.
여: 좋아.

[해설] 여자는 재킷과 향수를 구매하려 하고 남자는 위층에 있는 가구 코너에 갔다 오겠다고 했으므로, 두 사람이 대화하는 장소로 가장 적절한 곳은 백화점이다.

[어휘] salesperson [séilzpə̀ːrsən] 판매원 furniture [fə́ːrnitʃər] 가구 section [sékʃən] 부분, 구역 upstairs [ʌ̀pstéərz] 위층으로 other than ~ 외에 perfume [pə́ːrfjùːm] 향수

14 ④

여: 실례합니다. Han's 카페가 어디에 있는지 아세요?
남: 네. York Street까지 직진하신 다음에 오른쪽으로 도세요.

여: York Street에서 오른쪽으로 돌라고요? 알겠어요.
남: 그러고 나서 Mary's 꽃집이 보일 때까지 직진하세요. 카페는 그 맞은편에 있습니다.
여: 알겠습니다. 감사합니다!
남: 천만에요.

[해설] York Street에서 오른쪽으로 돈 다음 직진하면 보이는 Mary's 꽃집 맞은편에 있다고 했으므로, 카페의 위치로 가장 알맞은 곳은 ④이다.

[어휘] go straight 직진하다 turn [təːrn] 돌다 right [rait] 오른쪽으로 across from ~의 맞은편에

15 ①

남: 바빠 보이네요.
여: 네. 회의가 10분 후에 시작해요.
남: 내가 도와줄게요. 의자를 몇 개 가져와야 해요?
여: 여섯 개인데, 그건 내가 할 수 있어요. 따뜻한 차 여섯 잔을 만들어 주겠어요? 그게 도움이 될 것 같네요.
남: 그럴게요. 보고서를 복사해야 하나요?
여: 아니요, 내가 어제 이미 만들었어요.

[해설] 여자는 남자에게 따뜻한 차를 준비해 달라고 부탁했다.

[어휘] tea [tiː] 차 helpful [hélpfəl] 도움이 되는 make a copy 복사하다 already [ɔːlrédi] 이미

16 ②

남: 어떻게 지내세요, White 씨? 요즘 즐거워 보이시지 않네요.
여: 실은 건강이 좋지 않아요. 그래서 그만둘까 생각하고 있어요.
남: 정말 유감이에요. 당신은 우리 최고의 판매원이에요. 당신을 남아 있도록 하기 위해 제가 할 수 있는 일이 있을까요?
여: 모르겠어요. 전 휴식이 필요해요.
남: 잠시 쉬는 건 어떠세요? 2주는 어떤 것 같아요?
여: 생각해 볼게요.

[해설] 남자는 건강이 좋지 않아서 일을 그만둘까 생각하고 있다는 여자에게 2주간의 휴가를 제안했다.

[어휘] quit [kwit] 그만두다

17 ④

남: 안녕, Amelia. 지난 주말에 뭐 했니?
여: 가족들과 함께 캠핑을 갔어.
남: 멋지다. 그런데 토요일에 비가 왔잖아, 그렇지 않니?
여: 응. 그래서 우린 아침 내내 텐트 안에 있었어. 하지만 비는 정오쯤에 그쳤어.
남: 그래서 뭘 했니?

여: 내 남동생은 모래성을 만들었어. 그리고 나는 곤충을 많이 잡았지.

남: 곤충? 나비와 무당벌레 같은 거?

여: 응. 나는 곤충 잡는 걸 정말 좋아하거든.

남: 재미있었겠다.

[해설] 여자는 주말에 가족들과 함께 캠핑을 가서 곤충을 많이 잡았다고 했다.

[어휘] sandcastle [sǽndkæsl] 모래성 catch [kætʃ] 잡다 (catch-caught-caught) insect [ínsèkt] 곤충 ladybug [léidibʌg] 무당벌레

18 ③

여: 제가 처음 운전하는 거예요. 너무 긴장돼요.

남: 걱정하지 마세요. 제가 당신을 돕기 위해 여기 있으니까요. 안전벨트는 매셨나요?

여: 네. 저는 이제 무엇을 해야 하죠?

남: 좋습니다. 드라이브 위치로 옮기고 액셀러레이터를 부드럽게 밟으세요.

여: 이렇게요?

남: 잘하고 계세요. 계속 가다가 다음 모퉁이에서 우회전하세요.

여: 알겠어요.

[해설] 남자는 처음 운전하는 여자에게 운전 방법을 가르쳐 주고 있으므로, 남자의 직업으로 가장 적절한 것은 운전 강사이다.

[어휘] drive [draiv] 운전하다; (자동차 자동 변속기의) 드라이브[주행] 위치 nervous [nə́ːrvəs] 긴장한, 초조한 fasten [fǽsən] 매다 seat belt 안전벨트 shift [ʃift] 옮기다 press [pres] 누르다 accelerator [əksélərèitər] (자동차의) 액셀러레이터, 가속 장치 gently [dʒéntli] 부드럽게, 약하게

19 ②

여: 나 배고파. 너는?

남: 응, 나도 배고파. 우리 저녁으로 뭘 먹을까?

여: 음… 난 중국 음식을 먹고 싶어.

남: 우리 중국 음식은 3일 전에 먹었잖아. 이탈리아 음식 어때?

여: 좋아. 난 스파게티를 먹고 싶어.

남: 선택 잘했어! 오늘은 누가 저녁을 준비할 차례지?

여: 내 차례인 것 같아.

[해설] 누가 저녁을 준비할 차례인지 물었으므로, 둘 중 차례에 해당하는 사람을 말하는 응답이 가장 적절하다.
① 나는 그것을 몰랐어.
③ 우리는 저녁 외식했잖아.
④ 비용이 그렇게 많이 들지 않아.
⑤ 우리 지난번에 이탈리아 음식점에 갔잖아.

[어휘] feel like v-ing ~을 하고 싶다 turn [təːrn] 돌다; *차례 [문제] cost [kɔːst] 비용이 들다

20 ⑤

남: 내 손에서 지독한 냄새가 나!

여: 정말? 왜?

남: 점심에 생선 요리를 만들었거든.

여: 손을 안 씻었니?

남: 물론 씻었지. 여러 번 씻었는데도 냄새가 없어지지 않아.

여: 물에 식초 몇 방울을 넣어서 그걸로 손을 씻어 봐. 그럼 냄새가 없어질 거야.

남: 그걸 어떻게 알았어?

여: TV 요리 프로그램에서 배웠어.

[해설] 식초를 이용해 손의 생선 냄새를 없애는 방법을 어떻게 알게 되었는지 물었으므로, 정보의 출처를 말하는 응답이 가장 적절하다.
① 비누로 손을 닦아.
② 우리 엄마는 그걸 모르셨어.
③ 넌 그걸 슈퍼마켓에서 살 수 있어.
④ 나도 생선 냄새를 좋아하지 않아.

[어휘] go away 사라지다 a few 조금의, 약간의 drop [drɑp] (액체의) 방울 vinegar [vínəgər] 식초 [문제] soap [soup] 비누

고난도 Dictation Test pp. 202~209

01 1) put their bank cards 2) take out some money
    3) enter their personal identification number

02 1) put a picture 2) at the bottom
    3) putting Santa in the middle 4) to the top

03 1) warm and pleasant 2) temperature will drop
    3) very cold night

04 1) doesn't fit well 2) exchange it for another one
    3) get my money back
    4) give refunds for sale items

05 1) enjoy the beautiful scenery
    2) traditional Korean food 3) go shopping in

06 1) 15 minutes late 2) arrive at 3:15
    3) five minutes fast

07 1) studying at university 2) be a fashion designer
    3) run a fashion business

08 1) waited more than an hour
    2) do apologize for that 3) get my bill
    4) speak to the manager

09 1) preparing a romantic dinner
    2) How about making 3) we need a dessert
    4) order a special cheesecake

10 1) in the hospital 2) having trouble paying
3) raise money 4) want to help out

11 1) get there by train 2) takes too long
3) would save money 4) prefer to fly there

12 1) on a diet 2) have a terrible toothache
3) go to the dentist 4) take some medicine

13 1) check out the furniture section 2) go upstairs
3) get some new perfume 4) on the first floor

14 1) Do you know where 2) turn right
3) across from it

15 1) Let me help you 2) six cups of hot tea
3) make any copies

16 1) don't seem happy 2) I'm thinking of quitting
3) make you stay 4) taking some time off

17 1) went camping with my family
2) stayed in the tent 3) caught a lot of insects

18 1) my first time driving 2) fasten your seat belt
3) press the accelerator

19 1) I feel like having 2) I'd like some spaghetti
3) Whose turn is it

20 1) smell bad 2) wash your hands 3) won't go away
4) How did you know that

고난도 실전모의고사 02회 pp. 210~211

01 ③	02 ④	03 ④	04 ②	05 ②
06 ③	07 ①	08 ③	09 ⑤	10 ②
11 ①	12 ④	13 ①	14 ⑤	15 ②
16 ③	17 ②	18 ③	19 ④	20 ⑤

01 ③

여: 거의 모든 가정이 이것을 가지고 있습니다. 그것은 다양한 종류의 프로그램을 보여 줍니다. 그것의 채널을 바꿈으로써 우리는 다른 프로그램 시청을 선택할 수 있습니다. 우리는 드라마, 코미디 쇼, 뉴스, 그리고 심지어 영화까지 볼 수 있습니다. 때때로, 부모님과 선생님들은 십 대들이 이것을 너무 많이 시청하는 것 때문에 화를 냅니다. 이것은 무엇일까요?

[해설] 채널을 바꿔 가며 드라마, 쇼, 뉴스, 영화 등 다양한 프로그램을 시청할 수 있는 것은 TV이다.

[어휘] almost [ɔ́ːlmoust] 거의 sometimes [sʌ́mtàimz] 때때로
get angry 화가 나다 teenager [tíːnèidʒər] 십 대 청소년

02 ④

남: 도와드릴까요?
여: 네. 저는 조카아이 줄 잠옷을 찾고 있는데요.
남: 나비 리본 그림이 있는 이 잠옷은 어떠세요?
여: 전 그 나비 리본도 좋지만, 토끼가 있는 것도 좋아요! 다 귀엽네요.
남: 그럼 나비 타이를 맨 토끼 그림이 있는 이게 딱 좋겠어요.
여: 그러네요! 그걸 살게요.

[해설] 여자는 나비 타이를 맨 토끼 그림이 있는 잠옷을 사기로 했다.

[어휘] pajama [pədʒáːmə] 잠옷 niece [niːs] 여자 조카 perfect
[pə́ːrfikt] 완벽한

03 ④

남: 안녕하세요. 주간 일기 예보입니다. 현재, 전국에 눈이 내리고 있습니다. 대부분의 지역은 내일 아침에 눈이 그치고 화창해질 예정입니다. 그러나 서울과 대전에서는 수요일까지 눈이 그치지 않겠습니다. 목요일과 금요일에는 광주와 제주에 비가 많이 내리겠습니다.

[해설] 내일 대부분의 지역에서 눈이 그치겠지만, 서울과 대전에는 수요일까지 그치지 않을 것이라고 했다.

[어휘] weekly [wíːkli] 매주의, 주간의 fall [fɔːl] 떨어지다; *(눈·비가)
내리다 all over the country 전국에 most [moust] 대부분의
area [ɛ́əriə] 지역 heavily [hévili] 많이, 심하게

04 ②

남: Hanna, 왜 숙제를 제출하지 않았니?
여: 죄송하지만, 숙제를 끝내지 못했어요. 어젯밤에 아팠거든요.
남: 정말이니?
여: 네. 배가 아팠어요.
남: 지난달에 숙제를 못 냈을 때도 너는 똑같이 말했었잖아.
여: 하지만 사실이에요!
남: 이번이 마지막이다. 더 이상 어떤 변명도 듣고 싶지 않구나.

[해설] 여자가 아파서 숙제를 끝내지 못했다고 하자, 남자는 지난번에도 같은 말을 했었다며 더는 변명이 통하지 않을 것이라고 경고하고 있다.

[어휘] turn in ~을 제출하다 (= hand in) true [truː] 사실인 same
[seim] 같은 excuse [ikskjúːs] 변명, 해명

05 ②

여: 〈Is It Cake?〉는 요리 경연 TV 시리즈입니다. 9명의 제빵사가 이기기 위해 굉장한 케이크를 만들어야 합니다. 그들은 여행 가방이나 재봉틀처럼 실제 물건과 똑같이 생긴 케이크를 만듭니다. 8회 방송이었고 우승자는 Andrew였습니다. 그는 상금으로 5만 달러를 받았습니다.

해설 출연자 수(9명), 방영 횟수(8회), 경연 우승자(Andrew), 상금(5만 달러)에 대해서는 언급하였으나, 방영 기간은 언급하지 않았다.

어휘 competition [kàmpitíʃən] 경쟁, (경연) 대회 exactly [igzǽktli] 정확히, 꼭 object [ábdʒikt] 물건 suitcase [súːtkèis] 여행 가방 sewing machine 재봉틀 episode [épisòud] 사건; *1회 방송분 prize [praiz] 상, 상품

06 ③

남: 안녕하세요. 어떻게 도와드릴까요?
여: 소고기를 좀 사고 싶은데요.
남: 운이 좋으시네요. 저희가 신선한 소고기를 지금 막 배송받았어요.
여: 잘됐네요. 100g에 얼마인가요?
남: 100g에 3달러입니다.
여: 알겠습니다. 300g 주세요.
남: 여기 있습니다.

해설 100g당 3달러인 소고기를 300g 달라고 했으므로, 여자가 지불해야 할 금액은 9달러이다.

어휘 beef [biːf] 소고기 in luck 운이 좋아서 fresh [freʃ] 싱싱한, 신선한

07 ①

남: 너는 장래에 뭐가 되고 싶니? 너희 언니처럼 비행기 승무원이 되고 싶니?
여: 아니. 나는 Mo Willems 같은 유명한 작가가 되고 싶어.
남: 그거 멋지다!
여: 너는 어떤 직업을 원해?
남: 여전히 고민 중이지만, 변호사가 되는 게 좋을 것 같아.
여: 완벽해.

해설 장래에 비행기 승무원이 되고 싶냐는 남자의 질문에 여자는 작가가 되고 싶다고 했다.

어휘 flight attendant 비행기 승무원 famous [féiməs] 유명한 cool [kuːl] 시원한; *멋진 still [stil] 여전히 lawyer [lɔ́ːjər] 변호사 sound [saund] ~하게 들리다

08 ③

남: 내가 여기 오는 길에 시내에서 누구를 봤는지 맞혀 봐.
여: 몰라. 누구?
남: 내가 제일 좋아하는 여배우!
여: Emma Simpson? 믿을 수 없어.
남: 정말이야! 이걸 봐! 그녀와 사진 찍고 사인을 받았어.
여: 와. 너 진짜 운이 좋구나!
남: 심지어 그녀와 이야기도 했어! 모든 게 꿈만 같았어.

해설 남자는 가장 좋아하는 여배우를 만나서 사진 찍고 사인을 받고 이야기도 했다고 했으므로, 매우 신이 났을 것이다.

어휘 on the way ~(하는) 도중에 actress [ǽktris] 여배우 believe [bilíːv] 믿다 take a picture 사진을 찍다 autograph [ɔ́ːtəgræf] 사인 seem [siːm] ~처럼 보이다; *~인 것처럼 생각되다

09 ⑤

여: 우리 다음 주에 바닷가에 가는 게 어때?
남: 그러고 싶은데, 난 새 수영복이 필요해. 내 것은 아주 낡았거든.
여: 새것을 사지 그래?
남: 난 시간이 없어.
여: 그냥 온라인에서 사면 되지. 좋은 웹 사이트를 알아. 너한테 주소를 보내 줄게.
남: 고마워.

해설 여자는 수영복을 살 수 있는 웹 사이트의 주소를 남자에게 보내 주겠다고 했다.

어휘 beach [biːtʃ] 해변, 바닷가 swimsuit [swímsuːt] 수영복 address [ǽdres, ədrés] 주소

10 ②

여: 지난 주말에 뭐 했니?
남: 친구들과 볼링을 치러 갔어. 내가 제일 높은 점수를 받았어.
여: 그거 굉장하네! 너 볼링을 자주 치러 가니?
남: 아니, 그렇지는 않아. 보통 일요일마다 축구를 하는데, 지난 일요일에는 비가 많이 왔잖아. 너는 평상시처럼 집에 있으면서 TV를 봤니?
여: 아니, 가족들과 수영장에 갔어.
남: 재미있었겠다!

해설 남자는 주말에 볼링을 치러 갔고 여자는 가족들과 수영장에 갔다고 했으므로, 주말에 한 일에 대해 이야기하고 있음을 알 수 있다.

어휘 go bowling 볼링을 치러 가다 highest [háist] 가장 높은 (high의 최상급) score [skɔːr] 점수 as usual 평소와 같이

11 ①

남: 영화 보러 갈 준비 다 됐니?
여: 물론이지. 우리 버스나 지하철을 탈 거니?
남: 둘 다 거기로 바로 가지 않아서, 너무 오래 걸릴 거야. 택시 타자.
여: 알겠어, 하지만 택시는 꽤 비싸잖아.
남: 그래, 그렇지만 우리한테 시간이 많지 않아. 영화가 끝나면 버스를 타고 집에 올 수 있잖아.
여: 알았어.

[해설] 두 사람은 시간이 많지 않아서 택시를 타고 영화관에 갔다가, 집에 올 때는 버스를 타기로 했다.

[어휘] neither [náiðər, níːðər] (둘 중) 어느 것도 ~ 아닌 directly [diréktli] 곧장, 바로 both [bouθ] 양쪽 모두 pretty [príti] 어느 정도, 꽤 be over 끝나다

12 ④

여: 안녕, Tom. 네가 다음 달에 프랑스 역사를 공부하러 프랑스로 갈 거라고 들었어.
남: 프랑스에 가는 건 맞는데, 난 프랑스 영화를 공부할 거야.
여: 정말? 아주 재미있을 것 같아.
남: 몇몇 영화 촬영지를 방문할 것이 정말 기대돼.
여: 네가 프랑스 영화를 정말 좋아하는 거 알아. 넌 그곳에서 정말 즐거울 것 같아.
남: 나도 그렇게 생각해.

[해설] 남자는 프랑스 영화를 공부하러 다음 달에 프랑스에 간다고 했다.

[어휘] French [frenʧ] 프랑스의 history [hístəri] 역사 film [film] 영화 excited [iksáitid] 신이 난, 들뜬 filming location 영화 촬영지

13 ①

여: 안녕하세요. 무엇을 도와드릴까요?
남: 안녕하세요. 체크인을 하기 전에 좌석을 바꿀 수 있을까요?
여: 물론입니다. 여권 좀 볼 수 있을까요? [잠시 후] 창가 쪽 좌석으로 하시겠어요, 아니면 통로 쪽 좌석으로 하시겠어요?
남: 창가 쪽 좌석이 좋겠어요.
여: 알겠습니다. 창가 쪽 좌석이 하나 남아 있네요. 짐을 여기에 놓으시겠어요?
남: 네. 이게 전부입니다.
여: 알겠습니다. 여기에 고객님의 탑승권과 여권이 있습니다. 즐거운 여행 하세요.
남: 감사합니다.

[해설] 좌석 변경을 하고 짐을 부친 후에 탑승권을 발급받았으므로, 두 사람이 대화하는 장소로 가장 적절한 곳은 공항이다.

[어휘] check in 체크인을 하다, 탑승 수속을 하다 passport [pǽspɔːrt] 여권 aisle seat 통로 쪽 좌석 window seat 창가 쪽 좌석 luggage [lʌ́giʤ] 수하물, 짐 boarding pass 탑승권

14 ⑤

남: 뭘 찾고 있어요?
여: 새 스카프를 찾고 있어요. 내가 그것을 탁자 위에 두었다고 생각했거든요. 그런데 여기 없네요.
남: 꽃무늬가 있는 자주색 스카프 말하는 거예요?
여: 네! 그거 봤어요?
남: 음, 침대 위에 있었어요. 그래서 내가 그것을 개서 서랍에 넣었어요.
여: 아하! 고마워요.

[해설] 남자는 여자의 스카프가 침대 위에 있는 것을 보고 개서 서랍에 넣어 두었다고 했으므로, 스카프의 위치로 가장 알맞은 곳은 ⑤이다.

[어휘] look for ~을 찾다 scarf [skɑːrf] 스카프 purple [pə́ːrpl] 자주색의 fold [fould] 접다, 개다 drawer [drɔ́ːr] 서랍

15 ②

[휴대전화가 울린다.]
여: 안녕, Jake. 무슨 일이야?
남: 안녕, Amy. 부탁 좀 해도 될까?
여: 그럼. 별일 없지?
남: 응. 그냥 내 프린터가 작동을 안 하는데, Diaz 선생님께서 우리한테 보낸 파일들을 출력해야 하거든.
여: 내가 그것들을 출력해 주었으면 하는 거지?
남: 응. 해 줄 수 있니? 내가 내일 아침에 들러서 가져갈게.
여: 알겠어. 내일 보자.

[해설] 남자는 자신의 프린터가 작동을 안 한다며 여자에게 파일을 출력해 달라고 부탁했다.

[어휘] work [wəːrk] 일하다; *(기계 등이) 작동되다 print out (프린터로) 출력하다, 인쇄하다

16 ③

여: Austin, 이번 주 토요일에 시간 있니?
남: 이번 주 토요일? 왜?
여: 뮤지컬 표가 두 장 있어서.
남: 오, 정말? 나도 가고 싶은데, 월요일까지 끝내야 할 보고서가 있어.
여: 그래도 나랑 같이 뮤지컬을 보러 가는 게 어때? 그러면 내가 일요일에 보고서를 끝내는 것을 도와줄게.
남: 정말? 좋아.

[해설] 여자는 남자에게 보고서 작성을 도와줄테니 먼저 함께 뮤지컬을 보러 갈 것을 제안했다.

[어휘] free [friː] 한가한 report [ripɔ́ːrt] 보고서

17 ②

남: 안녕, Julie. 어제 뭐 했니?
여: 특별한 건 없었어. 집에 있으면서 TV를 봤어. Mark, 너는?
남: 나는 병원에 갔었어.
여: 아, 아팠니? 지금은 괜찮아?
남: 난 괜찮아. 헌혈하러 거기 갔었던 거야.
여: 와, 훌륭해! 처음이었니?
남: 아니. 난 1년에 한두 번씩 헌혈을 해.
여: 정말 멋지다.

해설 남자는 어제 헌혈하기 위해 병원에 다녀왔다고 했다.

어휘 donate [dóuneit] 기부하다; *헌혈하다 blood [blʌd] 피, 혈액 awesome [ɔ́:səm] 기막히게 좋은, 굉장한

18 ③

남: 실례합니다. 250번 버스가 시청에 가나요?
여: 네. 다섯 번째 정류장에서 내리시면 됩니다.
남: 정말 고맙습니다! 영어를 정말 잘하시네요. 영어권 나라에서 오셨나요?
여: 아니요, 하지만 전 중학교에서 영어를 가르치고 있어요. 그렇게 말씀해 주셔서 고맙습니다.
남: 천만에요. 저를 도와주셔서 고맙습니다.
여: 천만에요.

해설 여자는 중학교에서 영어를 가르친다고 했으므로, 여자의 직업으로 가장 적절한 것은 교사이다.

어휘 City Hall 시청 get off (차에서) 내리다 stop [stap] 멈춤; *정류장 English-speaking country 영어권 국가 middle school 중학교

19 ④

남: 실례합니다. 저 좀 도와주시겠어요?
여: 네. 뭐가 필요하세요?
남: 제가 Ace 여행사를 찾고 있는데요. 이 건물에 있나요?
여: 네, 있어요. 엘리베이터를 타고 9층으로 가세요.
남: 이상하네요. 저는 Ace 여행사가 이 층에 있었던 걸로 기억하거든요.
여: 6층에 있었는데, 최근에 9층으로 이전했어요.
남: 그래서 여기서 찾을 수가 없었군요.

해설 여자는 남자가 찾는 여행사가 층을 이전했다고 했으므로, 그런 이유로 자신이 찾을 수가 없었다고 말하는 응답이 가장 적절하다.
① 그게 언제 이전했는지 알아요.
② 엘리베이터를 타시는 게 나아요.
③ 저는 Ace 여행사에서 일하고 싶어요.
⑤ 알겠습니다. 그렇다면 저는 옆 건물로 가야겠어요.

어휘 elevator [éləvèitər] 엘리베이터 floor [flɔːr] 바닥; *(건물의) 층 strange [streindʒ] 이상한 recently [ríːsəntli] 최근에 [문제] had better-v ~하는 게 낫다

20 ⑤

남: 안녕, Anna. 어떤 동아리에 가입할지 결정했니?
여: 아니. 아직 결정 못 했어. 너는?
남: 난 스키 동아리에 가입할까 생각하고 있어.
여: 좋은 선택인 것 같아. 너는 겨울 스포츠를 정말 좋아하잖아.
남: 그 동아리에 함께 가입하는 게 어때? 그럼 더 재미있을 텐데.
여: 너 그거 알아? 난 스키 탈 줄 몰라.
남: 그건 문제가 아니야. 초보자도 가입을 환영해 주거든.

해설 스키 동아리에 함께 가입하자는 남자의 제안에 여자는 스키를 탈 줄 모른다고 했으므로, 초보자도 가입을 환영해 준다고 말하는 응답이 가장 적절하다.
① 나는 스노보드를 좋아해.
② 난 그 동아리에 있는 사람들을 많이 알아.
③ 걱정하지 마. 내 스키를 빌려 줄게.
④ 이번이 내가 처음 스키장에 가 보는 거야.

어휘 decide [disáid] 결정하다 join [dʒɔin] 가입하다 choice [tʃɔis] 선택 [문제] lend [lend] 빌려 주다 ski resort 스키장 beginner [bigínər] 초보자

고난도 Dictation Test 02 pp. 212~219

01 1) By changing its channels
    2) We can watch dramas 3) get angry at

02 1) I'm looking for 2) ones with a rabbit
    3) wearing a bow tie

03 1) snow is falling 2) won't stop snowing
    3) rain heavily

04 1) turn in your homework 2) had a stomachache
    3) said the same thing 4) hear any more excuses

05 1) Nine bakers must create
    2) There were eight episodes 3) as a prize

06 1) buy some beef 2) had some fresh beef delivered
    3) costs $3

07 1) want to be 2) be a famous writer
    3) being a lawyer

08 1) on the way here 2) My favorite actress
    3) took a picture with her

4) seemed like a dream

09 1) go to the beach 2) need a new swimsuit
    3) buy a new one 4) send you the address

10 1) do last weekend 2) Do you often go bowling
    3) watch TV as usual

11 1) taking the bus or the subway 2) take too long
    3) taxis are pretty expensive 4) movie is over

12 1) to study French film 2) excited to visit
    3) enjoy it there

13 1) check in 2) window or an aisle seat
    3) put your luggage 4) Here is your boarding pass

14 1) on the table 2) with the flower pattern
    3) put it in the drawer

15 1) ask you a favor 2) is not working
    3) print them out 4) pick them up

16 1) are you free 2) have a report to finish
    3) go to the musical

17 1) watched TV 2) went to the hospital
    3) to donate blood 4) once or twice a year

18 1) should get off 2) Your English is very good
    3) I teach English

19 1) take the elevator 2) being on this floor
    3) moved to the ninth floor

20 1) Have you decided 2) joining the ski club
    3) would be more fun 4) how to ski

29 수하물, 짐
31 가입하다
33 탑승권
35 다이어트를 하고 있다
37 끝나다
39 환불하다

30 기막히게 좋은, 굉장한
32 먹구름
34 화가 나다
36 ~을 돌려받다
38 ~을 하고 싶다
40 ~에 곤란을 겪다

Ⓑ

01 cost
03 exchange
05 schedule
07 soap
09 drop
11 niece
13 vinegar
15 insect
17 scenery
19 classmate
21 ladybug
23 traditional
25 sandcastle
27 fold
29 donate
31 blood
33 both
35 seat belt
37 aisle seat
39 go bowling

02 afterward
04 famous
06 turn
08 neither
10 perfume
12 bottom
14 excuse
16 run
18 actress
20 withdrawal
22 discuss
24 teenager
26 autograph
28 report
30 pumpkin
32 lawyer
34 middle
36 window seat
38 go to the dentist
40 as well

Word Test 고난도 01~02 pp. 220~221

Ⓐ

01 옮기다
03 잡다
05 선택하다
07 경영자, 관리자
09 (크기·모양 등이) 맞다
11 낭만적인
13 (날씨가) 쾌적한, 좋은
15 부분, 구역
17 목적지
19 판매원
21 계산서
23 아마
25 지역
27 믿다

02 휴식
04 초보자
06 지불하다
08 누르다
10 부드럽게, 약하게
12 때때로
14 사실인
16 물건
18 여행 가방
20 불편한
22 충분한
24 그만두다
26 경쟁, (경연) 대회
28 점수